중국 역사가 주운영이 제시한

중국의 전통문화, 한국에 미친 영향

최 병 수
반 채 영 옮김

도서출판 개신

역자서문(譯者序文)

원서는 대만의 역사학자 주운영(朱雲影)이 쓴《中國文化對日韓越的影響》(臺灣黎明文化事業公司, 民國 70年 4月 初版)이다. 최근에는 중국본토에서도 고 주운영선생의 불후의 저술업적을 재평가하고 원서를 복간하여 세인의 주목을 받고 있다(廣西師範大學出版社,桂林, 2007년 9월). 전체 내용은 역사 속에서 중국의 전반적인 전통문화가 일본 · 한국 · 월남의 전통문화에 어떻게 영향을 주었는가를 중국 자료와 3국의 자료를 근거삼아 중국학자의 입장에서 서술한 것이다.

저자 스스로도 저술하는 기간이 17년 이상이었음을 자서문에서 밝혔듯이 단행본의 저술로서는 서술기간이 길고 서술내용이 방대하다. 원저자는 중국역사는 물론 일본 · 한국 · 월남의 역사를 체계적으로 파악하고 있고, 따라서 삼국의 한문으로 된 원시적 문헌사료를 두루 섭렵하여 인용하다 보니, 자연 내용이 방대해질 수 밖에 없었을 것이다.

사실 문화의 영역도 다양하다. 이에 역사 속에서 중국의 전통문화가 그 주변국가에 미친 문화적 영향과 그 관계도 다양하기 때문에 저자는 학술 · 사상 · 정치 · 산업 · 풍속 · 종교 여섯 부문으로 편제하였고, 그 안에서도 주제를 세분화하였기에 서술 상에서 노고가 큰 흔적과 함께 욕심을 낸 흔적 또한 역력하다.

서술 상에서 볼 때, 원저자는 각국의 사료 내용을 비교법을 살려, 사료내용 그대로를 가능한 많이 인용하여 전반적으로 독서하기에 무거운 느낌을 갖게 하면서도 나름대로 쉽게 서술하였기 때문에 역자는 편하게 읽어갈 수 있었다.

이미 언급하였지만, 원서의 전체내용은 역사 속에서 중국의 전통문화가 일본 · 한국 · 월남 3국에 미친 영향에 관한 것으로, 이는 실로 방대한 내용이기 때문에 본 역서에서는 한국과 관련된 부문만 발췌하여 정리하였다. 그것조차도 양이 많아 몇 해 전에 상권의 형태로 내용의 일부를 번역하여 출간하였다가 이번에 다시 나머지 내용까지 합본하여 편역의 형태로 출간하게 되었다. 이 책을 통해 중국의 역사가가 한국의 역사와 전통 문화를 어떻게 보고 있는가의 일단을 엿볼 수 있다. 저자가 자서(自序)에서 '중국문화의 가치는 중국역사 측면에서만 본다면 부족하며 주변을 둘러싼 주변국의 역사와 함께 보아야 더욱 돋보인다.' 라고 밝힌 것에서 저자의 저술의도를 미루어 짐작할 수 있다. 따라서 저서 내용의 논조가 중국 중심의 편향된 시각에서 서술될 수밖에 없었음을 쉽게 간파할 수 있다.

또한 저자는 자서에서 말하기를, '서술에 있어 비교법을 사용하여, 중국과 한국 그리고 주변 각 국가의 서로 관련이 있는 사료를 모두 이용하여 계통을 갖춘 비교연구를 하기 위해, 갑국(甲國)사료와 을국(乙國)사료의 비교, 관찬(官撰)사서와 사찬(私撰)사서의 비교, 지하사료와 지상사료의 비교, 원시문헌과 근래저작의 비교를 포괄하면서 연구하였다' 고 하였으나, 저자가 인용한 한국측 자료는 대부분 중국과 밀접하게 연결되어 있고, 당시의 지정학상 중국으로부터 완전히 자유로울 수 없는 일부 지배층의 입장을 반영한 관찬사서들이 주로 인용되었고, 일부 사찬사서도 저자의 편찬의도와 일치하는 부분을 발췌하여 논증자료로 인용하고 있다는 느낌을 역자입장에서 지울 수 없었다. 이는 최근 한국·중국간의 뜨거운 감자가 된 동북아역사 문제와도 관련하여 볼 때, 원저자의, '고구려건국전설은 중국 동북 경내(境內)의 부여족이 남하하여 건국한 역사적 사실을 반영한 것이다. 백제건국전설은 부여족의 한 지파가 다시 멀리 한반도의 남부에 이르러 건국한 역사적 사실을 반영한 것이다.' 라고 한 서술내용 등을 통해

확인할 수 있다. 저자는 자서에서「조선왕조는 더욱이 화이(華夷)의 변별(辨別)을 엄격히 하여 '소중화(小中華)'를 자칭하였다. 중국에 대해서는 시종 주대(周代)의 제후처럼 자처하여 명나라 황실을 우러러 받들기를 주대의 천자(天子)같이 하였다」는 점을 드러내고 있다. 그렇다면 '한국 전통문화는 중국 전통문화의 종속적인 것이란 말인가'라는 회의감마저 갖게 한다. 다만 역자는 있는 그대로의 원서내용을 소개하는 것으로 족하고자 한다. 원저자의 견해에 대한 찬반의 논지는 어제 오늘 뿐만 아니라 내일까지도 사계학자 측에 기대해 봄직하다.

한국 · 중국간의 전통문화관계상을 피력한 원저자는 이미 고인이 되었다. 그러나 고인의 학업이 높고 고귀함에 그의 후학들이 뜻을 모아 2007년도에 중국 본토에서 원서를 다시 복간하기에 이른 것이다. 한중관계 및 교류사에 관한 몇 가지 연구물이 기왕 출간되었지만, 본서도 한중관계사 교육과 연구에 일조할 것으로 기대하며, 나아가 우리역사를 사랑하고 바르게 알고자 하는 독자들에게 본서가 다소나마 자극제가 되었으면 하는 소망을 가져본다.

본문 중에서 다소 설명이 필요한 부분이나 난해한 용어나 개념에 대해서는 역자가 사족을 달기도 하였다. 번역하여 옮기는 과정에서 드러내진 오류에 대해서 독자 여러분의 진솔한 지적을 기대해 본다.

2007년 12월 杭州에서

崔 秉 洙 識

저자 자서(著者 自序)

오늘날 많은 사람들이 중국문화를 높여 담론(談論)하고 있는데, 실제 중국문화의 가치는 여러 각도에서 관찰하고 평가되어야 마땅하다. 송(宋)나라 때의 소식(蘇軾)은 시(詩)에서, '여산(廬山)의 진면목을 제대로 인식하지 못하고, 단지 몸만이 이 산중에 둘러싸여 있을 뿐이다' [1]라고 표현하였다. 중국문화의 가치는 중국역사 측면에서만 본다면 부족하며 중국을 둘러싼 주변국의 역사와 함께 보아야 더욱 돋보인다. 이른바 '중국문화' 는 그것이 포함하고 있는 범위가 중국 국경 내에 한정되는 것이 아니라, 중국은 단지 중심이 될 뿐이지 실은 한국을 비롯한 주위 여러 국가들이 그 영향을 받아 형성된 일대의 문화권을 총칭하는 것이다.

중국문화권은 서방기독교(西方基督教)문화권 · 동방정교(東方正教)문화권 · 회교(回教)문화권 · 인도(印度)문화권과 함께 세계 5대 문화권으로 일컫는다. 그러나 중국문화권의 내용에 관해서는 일반적으로 개략적인 인식정도에 머무는 수준이다. 비록 몇몇 국내외 학자들이 중국과 자국(自國)간의 몇 가지 문화관계에 관한 연구를 보태어왔으나 중국, 한국 및 각 국가의 원시적 문헌자료에 근거하여, 여러 각도에서 수천 년간의 역사를 체계적으로 연구함으로써 중국문화권의 전반적인 진면목을 추구한 것은 중국 내외를 막론하고 일찍이 아무도 없었던 것 같다. 이것은 복잡하고 어려운 과제임에도 저자는 자신의 역량을 아랑곳 하지 않고, 국가과학위원회 (國家科學委員會)의 해를

---

1) 여산(廬山)은 江西省 九江縣 南面에 위치한 것으로 어느 방향에서 어느 장소에서 보느냐에 따라서 웅장한 모습이 다르게 인식되는 명산이다. 따라서 중국[사물]의 진상은 어느 한 면으로만 보아서 성급하게 평가할 수 없음을 비유한 말인데, 소식(蘇軾)은 여산을 詩의 소재로 삼아, "(橫看成嶺側成峯, 遠近高低各不同,) 不識廬山眞面目,只緣身在此山中…." 라고 표현하였다.

거듭한 격려와 지원 하에 일찍이 이 연구를 시도하여 17, 8년의 긴 시간이 걸려서야 비로소 성과를 맺게 되었다. 이 연구가 다소나마 세상 사람들이 중국문화가 세계문화 중에서 갖는 역사적 지위를 인식하는데 도움을 주었으면 하는 것이 저자의 최대 소망이다.

본서에 이용된 자료의 주요한 것은 중국, 한국 및 각 국가의 한문으로 된 문헌이다. 원래 한국을 비롯하여 중국 인근의 각 국가는 천백 여 년 동안 한자를 통용한 까닭에 역대에 한문으로 편찬하거나 필사한 각종 사서(史書)를 많이 남겼다. 그러나 오늘날에는 이들 한문문헌을 깊숙한 곳에 쌓아두고 있으며, 주위 각 국가는 이미 한자 사용을 제한하거나 한자를 폐기하였기 때문에 젊은이들은 이미 한문을 읽어 이해할 방법이 없고, 그들의 선조들이 저작한 것을 읽어 이해할 수 있는 학자들도 그다지 많지 않을 것이며, 가령 한문에 대한 상당한 수련이 있는 경우에도 민족의식을 숭상하여서 그 문헌들을 객관적이고 정확하게 이용하지 못하는 실정이다. 그리고 서구학자는 객관적 조건의 한계로 거의 이 문제에 주의를 기울이지 못하였다. 중국학자의 경우에도 하나같이 이들 한자문헌(漢字文獻)을 홀대하거나 경시하는 것이 당연하다는 듯, 이들 고전의 한자문헌을 이용한 종합적이고 계통적인 연구를 하지 않고 있다. 호적(胡適)선생은 일찍이 중국 근대 신사료(新史料)의 8대 발견을 제시하였는데,[2] 호적선생의 설법에 비추어 볼 때, 이것은 거의 8대 발견 외에 또 하나의 발견이라 말할 수 있다.

본서에서 사용한 방법의 주요한 것은 비교법이다. 즉 중국과 한국 그리고 주변 각 국가의 서로 관련이 있는 사료를 모두 이용하여 체계적으로 비교연구를 하였는데, 갑국(甲國)사료와 을국(乙國)사료의

---

2) 王彦威, 《清季外交史料》〈胡序〉.

비교, 관찬(官撰)사서와 사찬(私撰)사서의 비교, 지하사료와 지상사료의 비교, 원시문헌과 근래저작의 비교를 포괄하면서 연구하였다. 그런데 근인(近人)의 저작에 대해서, 우리는 특히 신중한 태도를 취하여야만 한다. 근래의 저작은 근대적 관념이 다소 혼합하여 들어가게 되는 것을 면하기 어렵기 때문에 원시문헌의 면모를 왜곡시킬 수도 있다는 것이다. 하물며 민족주의가 범람하는 오늘날에는 의식적이든 무의식적이든 간에 증거자료를 숨기고 감추기 쉽다. 필자의 이 같은 특별한 제목의 연구는 모두 독자적 입장을 취하여, 앞서 간 사람에게 의탁하거나 외국인에게 의지하지 않고 냉정한 태도로 역사사실을 검토하였으며, 하나의 논점마다 모두 각 국가의 원시문헌을 인용하여 증거로 삼았고, 하나의 증거마다 하나의 이야기를 덧붙여 황당무계한 근거 없는 말이 되지 않도록 온 힘을 다하여 역사의 진실을 구하려는 목적에 부합되기를 기대하였다.

본서는 주제별 휘집(彙集)의 성격으로 편성된 것이다. 전체는 학술(學術) · 사상(思想) · 정치(政治) · 산업(産業) · 풍속(風俗) · 종교(宗教) 6편으로 분류하고 그 안에 20개의 논제를 설정하여 수록하였다.

제1편인 학술편(學術編)은 4편의 논문을 수록하고, 중국의 사학(史學) · 경학(經學) · 문학(文學) · 과학(科學)부문이 한국 등에 미친 영향을 분별하여 검토하였다.

먼저, [사학(史學)]부문에 관해서 말한다면, 중국사학의 몇 가지 특색이 한국 등 중국 주변국에서 구현되었다는 것이다. 예를 들면, 중국의 사관(史官)제도는 각국에게 선례(先例)가 되어 풍부한 역사기록을 남기도록 하였고, 중국의 다양한 사서체례(史書體例)는 각 나라 역사학의 다방면에 걸친 발전의 길을 열어주어, 각 국가는 기전(紀傳) · 편년(編年) · 기사본말(紀事本末) 및 정서(政書) · 실록(實錄) 등의 사서체례(史書體例)를 모두 지니게 되었다. 《춘추(春秋)》의 포폄권계(褒貶勸戒)의 서법(書法)은 각국에서 교훈과 본보기로 삼아 역사 제일의 의법(義法)이 되도록 하였고, 각 국가의 역사가들에게 '역사의 진(眞)' 보다는 '역사의 선(善)'을 더 추구하도록 하였다. 또한 《춘추》의 '내외구별(內外區別)' 정신은 각 국가의 민족정신을 환기하고 각성케 하였으며, 또한 서둘러 선진국이 되려는 욕망을 자극하였다.

다음으로, [경학(經學)]부문에 관하여 말한다면, 중국 주변의 한국을 비롯한 각 나라는 국가조직을 제대로 갖추지 못한 원시적 상태에서 중국의 경학을 접촉하였다. 경학의 내용은 작게는 개인수양(個人修養)·가족공처(家族共處)의 방법에서부터 크게는 국가천하의 오랜 치안(治安)의 도리(道理) 및 각종 사회규범에 이르기까지 포함하지 않음이 없었다고 말할 수 있는데, 이것은 각 국가에 하나의 질서를 제공해서 국가의 출발과 발전을 수월하게 하였고, 점차 저들 전통문화의 정립에 기초가 되었다고 본다. 특히 주자(朱子)가 대표하는 송학(宋學), 그리고 청대의 고증학(考證學)은 각 국가의 근대 학술계에도 개별적으로 상당한 영향을 미쳤다.

다음으로, [문학(文學)]부문에 관하여 말하자면, 한국 등 동아시아 각 국가는 천 백여 년을 내려오며 한자(漢字)를 통용하였다. 비록 일찍이 각기 문자를 스스로 만들었다고는 전하나 지식인들은 이것의 사용을 즐겨하지 않아서 시종(始終) 한문을 이용하여 자신의 감정을 표현해내는 공구(工具)로 삼아 많은 불후(不朽)의 작품을 남겨왔다. 과거 동아시아 각국의 문학은 형식이든 내용이든 물론하고 모두 중국문학의 모방이라고 말할 수 있으며, 각국 시문류파(詩文流派)의 소장성쇠(消長盛衰) 또한 중국과 밀접한 관계가 있었다. 각국의 과거

문단(文壇)은 한문학으로 주류를 삼았기 때문에 각국에는 비록 스스로 만든 어문(語文)을 사용하여 쓴 작품이 어느 정도 있었다 해도, 일본의 몇 작품의 예를 제외하고 거의 대부분 저들 고급 지식인들에게는 받아들여지지 않았다. 그러나 근대에 이르러서 민족주의의 거센 풍조 때문에 각국 국문학이 점차 대두하여 한문학은 앞으로 점차 잊혀져서 단지 역사의 자취로만 남을 것으로 예견된다.

다음으로, [과학(科學)]부문에 관해 말하자면, 천문학(天文學)·역법(曆法)·산학(算學)·의약학(醫藥學) 등의 중국 과학은 이미 명대(明代) 이전에 실로 휘황찬란한 성취가 있었다. 천문학방면에서, 중국은 상고대부터 풍부한 천체현상의 기록을 보유하고 세계의 어떤 국가에서도 유례를 찾을 수 없이 역대(歷代)에 천문학자를 배출하였는데, 예를 들어 경방(京房)·우희(虞喜)·장형(張衡)·이순풍(李淳風)·곽수경(郭守敬) 등은 모두 일찍이 매우 큰 공헌이 있었다. 따라서 한국 등 동아시아 각국의 천문지식은 중국으로부터 전파되지 않음이 없었다.

역법(曆法)방면에서, 각국은 하나같이 중국 역법을 채용하여 중국력(中國曆)의 변환에 따라 사용하였으니, 예를 들어 인덕력(麟德曆)·대연력(大衍曆)·선명력(宣明曆)·수시력(授時曆)·대통력(大統曆) 등은 모두 일찍부터 앞뒤로 이어서 각국에서 채용하였는데, 특히 선명력은 한국에서 오백년간 계속 사용하였다.

산학(算學)방면에서, 각국은 조세를 징수하거나 토지를 측량하는데 필수로 산학의 도움을 빌려야 하였으므로, 모두 중국을 모방하여 산학박사(算學博士)를 설치하였고, 중국의 산경(算經)인 《주비(周髀)》·《구장(九章)》·《해도(海島)》·《철술(綴術)》 등을 교재로 삼아 학생에게 가르쳤으며, 아울러 산과(算科)를 설치하여 산학의 인재를 선발하였다. 元나라는 또 산반(算盤)[주판(籌判,珠板)]을 발명하였으며 이것은 매우 빨리 각국으로 전해져갔다.

의약학(醫藥學)방면에서, 중국 선진(先秦)시대의 의약지식은 이미 상당히 진보하였는데, 의학은 일찍이 주대(周代)에 전업(專業)을 이룬 것 같으며, 춘추시대에 의술은 이미 분과(分科)하기 시작하였다. 특히 한대(漢代)에 이르러서 화타(華陀)는 외과에 정통하였고, 마비산(麻沸酸)을 마취용으로 만드는 법을 발명하였으니, 실로 동시대 어떤 국가의 외과인들 꿈속에서라도 도달할 수 없는 것이었다. 본초학(本草學) 또한 거의 한(漢)나라 때에 홍기하였고,《신농본초(神農本草)》는 이때에 완성되었다. 당(唐)나라 고종 때에《신수본초(新修本草)》를 간행하여 배포하였는데, 이것은 중국 최초의 법정(法定) 약전(藥典)으로 서방 최초의 Bercelona 약전(藥典)과 비교하여 800~900년이나 앞선다. 명(明)나라 때에 이르러 이시진(李時珍)은《본초강목(本草綱目)》을 저술하였는데, 이미 단순한 약물학(藥物學)을 벗어나 박물학(博物學)적인 특성을 띤 것이었다. 중국 의학과 약학은 그 우월성으로 각국의 환영을 받았기 때문에 각 국가는 서양의학의 전입이전 1,100년 동안 거의 중국의학에 의지하였고, 항상 법도를 갖춰 중국에 와서 의술을 배우고 의학서적을 수집하여 구입하였다. 중국의 약학은 또한 동아시아 각국에게 철저히 선망의 대상이었고, 서양의학이 전해 들어온 후에도 중국의학은 또한 여전히 서양의학과 더불어 일정 기간 동안 함께 시행되었다.

제2편인 사상편(思想編)은 5편의 논문을 수록하고 있는데, 즉 중국 유가(儒家)사상, 정치(政治)사상, 법선왕(法先王)사상, 정통론(正統論), 화이(華夷)관념이 한국에 미친 영향에 대해 분별하여 검토하였다.

먼저, [유가사상(儒家思想)]부문에 관해서 말한다면, 유가는 정심수신(正心修身)의 정치사상, 중농절약(重農節約)의 경제사상, 인륜(人倫)

을 중시하는 사회사상, 그리고 한편 인문(人文)을 중시하는 종교사상 등을 강조함으로써, 이미 각 국가에서 실천을 나타내었다. 각국은 유가경전을 근거로 인정(仁政)의 시행을 강조하였고, 권농(勸農)·절약 정책을 채택하였으며, 삼강오상(三綱五常)을 제창하였다. 혹은 공자의 '괴력(怪力), 난신(亂神)에 대해서는 말하지 않는다[不語怪力亂神]' 는 사상에 의거하여 이단요술(異端妖術)을 배척하는 등의 실천 행위가 하나 둘이 아니었다.

[정치사상(政治思想)]부문에 관해서 말한다면, 중국 선철(先哲)의 기본 정치사상, 예를 들면 경천(敬天)·수덕(修德)·존현(尊賢)·정명(正名) 등의 것들이 한국 등 각국의 정치에 깊은 영향을 주었다. 각 국가의 사서(史書)에서 재이(災異)와 상서(祥瑞)에 관한 기재를 살펴볼 때 눈에 띄는 것은 모두가 이것들, 즉 경천·수덕·존현·정명에 관한 것들이다. 이것은 중국의 선철(先哲)이 천인(天人)은 상응(相應)하여 천심(天心)은 민심(民心)으로 반영하고, 재이와 상서는 곧 상천(上天)이 통치자에 대해 계시(啓示)하는 의미로 인식하였기 때문이다. 그래서 각국의 통치자는 매번 재앙과 흉년을 연유로 하여 조서(詔書)를 내려 죄를 자기 자신에게 돌리고 정치를 쇄신하고, 혹은 대사면(大赦免)을 실시하거나 개원(改元)하고, 혹은 재앙을 모면하기 위해 수덕(修德)을 하고, 관부(官府)의 곡창(穀倉)을 열어 구제하고 지방조세를 감면토록 하는 명령을 내린 것이다. 이러한 사상은 실로 왕권을 제한하는 작용을 갖는다. 존현(尊賢)과 정명(正名)사상에 이르러서는, 예를 들면《상서(尙書)》의 '어진 이를 임용함에 의심하지 말고, 간사한 이를 버림에 의심하지 말라(任賢勿貳, 去邪勿疑)', 그리고《논어(論語)》의 '명분이 바르지 않으면 말을 해도 순화되지 않으며, 말을 해도 순화되지 않으면 일이 이루어지지 않는다(名不正則

言不順, 言不順則事不成)' 등의 격언은 항상 각국의 관부문서에 재삼 인용되었고, 통치자를 격려하여 현명한 인재를 임용하거나 간사(奸邪)자를 버리게끔 하였으며, 야심 있는 자들에게 경고하여 대의명분(大義名分)을 존중케 하였고, 각국 관리들의 청렴과 정국의 안정에 상당한 공헌을 하였다.

[법선왕(法先王)사상]부문에 대해 말하자면, 중국의 선철(先哲)은 '말을 함에는 반드시 선왕을 지칭한다(言必稱先王)' 고 했으며, 매번 모종의 이상(理想)이 있으면 이것을 선왕에게 가탁하여서 그 학설이 믿을 만한 것으로 인정받기를 기대하였는데, 유가 · 법가 · 도가 · 묵가 등의 제가(諸家)가 모두 이와 같았다. 그들은 선왕의 소상(塑像)을 완전무결한 전형으로 만들어, 후인(後人)이 시정(施政) · 집법(執法) · 용병(用兵) · 설교(說敎)하는데 법도로 할 대상으로 삼게 했다. 한국 등 동아시아 각국의 집정자(執政者)는 또한 모두 중국문헌상에서 전해 내려오는 先王을 최고의 모범으로 간주하였다. 따라서 선진(先秦)시대의 철인(哲人)이 재능과 지혜를 모두 기울여 선왕에게 걸은 몇몇의 이상(理想)은 어느 정도 시행될 수 있었는데, 이것은 분명히 각국 정치사회의 진보에 도움을 주었다.

[정통론(正統論)]부문에 관해서 말한다면, 중국의 선철(先哲)들은 '하늘에 두 개의 태양이 없고, 인민에게 두 임금이 없음(天無二日, 民無二王)' 을 강조하였고, 다른 한편으로는 '중화(中華)와 만이(蠻夷)를 분별하고 안과 밖을 구별함(辨華夷, 別內外)' 을 강조하였다. 이것이 곧 《춘추(春秋)》가 표방한 존왕양이(尊王攘夷) 사상이다. 동아 각국은 이 사상의 영향을 깊게 받았으며, 한국은 줄곧 존왕(尊王)주의를 대일통(大一統)주의로 여기고 화이(華夷)구별을 문명과 야만의 구별로 인식하고 과거 역사 속에서 특별히 중국과 화친하였으며, 스

스로 주대(周代)에서의 제후(諸侯)처럼 간주하였는데, 이는 정통사상에서 계발되어 나온 것이다. 따라서 정통론은 각국 내부의 향심력(向心力)을 보다 강화시켰을 뿐만 아니라, 또한 각 국가마다 발분(發奮)하여 강국을 도모하려는 정신을 독려하였다.

[화이관념(華夷觀念)]부문에 관해서 말한다면, 예를 들어《논어》〈팔일(八佾)〉편에는, '(미개한) 이적(夷狄)에 군주가 있어도 (문명의) 제하(諸夏)에 군주가 없는 것만도 같지 못하다[(夷狄之有君,不如諸夏之亡也)].' 라고 하였다.《춘추공양전(春秋公羊傳)》성공(成公) 15년에는, '《춘추》는 그 해당 국가를 나라 안으로 여기고 제하(諸夏)를 나라 밖으로 여기다가 (점차) 제하를 중화권의 안으로 삼고 이적을 중화권 밖으로 여겼다[(春秋內其國而外諸夏, 內諸夏而外夷狄)].' 라고 하였다. 이 모두는 선철(先哲)이 화이내외(華夷內外)의 구별을 얼마나 중시하였는가를 입증하는 것이다. 다만 선철의 화이관념은 문화적 의의를 종족적 의의보다 더 중시한 것 같은 점에 불과하다. 그래서 맹자(孟子)는 '화하(華夏)를 써서 만이(蠻夷)를 변화시킨다(用夏變夷).' 하였는데, 곧 문화적 제고(提高)에 의거하여 만이(蠻夷)를 화하(華夏)로 변화시킨다고 인식한 것이다. 이런 연고로 '중화와 만이의 구별(華夷之別)' 을 또한 '문명과 야만의 구별(文野之別)' 이라고 말해도 무방할 것이다. 한국은 옛날부터 중국문화를 계승한 나라로서 자부심을 가져왔다. 신라왕조는 빨리 선진국이 되고자 우선 '오랑캐에서 화하로 바뀜(以夷易華)' 을 도모하고 희구하여 의복을 중국식으로 개량하였다. 고려왕조는 앞뒤로 이어서 거란(契丹) · 여진(女眞) · 몽고(蒙古)에게 정복되었는데, 비록 저들 위력에 의해 일시적으로 굴복되었지만 문화 수준은 저들에 비해 높았음을 자부하여 시종 저들을 오랑캐로 여겨 심정적으로 무시하였으며, 반면 송나라 황실에 대해서는

오히려 마음으로부터 기꺼이 복종함을 표시하였다. 조선왕조는 더욱이 화이(華夷)의 변별(辨別)을 엄격히 하여 '소중화(小中華)' 를 자칭하였다. 중국에 대해선 시종 주대(周代)의 제후처럼 자처하여 明나라 황실을 우러러 받들기를 周代의 천자(天子)같이 하였으나, 女眞에 대해서는 '야인(野人)' 으로 여겼으며, 후에 만청(滿淸)이 일어나자 처음엔 역시 그를 '호로(胡虜)' 로 여기는 등 극단적으로 적대시하였다가 만청이 중국문화의 보호자로서의 지위를 갖자, 비로소 조선 왕실은 청조(淸朝)와 화친을 함에 있어 명조(明朝)와 화친하였을 때와 같이 하였다. 조선의 친화(親華) 태도가 이와 같이 철저하였음은 문화가 같다는 인식의 결과라고 본다.

제 3편인 정치편(政治編)은 3편의 논문을 수록하였다. '중국문화가 한국 등 각국의 개국전설(開國傳說)에 어떤 영향이 있었는가.' 와 '중국역대정권의 전이(轉移)가 한국 등의 국가의 정국(政局)에 어떠한 변화를 불러왔는가.' , 그리고 '중국정치제도가 한국 등에서 어떻게 모방 되었는가.' 를 나누어 검토하였다.

[개국전설(開國傳說)]부문에 대해서 말할 것 같으면, 한국 등 동아시아 각국이 아직 미개상태일 때에 중국의 문물제도는 이미 찬란하게 잘 갖추어져 있었다. 따라서 각국은 모두 중국의 전설 혹은 역사적 사실을 채집(採集)하여 그들의 개국전설을 만들었다.

한국의 단군전설은 중국의 역사문화를 배경으로 하여 한국씨족사회의 추장(酋長)전설을 삽입하여서 제작한 것이다. 한편 기자(箕子)전설은 조선의 원시국가가 한인(漢人)에 의해 창립된 것임을 반영한 것이고, 고구려의 건국전설은 중국 동북 경내(境內)의 부여족이 남하하여 건국한 역사적 사실을 반영한 것이다. 백제의 건국전설은 부여족의 한 지파가 다시 멀리 한반도의 남부에 이르러 건국한 역사적 사실을 반영한 것이다.

[역대정권전이(歷代政權轉移)]부문에 관해서 말한다면, 진대(秦代)에서 청대(淸代)에 이르기까지 약 2,000여 년 동안 중국민족은 중국역사무대의 주체일 뿐만 아니라 또한 아주(亞洲) 역사의 중심체였다. 중국정국의 이어진 변천은 항상 주변국가 정국(政局)의 연쇄적 변화를 발생케 하였는데, 예를 들면 당조(唐朝)가 백제와 고구려를 평정함으로써 비로소 통일신라왕조가 출현할 수 있었다. 또 중국 역대의 치난성쇠(治亂盛衰)는 역시 주변국가의 정권에 각양각색의 광명(光明) 또는 음영(陰影)을 투사(投射)하였고, 중국의 성세(盛世) 때마다 각 국가는 그 이익을 함께 나누었는데, 예를 들면 중국 당조(唐朝)의 성세(盛世)는 한국 신라의 전성기를 가져왔다. 반면 중국의 쇠세(衰世) 때는 역시 주변국가도 같은 재난을 받았는데, 예를 들면 청조(淸朝)가 열강에 의해 아편전쟁에서 패전하자, 직후에 열강의 침략을 받기 시작하였던 것이다.

[정치제도(政治制度)]부문에 관해서 말한다면, 중국은 동아시아에서 첫째 손가락을 꼽을 문명고국(文明古國)으로서, 주(周)나라는 이미 상당히 완비된 예제(禮制)를 갖추었고, 진(秦) 왕조는 대일통(大一統)의 규모를 창립하였으며, 한(漢)나라는 진 왕조의 통일 위업을 계승하여 삼공구경(三公九卿)을 설치하고 군현제(郡縣制)를 설정하였으며, 율령(律令)을 교정하고 연호(年號)를 처음 세웠으며, 대학·박사제도를 세우고 오수전(五銖錢)을 주조하여 개국의 기상을 충만하게 하였다. 수조(隋朝)·당조(唐朝)에 내려와서는 한 걸음 나아가 조정하여 삼성(三省)·육부(六部)·구시(九寺)·오감(五監)·어사대(御史臺)를 설치하고 육전(六典)을 편성하고, 균전제(均田制)·조용조(租庸調)법을 시행하였으며, 대학을 세우고 과거제도를 실시하는 등 중국의 국가성격을 확

정하였다. 그래서 주변 각 국가의 관제·병제·법제·전제·학제·화폐제도 등은 대부분 모두 중국에서 옮겨간 것으로 오직 국정(國情)의 차이로 인하여 어느 정도의 개변(改變)이 있어, 혹은 이름은 다르지만 실제는 같았고, 이름이 같으면서도 그 정신은 다른 경우가 있었지만 총체적으로 볼 때, 모두 중국의 영향에서 나왔다고 볼 수 있다.

제4편인 산업편(産業編)은 3편의 논문을 수록하였는데, 중국의 농업문화, 공업기술, 상업활동이 한국에 미친 영향을 나누어서 검토하였다.

[농업문화(農業文化)]부문에 대해 말하자면, 중국은 농업으로 나라를 세웠으며, 동방에서 첫째로 꼽는 농업선진국으로 불리어진다. 중국의 농업문화는 한국 등 동아시아 각국의 국가경제와 민생에 대단히 큰 공헌을 하였다. 중국이 개발한 수도재배(水稻栽培)는 농업생산을 제고(提高)시켜 각국 인민이 쌀을 주식으로 하는 결과를 촉진시켰다. 한편 중국의 진보적 농업기술, 예를 들어 각종 농기구의 개량, 관개법(灌漑法)·우경법(牛耕法)의 발명은 각국의 농업화를 가속시켰고, 각국 인민생활의 개선을 도왔다. 한편 중국은 한결같이 왕이 적전(籍田)을 경작하고, 사직(社稷)에 제사지내고, 권농령(勸農令)을 내린 것은 물론 농관(農官)의 설치, 농서의 간행 등과 같은 중농정책을 편 것은 모두 각국의 모방시행을 불러 일으켰고, 각국의 경제번영에 무형의 공헌을 하였다.

[공업기술(工業技術)]부문에 대해 말하면, 중국의 공예(工藝)상의 성취는 동기(銅器)·도자기·칠기(漆器)·사직품(絲織品)이 대표적이다. 동기(銅器)방면을 보면, 은허(殷墟)에서 출토된 청동기는 제작의 정밀함과 문양의 아름다움이 3,000여 년 전에 중국공예가 이미 지극히

높은 경지에 도달했음을 보여준다. 한·당(漢·唐)시대에 이르러서 청동제작의 기술은 한층 발전하여 낙랑고분에서 출토된 漢代의 동경(銅鏡) 등은 고고학자로 하여금 더할 나위 없는 최고의 경지로 감탄하게 하였다.

한편 도자기방면을 보면, 은(殷)나라의 흑도(黑陶)·백도(白陶)는 이미 중국고대 도자기 제작기술의 진보를 반영하고 있다. 한조(漢朝)는 또한 유약(釉藥)을 발명하였는데, 이로부터 도자기는 더욱 정교해졌다. 송조(宋朝)의 요업(窯業)은 더욱 융성하여 정요(定窯)·여요(汝窯)·가요(哥窯)·용천요(龍泉窯)·경덕진요(景德鎭窯) 등에서 생산된 도자기는 중국내외에서 명예를 떨쳐 마침내 중국으로 하여금 도자기의 나라라는 우아한 호칭을 덤으로 받게 했다.

칠기(漆器)방면을 보면, 중국고대의 칠공예는 실로 어떤 국가와도 비교할 바가 아니다. 옻칠기술, 조칠(雕漆 : 칠기에 무늬를 새김)기술, 화칠(畵漆)기술을 막론하고 모두 대단히 우수하였는데, 낙랑고분에서 출토된 것들이 이를 증명한다.

사직품(絲織品)방면을 볼 것 같으면, 중국은 잠사(蠶絲)와 염색기술을 매우 오래 전에 발명하였다. 진·한(秦·漢)에 이르러서는 문채가 현란한 비단이 비단길을 경유하여 구주(歐洲)로 수출되어 일찍이 서양 사람에게 절대적인 경이(驚異)로움을 불러 일으켜, 외국인의 눈에 비단은 중국문명을 대표하는 것으로 인식되었다.

이외에 중국은 2세기 초에 제지술(製紙術)을 발명하였고, 11세기에는 활자 인쇄를 발명하였다. 모두 서양보다 거의 100년은 앞섰다. 한국 등 동아시아 각국은 모두, 멀리 신석기시대에 이미 중국의 공예문명을 접촉하기 시작하였으며, 중국의 각종 공예품·기술이 수입되면서 각국 인민의 열렬한 학습과 모방을 불러 일으켰다. 이 때문에 각국의 물질적 건설에 영향을 주어 움직이는 톱니바퀴의 역할을 하였다. 각국은 금일의 문명이 중국의 기술이 가져다준 것이라는 사실을 잊지 말아야 한다.

[상업활동(商業活動)]부문에 대해 말하면, 수·당(隋·唐)이후 중국은 역대로 모두 적지 않은 상인이 동아시아와 남양(南洋)에서 활약하였다. 그들의 무역활동은 국제 재화의 교류를 촉진하여 각국의 국가 경제와 민생에 대해 실로 지극히 큰 공헌을 하였다. 그들이 가지고 들어간 동방선진국의 우수한 생산품은, 한편으로 각국 귀족부호(貴族富豪)의 사치생활을 윤택하게 장식하였고, 다른 한편으로는 각국 인민이 산업을 개발하고자 하는 큰 뜻을 갖게 하였다. 동시에 그들이 각국을 왕래하며 서적문물의 전입을 포함하여 신지식과 신기술을 전파한 것 또한 각 국 문화의 진보에 도움이 되었다. 각국이 역대로 중국에 대해 조공(朝貢)한 것은 명분상으로는 정치적 수호(修好)이나 실제로는 경제적 실리를 고려한 것으로, 이러한 관방교역(官方交易)은 각국의 사회경제에 대해 아마도 상당한 이익이 있었을 것이다.

제 5편인 사회풍속편(社會風俗編)은 2편의 논문을 수록하였는데, 중국의 의관제도와 풍속습관이 각기 한국에 어떤 영향을 미쳤는지 구분하여 검토하였다.

[의관(衣冠)제도]부문에 대해 말하면, 중국은 옛적에 '화하(華夏)'로 칭해졌는데, 곧 '의관대국(衣冠大國)' 이라는 뜻이다. 중국은 고대에 한편으로는 의관의 문채(文彩)를 이용하여 공덕(功德)을 표창하였고, 한편으로는, 의관을 가지고 형벌(刑罰)에 적용하여 흉악하고 완악한 자를 징계하며 다스렸다. 따라서《역경(易經)》에 이르기를, 황제(黃帝)·요·순(堯·舜)이 '의상(衣裳)제도를 수립함으로써 천하가

잘 다스려졌다(垂衣裳而天下治)' 라 하였다. 의관제도는 귀천을 구분하고, 상벌(賞罰)을 의미하는 것으로, 바로 국가체제의 발동(發動)을 뜻한다. 응당 중국은 이미 문물이 찬연한 의관의 나라가 되었으나 한국 등 동아시아 각국은 여전히 미개상태로 정체되어 있어 나체(裸體)로 신체를 장식하고도 괴이하게 생각하질 않았다. 그 후로 중국 의관제도의 전입으로, 한편으로는 각국이 나체로 몸을 꾸미는 야만적인 풍습에서 벗어나 의관이 분명히 구별된 예의의 나라로 진보하게 되었고, 다른 한편으로는 각국이 예제(禮制)를 확충하여 점차로 국가적 규모를 건립하도록 자극하였다.

[사회풍속(社會風俗)]부문에 대해 말하면, 중국의 풍속, 예를 들어 성씨(姓氏)·절령(節令)·음악·유희(遊戱)·미신, 그리고 혼상(婚喪)·예속(禮俗) 등은 모두 중국이 한국 등 동아시아 각국 인민과의 장기적인 접촉을 거쳐 매우 자연스럽게 각국으로 전해졌다. 시험 삼아 각국이 중국을 모방하여 성씨를 제정하고, 단오(端午)·칠석(七夕)·중추(中秋)·중양(重陽) 등의 절경(節慶)을 거행하고, 중국의 아악(雅樂)·악곡(樂曲)·악기를 수입한 것은 물론, 바둑·그네·씨름·유도(柔道)가 유행하였고, 귀복(龜卜)·역점(易占)·풍수미신(風水迷信)의 보급, 혼상제신(婚喪祭神)의 예(禮)의 모방을 볼 때, 모두 각국이 과거에 한화(漢化)한 일단을 추측하여 알 수가 있다.

끝으로, 제 6편인 종교편(宗教編)은 3편의 논문을 수록하였는데, 중국의 유교·불교·도교가 한국 등 각국에 미친 영향을 분별하여 검토하였다.

[유교(儒教)]부문에 관해서 말한다면, 유학은 원래 종교가 아니었고, 공자는 원래 교주가 아니었으나, 다만 역대 왕조에서 공자를 존중하고 공자를 제사함에 따라 역사상 일정한 형식을 갖춘 유교가 존

재하게 되었다. 따라서 남북조시대에 유·불·도교를 합쳐 '삼교(三敎)'라고 부르기 시작한 것은 전혀 연고가 없는 것은 아니다. 유학이 동아시아 지역에 전파됨에 따라 각국의 조야(朝野)는 경쟁하듯이 서로 공자를 제사하였다. 각국의 관찬 사서(史書)에 의거하면, 나라마다 석전전례(釋奠典禮)를 거행하였는데, 한국에서는 신라 성덕왕(聖德王) 16년(717년)에 시작하였다. 공자에 대한 제사의식은 후대로 내려오면 올수록 규모가 더욱 커졌고, 공자의 묘당(廟堂)은 전국에 두루 퍼졌으며, 따라서 유교에 대해서 존중하고 숭배함은 실로 일반 종교에 손색이 없게 되었다.

[불교(佛敎)]부문에 관해서 말한다면, 불교가 비록 서역에서 흥기(興起)하였지만, 다만 중국의 소화(消化)와 용주(鎔鑄) 과정을 거치면서 실로 불교의 중국화가 이루어지게 되었다. 동아세계의 불교는 중국의 영향을 아주 깊게 받았으며, 각 국의 불교가 의거한 바의 경론장소(經論章疏)는 중국으로부터 나오지 않음이 없었다. 이 경론장소는 모두 중국의 승려가 중국문장으로 번역하거나 찬술한 것인데, 이미 중국 승려의 지혜(智慧)와 창의(創意)가 부가되어서 각 국의 불교사상은 모두 중국과 불가분의 관계를 갖게 되었다. 또한 각 국가의 불교종파에 있어서도 중국 승려가 각국에서 개창한 바이거나, 혹은 각국의 승려가 중국에 유학하고 돌아간 후에 개창한 바였기 때문에 각 국가의 불교종파는 모두 중국 불교종파의 연장이라고 말할 수 있다. 다시 말하자면, 각 국가의 승려가 우연히 서역에 가서 불법을 구한 것을 제외하고는 대부분 중국을 불교성지로 여겼으며, 역대에 중국에 구법(求法)하고 유학(留學)한 연결고리는 단절되지 않았고, 그래서 중국은 각국 승려의 양성소(養成所)라고 말할 수 있을 정도였다.

[도교(道敎)]부문에 관해서 말한다면, 중국 도교사상의 원형인 방사신

선(方士神仙)사상은 일찍이 당(唐)나라 이전에 동아 각국으로 전해 들어갔다. 한국에서는, 어떤 사람은 진시황 때에 방술사(方術士) 한종(韓終)이 이미 남한에 갔었고 그의 자손이 나중에 마한(馬韓)의 군주가 되었다고 인식하였지만, 이것은 진실로 황탄무계(荒誕無稽)한 이야기다. 그러나 방사신선(方士神仙)사상이 일찍 전해 들어갔다는 점은 사실이다. 7세기에 이르러 고구려는 '유학(儒學)과 석학(釋學), 즉 부처의 학문은 함께 홍성하였으나 도교는 아직 성대하지 못함'을 깊이 깨닫고 정식으로 사자를 당나라로 파견하여 도교를 구하니, 唐 태종은 도사 숙달(叔達) 등을 특파하고, 《노자도덕경(老子道德經)》을 지니고 한(韓)으로 가서 전도하도록 하였다. 이로부터 도교는 날로 홍성하였고 신라 말엽에 이르러서는 이미 삼교(三敎)가 병립하는 실상을 갖추게 되었다. 훗날에 고려는 불교왕조가 되었고, 조선은 유교왕조가 되어 모두 도교에 대해 압제를 가했으나, 다만 조선 말기에 동학당인(東學黨人)이 여전히 삼교를 표방하고 거사함으로써 도교신앙이 이미 사람들의 마음에 깊이 파고들어 갔음이 족히 입증되었다.

이상으로 논제의 주지(主旨)를 요약해서 설명하였다. 이는 각 국가의 원시문헌에 근거한 것이며, 과거 사실에 대해 냉철한 정신으로 진술하였다.

대북(臺北)에서 주운영(朱雲影)

차 례

제5편 : 풍속(風俗) 영향

제6편 : 종교(宗教) 영향

제 1 편
學 術

제1편 : 학술(學術) 영향

제1장 사학(史學) 부문

1. 중국의 사학

중국의 문화유산 중에서 사학은 가장 빛을 발한 학문영역으로 간주된다. 일찍이 양계초(梁啓超)가 말하기를, '중국은 각종 학문 중에서 사학이 가장 발달하였고, 사학은 세계 각국 중에서 중국이 가장 발달하였다.'[3]라고 하였다. 이 말은 많은 학자들의 견해를 대신할 수 있을 것 같다.

중국의 사학에는 몇 가지 특징이 있다. 첫째, 중국은 사관(史官)을 설치하였는데, 그 유래가 아주 오래 되었다. 진대(秦代) 이전, 사관(史官)의 주요 직무는 관청의 기록(문)을 관장하는 것이었는데, 한대(漢代)이후에는 사관의 임무가 더욱 분명해져 당대(當代) 또는 전대(前代)의 역사를 주로 편찬하였다. 당(唐)나라 시대에 이르러서는 사국(史局)이 개설되었고 사관 제도는 더욱 정비되었다. 중국은 사관 제도에 힘입어 수천 년 동안 면면히 이어 온 역사의 기록을 남기게 되었다. 둘째, 중국의 역사서는 일찍부터 상당히 진보된 각종의 사서체례(史書體例)를 갖추어 왔다. 편년체(編年體)는 기원전 6세기경의 《춘추(春秋)》에서 기원하여《자치통감(資治通鑑)》에 이르러 집대성되었고, 기전체(紀傳體)는 기원전 1세기경《사기(史記)》에서 창시되어 그 후 역대 황조(皇朝)의 정사(正史)의 사체로 계승되었으며, 12세기경에 원추(袁樞)가《통감기사본말(通鑑紀事本末)》을 찬술함에 따

---

3) 梁啓超,《中國歷史研究法》, 第2章〈過去之中國史學界〉, 民國67年, p.9.

라, 또한 기사본말체(紀事本末體)가 성립되었다. 이외에도 정서(政書)·지지(地志)와 각종 잡사(雜史)가 사학이라는 화원에 만 가지의 꽃이 피어나는 것과 같은 현상으로 나타났다. 셋째, 중국사학은 하나의 특수한 전통을 갖고 있는데, 즉 이른바 `서법(書法)`에 주의를 기울였다는 점이다. 공자가《춘추(春秋)》를 지은 후부터 학자들은 그 미언대의(微言大義)를 다투듯이 연구하였으며,《춘추》가 '포폄(褒貶)을 나타내고, 선악(善惡)을 분별하며, 명분(名分)을 중시하고, 내외(內外)를 엄하게 구분한다.'[4]고 하여, 하나의 글자·구절에 모두 권계(勸戒)작용이 있는 것으로 대부분 인식하였다. 이런 이유에서 사마광(司馬光)의《자치통감》이 있게 되었고, 주희(朱熹)의《통감강목(通鑑綱目)》이 있게 되었다. 주희의 태도는 더욱 철저하여 한마디로 사가를 법관과도 같이 인식하였다. 주희는 말하기를, '오경(五經)안에《춘추》가 있다는 것은 마치 율령(律令)에 판례(判例)가 있는 것과 같은데, 율령은 그 법을 오직 언도하나 판례에 이르고서야 곧 그 법의 효용을 비로소 나타낸다.'고 하였고, 또 말하기를, '《춘추전(春秋傳)》은 상세히 조사하고 검토하여 증거를 세운 것이며,《춘추경(春秋經)》은 옳고 그름을 판단한 것이다.'라고 하였으니,《춘추》·《자치통감》·《통감강목》으로 이어지는 사학 사상이 후세에 미친 영향이 깊고도 먼 점은 실로 우리가 다 상상할 수 없다.

2. 한국의 사학

한국이 중국 사학과 언제부터 접촉하였는지는 아직 제대로 고찰되지 못한 실정이다. 알 수 있는 것은 기원전 2세기 이후 중국이 조선에 군현(郡縣)을 설치한 것이 400여 년이나 되었으므로, 그 동안에

4)《春秋公羊傳》成公 15年: '春秋內其國而外諸夏, 內諸夏而外夷狄.'

중국의 사서(史書)가 조선 땅에 당연히 널리 유포되었을 것이라는 점이다. 《북사(北史)》 〈고구려전〉 에서 이르기를, '서책으로는《오경(五經)》· 삼사(三史: 즉《史記》·《漢書》·《後漢書》) ·《삼국지(三國志)》·《진춘추(晉春秋)》가 있다.' 고 하였다. 같은 책,〈백제전〉에 이르기를, '그 서적으로는 오경·자(子)·사(史)가 있다.' 고 하였다.

중국사서의 전파 영향으로 6세기경에 한국은 이미 역사기록을 시작하였다. 신라의 사서 편찬에 관하여,《삼국사기》 권20, 〈신라본기〉 제4.에 의하면,

> 진흥왕(眞興王) 6년(545년) 가을 7월에 이찬 이사부(伊湌 異斯夫)가 상주(上奏)하여 이르기를, '국사(國史)란 군신의 선(善)과 악(惡)을 기록하여, 만대에 칭찬하여 올려주기[포(褒)]도 하고 꾸짖어 깎아 내리기[폄(貶)]도 하기 위함인데, 국사를 찬수하지 않으면 후대가 무엇을 보겠습니까?' 라고 하니, 왕이 그 점을 깊이 새겨 받아들이고 대아찬 거칠부(大阿湌 居柒夫) 등에 명하여 문사(文士)를 널리 모집하고 그들로 하여금 (국사를) 수찬(修撰)하도록 하였다.

라고 하였다. 고구려의 사서에 관하여는 같은 책, 권20, 〈고구려본기〉 제8.에 이르기를,

> 영양왕(嬰陽王) 11년(600년) 봄 정월에 대학박사 이문진(大學博士 李文眞)에게 조령(詔令)을 내려 고사(古史)를 요약하여《신집(新集)》5권을 만들도록 하였다. 국가 초기에 처음 문자를 사용했을 때, 어떤 사람이 서책을 100권으로 분철하고 역사사실을 기록하고는 명명(命名)하여 이르기를,《유기(留記)》라 하였는데, 이에 이르러 내용을 줄이고 가다듬어 찬수(纂修)한 것이다.

라고 하였다.

백제의 사서 편찬 실정에 관하여,《삼국사기》는 비록 기재하지 못하였으나《일본서기(日本書記)》는 이미 누차 각종의 백제 사서를 인용하였는데,〈신공기(神功紀)〉 47년 · 62년 조(條), 응신기(應神紀)〉 8년 · 25년 조,〈웅략기(雄略紀)〉 20년 조는〈백제기(百濟紀)〉를 인용하였고,〈웅략기〉 2년 · 5년 조,〈무열기(武烈紀)〉 4년 조에서는《백제신찬 (百濟新撰)》을 인용하였으며,〈웅략기〉에서 네 곳,〈흠명기(欽明紀)〉에서는 열네 곳이나《백제본기(百濟本紀)》[5]를 인용하였다.《삼국사기》에서 번번이 제시한 백제의 고기(古記)는 대개가 바로 위에서 서술한 각종의 사서를 가리키는 것이다. 백제 · 고구려가 당나라에 멸망하고 신라가 조선반도(삼국)를 통일하면서 부단히 자제들을 당나라에 유학시켜, 당나라 문풍(文風)의 영향 아래에서 신라 사학은 가시적인 발전이 있었으나, 사관의 부족이라는 문제가 있어 지금은 단지 당나라 유학생 최치원(崔致遠)이 일찍이《제왕연대력(帝王年代曆)》을 찬술한 사실만을 알 뿐, 나머지는 아직 고찰할 수 없는 실정이다.

왕건(王建)의 고려가 새로이 건국되면서 처음 송나라 왕조의 사례에 의거하여 편수관(編修官)을 설치하고 실록(實錄)을 편수하였다.

즉《동국통감(東國通鑑)》권30, 고려 예종(睿宗) 17년(1122년) 9월 조에,

> 《예종실록》을 편수토록 명령하였다. 먼저 평장정사(平章政事) 한안인(韓安仁)이 상주(上奏)하기를, '예종께서 17년 간 재위하셨

5) 今西龍의《(百濟史硏究)》, p. 80.에서는 백제 근초고왕 시기부터 처음으로 기록이 있었고,《百濟本紀》는 추고(推古) 28年(서기620년)에 작성되었다고 말한다.

으니, 치적이 마땅히 사책(史冊)에 기재되어 그 후세에 전해져야 하므로 송나라의 사례를 참작하여 실록편수관을 설치하기를 청합니다.' 라고 하였다. 이에 법을 제정하고 보문각 학사 박승중(朴昇中)·한림학사 정극승(鄭克承)·보문각 시제 김부식(金富軾)을 편수관으로 충원하였다.

라고 하였다.

고려 인종(仁宗) 23년(1145)에는 또 김부식 등에게 명하여《삼국사기》를 편수토록 하였는데, 이것은 한국에 현존하는 가장 오래된 사서(史書)이다. 이 사서의 내용은 〈신라본기〉 12권, 〈고구려본기〉 10권, 〈백제본기〉 6권, 〈연표(年表)〉 3권, 〈지(志)〉 9권, 〈열전〉 10권을 포괄한다. 고려 고종(高宗) 때의 사람 이규보(李奎報)가 편찬한《동명왕편·서(東明王篇·序)》내용 안에 `김공부식국사중찬지제(金公富軾國史重撰之際)` 라는 어귀(語句)가 있는데, 김부식이 과거의 사고(史稿)를 이용하여 중편(重編)하였고, 그 외에도 중국의 사서를 참고하여 사적(史籍)의 결여된 부문을 보충한 것임을 알 수 있다.[6]《삼국사기》〈진서표(進書表)〉에서 말하기를,

신(臣) 부식(富軾)이 아뢰옵니다. 옛 열국(列國)은 각기 사관(史官)을 설치하고 시사(時事)를 기록하였습니다. 그런 이유에서 맹자가 이르기를, '진(晉)의 승(乘)·초(楚)의 도올(檮杌)·노(魯)의 춘추(春秋)는 한가지이다.'[7] 라고 하였습니다. 오직 이 해동(海東) 삼국은 역사의 연대가 장구하니, 마땅히 그 사실을 방책(方策)에 저록(著錄)하고, 원로(元老) 신료에게 명령하여 그것을 편집토록

---

6) 日本東京大學,《三國史記校訂本》(大正2年 刊行)

7)《孟子》,〈離婁〉下: "晉之乘, 楚之檮杌, 魯之春秋, 一也."

하여야 합니다. … 금일의 학사(學士)·대부(大夫) 중에는 오경제자(五經諸子)의 전적(典籍)과 진·한(秦·漢) 역대의 사서에 대해서는 통달하고 자세히 말하는 자가 있음에도 우리나라의 역사적 사실에 관하여는 오히려 그 시말(始末)을 까마득히 알지 못하니, 심히 한스럽습니다. 항차 신라·고구려·백제가 나라의 기틀을 열어 서로 정립(鼎立)하며 예(禮)로써 중국과 교통할 정도가 되었기 때문에 범엽(范曄)의《후한서(後漢書)》·송기(宋祁)의《신당서(新唐書)》에는 모두 우리 삼국의 열전(列傳)이 있기는 하나, 저들 국내(중국)는 상세하게 기록하고, 국외는 간략하게 기술하였으며, (한편) 갖추고 기재한 것이 적지는 않으나, 또 그 옛 기록은 문자가 거칠고 역사의 발자취가 잘못되고 빠져 있습니다. 이로써 군주와 왕후의 선악(善惡), 신료의 충성과 사악(邪惡), 국가의 안위(安危), 인민의 치란(治亂) 이 모두 권계(勸戒)를 세워 드러낼 수 없으니, 마땅히 삼장[三長 : 才·學·識][8]을 겸비한 재사(才士)를 얻어 일가(一家)의 사서(史書)를 작성하여 만세에 남겨주면, 해와 별과도 같이 빛날 것입니다.

라고 하였다.

찬술자가 '진·한(秦·漢) 역대의 사서에 대해서는 통달하고 자세하게 말하는 자가 있음에도 우리나라의 역사적 사실에 관해서는 오히려 그 시말을 까마득히 알지 못하는' 상황을 개탄하였는데, 이는 국가의식의 각성을 표시한 것이다. 바로 국가의식의 작용으로 말미암아《삼국사기》의 기재는 꾸며서 쓰다 보니[분식(粉飾)], 실질을 상실한 부분이 자못 많았다.[9]

---

8) 청대역사이론가 장학성(章學誠)이 제시한 사가가 갖추어야할 세 가지[才·學·識]을 말함이다.(《新唐書》권132, 열전 제57〈劉子玄傳〉)

9) 朱雲影,《韓國史略》「三國時代」연도 미상.

또,《고려사》이래 한국의 대부분의 사서는 모두 전왕(前王)이 죽은 다음 해로 원년(元年)을 칭하였으나,《삼국사기》는 오히려 전왕의 죽은 해를 다음 왕의 원년으로 삼는 법도를 채택하였는데, 즉 전왕의 말년을 다음 왕의 원년으로 간주한 것이다. 이 점에 관하여 찬자(撰者)는 일찍이 아래와 같이 설명을 하였다.[10]

> 인군(人君)이 즉위하고 해를 넘겨서 元年이라 칭한 것은 그 법이《춘추》에 상세하게 있는데, 이것은 선왕 때부터 내려온 고칠 수 없는 전례(典例)이다.《상서(尙書)》〈이훈(李訓)〉편에서는, '성탕(成湯)이 돌아가니, 태갑 원년(太甲 元年)이다.' 라고 하였다.《오경정의(五經正義)》<書經正義>편에서는, '성탕이 돌아가니, 그 해는 즉 태갑 원년이다.' 라고 하였다. 그러나《맹자》에서는, '탕왕(湯王)이 세상을 떠났는데, 태정(太丁)은 아직 왕에 오르지 않았고 외병(外丙)은 2년이고, 중임(仲壬)은 4년이다.' 라고 하였다고 했다. 그런즉 아마도《尙書》에서는 탈간(脫簡)함이 있고,《오경정의(五經正義)》에서는 잘못 말함[오설(誤說)]이 있지 않나 의심스럽다. 혹자가 말하기를, '옛날 임금이 즉위하면 혹은 달(月)을 넘겨 원년이라 칭하거나, 혹은 해(年)를 넘겨서 원년이라 칭하였다.' 고 한다. 달을 넘겨 원년이라 칭한 것은 '성탕이 이미 죽으니 태갑 원년이라고 한 것' 이 그것이고,《맹자》에서 '태정은 아직 왕위에 오르지 않았다' 라 말한 것은 태정이 임금 자리에 서지 못하고 죽었다는 말이요, '외병은 2년이고 중임은 4년이라' 함은 태정의 아들인, 태갑의 두 형제가 혹은 2년, 혹은 4년을 살다가 죽음으로 인하여 태갑이 탕을 계승할 수 있었을 뿐임을 말하는 것이다. 그렇다면《사기》에서 중임과 외병을 두 임금(君)으로 기록한 것은 잘못이다.

10)《三國史記》〈新羅本紀〉第一, 南解次次雄條.

> 그러므로 전자는 즉 선군(先君)이 돌아간 해를 즉위 원년으로 칭한 것이니 잘못이다. 후자는 상[商: 즉 殷나라]인의 실례에 맞춘 것이라 말할 수 있다.

라고 하였다.

다만 후일의 한국 사가는 오히려 홍년칭원법[薨年稱元法 : 전왕이 죽은 해가 다음 왕의 원년으로 지칭하는 법규]이 대의(大義)와 인경(麟經)[11] 즉《춘추》에 어긋남이 있음을 지적하여 배척하였다. 권근(權近)은 일찍이 유년칭원법(踰年稱元法 : 전왕이 죽은 다음 해가 신왕의 원년)을 써서 삼국의 역사를 한 번 더 다시 편찬하였다. 그러나 기년(紀年)함에 앞뒤가 맞지 않아 일어난 혼란을 모면하기 위함일 뿐이어서,《동국통감》·《동사강목(東史綱目)》등의 사서가 삼국시대에 관한 칭원[稱元 : 원년을 칭함]에 있어서는 여전히 구법(舊法)을 이어받아 고치지 않았다.

김부식이《삼국사기》를 편찬한 이후 약 140여 년 만에 또 승려 일연(一然)이《삼국유사》한 질(帙)을 편찬하였다. 그 서책은 5권으로 편제하였는데, 앞 2권은 단군에서 삼국까지의 이야기로 전해오는 괴이한 일(遺聞異事)을 기재하였고, 뒤 3권은 불교사(佛教史)에 관한 자료이다. 본서의 뒷부분에 서술한 단군고사(故事)는 훗날 한국 사가들이 진지하게 즐겨 이야기한 단군개국설(檀君開國說)의 바탕이 되었는데, 다만 그것의 출전이라 하는《위서(魏書)》를 조사해 보니, 실

11) 孔子께서《春秋》를 저술함에 있어 직접적인 계기가 된 사건이 있다.《춘추좌전》에 의하면, "哀公14년 봄에, 서편 大野에서 사냥놀이를 하였던 바, 숙손씨의 車夫 서상이 기린을 잡았으나, 상서롭지 못하다고 여기고, 산택을 관장한 虞人에게 하사하였다. 孔仲尼께서 이를 보고 이르길: '麒麟이로다.' 라고 하니, 그런 후에 이를 취해 기록하다(哀公十四年春, 西狩於大野,叔孫氏之車子鉏商獲麟,以爲不祥,以賜虞人.仲尼觀之曰麟也.然後取之.)" (杜預集解를 참조함).
기원전 481년 서편지역에서 사냥꾼이 사냥하던 중, 기린이 사냥감이 아닌 상서로운 짐승임에도 사냥감여부를 분간하지 못하고 어리석게도 기린을 잡아 죽이고 말았다. 참 지도자가 없어 백성이 시비를 가리지 못하는 현세를 한탄하며《춘추》를 지었다고 전한다. 따라서 "春秋經"을《麟經》이라고도 칭한다.

은 단군의 기재와는 무관하였다. 그래서 조선의 역사가 중 상당수는 단군설이 황당하고 근거가 없다 하여 배척한 것이다.[12)]

그러나 《삼국유사》가 비록 그와 같이 근엄한 사서라고 할 수는 없더라도 대체로 삼국시대의 얼마간의 원시적 사료를 보존하였다.

후래에 충숙왕(忠肅王)은 민지(閔漬)에게 명하여 고려의 《편년강목(編年綱目)》을 편찬토록 하였고, 충목왕(忠穆王)은 이제현(李齊賢)·안축(安軸) 등에게 명하여, 충렬(忠烈)·충선(忠宣)·충숙왕(忠肅王)의 실록(實錄)을 편찬토록 하였으나, 불행히도 모두 전해지지 않는다. 공양왕(恭讓王) 때에 실록을 정리하여 국사를 편찬하려는 의론(議論)이 있었으나, 역시 오래지 않아 나라가 멸망하여 수포로 돌아갔다. 《고려사》 권117, 〈정몽주전(鄭夢周傳)〉에서 이르기를,

> (공양왕) 3년(1391년), 왕께서 경연관(經筵官)에게 말씀하시기를, '오늘날 사람은 중국의 고사(故事)는 알면서도 본조(즉 고려)의 고사는 알지를 못하니, 옳은가?' 라고 하니, 몽주가 대답하기를, '근대사는 모두 찬수되지 않았고, 선대의 실록 역시 상세하지 않으니, 청컨대 편수관을 설치하시고 《통감강목(通鑑綱目)》에 의거해서 실록을 편찬하도록 하여, 성찰하고 거울삼을 자료를 갖추소서.' 라고 하니, 왕께서 이를 받아들여 곧 이고(李稿)·이숭인(李崇仁) 등에게 실록을 찬수토록 하였으나, 실행하지는 못하였다.

라고 하였다.

조선왕조가 흥기하면서 유가(儒家)적인 문치주의를 채택하였다. 태조 원년(1392년) 7월, 예문춘추관(藝文春秋館)을 설치하여 교명(敎命)을 논의하고 국사(國史)의 일을 관장토록 하면서 사관의 지위는 점

12) 안정복은 《동사강목(東史綱目)》을 편찬하여 단군설화이 황당무계하다고 배척하였고, 서거정도 《동국통감(東國通鑑)》을 편찬하고, '이설은 의심스럽다.' 라고 말하였다.

차 중요해졌다. 태조가 일찍이 한 두 차례 사고(史稿)를 열람코자 하였으나 사신(史臣)이 모두 반발하며 명령을 따르지 않았다. 《태조실록》 권 14, 무인 6년(1398년) 6월 조에 의하면,

> 병진(丙辰)에 감예문춘추관사(監藝文春秋館事) 조준(趙浚) 등이 전조(前朝)의 공민왕에서부터 공양군(君)에 이르기까지 이미 편수한 실록 및 전하(태조) 임신년 이래의 사초(史草)를 수납해서 감수하고 진언코자 하였다. 사관 신개(申槪) 등이 상소하기를, "살펴보건대, 옛 열국(列國)에는 각기 사관을 두어 군주의 언행정사(言行政事), 신료의 시비득실(是非得失)을 모두 직서(直書)하여 은폐하지 않았습니다. 그런 까닭에 당대 군신은 그 시사(時史)를 비밀삼아 후세에 남겼고, 호령언동(號令言動)을 할 때에는 그로 인하여 감계(鑑戒)로 여겨 잘못을 감히 않고자 하였으니, 그것이 사관을 설치한 깊은 취지입니다. 옛날에 唐나라 태종이 방현령(房玄齡)에게, '전세(前世)에 사관이 기록한 것은 인주(人主)로 하여금 보지 못하게 함은 무슨 까닭인가?' 라고 하문하니, 현령이 대답하기를, '사관은 헛되이 미화하지 않고 악행을 은폐하지 않아야 하는데, 인주가 이를 보면 반드시 진노할 것이니, 고로 감히 진헌(進獻)하지 않는 것입니다.' 라고 하였습니다. … 신 등은 전하께서 역사를 보시어 무엇을 하시려 하는지 알지 못합니다. 엎드려 원하옵건대, 창업 군주는 자손이 본받아야 할 대상임을 유념하소서. 전하께서 이미 시사(時史)를 열람하시면 다음 세대의 군주께서 입을 빌려 반드시 '나의 고친(考親)께서 열람하신 바이다. 나의 고조(考祖)께서 행하신 바이다.' 라고 하며 더욱 서로 계승하여 일상적인 일로 여기게 될 것이니, 사신(史臣) 중에 누가 감히 붓을 잡고 있는 그대로를 쓸 수 있겠습니까? 사관은 직필(直筆)하지 않고 악(惡)함을 미화하여 보일 것이며 권계(勸戒)의 의의를 세움이 흐려질 것이니,

그렇다면 한 시대의 군신(君臣)들이 꺼려서 하지 않고 몸을 가다듬어 성찰할 것이 무엇이겠습니까?"

라고 하였다.

조선 정종(定宗)때에 사관에게 특별히 명하여 좌우에서 입시(入侍)하여 시정(時政)을 기록토록 하였다. 즉,《정종실록》권1, 기유원년(己卯 元年)(1339년) 봄 정월 조에 의하면,

> 사관이 경연(經筵)에 비로소 입시(入侍)하였다. 처음에는 주상(主上)이 사관을 가까이 하지 않았으나 문하부(門下府)에서 상소하여 재청하였는데, 소략(疏略)하여 말하기를, '사관의 직분은 인주(人主)의 언동, 시정(時政)의 득실(得失)을 있는 그대로 써서 꺼리지 않음으로써 후세에게 가르쳐 인도하는 것이기 때문에 역사기록을 보고 자신의 행동을 성찰하도록 하고 권계(勸戒)를 드리우게 하는 것입니다. 전조 고려의 말기에는 인주(人主)가 황당무도하고 부녀와 환관을 근친(近親)하면서 충성스럽고 선량한 신하들을 멀리하였으며, 사관의 직서(直書)를 꺼려서 가까이 있게 하지 않음이 아주 극심하였습니다. 마땅히 전조의 실책을 거울로 삼아 사관을 두는 의의를 생각하사 특별히 사관으로 하여금 매일 좌우에 입시(入侍)하여 인주의 언동과 시정(施政)을 기록하도록 함으로써 만세의 큰 규범으로 삼아야할 줄 압니다.' 라고 말하니, 왕이 이에 따랐다.

라고 하였다.

성종(成宗) 때에는 더욱이 사관에게 앉아서 시사(時事)를 기록하도록 허락하였다. 즉,《성종실록》권231, 기유 21년(1489년) 8월 조(條)에 의하면,

'(신은) 또 중국 조정에서 사관은 지필(紙筆)을 잡고 황제의 좌우에서 입시(入侍)하였다고 들었습니다. 중국 조정의 제도가 이미 이와 같았다면, 땅에 엎드려서 시사(時事)를 기록하는 것은 신의 생각으로는 불가하다고 생각합니다.' … 검토관 김전(檢討官 金銓)이 이르기를, '사신(史臣)이 땅에 엎드리는 것은 신의 생각으로는 불가하다고 여겨집니다. 고사(古史)가 이르기를, '이필자(珥筆者 : 붓을 귀에 꽂고 받아 적을 준비를 하고 있는 사람)가 누구인가?' 라고 하니, 대답하기를, '사관(史官)입니다.' 라고 하였으니, 옛날에 사관은 땅에 엎드리지 않았음이 분명합니다. 신의 뜻으로는 사관 두 사람이 지필을 가지고 좌우에 앉게 해도, 곧 조정의식(朝庭儀式)을 문란하게 하는 것이 아니라고 생각합니다.' 라고 하니, … 주상(主上)이 이르기를, '이제부터 사관은 앉아서 기사(記事)토록 하라.'

고 하였다.

이처럼 사관 지위의 제고와 역사편찬사업의 중시로 말미암아 조선 500년간은 사학이 매우 발달하게 되었다.

중국 각종의 사체(史體)는 기전(紀傳) · 편년(編年) · 기사본말(紀事本末) · 정서(政書)와 각종 잡사(雜史)를 포괄하였는데, 조선은 모두 전적으로 이를 모방하였다.

기전체(紀傳體)의 명저로는 정인지(鄭麟趾) 등이 조칙(詔勅)을 받들어 편찬한《고려사》권 138.이 있다. 당초 조선의 태조는 정도전 등에게 고려 역대 실록을 이용하고,《자치통감(資治通鑑)》을 모방하여《고려사》37권을 편찬토록 하였으나, 내용이 빠지고 완전하지 않아 태종이 사신(史臣)에게 수정토록 계속 명하였고, 여전히 제대로 보충하지 못하였다가 세종 때에 정인지 등에 명하여 개편하여 기전체로 만들어 문종 원년(1451년)에 본《고려사》를 편찬하였다. 이는 한국의 가장 완비된 단대사(斷代史)이다. 여번사(勵樊榭)가 편찬한 《요사습유(遼史拾遺)》는 《고려사》를 주로 참고하였다.

그 뿐만 아니라 《고려사》 권138의 체례(體例)는 완전히 중국의 정사(正史)를 모방하였다.

가. 〈세가(世家)〉 46권

중국정사는 모두 황제를 위하여 〈본기(本紀)〉편을 세웠지만, 《고려사》는 왕실을 〈세가(世家)〉편에 편입하였는데, 이는 중국을 추존(推尊)하기 위함이니, 결국 《춘추》의 대일통(大一統)의 의의에 바탕을 둔 것이다. 《고려사》 범례에서 이르기를, '《사기》를 살펴볼 때, 천자의 편목은 `기(紀)` 라하고, 제후(諸侯)의 편목은 `세가`라고 기재하였는데, 지금 《고려사》를 찬수함에 있어 왕기(王紀)를 `세가`로 삼음으로써 명분을 바르게 하였다. 그 서법(書法)은 양한서(兩漢書), 즉 《전한서》·《후한서》, 그리고 《원사(元史)》를 표준으로 삼았고, 사실(史實)은 언사(言辭)와 더불어 모두 여기에 기록하였다.' 고 하였다.

나. 〈지(志)〉 30권

중국정사는 《사기》의 여덟 개 `서(書)`편, 《한서》의 열 개의 `지(志)`편 이래로 대체로 `서 · 지(書 · 志)`편이 있다. 《고려사》는 천(天) · 문(文) · 역(曆) · 오행(五行) · 예(禮) · 악(樂) · 여복(輿服) · 백관(百官) · 선거(選擧) · 식화(食貨) · 병(兵) · 형법(刑法) 등 열 두 개의 `지`편을 모방하여 편찬하였다. 범례에서 지칭하기를, '역대사의 `지(志)`를 살펴볼 때, 각 왕조마다 같지 않았는데, 《당지(唐志)》에 이르러서는 사실 그대로를 가지고 조직하여 편(篇)을 만듦으로써 고핵(考核)하기가 어렵다. 지금 고려사를 편찬하는데 있어서 `지`편은 《원사(元史)》를 표준으로 삼아 조목으로 나누고 부류별로 모아 열람자로

하여금 쉽게 고찰할 수 있도록 하였다.' 라고 하였다.

다. 〈표(表)〉 2권

《사기》에는 열 개의 `표`편이 있고, 《한서》에는 여덟 개의 `표`편이 있는데, 《고려사》에는 단지 `연표(年表)` 두 편만 지어 심히 간략하게 되어있다.

라. 〈열전(列傳)〉 50권

《고려사》는 중국정사를 모방하여 `열전`편을 세웠는데, 첫머리에는 후비(后妃), 다음에는 종실(宗室), 그 다음에는 모든 신료, 그리고 〈반역전〉으로 종결지었다. 또, 《한서》 〈왕망(王莽)전〉을 모방하여 재위기간이 16년이나 되나 혈통이 의심스런 신우부자(辛禑父子)는 강등하여 `열전`을 만들어 수록하였다.

편년체의 사서(史書)는 조선시대에 더욱 특별히 풍부하였다. 그 중 널리 유행하고 영향이 큰 것은 세종 때 서거정(徐居正) 등이 왕명을 받들어 편찬한 《동국통감(東國通鑑)》이다. 이 사서는 모두 56권으로 《삼국사기》와 《고려사》에서 취재(取材)하였고, 신라 · 고구려 · 백제 삼국에서부터 고려 공양왕 때에 이르는 역사적 사실을 기록하여 1,400여 년을 포괄하였다. 그 외에 단군조선 · 기자조선 · 위만조선 · 한사군 · 이부(二府)[13] · 삼한은 외기(外紀)로 만들어 권(卷)의 머리에 배치하였다. 그 〈진서전(進書箋)〉에 이르기를,

> '잘 다스려져 나라가 흥한 때와 어지러워져 나라가 망한 때가 많았으니, 나라의 흥망은 이미 지나간 사실에서 거울삼을 수 있으

13) 전한서(前漢書)》에 의하면, '소제(昭帝)시원(始元) 5년 기해(己亥)년에 두개의 외부(外府)를 두었다. 이것은 조선(朝鮮)의 옛 땅인 평나(平那)와 현토군(玄菟郡) 등을 평주도독부(平州都督府)로 삼고, 임둔(臨屯) · 낙랑(樂浪) 등 두 군(郡)의 땅에 동부도위부(東部都尉府)를 둔 것을 말함이다.' 라고 함. 한사군이후 상황을 말하는 것임.

므로 헛되이 미화하지 않고 악을 은폐하지 않아서 찬미할 것과 증오할 것을 장래에 마땅히 보여야 합니다. 역대로 역사를 편찬하는 규례(規例)를 보니, 편년(編年)으로 근본을 삼았습니다.《자치통감》은 속수[涑水: 편찬자인 司馬光의 號]에게 처음부터 편찬을 맡겨서, 사마천의《사기》의 서법(書法)인 기전체의 말과 글이 쓸데없이 길게 된 문제점을 벗어버렸고,《통감강목》은 회암[晦菴: 편찬자인 朱熹의 號]에게서 발휘되어《춘추》의 곤월(袞鉞: 황제의 도끼, 즉 천자 중심의 상하질서를 깨는 제후 등의 행위에 대해 경종을 울림)의 오묘함을 얻었습니다. … ' 라고 하였다.

즉,《동국통감》의 찬술은《자치통감》과《통감강목》을 받들어 규얼(圭臬 : 법도, 규범)로 삼았기 때문에 이 책은 특별히 서법(書法)에 주의를 집중하였으며, 더욱이 정통(正統)과 윤통(閏統)의 판별에 유의하였다. 그 범례를 보면,

가. 삼국의 세력은 균등하여 적수(敵手)를 이루어 주군(主君)이 한 사람일 수 없으므로,《통감강목》에서의 무정통(無正統)의 예기(例記)를 따랐고, 다만 입국(立國)의 선후를 가지고 그 연(年)을 나누어 주(注)를 달아 그 기(紀)를 칭하여 〈삼국기(三國紀)〉라 하였다. 신라통일 이후에는 비로소 그 연(年)을 크게 써서 〈모국기(某國紀)〉라 칭하였다. 모든 왕은《자치통감》의 선례(先例)에 의거하여 먼저 모왕(某王)이라고 기록하였다.

나. 모든 해(年)는 필히 중국의 연호를 먼저 써서 중국을 추존하였다. 신라는 일찍이 자체의 연호를 사용하였는데, 분수가 지나쳐서 중국과 견주려한 것인 까닭에 이를 삭제하였다.

다.《통감강목》은《춘추》의 필삭지의(筆削之義: 쓸 만한 것은 쓰

고, 삭제할 것은 삭제하는 의의)를 계승하여 포폄(褒貶)을 드러내어 권장할 만한 것과 경계해야 할 것을 보였는데, 진경(陳桱)은 이 때문에《속편강목(續編綱目)》을 지었고, 소미(少微)의《통감절요(通鑑節要)》, 장광계(張光啓)의《속편절요(續編節要)》에 이르기까지 대개 명교(名敎)국가의 체통에 관계가 있는 것은《통감강목》의 예를 대략 모방하여서, 먼저 그 강(綱)을 제시하고 후에 그 사실(史實)을 서술하였는데, 이제 그것을 추종하였다.

라. 선덕 · 진덕 · 진성(여왕)은 여자로서 존위(尊位)에 있었으나, 비정상적인 변칙은 후세에 교훈이 되지 못하는 까닭에 낮추어 '주(主)'라 칭하였다.

마. 신우(辛禑)는 왕망(王莽)의 선례에 의거하여 다만 갑자(甲子)를 써서 주(註)에 그 연(年)을 썼다. 창(昌)의 왕위는 본디 오래 유지되지 못해 공양왕 원년에 부기(附記)하였다.

《동국통감》의 기재는 고려조에서 끝을 맺었다. 조선의 편년사(編年史)로는 신숙주(申淑舟) · 조경(趙曔) · 정원용(鄭元容) 등이 왕명을 받들어 새로이 편찬한《국조보감(國朝寶鑑)》90권이 있다. 이 책의 저술 목적은 역대 국왕의 훌륭한 말과 모범이 되는 행동을 집록(輯錄)하여 후세가 본받도록 하는데 있었기 때문에 꾸밈과 과장이 많아 사료의 가치가 매우 적은 편이다. 윤득운(尹得雲)이 찬술한《조야첨재(朝野僉載)》29권은 조선 태조에서 숙종 때까지의 사적을 연도 별로 기록하였다.《통감강목》을 모방한 것에는 윤여하(尹汝河)가 편찬한《동국통감제강(東國通鑑提綱)》13권,《휘찬려사(彙纂麗史)》48권이 있고, 유계(兪棨)가 찬술한《여사제강(麗史提綱)》27권, 임가덕(林家德)이 찬술한《동사회강(東史會綱)》27권이 있다.

그런데 가장 주시해야 할 것은 안정복(安鼎福)이 편찬한《동사강목

(東史綱目)》 20권이다. 안씨는 청조(淸朝)의 학풍에 크게 영향을 받아 고거방법(考據方法)에 정밀하였으며, 그 사서에는 고이(考異)·괴설변증(怪說辨證)·잡설(雜說)·지리고(地理考)·강역연혁고정(彊域沿革考正)·분야고(分野考) 등을 부록 편으로 편제하였는데, 모두 아주 참고할 만한 가치가 있다고 본다.

기사본말체(紀事本末體)의 명저로는 이긍익(李肯翊)의 《연려실기술(燃黎室記述)》이 있다. 이 사서는 정편(正編) 31권·속편(續編) 6권·별편(別編) 19권을 포괄한다. 정·속편은 태조에서 숙종 때까지의 역사적 사실을 기재하였고, 별편은 예악(禮樂)·형정(刑政)·법제(法制) 등 편년사에서 다루기 어려운 역사적 사실을 수록하였다. 이 책은 여러 사람의 야사(野史)를 널리 채집하여 분류, 기재하였고, 출전(出典)을 주(註)로 밝혔으며, 원문을 함께 기록하여 자기 임의대로 개정하지 않아 가히 조선에서 가장 풍부한 사료 가치가 있는 사서(史書)라 말할 수 있다.

정사류(政事類)의 명저로는 《문헌통고(文獻通考)》를 모방하여 편찬한 《동국문헌통고(東國文獻通考)》가 있다. 당초에 조선의 영조는 홍봉한(洪鳳漢)·김상복(金相福) 등에 명하여 편찬토록 하였고, 13고(考)로 분류하였다. 후에 정조가 또 이만운(李萬運)에게 명하여 내용을 보충하도록 하였으나 간행되지 못했다. 근세조선 말기에 박용대(朴容大) 등에게 다시 명하여 정조 이후 광무(光武) 8년(1904년)까지의 역사사실을 속찬(續撰)토록 하니, 16고(考)로 나누어, 《증보문헌통고(增補文獻通考)》 250권을 편성하였다. 한치윤(韓致奫)의 《해동역사(海東繹史)》는 정서의 부류에 속하여, 세기(世紀)·성력(星曆)·병형(兵刑)·예악(禮樂)·식화(食貨)·산물(産物)·풍속(風俗)·궁실(宮室)·관씨(官氏)·석(釋)·교빙(交聘)·예문제지(藝文諸志)를 포괄하였고, 그 외에도 인물 · 일본 · 숙신(肅愼) 등의 여러 `고(考)`편이 있는데, 일찍이 중국의 사서 468종, 일본의 사서 22종을 참고하였으니, 그 취재의 풍부함을 볼 수 있다. 이 외에도 조선의 여러 왕은 계속 하여《경국대전(經國大典)》·《대전속록(大典續錄)》·《속대전(續大典)》·《대전회통(大典會通)》·《전록통고(典錄通考)》 등을 편찬하였다.

위에서 서술한 각종의 사서 이외에 특별히 주의할 가치가 있는 것은 조선의《실록(實錄)》이다.《조선왕조실록》은 태조에서 철종에 이르기까지 25왕 470여 년 간(1392~1863년)의 역사 기록을 포괄하며, 모두 1,708권, 824책, 4,840여만 자로 만들어져 있다. 또 시정(時政)의 경과(經過) 내용을 기록한 것에는《승정원일기(承政院日記)》·《궁내부일기(宮內府日記)》·《밀서감일기(密書監日記)》·《일성록(日省錄)》 등이 있는데, 이들 모두는 조선근대사를 연구하는 가장 귀중한 원시사료이다.

다음으로 조선의 사학사상을 간략히 검토해볼 수 있다. 주자학은 조선 500년간의 정통 학술이어서《강목(綱目)》사상도 조선 사학계의 주류를 이루었다. 세종 이후 모든 왕은《자치통감》과《통감강목》에 대해 추숭(追崇)하여《강목 · 통감훈의(綱目 · 通鑑訓義)》·《강목강의(綱目講義)》 등의 책을 편찬하였다.《세종실록》권73, 병진 18년(1436년) 7월 임술일 조에 의하면,

> 이계전(李季甸)과 김문(金汶) 등에게 명하여《강목(綱目)》·《통감(通鑑)》의 훈의(訓義)를 찬술(撰述)하게 하고, 유의손(柳義孫)으로 하여금 서문을 짓게 하였다. 그 서문에, 주문공(朱文公)의《강목(綱目)》은 춘추(春秋)의 필법(筆法)을 본받았으니, 그 글은 역사기록이지만, 그 뜻은 경서(經書)이다. 임금께서 집현전 부교리(集賢殿副校理) 이계전(李季甸) · 김문(金汶) 등에게 명하시기를, '무릇

> 학문하는 방법은 경학(經學)을 근본으로 삼을지니, 진실로 마땅히 먼저 읽어야 할 것이다. 그러나 다만 경학만 공부하고 역사를 통하지 않는다면 그 학문은 넓지 못할 것이다. 사학(史學)을 공부하고자 한다면《통감강목》만한 것이 없다. 지난번에 이미《자치통감훈의(資治通鑑訓義)》를 찬술하였으므로, 또 이 책으로 인하여《통감강목》까지 아울러 주해(註解)하여 후학(後學)에게 은혜를 베풀고자 하니, 너희들은 그것에 힘써라.' 고 하시었다. … '신은 깊이 생각하건대, 역사기록이 세상에 전해 온 것이 많지만《통감》보다 상세한 것이 없고《강목》보다 요긴한 것이 없으니, 실로 천하 만세(萬世)의 귀감(龜鑑)인 것입니다.' 라고 하였다.

《춘추》·《통감》·《강목》등 하나의 계통이 있는 사서의 유행에 따라서 강목사상은 한 시대를 풍미하였는데, 강목사상은 두 가지 측면에서 그 의의를 살필 수 있다.

하나는, 대의명분을 선양하고 난신적자(亂臣賊子)를 제재하여 왕권을 유지·보호하는 작용이 있다. 또 하나는, 왕의 잘잘못을 드러내고, 있는 사실대로 기록하여 숨기지 않음으로써 역시 왕권을 제한하는데 뜻을 두고 있다. 전자의 입장에서 볼 때, 인군(人君)은 자연히 이것을 적극 환영하였을 것이고, 후자의 입장에서 볼 때, 어떤 때에는 인군에게 죄를 범함을 면할 수가 없어서 큰 화를 불러오기도 하였다. 연산군 때에 사신(史臣) 김일손(金馹孫)이 세조에 대해 포폄(褒貶)이 자못 많음에, 정적(政敵)의 밀고로 사형을 받았고, 그의 사부(師父) 김종직(金宗直)이 '조의제문(弔義帝文)'을 지어 역시 대역죄명으로 부관참시(剖棺斬屍)되었으니, 이것이 이른바 '무오사화(戊午史禍, 혹은 戊午士禍, 1498년)' 이다. 또 중종(中宗) 때에 조광조(趙光祖)가 중종을 옹립한 정국공신(靖國功臣)의 사록(史錄)을 추삭(追削)

한 것이 정적에게 공격받아 동지 10여인이 피살되고 유배되었는데, 이것이 '기묘사화(己卯士禍, 1519년)' 이다. 이를 통해 볼 때, 강목(綱目)사상이 근세조선의 정치와 사회에 미친 영향이 얼마나 컸는가를 알 수 있다.

중국사학이 한국사학에 미친 영향을 다음 몇 가지로 요약할 수 있다.

첫째, 중국의 사관(史官)제도는 한국 사관제도의 모형이 되었다.

둘째, 중국에서의 풍요롭고 변화 많은 사서체례(史書體例)는 한국사학의 다양한 발전상의 첩경을 열어 보였다.

셋째, 《춘추》에서 드러낸 포폄권계(褒貶勸戒)의 서법(書法)은 한국의 사가(史家)들이 역사적 '진(眞)' 을 추구하도록 하기보다 역사적 '선(善)' 을 추구하도록 하였다.

넷째, 《춘추》에서 보인 내외구별(內外區別)의 정신은 한국민족의 자각(自覺)을 불러 일으켰고, 한국민족의 진보(進步)를 자극하고 격려하였다.

제2장 경학(經學) 부문

1. 중국의 경학

경학(經學)은 중국의 성숙한 고전문화를 대표한다. 그 내용은 좁게는 개인수양·가족공생의 방법을, 크게는 국가천하의 장구한 치안(治安)의 도리(道理)를, 그밖에도 각종 사회규범 등을 포괄하지 않은 것이 없다고 말할 수 있다. 유가경전(儒家經典)이 유전(流傳)을 개시했던 당시에 중국 주변민족은 모두가 여전히 원시적이고 조직 없는 상태에 있었기 때문에, 그것은 하나의 질서를 제공하여 자연히 물이 땅속으로 스며드는 것처럼 매우 쉽게 각 국가에 뿌리를 내리게 하고 발전토록 하여, 마침내는 각 국가 전통문화의 근간을 형성하도록 했다.

경학은 역사상 크게 세 번 변화하였으니, 즉 한학(漢學)·송학(宋學)·청학(淸學)이다.[14] 한학은 훈고(訓詁)를 위주로 하였으나, 각국의 학자들이 지역 간에 너무 떨어져 있어 연구의 성과가 그리 크지 못하였다. 주자학(朱子學)을 대표로 하는 송학은 의리(義理)를 중시하였고, 중국 근교국가는 근고(近古)이래 국정(國情)에 적용하여 강렬한 반응을 일으키면서 각 국가의 학자들은 빛나는 많은 업적을 이루었다. 고거(考據)를 위주로 한 청학은 각국의 학술계에 분야별로 상당한 영향을 미쳤다.

2. 한국의 경학

유가경전(儒家經傳)이 한국에 수입된 것은 한(漢)나라 때부터이다. 한(漢) 무제(武帝) 원봉(元封) 3년(기원전 108년), 위씨조선(衛氏朝鮮)

---

14) 《太田錦城九經談》 권1.
經學古今有三大變, 有漢學焉, 有宋學焉, 有淸學焉.

을 멸하고 한사군(漢四郡)을 설치하였는데, 이로부터 서진(西晋) 말년(末年) 때까지 조선(朝鮮)은 약 400여 년 동안 중국의 군현(郡縣)이 되었다. 한대(漢代) 군국(郡國)에는 학관(學官)이 설치되었는데, 조선에서의 사군(四郡)도 예외가 아니었다. 오호(五胡)의 난(亂)[永嘉의 亂, 311년)을 겪으면서 중국이 한반도에서 물러가자, 한인(韓人)의 자주정권이 점차 성장하여 고구려 · 백제 · 신라 삼국이 정립하는 국면을 형성하였다. 《북사(北史)》 〈고구려전〉 에서 이르기를, '서적으로는 오경(五經) · 삼사(三史) · 삼국지(三國志)가 있다.' 라고 하였고, 《구당서(舊唐書)》 〈고려전〉 에서도 역시, '그 서적으로는 오경이 있다.' 라고 하였으며, 위 같은 책, 〈백제전〉 에는 '그 서적으로는 오경과 자(子) · 사(史)가 있다.' 고 하였다.

삼국 중에서 대학(大學)의 설립은 고구려가 가장 빠르다. 고구려는 소수림왕 2년(372년)에 처음으로 태학(太學)을 설립하였고, 큰 거리 측면에 중대하고 엄숙한 옥사(屋舍)를 지어 경당(扃堂)이라 호칭하고 미혼의 제자들이 합숙하며 경서(經書)를 암송하고 사술(射術)을 학습하였다.[15] 고구려가 대학을 세운 그 해 무렵에 전진(前秦)의 왕 부견(符堅)이 불교를 전래하였고, 다음 해(373년)에 율령을 반포하고 유학을 크게 장려하였는데, 고구려의 이와 같은 상황은 전진(前秦)의 영향이 컸다 하겠다.

백제(百濟)는 동진(東晋)의 영향을 받아 대학을 세웠다. 근초고왕(近肖古王) 29년(374년)에 동진사람 고흥(高興)을 박사로 삼았는데, 조선의 역사가인 서거정(徐居正)은 '백제는 개국 시기에 문자가 없었으나, 이때(근초고왕)부터 비로소 서기(書記)가 있었다.'[16]라고 하

15) 安鼎福, 《東史綱目》 제2 하편:
小獸林王二年六月, 始立太學, 麗人喜學至窮理, 厮養亦相矜勉, 衢側悉構嚴屋號扃堂, 弟子未婚者, 曹處誦經習射.

16) 徐居正, 《東國通鑑》 권4.

였다. 그런데 백제는 대방군(帶方郡)의 옛 땅에서 흥기하였으니, 유학은 일찍 한인(漢人)의 족적(足跡)을 따라 전파되었을 것이므로 이 때(근초고왕 29년)가 아마도 백제 정부가 정식으로 박사를 설치한 연대라고 말할 수 있을 것 같다. 다만 역사기록이 결여된 지가 오래되어 당시의 상세한 측면을 고찰할 수는 없고, 지금은 단지 백제가 남조(南朝)의 양(梁)무제(武帝)때에 이미 사신(使臣)을 보내 상표(上表)하여《모시(毛詩)》박사를 파견해주기를 청하였음이 알려지고 있을 뿐이다.[17] 당나라 태종(太宗) 정관(貞觀) 연간 이후부터 부단히 자제들을 중국에 보내 유학(留學)토록 하였다.

신라(新羅)는 한반도의 동남 모퉁이에서 일어나 중국문화를 접하기에 비교적 불편한 위치에 처하였으므로 유가 경전의 수입이 고구려·백제 보다 훨씬 늦었다. 문헌에서 볼 수 있는 것은 진덕(眞德)여왕 5년(651년)에 이르러서야 비로소 `대사(大舍)` 2인을 두었다고 한 것인데,[18]《동국문헌비고주(東國文獻備考注)》에 의하면, `대사(大舍)' 는 즉 국학(國學)의 관료를 말하는 것이므로, 이는 신라가 7세기 중엽에 이미 학관이 있어 경전을 강론하여 전수하였음을 설명하는 것이다. 당시에는 귀족 자제들만 경학교육을 접할 수 있었던 것이 아니라 민간의 준수(俊秀)한 자제도 경학교육을 받을 기회가 있었던 것 같다. 즉,《삼국사기》권46,〈강수전(强首傳)〉에 의하면,

> (강수는) 장성함에 스스로 독서하여 알고 의리(義理)에 통달하였다. 부친이 그가 뜻하는 바를 알아보고자 하여 묻기를, '너는 불학(佛學)을 배울 것이냐 유학(儒學)을 배울 것이냐?' 라고 하니, 대답하기를, '제가 듣기로 불학(佛學)은 속세를 떠난 가르침이라 하는

17)《梁書》권54,〈百濟傳〉.

18)《三國史記》권38,〈雜志〉제7, 職官 상편.

데, 저 같은 사람이 어찌 불학을 배워 쓸 수 있겠습니까? 유자(儒者)의 도(道)를 배우고자 합니다.' 라고 하였다. 부친이 이르기를, '네가 좋아하는 것을 배우라.' 고 하였다. 마침내 스승에게 나아가 《효경(孝經)》·《곡례(曲禮)》·《이아(爾雅)》·《문선(文選)》 등을 읽어 배우니, 들은 바는 비록 얼마 되지 않으나, 터득한 바는 보다 더욱 높아서, 남달리 한 시대의 영웅호걸이 되었다.

라고 하였다.

신라는 한반도를 통일하고 적극적으로 경학 교육을 추진하였다. 신문왕(神文王) 2년(682년)에는 국학(國學)을 세워 경(卿) 1인을 두고, 그 아래에 박사·조교·대사(大舍)를 두었다. 효소왕(孝昭王) 원년(元年)(692년)에, 설총(薛聰)이 박학하고 문장에 능하므로 그에게 명하여 방언(方言, 즉 신라 언어)으로 구경(九經)을 풀이하도록 '이두(吏讀)' 를 짓도록 하였다. 이것은 경학의 대중화를 추진한 초보 단계라 할 수 있다. 경덕왕(景德王) 6년(747년), 국학을 개칭하여 태학감(太學監)이라 하고 여러 경전의 박사(博士) 및 조교(助教)제도를 설립하고 국왕이 친히 국학에 가서 청강하였다. 원성왕(元聖王) 4년(788년)에는 독서삼품과(讀書三品科)를 설립하고, 7경(經)을 고시 범위로 삼으니, 이에 경학은 일반사회에서 더욱 중시되었다. 《삼국사기》 권10, 〈신라본기〉 제10.에 의하면,

원성왕(元聖王) 4년(788년) 봄에 처음으로 독서삼품(讀書三品)으로 출신(出身)을 정하였다. 《춘추좌씨전(春秋左氏傳)》·《예기(禮記)》·《문선(文選)》 등을 읽고 그 의(義)에 능통하고, 겸하여 《논어(論語)》·《효경(孝經)》에 밝은 자는 상품(上品)으로 삼고, 《곡례(曲禮)》·《논어》·《효경》을 통독한 자는 중품(中品)으로 삼고,

《곡례》·《효경》을 읽은 자는 하품(下品)으로 삼았다. 만약 오경(五經) 삼사(三史), 제자백가(諸子百家)에 박통(博通)한 자가 있으면 특별히 채용하였다. 이전에는 궁전(弓箭)으로 인재를 선발하였는데, 이에 이르러 개선하였다.

라고 하였는데, 이것이 한국 과거제도(科擧制度)의 기원이다.

왕건(王建)의 고려가 새롭게 건국하면서 비록 불교를 숭상하였지만, 유학도 똑같이 중시하였다. 단지 불교가 '안신입명[安身立命 : 모든 의혹과 번뇌를 버리어 마음을 편안히 하고 모든 것을 천명에 맡김]'의 교(敎)이어서 내세 생활을 중시한 종교인 반면에, 유학은 '제가치국(齊家治國)의 학(學)'으로써 현세 윤리정치의 실천을 중시하였기 때문에, 유·불 양가(兩家)는 표리병립(表裏竝立)하여 긴밀한 관계를 유지하였다. 고려 태조는 개국하여 경학교육을 대단히 중시하여 국학(國學)을 창건하고 육부(六部) 생도(生徒)를 취합하여 교수(敎授)하면서 관리를 배양하는 기구로 삼았는데,[19] 김종서(金宗瑞)의 《고려사절요(高麗史節要)》 권1. 에,

태조 13년(930년) 12월에 서경을 행차하고 학교를 창설하였다. 앞서 서경에 학교가 없을 때, 왕은 수재(秀才) 정악(廷鶚)에게 명하여 그곳에 머물도록 하고 서학박사(書學博士)로 삼아 별도로 학교를 창설하여 육부(六部)의 생도를 모아 교수하도록 하였다. 후에 왕은 그곳에서 학문이 크게 진작되었음을 듣고 고운 비단을 하사하여 학문을 권장하였고, 의(醫)·복(卜) 두 가지 학업도 겸하여 설치토록 하였다. 또 곡식 100석을 하사하여 학보(學寶)로 쓰도록 하였다. 보(寶)란 방언인데, 전(錢)을 시납(施納)하여 본전은 놔두고

19) 金宗瑞, 舊本《고려사절요(高麗史節要)》 권1.

> 이식(利息)을 취하되, 아주 오랫동안 이식이 있음으로 해서 '보'라 일컬었다.

라고 되어있다. 이것이 고려가 학교를 세운 효시이다.

태조(太祖)가 죽기 1개월 전에 박술희(朴述熙)를 불러 친히 `훈요십조(訓要十條)`를 내려 주어서, 자손들이 '널리 경 · 사(經 · 史)를 보고, 옛 것을 교훈 삼아 지금의 경계로 삼을 것' [20]을 당부하였다. 고려 광종(光宗) 시기에는 후주(後周)사람인 쌍기(雙冀)의 건의를 받아들여 과거시험을 실시하여 인사(人士)를 취택(取擇)하였는데(958년), 당(唐)나라의 제도를 모방하여 제술[製述, 즉 진사과(進士科)에 해당함] · 명경(明經) 2과로 나누었다. 제술과(製述科)는 시부책(詩賦策)을 시험하였고, 명경과(明經科)는 오경(五經)을 시험하였다. 성종(成宗)은 학문에 더욱 진력하여 장려하였는데, 즉위한 연도(982년)에 곧 주 · 군 · 현(州 · 郡 · 縣)에 명령을 내려 준수(俊秀)한 자제(子弟)를 선발하여 경도(京都)로 나아가 전적으로 학문을 익히도록 하였다. 아울러 학생 최한(崔罕) · 왕림(王琳)을 송나라에 파견하여 유학토록 하였다. 6년에는 12목(牧)에 각기 경학박사를 두었고, 9년에는 서경에 서원(書院)을 설치하고 모든 학생에게 경사(經史)를 초록(抄錄)하여 가지고 있도록 하였다. 11년에는 당나라 제도를 모방하여 국자감(國子監)을 설치하고, 아울러 지방관에게 학사(學舍)를 널리 짓게 하고, 전장(田莊)을 지급하였다. 《고려사》 권3, 〈성종세가(世家)〉 편에 이르기를,

> (성종) 11년 12월 병인에, 교지(敎旨)를 내려 이르기를, '왕이 된 자가 천하를 교화하여 성취하는 데는 학교가 우선되니, 요·순(堯·舜)임금의 교풍을 조술(祖述)하고 주공(周公) · 공자의 가르침(道)

---

20) 정인지 등, 《高麗史》 권2, 〈太祖〉편.

을 섬겨 닦으며, 나라의 헌장(憲章)의 제도를 세우고, 군신상하의 예의를 변별해서 현명한 유학자를 임용하지 않으면 어찌 궤범(軌範)을 이루겠는가! … '라 하고, 해당관리에게 명하여 좋은 지역을 얻어 학사(學舍)를 널리 짓게 하고 전장(田莊)을 공급하여 정금(正金)과 옥기(玉器)가 되는 인재를 배출하도록 했다.

라고 하였다.

고려 선종(宣宗) 원년(1084년)에는, 진사시험을 3년마다 한 번씩 치를 것을 규정하고 경전 고시표준을 정하였다.[21)]

요약하면, 삼례[三禮 :《의례(儀禮)》·《주례(周禮)》·《예기(禮記)》]와 삼전[三傳 :《춘추》를 주석한 좌전(左傳)·공양전(公羊傳)·곡량전(穀梁傳)]을 판업(判業)하되, 삼례업(三禮業)은《예기》20권을 두루 공부해야 할 대경(大經)으로 삼았다. 대경(大經, 즉《예기》)은 열 군데에 종이를 붙여 가려놓고 통하게 하는 시험을 치르되 여섯 군데 이상을 통해야만 하도록 했고, 열 군데에 산가지[주(籌)]를 꽂아 가려놓고 그 문장을 구두로 문답하여 그 의리(義理)[意味]를 통하게 하는 시험을 치르되 여섯 군데 이상을 통해야만 하도록 하였다.《주례》와《의례》를 소경(小經)으로 삼았으며, 하나의 경(經)에 열 곳의 산(算)가지를 꽂아 가려놓고 그 깨어진 문장의 의미를 통하게 하되 여섯 곳 이상을 통하도록 하고, 다른 한 경(經)의 깨어진 문장은 두 번의 기회를 주되 읽어 합격토록 하였다. 한편 삼례업(三禮業)은《좌전》을 중점적으로 노력해야 할 과목, 즉 대경(大經)으로 삼아,《좌전》은 열 군데를 종이로 붙여 가려놓고 시험을 치르되 여섯 군데 이상을 통하도록 하고, 열 군데에 산가지를 꽂아놓고 그 깨어진 문장의 의리[의미]를 여섯 군데 이상 통하도록 하였으며,《공양전》과

---

21) 위 같은 책, 권73,〈選擧志〉1.

《곡량전》을 소경으로 삼아 일전(一傳)은 열 군데에 산(算)가지를 꽂아 놓고 그 문장의 의미를 통하되 여섯 군데 이상을 통하도록 하였고, 다른 일전은 단지 두 번의 기회를 주되 읽어 합격토록 하였다는 것이다.

현종(顯宗) 이후에는 거란(契丹)이 누차 침입하여 국가가 어수선하여 관학(官學)이 쇠퇴하였다. 시중(侍中) 최충(崔沖)이 크게 우려하여 후학(後學)을 불러 모아 교육을 받게 하니, 사방의 자제가 듣고 구름같이 몰려들자, 그가 9재(齋)를 분설(分設)하여 수용함에, 세상에서 그를 '시중 최공도(侍中 崔公徒)' 라 칭하였다. 9재는 《주역(周易)》·《상서(尙書)》·《삼례(三禮)》·《삼전(三傳)》으로 나누어 교수하였고, '무릇 자제를 과거에 응시하게 하는 경우에는 반드시 먼저 그곳의 생도 중에 소속시켜 배우도록 하였다.'[22] 그래서 세인들은 최충을 존칭하여 `해동공자(海東孔子)`라 하였다. 당시 명유(名儒)가운데 생도를 모아 교육을 실시한 자는 최충 이외에도 일찍이 정배걸(鄭倍傑)·노단(盧旦)·김상빈(金尙賓) 등 11인이 있어 모두 학도(學徒)를 널리 구하였는데, 최충의 생도와 함께 '12공도(公徒)' 라 하였다. 한때나마 경학이 낙오되지 않고 유지될 수 있었던 것은 실로 사학(私學)에 그 공을 돌려야 한다.

예종(睿宗) 때에 다시 관학을 진흥코자 하여 국학을 확충하고 7재(齋)를 설치하였다. 1재에서 6재까지는 유학재(儒學齋)로 통칭하였는데, 6종의 경학강좌와 다름이 없었다. 일곱 번째의 재(齋)는 무인(武人)양성과목으로 강예재(講藝齋)라 하였다. 예종14년(1119년)에는 또, 국학에 명하여 양현고(養賢庫)를 설치하여 양사(養士)토록 하였고, 명유(名儒)를 선정하여 학관박사(學官博士)로 삼아 경사(經史)를 강론하였다.

---

22) 金宗瑞, 《高麗史節要》 권5.

인종(仁宗) 때에는 더욱 경학을 장려하여 식목도감(式目都監)에 명하여 학식(學式)을 상세히 정하도록 하였다. 당나라 제도를 모방하여 육학(六學)[23]을 설치하였는데, 그 중 국자학(國子學)·태학(太學)·사문학(四門學)은 모두 박사·조교를 두고 여러 경전을 분리하여 모든 생도에게 교수하였다. 매번 하나의 경(經)을 교수함에 있어 필히 끝까지 강론토록 하였고, 아직 종강(終講)치 못하는 자는 개업(改業)을 얻지 못하도록 하였다. 《효경》·《논어》는 필수로 규정하였고, 수학연한은 1년이며, 기타 각 경(經)은 나누어 수학하되 《상서(尙書)》·《춘추공양전(春秋公羊傳)》·《춘추곡량전(春秋穀梁傳)》은 각각 수학연한을 1년 반으로 하였고, 《주역(周易)》·《모시(毛詩)》·《주례(周禮)》·《의례(儀禮)》는 각각 2년, 《예기》·《춘추좌씨전(春秋左氏傳)》은 각각 3년씩 연수토록 하였다. 모두 《효경》·《논어》를 먼저 읽도록 하고 다음에는 여러 경전을 읽도록 하였다. 인종 5년(1127년) 3월에는, '모든 주(州)에 조칙을 내려 학교를 세워 교육할 방도를 넓히도록' 하였는데, 이것이 한국의 향학(鄕學) 설립이 정사(正史)에 보이는 시초이다.[24] 고려의 향학은 문묘(文廟)가 있는 명륜당(明倫堂)을 교학(敎學)장소로 삼았고, 교사(敎師)는 조교(助敎)라 칭하였다. 송대 선화(宣和) 연간(1119~1125년)에 서긍(徐兢)이 고려에 봉사(奉使)하고나서, 아래와 같이 보고하였다:

> 근자에 사신이 되어 그곳(고려)에 도착해서, 임천각(臨川閣)의 장서가 수만 권에 이르고 또 청연각(淸讌閣)이 있어 역시 경사자집[經史子集 : 유교경전·역사류·제자백가류·개인문집] 4부(部)의 도서로 채워졌고, 국자감(國子監)을 세우고 유관(儒官)을 선택함이

---

23) 즉, 국자학(國子學)·태학(太學)·사문학(四門學)·서학(書學))·산학(算學)·율학(律學)

24) 《高麗史》 권74, 〈職官志〉, 學校 편.

아주 잘 갖추어졌음을 조사하여 알게 되었다. 학사(學舍)를 새롭게 넓히고, 자못 태학의 월서계고(月書季考 : 매달 시험을 보고 그 결과를 분기별로 평가함)의 제도를 따라 모든 생도의 학업성적에 순차를 내었다. … 그 백성의 자제 중 미혼자는 무리 지어 동거하며 사부(師傅)를 따라 경서를 수학하였다. 점차 성장하면 그 동류(同類)로써 벗을 각기 선택하여 사관(寺觀)에서 강습(講習)하고, 그 아래로는 졸오(卒伍)·아동에 이르기까지 역시 향리(鄕里) 선생을 따라 학습한다. 놀랍도다. 그 번성함이여![25]

이것은 북송 말년 무렵, 고려 경학교육(經學教育)의 보급에 관한 기사이다.

송(宋)나라 황실이 남도(南渡)한 이후 고려에서는 변란이 일어나 밖으로는 금(金)·원(元)이 전후로 침입하여 국명(國命)은 끊어지지 않았으나, 문교(文教)를 돌아볼 겨를이 없었고, 곧장 13세기 말경에 가서야 겨우 서광이 비취었는데, 그것이 곧 성리학(性理學)의 수입이다. 충렬왕 15년(1289년)에, 안향(安珦)은 대도[大都: 원나라의 수도]로부터 신간의《사서집주(四書集註)》를 휴대하고 돌아왔고, 오래지 않아 백이정(白頤正)이 또, 대도에서 정주학(程朱學)을 수학하고 귀국하였는데, 이것이 한국이 성리학을 접촉하게 된 시초이다. 충선왕 시기에, 국학은 성균관(成均館)으로 개칭하였는데, 그 명칭은《주례》〈춘관(春官)〉에 대사악(大司樂)이 '성균(成均)의 법을 장악하여서 나라를 세우는 학정(學政)을 담당하게 한다.'는 것에서 나왔는데, 전해오기를 주(周) 왕조의 태학(太學)을 말하는 것이라고 한다. 고려 말년에 정몽주(鄭夢周)가 성균관 학관을 겸하여 명륜당(明倫堂)에서 정주학(程朱學), 즉 성리학 강의를 개시하였다.

---

25) 徐兢, 《고려도경(高麗圖經)》 권40, 〈儒學〉편.

근세조선(近世朝鮮)은 이름 하여 '유교 왕조' 라고도 일컬어질 정도로 경학(經學)이 전에 없이 융성하였다. 태조 즉위 후 개성에서 한성(漢城), 즉 한양(漢陽)으로 천도한 즉시 대학을 창립하고 여전히 성균관(成均館)이라 칭하였다. 정종(定宗) 시기에 성균관 아래에 오부학당(五部學堂)을 세웠는데, 후에 북부학당(北部學堂)을 폐지하여 사부학당(四部學堂)을 이루어 역시 사학(四學)이라 칭하였으며, 사학(四學)은 분별하여 교수·조교를 두었다. 지방에는 태조 즉위 원년(1392년)에 각 도의 안찰사(按察使)에게 명하여 학교의 흥폐(興廢)에 따라서 지방관 치적(治績)을 고과(考課)하는 근거로 삼겠다고 하였다. 이로 인하여 전국 부(府)·목(牧)·군(郡)·현(縣)에 향교(鄉校)가 없는 곳이 없었으며, 분별하여 교수(教授)·훈도(訓導)를 두었다. 관학 외에도 각 지역에는 셀 수 없이 많은 서당(書堂)이 있어 일반 평민을 교육하였다. 7, 8세의 자제는 서당에 입학하여 초급 한문을 학습하고, 15, 16세에는 향교에, 다시 사학(四學)으로 승차(陞差)하였고, 과거에 급제하면 생원(生員)·진사(進士)의 직함을 취득하고 다시 성균관에 입학할 수 있었으며, 만약 재차 문과고시(文科考試)에 응시하여 급제하면 곧 고관(高官)에 부임할 자격을 갖게 되었다. 이 계열의 교육은 모두 사서오경(四書五經)을 떠날 수 없어서 당시 학풍은 이미 장구(章句)의 주소(注疏)를 중시한 것에서부터 전환하여 의리(義理)를 중시하였다. 《증보동국문헌비고(增補東國文獻備考)》 권207, 〈학교고(學校考)〉6, 학령조(學令條)에 의하면,

> 모든 생도가 독서함에 먼저 의리(義理)를 분명히 하여 일만 가지 변화(萬變)에 통달(通達)하였으며, 한가지로 장구(章句)만을 익혀 문의(文意)에 얽매이지 않았다. 항상 사서오경(四書五經) 및 여러 역사서 등의 서책을 읽었으며, 장·노·불경(莊·老·佛經), 잡류

백가자집(雜流 百家子集) 등의 서책은 가까이 하지는 않았다. 이를 위반하는 자는 벌책(罰責)하였다.

라고 하였다.

태종은 주자소(鑄字所)를 설치하고 동활자 수십만 개를 주조하여 대량으로 책을 인쇄해서 서적을 각지로 넓게 유포하였다. `해동요순(海東堯舜)`의 호칭을 가진 세종은 경학교육에 대한 공헌이 더욱 컸는데, 집현전(集賢殿)을 설치하여 명유(名儒) 20여 인을 모아 경학을 강론케 하였으며, 이들은 옥당학사(玉堂學士)라고 호칭되었다. 전후해서 《효행록(孝行錄)》·《오례의(五禮儀)》·《예기대문언독(禮記大文諺讀)》·《춘추경전집해(春秋經傳集解)》 등의 서적을 편찬토록 하였고, 아울러 고금의 충신·효자·열녀를 집록(輯錄)하고, 《회도삼강행실(繪圖三綱行實)》을 만들어 유가 윤리를 선양토록 하였다. 또 이미 문과강경절목(文科講經節目)을 규정하였는데, 《세종실록》 권103.에,

(세종) 26년(1444년) 2월 기축일(己丑日)에, 예조에서 문과강경절목(文科講經節目)을 상계(上啓)하니, 첫째, 구두훈석(句讀訓釋)은 모두 착오가 없고, 강론은 비록 해박하게 통하지는 않더라도 한 장(章)의 대지(大旨)를 잃지 않는 자는 조통(粗通) 으로 삼는다. 둘째, 구두와 훈석이 모두 익숙하고 강의가 상명(詳明)하며, 비록 대지를 통하지마는 아직 부드럽게 관통하지 못하는 자는 약통(略通) 으로 삼는다. 셋째, 이미 구두를 할 줄 알고, 훈석함에 명백하며 변설(辨說)함이 의혹이 없고 취지에 부드럽게 관통하는 자는 통(通) 이라 한다. 넷째, 구두와 훈석, 의리와 취지에 이미 모두 해박할 뿐 아니라, 또 상하를 연접하여 상세한 부분까지 크게 통달하며 일서(一書)의 대지를 무난히 관통하고 언어의 의미를 깊게 표현하

는 자는 대통(大通)이라 한다. 다섯째, 성현의 서전(書典)은 의리가 무궁한 까닭에 학자가 전수하는 바가 혹시 이견이 있으니, 시험관(試驗官)들은 경서를 강의할 때에 생도의 구두(句讀) 및 석의(釋義)가 간혹 자기와 달라 통하지 않음을 지적하는 자가 있다면, 이 이후 생도의 견해가 비록 다르더라도 문의(文義)가 모두 통한다면 즉 시험관들은 자기 견해에 구애되지 않도록 하고 중의(衆議)를 따르도록 한다 하니, 이를 따랐다.

라고 하였다. 고시가 경학에 치중한 결과로 말미암아 '모든 생도는 장구(章句)를 학습함으로써 일신(一身)을 진출시킬 계책으로 삼았고', 유폐(流弊)가 백출(百出)하였기 때문에 성종 때에 어떤 사람이 개혁판법(改革辦法)을 제출하였다. 《성종실록》 권232. 에,

(성종) 20년(1489년) 10월 계묘일(癸卯日)에, 경연각(經筵閣)으로 임금을 어가(御駕)하여 강의를 듣다. … 특진관(特進官) 성준(成俊)이 상계하여 이르기를, '신이 성균관 유생들이 제술(製述)한 것을 보건대, 하나도 취할 것이 없습니다. 이는 다름이 아니오라, 국가는 근래에 이르러 관시(館試) 및 한성시(漢城試)·향시(鄕試)는 모두 경전을 강론하는 것을 시험하고 별시(別試)에 이르러서도 역시 그와 같이 합니다. 이로써 유생들은 모두 경학(經學)만을 힘쓰고 사장(詞章)은 일삼지 않으며, 그리고 그들이 배운 바는 성리의 근원을 궁구하지 않고, 다만 구두(句讀)만을 학습하여 일신을 진출시킬 계책으로 삼기 때문에, 이미 경학에 보충되지 못하고 또 글을 엮지도 못해 두 가지 다 볼만한 자가 없는 실정입니다. 신이 생각하기로는 대전(大典), 즉 《예기》에 의거하여 향시·한성시는 제술로 하고 회시(會試)는 경전을 강론하는 것을 시험하며, 별시에 이르러는 대편(大篇), 즉 춘추좌전《春秋左傳》으로 시험하면 요행의

> 길이 없게 되어 실력 있는 인재를 얻을 수 있을 것입니다. 이같이 한다면 경서에 박학하고 사장에 능한 자가 비로소 출현하여 세상에 쓰이게 될 것입니다.' 라고 하였다.

이때는 성리학이 점차 득세하여 소위 경학은 마침내 주자 성리학의 독무대로 변하고 말았다.

태조 때부터 이색(李穡)의 문하생 정도전(鄭道傳)이 《심기리편(心氣理篇)》·《불씨잡변(佛氏雜辨)》을 저술하여 숭유배불(崇儒排佛)의 풍기(風氣)에 부채질하였고, 동시에 권근(權近)이 예문관 학사(藝文館學士)가 되어 정도전과 제휴하여 성리학 소위 정주학(程朱學)을 고취하였다. 권근의 저술에는 《사문오경구결(四門五經口訣)》·《오경천견록(五經淺見錄)》·《입학도설(入學圖說)》 등의 서적이 있으며, 정도전의 《심기리편(心氣理篇)》에 주해(註解)를 지어 성리정의(性理精義)를 깊이 있게 드러내었고, 길재(吉再)·김숙자(金淑滋)·김종직(金宗直)·정여창(鄭汝昌)·김굉필(金宏弼)·조광조(趙光祖) 등이 서로 이어서 고취하면서, 16세기에 이르러서 조선은 성리학(性理學)의 황금기를 이루었다. 당시 많은 위대한 이학가(理學家)가 배출되었는데, 더욱이 서경덕(徐敬德)·이황(李滉)·이이(李珥) 등이 중요시된다.

서경덕[1506~1567년, 호는 화담(花潭)]은 조선 이학사(理學史)상 비교적 특색을 갖춘 사람이다. 그는 비록 주자의 이기이원론(理氣二元論)을 반대하지는 않았지만, 오히려 이기이원(理氣二元)상에서 더욱 태허 일원(太虛 一元)을 세워, 태허를 원기(元氣)로 삼았기 때문에 그의 학설은 주자와는 심히 다르며, 오히려 비교적 장횡거[張橫渠, 이름은 재(載)]의 학설에 가까웠다. 그는 18세기 실학파(實學派) 사상의 선구자가 되었다.

이황[1501~1570년, 호는 퇴계(退溪)]는 예문관 제학(藝文館 提學)에 임명되면서 당쟁 밖에서 초연하게 주자학 연구를 필생사업으로 삼았으며, 세칭 '해동주자(海東朱子)' 라 하였다. 저술로는《주자서절요(朱子書節要)》·《이학통론(理學通論)》·《계몽전의(啓蒙傳疑)》·《퇴계집(退溪集)》등의 서적이 있다. 그의 학설은 일본의 주자학계에 상당히 영향을 주었다. 퇴계의 업적은 `파사(破邪)`와 `현정(顯正)` 이 두 가지 면에서 볼 수 있다. 소위 `파사(破邪)`는 곧 중국 육왕지학(陸王之學 : 즉 陽明學을 말함)을 배척하고 조선의 노수신(盧守愼)·서경덕(徐敬德) 등 여러 사람의 학설을 배격하는 것이다. 소위 `현정(顯正)`은 곧 조광조의 순난[殉難: 己卯士禍를 말함]이후 위축된 사풍(士風)을 진작하고 주자학의 발양(發揚)을 기도한 것이다. 퇴계선생이 제시한 `현정`에 관한 저명한 것이 소위 `사단칠정론(四端七情論)`[26]이다. 이 사단은 정추만(鄭秋巒)이 지은《천명도설(天命圖說)》가운데에서 '사단(四端)의 발로는 이(理)를 순수하게 하는 것이다. 따라서 선(善)하지 않음이 없다. 칠정(七情)의 발로는 기(氣)를 겸하는 것이다. 따라서 선과 악이 있다.' 고 말한 데서 기인하였는데, 퇴계는 그 표현된 이론이 타당치 않다고 생각하였다. 그는 주자어록(朱子語錄)을 인용, 개서(改書)하여 '사단은 이(理)의 발로이고, 칠정은 기(氣)의 발로이다.' 라고 하였는데, 결과적으로 문하생 기대승(奇大升)의 의구심을 불러 일으켰다. 기대승이 재차 서신으로 질문하니, 퇴계는 비로소 개정하여 '사단은 리(理)가 발로하고서 기(氣)가 따라오는 것이며, 칠정(七情)은 기(氣)가 발로하고서 리(理)가 따라 올라오는 것이다.' 라고 하였는데, 단지 어기(語氣)가 대략 온화해졌을 뿐 큰 차

26) 사단(四端)이란, 인·의·예·지(仁·義·禮·智)의 단서가 되는 네 가지, 곧 仁의 발로라고 볼 수 있는 측은지심(惻隱之心), 義에 관한 수오지심(羞惡之心), 禮에 관한 사양지심(辭讓之心), 智에 관한 시비지심(是非之心)을 말함. 칠정(七情)은 일곱 가지의 감정으로 유학에서는 희·노·애·구·애·오·욕(喜·怒·哀·懼·愛·惡·欲)을 말하며, 한편 佛家에서는 희·노·우·구·애·증·욕(喜·怒·憂·懼·愛·憎·欲)을 말함.

이가 없다. 퇴계는 시종 '정(情)에 사단칠정의 구분이 있는 것은 성(性)에 본성(本性)과 품기(稟氣)의 다름이 있는 것과 마찬가지요, 그렇다면 성(性)이라는 것은 이(理)와 기(氣)로 나눌 수 있는데 유독 정(情)만이 이(理)와 기(氣)로 나누어서 말할 수 없다는 말인가?…' 라 하였다.[27] 퇴계와 기대승 사이의 서신토론은 계속되다가 퇴계가 죽기 4년 전에 가서야 겨우 일단락을 고했다. 다만 퇴계가 죽은 후에도 논쟁은 여전히 계속되어 그치지 않았는데, 특히 상반된 위치에 서있던 자가 곧 이이(李珥)다.

이이[李珥, 1538~1584년, 호는 율곡(栗谷)]는 홍문관 교리(弘文館校理) · 대사헌(大司憲) · 호조판서(戶曹判書) 등의 직분을 역임하였고, 저서로는 《성학집요(聖學輯要)》 · 《주역정의(周易正義)》 · 《근사록구결(近思錄口訣)》 · 《소학집주(小學集注)》 등이 있다. 율곡과 퇴계는 주자를 똑같이 추존하면서 서로 인정하였고, 율곡이 해주(海州)의 암자에 은거할 때에 주자를 봉사(奉祀)하고 퇴계를 배사(配祀)할 정도였으나, 다만 사단칠정론(四端七情論)에 관해서는 오히려 퇴계의 관점에 동의하지 않았다. 율곡은 '사단(四端)은 칠정의 선한 일면이고, 칠정(七情)은 사단의 집합체이니, 어찌 일면이 집합체와 더불어 두 가지로 나뉘어 상대가 되겠는가? … 주자의 본뜻은 역시 사단은 이(理)만을 오로지 말하고 칠정은 기(氣)를 겸하여 말한 것에 불과할 뿐이지, 사단은 이(理)가 먼저 발하고, 칠정은 기(氣)가 먼저 발한다는 뜻은 아니다. … 만약에 이(理)가 발하는데 기(氣)가 따른다고 말한다면 분명히 선후가 있게 되니, 이것이 어찌 理를 해하지 않겠는가?'[28]라고 했다. 또 퇴계가 이미 '도심(道心)은 성(性)이며, 인심(人心)은 정(情)이다.'[29]라고 말하였는데, 바꾸어 말하면, 도심은 사단의

27) 《退溪全書》 권17, 411項.

28) 《栗谷全書》 권10, 〈답성호서(答成浩書)〉.

발단이고 인심은 칠정의 발단이라는 말이다. 이에 대해 율곡은 또한 반박하기를, '대개 인심·도심은 상대적으로 지칭한 것이니, 도심(道心)이라고 하면 이미 인심이 아닌 것이고, 인심(人心)이라고 하면 도심이 아니므로 양면으로 말할 수 있게 되는 것이다. … 칠정(七情)의 밖에 사단(四端)이 따로 있는 것이 아니다. 따라서 사단은 전적으로 도심을 말한 것이고 칠정은 인심과 도심을 합쳐서 말한 것이다. 인심과 도심이 스스로 양면으로 이루어진 것과는 어찌 다르지 않겠는가?' [30]라 하였다. 결론적으로 율곡은 '이기(理氣)가 서로 떨어질 수 없고, 칠정(七情)은 이미 사단을 포함하며, 사단칠정은 모두 기(氣)가 발단하여 이(理)가 기(氣)를 타고 오르도록 하는 것으로 인심과 도심은 결코 이원(二元)이 아니다.' 라고 인식하였다.

조선시대 경학의 또 하나의 특징은 예학(禮學)을 특별히 중시했다는 점이다. 정몽주는 조선 이학(理學)의 원조로 추존되기도 하며, 또한 《주자가례(朱子家禮)》를 먼저 소개한 사람이기도 하다. 《고려사》 권117, 〈정몽주(鄭夢周)傳〉 에 이르기를,

> 당시의 풍속에서 상제(喪祭)는 전적으로 승문(僧門)의 법[佛教式]을 숭상하였는데, 몽주가 비로소 사서(士庶)에게 명하여 《주자가례》를 본받아서 가묘(家廟)를 세우도록 하고 선사(先祀)를 박탈하였다.

라고 하였다.

이에 《주자가례》 는 처음으로 중시되기 시작하였다. 이로부터 《주자가례》 를 연구하는 풍기가 더욱 성하게 되었으니, 예를 들어 신식

29) 《退溪全書》 권17, 〈답우인론학서(答友人論學書)〉.
30) 《栗谷全書》 권10, 〈답성호서(答成浩書)〉.

(申湜)은《가례언해(家禮諺解)》5권을 저술하였고, 조호익(曹好益)은《가례고증(家禮考證)》10권을 저술하였으며, 김장생(金長生)은《가례집람(家禮集覽)》2권을, 유계(兪棨)는《가례원류(家禮源流)》14권을, 이의조(李宜朝)는《가례증해(家禮增解)》10권을, 김종후(金鍾厚)는《가례집고(家禮集考)》8권과《가례편람(家禮便覽)》2권을 저술하였는데, 이는 당시의 학자들이 가례연구에 얼마나 열심이었나를 반영하는 것이다.《주자가례》는 중국에서는 별로 큰 영향을 미치지 않았는데, 한국에서는 오히려 성경화(聖經化) 되었다. 조선의 사대부는 시종《가례》를 준수하여 일상생활의 규범으로 삼아 조금도 거슬리거나 지나치지 않았는데, 이는 실제 다른 사람들에게 기이한 느낌을 갖게 하였다. 혹자는, 이를 조선의 양반계급이 자신들의 특권을 유지하기 위해 특별히 복잡한 예(禮)를 이용하여 그 방어선을 굳게 하려고 한 데서 연유한 것이라고 인식한다.

조선 사대부들이 예학을 특별히 중시하였기 때문에 `예론(禮論)`은 왕왕 당쟁의 무기가 되기도 하였다. 예를 들어, 조선 효종이 훙거(薨去)하였을 때, 자의대비(慈懿)가 응당 행해야 할 상복제(喪服制)에 관하여, 일파는 '기(년)복[朞(年)服 : 1년간의 복상]'을 주장하게 되었고, 다른 일파는 '자최[齊衰 : 굵은 생베로 짓되 아랫단을 좁게 접어 꿰맨 상복 즉, 2년간의 복상]'를 주장하였으며,[31] 인선(仁宣)대비가 훙거했을 때엔, 역시 생존한 자의대비의 복상제에 관하여, 일파는 '대공[大功 : 9달간의 복상]'을 주장하였고, 다른 일파는 '기복'을 주장하였는데,[32] 두 파는 서로 견해차를 좁히지 못하고 결국 대옥사

31) 실은, 당시 서인과 남인간의 예송(禮訟)에 있어, 효종이 돌아가자 인조의 계비(효종의 계모)인 조대비의 상복기간이 쟁점사항이 되었다. 송시열 등 서인 측은 효종이 적장자가 아님을 들어 朞年說(1년)을 주장하였고, 윤휴·허목 등 남인 측은 3년설(2년)을 주장한 것이다. 결국 기년설이 채택되었음.

32) 현종 말년(1674년) 효종비가 돌아가자 다시 조대비의 복제(服制)가 문제되었는데, 서인 측은 대공설(大功說: 9개월 복상)을, 남인측은 기년설(朞年說: 1년 복상)을 주장하다가 남인의 주장이 채택되어 정치변동이 야기됨.

(大獄事)를 낳고 말았다. 이것이 실로 당쟁이라는 잘못된 결과가 되었지만, 예학(禮學)이 사대부의 심리에 미친 영향을 부정할 수는 없는 것이다.

주자학의 지배 하에서 조선 학술계는 500년간에 극히 소수만이 이론(異論)을 제창하였다. 그런데 17세기에 조선은 청조(淸朝) 학풍의 영향을 받아 일찍이 실학(實學)이 대두되었다. 이른바 '실학'이란 결국 경세지학(經世之學)으로, 성리(性理)를 공담(空談)하는 풍조에 불만을 갖고, 전환하여 이용후생(利用厚生)에 관한 연구에 주력하였다. 대표학자로는 이수광(李睟光)·한백겸(韓百謙)·이익(李瀷)·정약용(丁若鏞)·안정복(安鼎福)등의 인물이 있는데, 이수광은 일찍이 중국에 출사(出使)하여 청조의 경세학의 영향을 받아 제일 먼저 '실사구시(實事求是)'를 주장하고 현실에 맞서 나아갔다. 한백겸은 제일 먼저 고증(考證)방법을 운용하여 조선의 역사지리를 연구하였다. 이익은 '실용실사(實用實事)'와 '박학다문(博學多聞)'의 큰 깃발을 높이 들어 경사(經史)와 제자(諸子)에서 천문·지리·율(律)·산(算)·의약에 이르기까지 깊이 연구하였고, 아울러 서양학에도 정통하였다. 정약용은 이익의 문인(門人)으로 고증학의 대가이며, 경사(經史)와 의약학(醫藥學)에 정통하였으며, 《경세유표(經世遺表)》·《목민심서(牧民心書)》·《흠흠신서(欽欽新書)》 등의 책을 저술로 남겼다. 안정복은 특별히 사학에 능력이 있어서 《동사강목(東史綱目)》·《지리고(地理考)》를 저술하였는데, 이것은 조선역사고증학의 대표작으로 추존(推尊)되고 있다. 다만, 실학파 혹은 고증학파의 활동은 결코 주자학의 지배적 지위를 동요시킬 수는 없었다. 그러나 주자학 진영 내에는 전술한 바와 같이 처음부터 엄중한 자기주장이 있었다. 퇴계와 율곡이 사단칠정(四端七情) 문제로 이견이 발생하면서 양대(兩大)의 학파가 형성되었다. 하나는 퇴계학파 또는 영남학파라 칭하는데, 그 계통에 속하는 사람은 정한강(鄭寒岡)·김학봉(金鶴峯)·이간재(李艮齋)·조월천(趙月川)·이대산(李大山) 등인데, 그 중 이대산이 가장 걸출하다. 또 하나는 율곡학파 또는 기호학파로 그 계통에 속하는 사람은 성우계(成牛溪)·김장생(金長生)·송시열(宋時烈)·권수암(權遂庵)·이외암(李巍巖)·한남당(韓南塘)·이재(李縡) 등으로, 그 중 송시열의 지위가 가장 중요하다. 송시열[호는 우암(尤庵)]은 그가 저술한《주자언론동이고(朱子言論同異考)》가운데에서 퇴계가 금과옥조(金科玉條)로 받든 주자어록 중의 '사단(四端)은 이(理)의 발로이며, 칠정(七情)은 기(氣)의 발로이다.' 라는 두 마디 말을 결국 필기자의 오류로 단언하고, 주자의 본의로부터 나온 것으로는 인정하지 않았다. 이와 같은 학리(學理)의 다툼은 정치와 서로 연관되어 곧 복잡한 사회관계를 형성하였다.

조선중기 이후에는 향교(鄕校)가 점차 쇠퇴하고 많은 서원(書院)이 출현하였다. 명종(明宗)이 백운동서원(白雲洞書院)에 사액(賜額)하고 아울러 토지와 노비를 하사한 이후, 각지의 신사[紳士 : 즉 양반]들은 격려가 되어 분연히 서원을 설립하고 이에 유생은 모두 향교를 떠나서 서원으로 돌아갔다. 당시 조정 신하 사이에는 당파가 나뉘어, 서인·남인·노론·소론의 각종 파별로 나뉘어졌고, 그 중에 남인파와 노론파가 정치적 우세를 비교적 길게 유지하였다. 노론파의 수창(首倡)자는 율곡파의 송시열이며, 남인파는 유성룡 이후 퇴계학파의 계열에서 많이 이어졌다. 남인파는 퇴계를 추존하고, 노론파는 율곡을 추존하여 각 학파는 전국각지의 서원을 기반으로 경학 강론은 뒷전에 놓고 단지 청의(淸議)에 열중하고 각기 의기를 드러내 상호 공박하여, 이에 학파의 이해와 정치적 이해가 결합하여 해결하기 어려운 장기적 당쟁을 연출해 내었다. 이는 심히 안타까운 일이 아닐 수 없다.

결론적으로, 중국에서의 경학은 송대 이전에는 주로 일상의 실천 도덕과 일상 정치적 학문으로 인식되었으나, 송대 신유학부터는 우주 문제, 심리문제, 곧 본체론적 철학 방면으로 발전하여 한국도 경학교육을 통해 그대로 영향을 받았다. 특히, 주자학과 《사서집주(四書集註)》·《주자가례(朱子家禮)》 등의 서적이 한국에 들어오면서 조선 500년 간은 실학적 학풍을 제외하고는 거의 주자학의 독무대였다고 말할 수 있다. 다시 말해 경학은 조선 양반계층의 특권을 지탱하는 데에 적절히 활용되었고, 나아가 정쟁 도구로도 이용되었다.

제3장 문학(文學) 부문

1. 중국의 문학

인류학자 모르간(L.H.Morgan)은 인류역사의 진보과정을 몽매(蒙昧, Savagery)·미개(未開, Barbarism)·문명(文明, Civilization)의 세 단계로 나누었고, 문자 발명을 가지고 야만과 문명을 나누는 경계선으로 삼았다.[33] 한국 등 일부 중국 인근국가의 문자는 모두 중국에서 온 것이어서 중국은 그 국가들을 야만의 역사에서 문명의 역사로 이끌어 주었다.

언어학상 한국어는 교착형(膠着型, Agglutinative type)에 속하고, 중국어는 고립형(孤立型, Isolating type)에 속하므로, 양자 사이의 어법은 크게 다르다. 그래서 한국 민족이 한문을 공부하는데 있어서 실제로 상당한 어려움이 있으나, 그들은 끝내 이러한 어려움을 극복하고, 천 수백 년 동안 한문을 사용해 정감(情感)과 의사(意思)를 전달하는 도구로 삼아, 허다한 불후의 작품을 남김으로써, 중국 명인(名人)들의 작품 가운데에 함께 놓고 보더라도 전혀 손색이 없었으니, 이는 정말 놀라울 만한 일이다. 이에 대해 한국의 역사문헌을 근거 삼아 검토를 보태고자 한다.

2. 한국의 문학

한국인이 한자를 처음으로 접촉한 때가 언제인지는 확정하기가 어렵다.[34] 전해 오기를 전한(前漢) 말년, 고구려 유리왕(琉璃王)이 이미

33) L.H.Morgan, Ancient Society, Cambridge, Mass, 1964.p.18.

34) 《三國史記》 권24, 〈百濟本紀〉, 근초고왕 30년(375년)에, 박사(博士) 고흥(高興)에 의해 처음 문자를 갖게 되었다고 한다. 다만 漢 무제가 일찍이 기원전 2세기 초에 조선에 한사군(漢四郡)을 설치하였고, 공손강(公孫康)이 4세기 초에 또한 남부에 대방군(帶方郡)을 설치한 즉, 문자는 응당 일찍이 조

4언(言) 2운(韻)의 황조가(黃鳥歌)를 읊었다고 한다.

펄펄 나는 꾀꼬리는 암수 서로가 정겹구나.
외로워라 이 내 몸은 뉘와 함께 돌아갈꼬![35]

그런데 혹자는 이 시(詩)가 후세 사람의 한역(漢譯)을 거친 것으로, 반드시 당시의 원작(原作)인 것만은 아니라고 여긴다.[36] 다만 안동성(安東省) 즙안현(輯安縣) 통구(洞溝)에서 출토된 고구려 호태왕비(好太王碑)는 414년에 건립되었는데, 새긴 비문(碑文)은 길이가 1,759자로 순전(純全)하고 능숙(能熟)한 한자문장으로 기록된 것이다.《위서(魏書)》〈백제전(百濟傳)〉에 기재된 바, 북위(北魏) 효문제(孝文帝) 연흥(延興) 2년에 백제왕 부여경(夫餘慶)이 올린 표문(表文) 또한, 아주 전아(典雅)한 한문이다. 그런데 근세조선의 역사가 한치윤(韓致奫)은 진(陳)나라 시대 고구려 승(僧) 정법사(定法師)의「영고석(詠孤石)」이라는 시문(詩文)이 조선 시가(詩歌)의 시조(始祖)가 된다고 주장하였다. 그 시는 다음과 같다.

커다란 바위 돌은 허공에 우뚝 솟고,
편평한 호수는 사방을 바라보며 통하네.
바위는 굽이굽이 줄곧 물결을 내리우고,
나무의 가지 끝은 흔들거리는 바람을 다독거리네.
가로 누어 흐르는 물줄기는 그림자를 적시고,
노을은 쳐들어오듯 더욱 붉게 물드네.

선에 전래된 것으로 추측할 뿐이다.

35)《三國史記》권13,〈高句麗本紀〉, 琉璃王 3년 條.
- 翩翩黃鳥, 雌雄相依, 念我之獨, 誰其與歸. -

36) 那珂通世,《外交釋史》권2,〈朝鮮古史考〉,《那珂通世遺書》, p.188.

수많은 봉우리 밖에 너 홀로 빼어나고,
하얀 구름 가운데서 너만이 돋뵈는구나.[37)]

이외에 김후직(金后稷)의 간렵서(諫獵書)[38)], 을지문덕(乙支文德)이 수(隨)나라 장군 우중문(于仲文)에게 보낸 시(詩)[39)]등은 모두 史書에서 볼 수 있다. 따라서 수(隋)나라 이전에 한반도에는 이미 한문학에 정통한 사람이 있었음을 의심할 바 없으나 이러한 경지에 이른 사람은 소수의 특수 인물로 한정된다.

唐나라 초기에 이르면, 한국인은 일반적으로 한문학을 갈고닦아 이미 상당히 향상되어 있었던 듯하다. 《구당서(舊唐書)》 권199(상), 〈동이전.고구려편〉 의 기사를 보자.

> 고구려인은 서적을 좋아하여 문지기, 사육인 같은 미천한 가호에 이르기까지 각 시가(市街)에 큰집을 짓고, 이를 경당(扃堂)이라고 하였고, 자제들은 아직 혼인하기 전에는 주야로 이곳에서 책을 읽고, 활쏘기를 익혔다. 그 책에는《오경》·《사기》·《한서》·《후한서》·《삼국지》·《진춘추(晉春秋)》·《옥편(玉篇)》·《자통(字通)》·《자림(字林)》이 있었으며, 또《문선(文選)》이 있었는데, 특히 이를 아끼고 소중히 여겼다.

당시 고구려·백제·신라 삼국간의 상호 각축하는 정세는 날로 격렬해져 갔다. 신라는 반도(半島)의 동남부 모퉁이에 치우쳐 있어서 중국문화를 비교적 늦게 받아들였다. 신라는 야심을 실현하기 위해 중국과의 직접 교류를 서둘러 당대(唐代) 태종 정관(貞觀)의 통치 이

37) 韓致奫,《海東歷史》〈藝文志〉
38) 金正喜,《東古文存》p.15. (天壤閣叢書本,百部叢書集成,藝文印書館)
39) 徐居正,《東國通鑑》권6,〈新羅 眞平王〉34년 6월 條.

후로부터 적극적인 친당(親唐)정책을 취하여 계속 당나라 황실과 국서(國書)를 왕래하였는데, 한문(漢文)이 갖고 있는 국제외교상의 공능(功能)을 알았기 때문에 특별히 문장을 중시하였다.

당시 문장에 저명한 사람으로는 강수(强首)·제문(帝文)·수진(守眞)·양도(良圖) 등이 있었는데, 특히 강수는 문무왕(文武王)이 일찍이 그가 문장으로 통일을 이룰 수 있도록 협조한 것에 대한 공로를 크게 칭찬하였다. 《삼국사기》 권46, 〈강수전〉 에 다음과 같은 기록이 전한다.

> 문무왕이 말하기를, "강수는 문장을 잘 지어 능히 중국과 고구려, 백제 두 나라에 편지로 뜻을 다 전하였으므로 우호를 맺음에 성공할 수 있었다. 나의 선왕이 당나라에 군사를 청하여 고구려와 백제를 평정한 것은 비록 군사적 공로라 하나 또한 문장의 도움이 있었기 때문인 즉 강수의 공을 어찌 소홀히 여길 수 있으리오!"

신라는 한반도를 통일한 후, 선진국인 중국을 배우기 위해 더욱 온힘을 다 쏟아 문학을 장려하였고, 한편으로는 당나라 황실에 문장을 주청(奏請)하여 모방의 자료로 삼으려 하였다. 그 예로《삼국사기》 권8, 〈신라본기〉8.에는 다음과 같은 기록이 있다.

> 신문왕 6년(686년)에, 당나라에 사신을 보내《예기(禮記)》와 문장(文章)을 청하니, 측천무후(則天武后)가 담당 관청에 명하여 길흉요례(吉凶要禮)를 필사(筆寫)시키고 문관사림(文館詞林) 가운데 모범으로 삼을 만한 글을 골라 50권의 책으로 만들어 주었다.

또, 한편으로는 끊임없이 중국민간에서 명저를 수집하고 구하였다.

《구당서(舊唐書)》〈백거이전(白居易傳)〉에서는,

> (신라) 계림(鷄林)의 상인들은 (중국의) 시장에서 일체의 물건을 구하였는데, 스스로 이르기를, 본국(신라)의 재상(宰相)이 매번 일금(一金)으로 일편(一篇)과 바꾸는데, 심히 잘못된 글 내용은 재상이 바로 판별해냈다고 하였다.

라 했고, 당나라의 막휴부(莫休符)가 펴낸《계림풍토기(桂林風土記)》에서 이르기를,

> 신라와 일본은 서로 앞뒤로 사신을 보내고 조공을 바쳤는데, 대체로 훌륭한 내용을 갖춘 문집(文集)들을 구하여 본국으로 돌아갔다.

고 하였다.

동시에 끊임없이 학생을 당에 파견하여 유학하게 하였는데, 그 수가 매우 많았다. 당대(唐代)의 과거취사(科擧取士)는 외국인도 응시가 허락되었는데, 신라의 유학생들이 응시하여 급제한 수가 매우 많았다. 최치원(崔致遠)·최승우(崔承佑)·최언위(崔彦撝)·김운경(金雲卿) 등과 같은 자들은 모두 唐에서 등제(登第)한 뛰어난 인물들이다. 최치원은 당에서 18년간 유학하였으며, 조선 한문학의 최초의 대가로 알려졌다. 그는 제도병마도통(諸道兵馬都統)인 고병(高駢)의 막료(幕僚)를 지냈으며, 그가 쓴 '토황소격문(討黃巢檄文)'은 일찍이 당시 중국문단을 뒤흔들어 놓았다. 그런 까닭에 당나라 사람 고운(顧雲)은 송별시(送別詩)에서 최씨와 관련하여 다음과 같이 읊었다.

> 열두 살에 배를 타고 바다를 건너와
> 그 문장은 중화(中華) 나라를 놀랍고 동요케 했네!

열여덟 살에 글 싸움하는 곳에 나아가서
한 발의 화살로 금문책(金門策)을 깨뜨렸네.[40]

최치원의 저서로《계원필경(桂苑筆耕)》20권이 있는데, 이는 중국에 널리 퍼졌고, 별도로 본국에서 문집 30권, 5·7언(言) 금체시(今體詩) 1권, 사육집(四六集) 1권이 간행되었지만, 모두 이미 산실(散失)되고 말았다.

신라 이후의 고려 왕조는 후진(後晉)초기에 건국되었는데(918), 문운(文運)은 더욱 발전하였다. 광종 때에 처음으로 과거(科擧)를 시행해 시부(詩賦)를 가지고 관리를 등용하기 시작하였는데, 이로부터 재능과 지혜를 가진 문사(文士)는 다투어 문학에 몰두했다.《동국통감》권13, 〈高麗記〉에 의하면,

> 광종 9년(958년) 여름 5월에, 한림학사 쌍기(雙冀)에게 명하여 지공거(知貢擧)를 맡도록 하고 시부송(詩賦頌) 및 시무책(時務策)으로 시험을 실시하여 진사(進士)를 선발하도록 하였다. … 처음으로 쌍기의 건의를 받아들여 과거제(科擧制)를 두었으니, 이로부터 문풍(文風)이 크게 일어났다.

고 하였다. 이후로 고려 성종은 문사들이 과거시험합격의 명예를 얻은 후 문학을 등한시할 것을 염려하여, 문신월과법(文臣月課法)을 제정하였다. 서울(개경)에 있는 문관(文官)은 매월 시(詩) 3편, 부(賦) 1편을 지어 올리게 하고, 지방에 있는 문관은 詩 30편, 賦 1편을 지어, 연말에 계리(計吏)에게 맡겨 올리도록 하였다.《고려사》권3, 〈성

40)《三國史記》권46.〈崔致遠傳〉

종세가〉 편에 다음과 같은 기록이 전한다.

> 14년(995년) 2월 을묘일에, 왕이 교서(敎書)하기를, '천문에 관한 글을 통하여 시절의 변천을 살피며, 인사에 관한 글을 보아 천하를 교화하나니, 글의 의의가 과연 크도다. 나는 언제나 글을 공부하는 선비들이 한번 과거에 통과한 뒤에는 각기 공무에 바빠서 본업인 글을 폐기하는 것을 근심하고 있다. 이에 나이 50세 이하로써 아직 지제고(知制誥)를 지내지 못한 자들은 한림원에서 글제를 내어 매월 시 3편, 부 1편씩 지어 올리도록 하고, 지방의 문관들은 자체로 글제를 내어 시 30편, 부 1편씩 지어 매년 말에 계리(計吏)에게 부탁하여 올려 보낼 것이며, 한림원에서는 그것을 평가하여 나에게 보고하도록 하라.' 하였다.

고려왕조 사백 수십 년 동안, 문장은 대부분 변려체(騈儷體)로 지어졌으며, 소명[昭明, 梁 武帝의 맏아들]의 《문선(文選)》은 문장을 배우는 필독서가 되었다. 시(詩)는 처음에는 당시(唐詩)를 추종하였다가, 남송 이후로는 송시(宋詩)가 유행하였는데, 특히 소동파(蘇東坡)의 시는 폭넓은 환영을 받았다. 문단에서는 이규보(李奎報) · 이인로(李仁老) · 김구(金坵) · 이제현(李齊賢) · 이숭인(李崇仁) · 최자(崔滋) · 이색(李穡) 등과 같은 인재를 배출하였는데, 이들은 모두 시문(詩文)으로 이름을 날렸다. 이규보의 저작으로 《동국이상국집(東國李相國集)》이 있는데, 사서(史書)에서는 '(그의) 시문은 옛 사람의 일정한 법칙을 답습하지 않고 대단히 자유분방하여 한 시대의 훌륭한 문장이 모두 그의 손에서 나왔다.'[41]고 칭송하였다. 이인로의 저작으로는 《은대집(銀台集)》·《쌍명재집(雙明齋集)》·《파한집(破閑集)》이 있

41) 《高麗史》 권102, 〈李奎報傳〉

다. 김구의 저작으로는《지포집(止浦集)》이 있으며, 특히 왕에 올린 표문(表文)에 밝았다. 전하는 이야기에 의하면, '원 한림학사(元 翰林學士) 왕악(王鶚)은 매번 김구의 표사(表詞)를 볼 때마다 문체의 아름다움을 칭찬하며, 그의 얼굴을 볼 기회를 얻지 못함을 한탄하였다.'[42]고 한다. 이제현의 저작에는《익재난고(益齋亂稿)》가 있는데, 조선의 역사가인 서거정(徐居正)은 그의 악부장단구(樂府長短句)는 고금을 통틀어 견줄만한 것이 없다고 칭찬하였다. 이숭인의 저작으로는 《도은집(陶隱集)》이 있는데, 사서(史書)에서 그를 칭하기를, "(그는) 천부적 자질과 예리함으로 문사(文辭)가 모범적이고 우아하여 이색(李穡)은 매번 탄식하고 칭찬하여 이르기를, '이 사람의 문장은 중국에 가서 배워 얻은 것으로, 세상에서 쉽게 얻어 볼 수 없을 정도구나!'[43]라 하였다. 최자의 저작으로는《보한집(補閑集)》이 있고, 이색의 저작으로는《목은집(牧隱集)》이 있다. 이밖에도 김근(金覲)·박인량(朴仁亮)이 송나라에 사신으로 갔을 때 지은 시문(詩文)이 일찍이 송나라 사람에 의하여 편찬되어《소화집(小華集)》으로 간행되었다. 여기에 시 몇 수(首)를 적어 당시 시를 짓던 일반적인 풍조의 일면을 엿보고자 한다. 이규보의「취중에 붓을 달려 이청경에게 보내노라(醉中走筆贈李淸卿)」에 이르기를,

지난해 꽃동산에 낙화가 쌓이더니
올해의 꽃동산은 그전대로 붉게 물들었네.
오직 지난해에 꽃구경하던 사람이 있더니
올해에는 꽃나무 밑 백발노인 되었구려.
꽃가지는 변함없이 해마다 보기 좋은데

42) 상게서, 권106, 〈金坵傳〉
43) 상게서, 권115, 〈李崇仁傳〉

우습도다! 해마다 사람만 늙어 가누나.
봄바람에 날 저무나 돌아가기 게으르고
삼가 꽃을 두고 심사 번거로워 돌아서지 못하리.

나의 노래 그대의 무용이 족히 기쁨이 되나
인생의 행락이 이르지 못해 고통스럽도다.
미친 짓 한다고 이웃 사람 웃거나 말거나
천 잔 술을 번개같이 다 마시고자 하노라.

그대 들어보지 못하였는가!
옛 술꾼인 유랑(劉郞)이 술 마시면 꽃을 찾은
그의 심정 알아주는 사람이 없었음을.

그대 또 들어보지 못하였는가!
소동파(蘇東坡)가 백발에 꽃을 꽂고 부끄러움 없었고
취해 가는 노구(老軀)를 부축하며 좇던 사람들이 웃었음을.

그래도 흡족한 건 오직 술잔 뿐,
달을 향해 술통을 기울임을 사양하지 말지어다.
영화와 부귀는 한바탕의 허무한 웃음거리
위호동작대(魏虎銅雀臺)의 옛 일을 그대 보기 청하노라[44]

라 하였고, 또 「이백의 시를 읽고(讀李白詩)」에서 이르기를,

이백을 적선인(謫仙人)[45]이라 부른 건

44) 李奎報, 《東國李相國全集》 권2.
45) 天上에서 下界로 내려온 神仙이란 뜻으로 곧 李白을 이름.

광객(狂客) 하지장(賀知章)이로다.
이백이 하늘에서 내려오는 것을 보았는가? 못 보았는가?
하씨의 이 말은 황당한 것 같구나.
그러나 이백의 시(詩)를 읽다보면
그야말로 사람의 목에서 나온 것 아니로다.
그 이름이 신선의 명책에 들지 않고,
그 입이 신선의 약을 먹지 않았다면
제 아무리 천백 번 가다듬은 들 이백의 흉내를 낼 수 있으랴.
그 속속들이 비단결 같은 아름다운 노래가 어찌 나오랴.
중국 당(唐)나라 때에는 문사도 많아
제각기 남다른 재주로 자신들의 서예(書藝)를 이루어 놓았다네.
앞에는 진자앙, 그 뒤에는 한유와 유종원, 또 맹교와 장적도 있었으니, 모두 자기의 목소리로 한때를 울렸다네.
저들 시어(詩語)인들 어찌 우렁차고 호방한 말이 없었으며,
저들 악사(樂詞)인들 어찌 세차고 굳센 맛이 없었으랴.
그 속에도 어찌 봄꽃송이 같이 아름다운 빛이 없으며,
어찌 강물처럼 세차게 흘러내리는 한없는 깊이가 없겠는가.
그럼에도 이 같이 표현(飄然)히 시(詩)의 격식에서 벗어난 시어(詩語)야말로, 이백이 아니고 또 누가 있으랴?
비록 이태백이 난새[鸞]와 학(鶴)을 타고 오가는 모습을 본 이 없으나
구름을 스치며 날아온 그 날개 모습이 詩에 살아 있어
이백을 적선인(謫仙人)이라 호칭하였으니,
하지장(賀知章) 노인은 참말로 미치지 않았도다.[46)]

46) 상게서, 권14.

라 했다. 익재(益齋) 이제현(李齊賢)은 「황하(黃河)」 시(詩)에서 이르기를,

황하가 곤륜산(崑崙山)에서 서편으로 흘러내리니,
한사(漢使)가 뗏목을 타고 그 근원을 찾았었네.
곤륜산 높이 솟아 몇 천 길인가!
은하수 그 위에서 쏟아져 내리는 듯,
굽이굽이 거센 기세, 지축을 굴리는가!
천만리 호탕하게 흘러 하늘가에 떠가는가!
마치 초(楚)와 한(漢)이 해하(垓下)에서 싸울 때
천병만마(千兵萬馬) 기세 차게 평원을 내닫는 듯,
마냥 제멋대로 흘러 멈출 수 없어
온 벌에 넘쳐나 백성들 시름하더니,
산을 갈라 동으로 물길을 돌렸다는 신령의 애쓴 자취가 완연히 남아있네.
곤궁한 내 젊은 시절 바다에서 노닐 때에
호기(豪氣)를 부려 살아있는 곤어(鯤魚)라도 잡아타려 했네.
서강(西江)을 한 입에 마셔버릴 듯,
운몽(雲夢)을 한 가슴에 삼키지 못했네.
오늘 해변에 배 띄우려니 어리둥절 어찌할 바 모르겠네.
비린 바람이 물결을 몰아침이 마치 집채와 같고,
긴 돛은 멀리 산과 함께 서로 뒤번지네.
사공은 소리치며 땀을 흘리는데,
저물도록 남쪽 해안 촌락에 닿지 못하였네.
나는 배를 불사른 맹명시(孟明視)는 아니지만,
진나라 온 백성의 무한한 원한을 한 번에 갚을 듯,
내 또한 구슬을 던져버린 진공자(晉公子)는 아니지만,
외삼촌과 했던 서약을 저버리지 않을 듯했네.

철우(鐵牛)[47]가 미리 알고 응당 웃어주련만,
하필 서남쪽 험한 데를 건너 달리려나?[48]

고 하였다. 또 익재(益齋)는 「임신십일월그믐날(壬申十一月晦日)」에서 표현하기를,

남달리 평생 멀리 가서 놀기 좋아했더니,
여행에서 돌아오니 의상(衣裳)이 죄다 해어졌네.
어느 친지 누가 반가운 눈길로 맞아 주리오!
아내도 이미 나와 함께 머리가 희어졌네.
책상위에 책이 있어 가끔 뒤적이지만,
술독에 술 없으니 누구와 수작(酬酌)할까!
상한 마음에 한해가 저물고 텅 빈 뜰 밖에 궂은비는
진종일 주룩주룩 그칠 줄 모르누나.[49]

라 하였다. 또, 「동산에 봄기운 스밀 때 성도에 가련다[沁園春將之成都]」에서 이르기를,

고난을 미소로 참아낸 서생(書生)의 광기어린 계획들이 성취된 바 얼마인가?
어느 하루아침에 운용풍호(雲龍風虎)[50]를 만날 것을 일렀도다.
넓은 호수 같은 세상에서 돌아와 한낱 월정(月艇)과 연사(烟蓑)만 대할 뿐이네.

---

47) 水災를 막을 수 있다 하여 禹가 만들어 황하에 넣었다는 철로 주물한 소를 지칭함.
48) 李齊賢, 《益齋集》 권1.
49) 상게서, 권4.
50) 氣像이 서로 같은 자끼리 서로 感應함을 의미.

사람의 일은 어그러짐이 많고, 어버이 은혜는 갚을 길이 없는데,
다투듯이 광음은 물결 따라 흘러가도다.
어떤 일에 연유하여 멀리 고향을 등지다가 또 다시 고향 민아[岷峨, 산이름]로 향하는가!
다행히 이제 천하가 내 집같이 편안하고,
지난날을 돌아보면 큰 탈 없이 지나온 날이 많으며,
날랜 말을 타고 장관(壯觀)을 찾아다니기를 즐겼으니,
산과 바다를 달려 반드시 맑은 아산(峨山)에 들어가리라.
어찌 평생을 편안함에 안주하여 헛되이 은거를 말하리오!
큰 슬픔을 거두고 송별시를 들으리라.51)

이색의 「대국유감(對菊有感)」에서 표현하기를,

인정(人情)이 어찌 사물(事物)처럼 감정이 없으련만,
국경을 넘어 온지 오래되니 점점 평안을 잃어가는구나.
때때로 동쪽(고려)을 향하니 부끄러움이 얼굴에 가득 차고,
진실로 국화(菊花)를 보니 연명(淵明)을 만난 듯하구나.52)

라고 읊고 있다.

조선은 明나라 홍무(洪武)년간에 건립되어 약 500년간 형통하였는데, 전후 두 시기로 나눌 수 있다. 전기는 대략 명나라 때에 해당하는데 이학(理學)이 발흥하여 대가들이 배출되었다. 그들은 의리(義理)의 연구에 몰두하였으나, 그들 대부분은 사장(詞章)을 소홀히 여겼다. 이 때문에 한문학계는 의리파와 사장파로 나뉘어졌다. 경학파 인물에는 김종직(金宗直) · 이황(李滉) · 이이(李珥) · 서경덕(徐經德) 등

51) 상게서, 권10.

52) 洪熹, 《朝鮮學術史》 p. 44.

을 대표로 꼽을 수 있다. 김종직의 저작에는 《점필재집(佔畢齋集)》·《동문수(東文粹)》가 있다. 이황은 해동주자(海東朱子)로 호칭되며, 저작으로는 《퇴계집(退溪集》이 있다. 이이의 저작으로는 《율곡문집(栗谷文集)》이 있고, 서경덕의 저작으로는 《화담집(花潭集》이 있다.

사장파 작가로는 권근(權近) · 박은(朴誾) · 성현(成俔) · 백광훈(白光勳) · 송익필(宋翼弼) 등을 대표로 꼽을 수 있다. 권근의 저작으로는 《양촌집(陽村集)》이 있는데, 그 시문은 일찍이 명나라 태조의 호평을 받은 것으로 전해진다. 박은의 저작으로는 《읍취헌유고(挹翠軒遺稿)》가 있는데, 당시의 사람이 이르기를, '시(詩)는 읍취헌이 제일이라 하는데, 이것은 바뀌지 않는 논평이다.' 라고 하였다. 성현의 저작으로는 《시문집》 30권과 《용재총화(慵齋叢話)》 10권이 있다. 백광훈은 당나라의 시풍을 제창하였으며, 최경창(崔慶昌) · 이달(李達)과 더불어 모아「삼당(三唐)」으로 불린다. 송익필(宋翼弼)의 저작으로는 《귀봉선생시집(龜峯先生詩集)》이 있는데, 그 시 또한 당나라 때의 시로써 모범을 삼았다. 문학정화운동을 거친 후 문단(文壇)의 기상은 일신하여 작가를 배출하였는데, 그 중요한 작가로는 최립(崔岦) · 신흠(申欽) · 허엽(許曄) · 김상헌(金尙憲) 등이 있다. 최립의 저작으로는 《간이집(簡易集)》이 있고, 신흠의 저작으로는 《상촌집(象村集)》이 있으며, 허엽은 서경덕의 제자인데, 그의 아들 허균(許筠)과 딸인 허난설헌(許蘭雪軒)은 모두 문장으로 유명하니, 조선의 소씨(蘇氏,즉 蘇洵.蘇軾.蘇轍) 가족이라 말할 수 있다. 김상헌 및 그의 손자인 수증(壽增) · 수항(壽恒), 증손인 창협(昌協) · 창흡(昌翕)은 모두 시문의 명가(名家)이고, 문벌가(文閥家)로 호칭되었다. 상헌의 詩는 일찍이 중국문단에서 관심을 불러왔는데, 전겸익(錢謙益) · 왕어양(王漁洋)은 그들의 문집 중에 상헌의 시를 실었다. 당시 조선은 이반룡

(李攀龍) · 왕세정(王世貞)의 영향을 받아서 고문(古文)을 중시하는 풍조 또한 유행하기 시작하였다. 여기에 몇몇 작품을 선정하여 적어 보겠다.

권근(權近)은 조선개국을 다음과 같이 읊조리고 있다.

> 이야기를 듣건대, 태고(太古)에 단군이 신단수(神壇樹) 아래로 내려왔다고 한다. 동쪽 나라의 왕위에 나아갔는데, 이때는 요임금의 치세였다. 왕위를 전한 것이 몇 세(世)인지는 알 수 없으나 천 년 넘게 이어왔다. 후의 기자국(箕子國)도 똑같이 조선이라 호칭하였다.[53]

고 하였다. 박은(朴誾)은「등불 아래서 취하여 글을 적어 택지에게 알리다(燈下醉書白擇之)」에서는,

> 나는 도연명(陶淵明)만 못하여
> 마음에 떠나감과 머물음을 맡기지 못하네.
> 흥함과 망함이 세속 따라 변하고
> 등용과 퇴출을 남들과 꾀한다네.
> 사라져 가는 꿈 천리 밖에서 놀라고
> 외로운 회포 온갖 근심 에워싼다.
> 어찌하면 마땅히 내 소원 이룰까
> 취하여 누워서 국화꽃 가을을 머금다.[54]

고 하였고, 이황(李滉)은「영회(詠懷)」에서,

> 홀로 숲 속의 오두막이 좋아 만권의 책을 읽으며

---

53) 權 近, 《陽村集》 권1.

54) 박 은(朴 誾), 《읍취헌유고(挹翠軒遺稿)》 권3.

일반의 마음으로 십여 년을 일삼았네.
요즘은 우주의 근원을 깨달을 듯도 한데,
나의 마음을 온통 사로잡는 것은 태허(太虛)를 보는 것이라네.

라고 읊조렸으며, 서경덕(徐敬德)은 「술회(述懷)」에서,

책 읽는 당일에는 경륜에 뜻을 두다가도
한 해가 다 가는 연말에는 안연의 청빈을 즐긴다.
재산과 권력은 다툼이 생겨 손대기 어려우나
숲 속 샘물은 금하는 이 없어 몸을 편히 할 수 있네.
나물 캐고 고기 잡아 배는 채울 수 있고
밝은 달 불어오는 바람을 노래하니 정신이 맑아지네.
배워서 의문이 없게 되면 내 마음 정말 쾌활해지나
이제야 백년 인생 헛되이 됨을 면하였구나.

라고 읊었다.[55] 한편 성현(成俔)은 「의고(擬古)」에서,

오늘의 좋은 잔치 모임에
반가운 손님이 고당(高堂)에 가득 차며
좋은 안주가 상에 넘쳐나고
맛좋은 술이 금 술잔에 가득 차네.
양옆에 앉은 아름다운 여인들의
눈썹이 아름답게 휘날리고
거문고의 붉은 현이 손목을 비추며
줄맞추어 앉아 악곡을 연주하네.
흐르는 세월이 수레를 굴려

55) 위의 詩 2수는《朝鮮學藝史》.p.125.137.에 수록.

어느새 머리 위엔 서리가 내렸구나.
서로 만나고 또한 즐거움이 있으니
고달픈 강개(慷慨)는 어디에 쓸 것이며
금장[金張, 큰 권력]의 끝은 어디인가!
서로 잇따라 북망산천으로 돌아가는 것을.

이라고 하였고, 김상헌(金尙憲)은 「(군영에서)딱따기 소리를 듣다(聞柝)」에서,

딱따기를 치며 경계를 돌고 또 돌고
밤이 깊도록 쉬지를 못하는구나.
어느 누가 추위에 옷을 입지 않고
어느 병졸이 배고픔에 먹으려 하지 않으리오!
어찌 친한 이에게 사랑을 주는 것이
또한 서로 간에 알고 있는 마음이 아니리오!
자연스레 우러나는 동포(同胞)의 마음이
나의 심간(心肝)을 슬프게 하는구나!

라고 하였다.[56] 허균(許筠)은 「참군 오자어가 천조로 돌아감을 전송하며(送參軍吳子魚還天朝)」에서,

나라에는 중외(中外)의 구별이 있어도
사람은 하이(夏夷)의 구별이 없어
지상에 사는 이는 모두가 형제인데
어찌하여 꼭 초월(楚越)을 나누려하는가!
간담(肝膽)은 매양 서로를 비추우고

56) 위의 詩 2首는 朱彛尊, 《明詩綜》 卷95上,〈朝鮮〉상편에 수록.

얼음 항아리[맑고 깨끗한 마음을 비유]는 시린 달을 비추는데
누군가에 의지하려 한 행동이 나의 더러움을 깨우쳐
정신을 차려 군자의 절개를 되찾았도다.
오랜 기다림으로 등룡(登龍)을 바랐더니
갑작스레 실패로 돌아가매
먼 여로는 험하고 위태롭고
가을의 들녘은 추워만 가는데
쉬엄쉬엄 조심하여
막혀 되돌아옴이 없도록 해야겠다.
동쪽 경계는 여전히 싸움이 진행되고
바다에 연한 산길에는 날마다 피가 흐르니
모름지기 노연자(魯連子)의 지혜를 빌리고
진도(秦掉)의 한 치의 혀를 경계하여
구이(九夷)의 미천함을 닮지 말고
힘써 장부의 절개를 드러내 보여야겠다.[57)]

백광훈(白光勳)의 「현진야박(縣津夜泊)」에서는,

여로(旅路)에 나루 입구 의지해서 잠을 청한다.
계속된 여행에 어느새 늙은 나이에 이르렀구나.
종소리는 언덕 사이로 절에서 들려오고
사람의 말은 호수의 배에서 건너온다.
달빛 사이로 갈대밭이 멀어져가고
등불 사이로 섬들이 잇닿아 있구나.
밤은 깊어지고 바람이 다시 거세지니
땅에 내려앉은 갈매기는 잠을 이루지 못하는구나.

57) 위와 같은 책, 같은 편.

신흠(申欽)은 「친구에게(寄友)」에서,

광릉(廣陵)의 삼월은 이미 꽃잎이 날리고
한수(漢水)에 외롭게 떠있는 배에는 낙조가 드리운다.
새로이 띠 지붕을 이어 단장하고
들판의 사슴을 벗 삼아 좇으며 생애를 만들고 싶구나.
잔잔한 파도와 가랑비 속에 밭가는 송아지를 재촉하며
굽이치는 물속에서 고기를 낚아 올린다.
온 세상은 바쁨 속에서 지나가니
그대처럼 낙도하며 홀로 노래하련다.

허난설헌(許蘭雪憲)은 「망선요(望仙謠)」에서,

왕교(王喬)가 나를 불러 유람하자 하니
나는 곤륜(崑崙) 언덕을 가기로 기약하였네.
아침에 현포봉(玄圃峰)에 올라
자운거(紫雲車)를 아득히 바라보았네.
운거가 어찌나 빛나던지
현포길이 얼마나 넓던지
잠시 은하수로 착각하였네.
날아올라 부상국[扶桑國, 전설의 나라]을 향하니
부상국이 몇 천리이던가!
바람과 파도로 길도 길게 막혀 있으니
이곳에 내 마음을 두고 가고 싶구나.
좋은 시절을 어찌 잊으리.
그대의 마음이 어느 곳에 있는지는 알지만
이 내 마음은 슬프기만 하구나.

라고 노래하였다.[58] 송익필(宋翼弼)은 「교룡산을 찾다(尋蛟龍山)」에서,

> 한줄기 흐르는 물을 따라
> 근원을 찾아 취미[翠微, 산속]로 들어갔네.
> 사슴이 한가로이 풀 속에서 잠든 지 오래고
> 사람은 취해 밖에 나가 꽃 속에 머물고 있구나.
> 바위는 아침에 내린 빗방울을 지키고 있고
> 나무들은 아직 이른 저녁노을을 감추고 있구나.
> 선풍(仙風)이 늙은이의 머리칼을 날리우니
> 내 장단의 머리칼을 검게 하는 것 같구나.

라고 운운하였고, 또 「잡영(雜詠)」에서는,

> 한가한 집안에 홀로된 새 한 마리 빈 뜰에 내려앉고
> 사람은 취해 소나무 그늘에 누워 깨어나지 않는구나.
> 물가에는 봄바람이 급해오고
> 봄볕이 흘러 산들을 푸르게 하는구나.

라고 읊고 있다.[59]

조선 세종 28년, 주상(主上)은 한문이 심오하여 평민이 학습하기에 불편함을 알아, 일찍이 정인지(鄭麟趾)·신숙주(申叔舟) 등에게 명하여 새로운 문자를 만들었는데, 모두 28개 자모를 초·중·종 3성으로 나누어 활용하여 언어를 기록하게 하니, 이것이 바로 언문(諺文; 한글)의 기원이다. 당시 사대부는 이 새로운 문자에 대하여 대부분 많은 불만을 표시하였다. 그들은 '옛 부터 구주(九州, 천하)의 안쪽

58) 이상의 詩 2首는 상게서 卷95下, 〈朝鮮〉下.

59) 이상 시 두 수는 金宗直 選 《龜峰先生詩集》 권2.에서 소개됨.

은 풍토(風土)는 비록 다르나 아직 방언(方言)을 이유삼아 별도로 문자를 만든 적은 없었다. …지금 별개로 언문을 만드는 것은 중국을 버리고 스스로 이적(夷狄)을 닮아가는 것이니, …어찌 문명국으로서의 큰 잘못이 아니겠는가!' [60]라고 인식하였기 때문에 한글이 만들어진 이후에 일반학자의 대부분은 즐겨 사용하지 않았다.

그런데 문학대중화를 추진하기 위해 일찍이 약간의 한문서적의 명저들을 번역했다. 예를 들면 조위(曹偉)의 《두시언해 (杜詩諺解)》, 서거정(徐居正)의 《황산곡시언해(黃山谷詩諺解)》·《연주시격언해(聯珠詩格諺解》 등이 그것이다. 이러한 형세에 따라 이른바 시조(時調)가 점차 등장했으나 한문학의 위상에 대하여 중대한 위협을 가하지는 못하였다.

조선 후기는 대략 청대(淸代)에 해당하는데, 그 초기에는 고문파(古文派)의 목소리와 세력이 자못 컸으나 매우 빠르게 강렬한 반응을 일으키며 '당송팔대가' 를 존중하는 운동이 일어나서, 마침내 고문파가 소리 없이 자취를 감추게 되었다. 청나라 강희(康熙)연간에 조선은 일본에 사신을 보내 막부(幕府)의 제 6대 장군 가선습직(家宣襲職)에게 하례(賀禮)하게 하였는데, 이때 일본학자 강도관산(岡島冠山)이 조선의 사신 엄용호(嚴龍湖)와 나눈 필담(筆談)에서 질문하기를, "우리나라의 유생은 오로지 (당송)팔대가의 문장만을 보며, 그 중에서도 한유(韓愈)·유종원(柳宗元)의 문장을 가장 귀하게 여기는데, 귀국 또한 그러한가?" 라 하니, 엄용호가 대답하기를, "한유와 유종원의 문장은 사람마다 귀하게 여기는데, 우리나라 또한 그렇다." [61]고 하였다. 몇 년 지나지 않아 조선의 사신이 다시 일본에 가니, 일본인 목하란고(木下蘭杲)가 또 조선 문단의 정형(情形)을 물으니, 조선의

---

60) 《世宗實錄》 卷104, 甲子26年 2月 庚子日條.

61) 《雞林唱和集》 권3.

사신 신청천(申淸泉)이 필답하기를,

> 우리 고려국의 치세는 오로지 송나라와 원나라의 치세기에 해당한다. 우리 조선조에 이르러서 여러 재능 있는 사람이 생겨나서 혹자는 반고(班固) · 사마천(司馬遷)이라 이를 만하고, 혹자는 한유 · 유종원 · 소동파라 이를 만한데, 그 서체의 연원은 유도(儒道)로 으뜸을 삼은 까닭에 그 글의 체제는 송나라의 습관을 따르고 있는데, 간혹 한두 장구(章句)만 험난(險難)과 순평(順平)의 특수함이 있을 뿐이다. 명나라의 여러 학자 중 이하(李何) · 왕이윤(王李允)이 대학자인데, 그들의 문장이 처음 세상에 전해오자 이를 따라하려는 생각이 없지는 않았으나 왕 · 이의 문장을 전공하려는 자는 열에 한두 명도 없었다. 지금 우리나라(조선)에서 문필(文筆)을 하는 선비 중에 대다수가 이르기를, '마땅히 먼저 당송팔대가의 문장을 읽어 내 문장이 숙련되고 글을 짓는 지름길을 찾아 문장이 평탄해진 연후에야 명나라 여러 학자의 글도 때때로 읽어서 그 문채(文采)를 높이는데 도움을 받아야 한다.' 고 말한다.[62]

라 하였다.

정조는 친히 당송팔대가의 문장을 선정하여, 《팔자백선(八子百選)》을 엮은 것에서 당시 조선에서 당송팔대가의 세력을 짐작해 볼 수 있다. 청 왕조 문단의 발전에 자극 받아 조선의 문단에서도 작가가 배출되었는데, 특히 유명한 것으로는 박지원(朴趾源)의 《열하일기(熱河日記)》, 강위(姜瑋)의 《고환당집(古懽堂集)》, 김윤식(金允植)의 《운양집(雲養集)》, 윤희구(尹喜求)의 《윤당시문집(尹堂詩文集)》 등이 있다. 일반적으로 문장을 잘하는 선비는 손가락을 꼽을 수 없을 정

---

62) 申淸泉客館, 《璀粲集》,〈近代日本の儒學〉, p. 460.

도였다. 문장의 장점을 예로 드는 것은 불편하므로, 이에 청나라 사람 손치미(孫致彌)의 《조선채풍록(朝鮮采風錄)》을 근거로 몇 편의 시를 적어 일단을 엿보려고 한다.

김류(金瑬)는 「친구에게(寄友)」에서,

버드나무 꽃은 모두 지고 초목이 무성하니
마음 시린 나그네 생각이 슬퍼지는구나.
일 년 중의 가절(佳節)인 한식이 지나고
여러 겹 우뚝 솟은 산에서는 소쩍새가 우누나.
고국을 떠나 헤매는 이 몸은 늙어지고
왕찬(王粲)의 등루부(登樓賦)는 부질없는 글제인가.
생각에는 천하를 얻은 듯하지만 백발로 돌아오니
소양강 위 석양은 낮기만 하구나.

라고 노래하였고, 조희일(趙希逸)은 「용만우성(龍灣偶成)」에서,

압록강 서쪽은 중국 관문이라,
하늘과 땅이 여러 겹 물굽이에 가로막혔구나.
인적 끊기고 모래섬 어지러운 인주(麟州)의 병영,
해 진 하늘에 외로운 구름 떠있는 마이산(馬耳山)이여.
바람 부는 빈 강에는 파도가 일고
눈은 봄 성곽에서 녹아내려 물이 되어 흐르는구나.
집안이 평안하지 못하니,
꿈결에서처럼 갔다 와야겠구나.

라고 읊었다. 정지승(鄭之升)은 「유별(留別)」에서,

풀과 꽃이 드문 물위의 정자에
푸른빛 우거진 버드나무는 춘성(春城)을 가리운 그림 같구나.
양관곡[陽關曲, 송별시]을 불러줄 사람도 없는데
홀로 청산(靑山)만이 나의 길을 배웅하고 있누나.

라고 하였다. 또한 여질충(余質忠)은 「병중에 호당(湖堂)에 나가보다(病出湖堂)」에서,

늘 창자가 하루에도 아홉 번이나 꼬여 괴로웠는데
홀연히 새가 울어 봄이 왔음을 알림에 놀랐네.
삼 년이나 약물을 먹어도 나는 병이 들어 있는데
하룻밤 빗소리에 꽃은 모두 피어나는구나.
세상일이 분분하여 스스로 깨닫기도 어려운데
천기(天機)는 세차게 흘러 번갈아 서로를 재촉하는구나.
평생토록 운기(雲氣)를 짊어지니
개탄스럽게도 이제 절반은 이미 꺾인 듯하구나.

라고 읊었다. 최경창(崔慶昌)은 「채련곡(采蓮曲)」에서,

버드나무는 물가 언덕에 의지하여 많이 피고
작은 배에서는 채련가(采蓮歌)가 들려오는구나.
나무의 붉은 옷은 모두 떨어지고 가을바람은 부는데
해 넘어간 아름다운 섬에는 흰 파도가 이는구나.

라 읊고 있다.

일본이 조선을 합병하려는 음모를 꾸미던 전날 밤, 애국지사 안중근(安重根)은 하얼빈 역(驛)에서 이토 히로부미[이등박문(伊藤博文)을

살해하였는데, 일찍이 비분강개한 부(賦)를 지어 그의 마음을 표현했다.

사나이 이 세상을 살아감이여!
그 뜻이 크도다.
시대가 영웅을 만드는가!
영웅이 시대를 만들도다.
세상을 크게 바라봄이여!
어느 날에 공업을 이루리라.
동풍이 점점 차가워짐이여 !
나의 의로운 피는 뜨거워지도다.
분개하여 한번 시작함이여!
반드시 쥐 같은 적을 도살하리라.
모든 나의 동포여!
나의 공업을 잊지 말지어다.
만세 만세여!
대한독립이여.[63)]

또 내가 어릴 적에 선친(先親)이 조선혁명지사의 감회가 담긴 7언율시 두 수를 보여주신 것이 기억나는데, 이제는 반세기가 지나서 뇌리에는 각인되어 있지만 이미 작자의 성명은 잊어버렸으나, 그 시는 우리 청나라 말기 혁명가의 작품 중에 놓더라도 추호의 손색이 없었다. 그 시에서 이르기를,

큰 소리로 어느 곳에서 동타(銅駝)를 울어야 하나
고국의 참담한 농사 모습을 차마 지나칠 수가 없도다.
생사를 건 몇 사람이 책임을 완수하려는데

63) 李丙燾, 《韓國史大觀》 中譯本, 正中書局, p. 274

영웅이 전쟁할 장소가 없구나.
강산은 전조(前朝)와 같은 모양인데
인물들은 없고 부녀자만 많구나!
나 또한 사천년 역사의 잠을 깨우려
비통한 마음으로 늘 대풍가(大風歌)를 부른다.

또,

나라가 깨지고 망한 일이 슬프도다.
강물만이 흘러 홀로 핏자국을 띠고 온다.
금년의 살육도 기억에 생생한대
이 날의 흐리고 흙비 내림은 오히려 열리지도 않았구나!
살갗과 뼈들은 모두 달아나고 불쌍한 백성만이 남았으며
수뇌들은 가벼이 나라를 던져버리고 영재만이 울고 있구나.
깊은 원한 갚을 날이 언제일지 알고 싶으나
믿음이 없어 젊은 혼의 외침이 돌아오지 않는구나.

라고 하였다.

조선 오백년 간 한문학은 시종일관 주류(主流)의 지위를 차지하였다. 이른바 시조문학이 비록 일반대중의 환영을 얻기는 했으나 고상한 자리에 내놓을 만한 것은 되지 못하였다. 갑오전쟁(청일전쟁, 1984년)직후 조선유학생 유길준(兪吉濬)이 언문과 한자를 혼용하여 《서유견문(西遊見聞록)》을 펴낸 것을 시작으로, 독립신문 · 황성신문 · 국민신보 · 대한민보 등의 각종 근대식 신문과 조양보(朝陽報) · 한성월보(漢城月報) · 가정잡지(家庭雜誌) · 자강회회보(自彊會會報) 등과 같은 각종 잡지가 모두 어문일치(語文一致)를 표방함으로써 한글과 한자가 혼합된 문체를 채용하였다. 그리하여 과거에는 공사(公私) 문건에 사용할 수 없다고 인식되었던 한글이 차츰 중요한 지위를 얻게 되었다.

앞에서 이미 중국문학이 한국 역사에 끼친 영향에 관하여 대략적인 검토를 해보았다. 마지막으로 몇 가지의 감상(感想)이 생겨남을 금할 수 없다.

첫째, 한국 등 동아 몇 국가는 옛 부터 한자를 채용하였고, 공사문서는 대부분 한문을 사용했으며, 19세기말까지 한자를 사용했다. 그러나 현재 한국은 이미 스스로 제정한 문자를 사용하고 있으며, 한국은 이미 상용한자를 1,800자 내외로 한정하고 있다. 이 때문에 현재 한국의 고문은 대다수가 이미 방치되어 한국 젊은이들 중 그들 조상들의 저작을 읽을 수 있는 사람이 아마도 이미 몇 명 남아있지 않을 것이다. 이것은 동방문화사의 큰 손실이 아닐 수 없다.

둘째, 한국 문학은 형식은 물론이고 내용 또한 훌륭한데, 모두 중국문학을 모방한 것이라고 말할 수 있다. 한국의 시문파(詩文派) 각기의 흥망은 모두 중국과 매우 밀접한 관계가 있으며, 한국 문인과 중국문인이 추구하는 바의 경계 또한 상통하는 곳이 있다. 이로써 중국문학은 지난 일이천년 간 한국민족의 감정교류에 대해 얼마나 큰 공헌을 했단 말인가!

셋째, 한국의 과거 한문 작품들은 중국 문인들의 작품과 서로 비교해 볼 때 어떠한 손색도 없다. 그러나 중국인들은 도리어 일고의 가치도 없다는 태도를 보여 왔다. 시험 삼아 각종 중국문학사를 보면 그저 몇 행의 편폭을 제시하는 정도이고, 심지어 어떤 학자들은 근본적으로 과거 한국에는 많은 한문 저작물이 있었다는 사실조차 모르고 있다. 이러한 문화상의 폐쇄주의는 실로 타파할 필요가 있다.

제4장 과학(科學) 부문

1. 중국의 전통과학

중국의 과학이 서양에 비해 낙후된 것은 최근 3, 4백 년 전 일이다. 지금과 달리 역사 속의 중국과학은 실로 커다란 성과가 있었다. 특별한 것 몇 가지만을 아래에 서술하고자 한다.

[천문(天文)] : 《상서(尙書)》〈요전(堯典)〉에 실려 있는 조화허(鳥火虛)가 사중성(四中星)을 관찰하였다는 기록, 《春秋》에 실려 있는 242년 동안에 37회의 일식(日蝕)이 있었다는 기록은 근대 천문학자의 연구결과, 대부분이 매우 가치 있는 천체현상 기록으로 인식되고 있으니, 이는 족히 중국고대에 이미 상당히 진보한 천문지식이 있었음을 보여주는 것이다. 진 · 한(秦 · 漢)이래로 천문을 상세히 연구하는 사람 또한 매우 많았는데, 예를 들면 경방(京房) · 우희(虞喜) · 장형(張衡) · 이순풍(李淳風) · 곽수경(郭守敬) · 매문정(梅文鼎) 등이 있는데, 일찍이 이들 모두 휘황찬란한 업적을 남겼다.

[역법(曆法)] : 중국고대에는 황제(黃帝) · 전욱(顓頊) · 하(夏) · 은(殷) · 주(周) · 노(魯) 등의 육가역법(六家曆法)이 있었다고 전해지는데, 다른 것은 말하지 않더라도, 은대(殷代)의 역법은 이미 사분술(四分術)[64]인 19년 7윤(閏)의 장법(章法)과 76년을 한 번의 순환으로 삼은 부법(蔀法)이 있었는데, 이는 갑골학(甲骨學)에서 증명할 수 있다.[65] 한대이후로 중국에서 전후로 실행되었던 역법은 약 50종[66]으로, 역법

---

64) 6가지의 역법은 모두 365와 1/4일을 1회귀년으로 정하였기에 "사분력(四分曆)" 이라고도 한다. 고육력 (古六曆)은 29와 499/940일940분의 499일을 한 삭망월로 하고 19년 중에 7개의 윤월을 두었다고 함.

65) 董作賓의 〈殷曆譜〉를 참조함.

66) 《明史》 권31, 〈曆志〉 편.

은 날로 세밀하게 되었다. 그 중에서도 특히 태초력(太初曆)·선명력(宣明曆)·수시력(授時曆)·대통력(大統曆)·시헌력(時憲曆)은 각기 특수한 역사적 의의를 지니고 있다, 그 중에서 태초력(B.C.104년)은 365와 1/4일을 1년으로 하였는데, 로마 케사르(Caesar)가 공포한 율리우스(Julius)력과도 같지만, 비교해보면 율리우스력보다 2백년이 빠르다. 수시력(1281년)은 일 년을 365.2425일로 하였는데, 실재로 지구가 태양을 한 바퀴 도는 주기(周期)와 비교해보면 단지 26초 부족할 뿐으로, 현재 각국에서 통용되는 그레고리(Gregory)력의 1년 주기와 서로 같지만, 수시력이 그레고리력보다 3백여 년이나 앞서 1년의 정확한 길이를 정했다.

[수학(數學)] : 주관(周官)의 보씨(保氏)는 육예(六藝)[67]를 가지고 국자(國子)를 교육한다고 하였는데, 산수(算數)가 그 중의 하나를 차지하는 것을 보면, 周나라는 이미 산수(算數)를 교육의 필수과목에 포함시킨 듯하다. 《주비산경(周髀算經)》은 주공(周公)이 지었다고 전해오는데, 진실로 믿을만한 것은 아니지만, 선진(先秦)시대에 이미 상당히 진보한 수학지식이 있었던 것은 실로 의심할 여지가 없다. 십진법(十進法)과 구구단(九九段)은 세계수학사 초기의 두 가지 크고 획기적인 일이기는 하지만, 가장 먼저 채용한 것은 바로 중국이다.[68] 한·위(漢·魏)시기에 중국수학의 성과는 실로 당시 세계의 그 어떤 국가보다도 앞서고 있었는데, 산경(算經)중의 《구장(九章)》·《손자(孫子)》·《장구건(張丘建)》·《하후양(夏候陽)》은 모두 이때에 완성된 것이다. 특히 장창(張蒼)이 편정(編定)하고 유휘(劉徽)가 주석(註譯)을 가한 《구장산술(九章算術)》이 각종 응용문제까지 널리 다루었다는

67) 여기에서 육예(六藝)는 禮·樂·射·御·書·數 여섯 가지 교육과목을 지칭함.

68) 胡秋原, 《古代中國文化與中國知識分子》 下册, p.542~547.

것은 특별히 중시할 만한 가치가 있다. 당대(唐代)에 이르러서는 산학박사(算學博士)를 두고, 산과(算科)시험을 실시하였으며,《산경십서(算經十書)》를 편정(編定)한 것은 모두 중대한 의의를 지니고 있다. 송·원·명(宋·元·明) 삼대에는 수학을 상세히 연구하는 사람이 또한 매우 많았다. 예를 들면 진구소(秦九韶)는《수서구장(數書九章)》을 저술하였고, 주세걸(朱世傑)은《산학계몽(算學啓蒙)》을 저술하였으며, 정대위(程大位)는《산법통종(算法統宗)》을 저술하였는데, 모두 중국 수학사에서 특수한 지위를 차지하고 있다. 元나라 때는 또한 주판[산반(算盤)]을 발명해서 예전의 산가지[산주(算籌)]보다 더욱 편리해졌다. 명나라 말기에 서양인이 들어오면서 이지조(李之藻)·서광계(徐光啓)가 제일 먼저 서양수학을 소개하였는데, 단시간의 성과로는 대단한 것이었다. 불행히도 이후에 청조가 쇄국정책을 채택함에 따라, 서양의 수학은 비약적으로 발전한 반면 중국은 도리어 나날이 뒤떨어지게 되었다.

[의약학(醫藥學)] : 선진(先秦)시대의 의약지식은 이미 상당한 진보를 거쳤는데, 이것은 장기적인 경험의 누적에 의한 것으로 보는 것이 자연스럽다. 따라서 본초(本草) · 소문(素問) · 침경(鍼經) · 난경(難經) 등의 의학서적은 신농(神農) · 황제(黃帝) 때부터 시작되었다고 가탁(假託)하는 것도 역시 근거가 없는 것은 아니다.《곡례(曲禮)》에서 말하기를, '3대째 내려오는 의원이 아니면 그 약을 복용하지 말라.' 고 말한 것을 보면, 의학이 주나라 때에 이미 전문적인 직업이 되었음을 설명한다. 또한《사기》권105,〈편작창공열전(扁鵲倉公列傳)〉에 의하면, 춘추시대에 의술이 이미 분과(分科)가 시작된 것으로 보인다. 한나라 때에 와서 의학은 더욱 획기적인 발전을 하였는데, 예컨대 창공(倉公)은 맥술[진맥술(診脈術)]에 정통해서, 열 사람의 죽을

때를 예단(豫斷)하면 아홉 명은 맞추는 정도였다. 《사기》의 본 〈편작창공열전〉에는 중국전통의 진료부(진료카드) 25단락이 실려 있다. 장기(張機)가 지은 《상한잡병론(傷寒雜病論)》[69]과 《금궤옥합요략(金匱玉函要略)》은 지금까지도 여전히 중국의학의 보전(寶典)이 되고 있다. 화타(華陀)는 외과(外科)에 정통하였고 아울러 마비탕(麻沸湯)을 발명하여 마취(麻醉)에 쓸 수 있게 한 것은 실로 동시대 어느 국가의 외과(外科)와도 비교가 되지 않는다. 본초학(本草學) 또한 한나라 때에 홍기하였는데,[70] 《신농본초경 (神農本草經)》에는 약물(藥物) 360종이 실려 있다. 당나라 고종(高宗)때에 이르러 새로이 본초를 수정해서 간행함으로써 약물은 479종으로 증가하였다. 이것이 우리나라(중국) 최초의 법정 약전(藥典)으로 서방 최초의 Bercelona약전(1535년) 보다 8,9백년이나 빠르다. 본초연구는 끊임없이 발전하여 명나라 때에 이르러 이시진(李時珍)이 《본초강목(本草綱目)》을 저술하였는데, 1,882종의 약물을 수집하고 있어, 이미 단순한 약물학(藥物學)이 아니라 더 나아가 근대의 박물학(博物學)적인 성격을 지니고 있다.

2. 한국의 전통과학

한국 등 동아시아 주변국가의 건국은 모두 중국보다 많이 낙후되어 일체 문물제도는 모두 중국의 깊은 영향을 받았는데, 과학 분야도 당연히 예외가 아니다. 이에 한국의 역사문헌에 근거하여 검토해 보겠다.

[천문·역법(天文·曆法**)]** : 고대에는 중국과 한국이 한 덩어리(一體)여

69) 傷寒(雜)病은 장티푸스[typhoid]를 지칭함.

70) 于景讓, 〈中國本草學起源試測〉 (《大陸雜誌》 23권, 제5기)

서, 조선은 중국의 문화성과를 함께 나누었는데, 천문·역법도 예외가 아니었다. 조선의 사가(史家) 정인지(鄭麟趾)가 저술한 《고려사》 권 47, 〈천문지〉 에는,

> 복희씨(伏羲氏) 때부터 하늘을 바라보고 땅을 관찰하였으며, 황제(黃帝)는 미리 날짜를 세어 점을 쳐서 알아보았으며, 요(堯)임금은 해와 달의 운행을 추산하여 백성들에게 계절을 알려주었으며, 순(舜)임금은 기형[璣衡, 천체관측 기구]를 이용하여 칠정(해, 달, 다섯 개의 행성)을 정리하였다. 그리하여 천문을 관측하는 방법이 정비되었다.

고 하였다. 이것은 한국 역사가의 마음속에 천문학이 복희(伏羲)·황제(黃帝)로부터 기원하였으며, 아울러 내외(內外)의 구별이 없다고 생각한 사실을 증명한다. 서진(西晉)말년 조선반도를 포기하기 이전까지 조선은 중국의 군현이 된지가 이미 4백년의 기간이었다. 그 기간에 중국의 천문역법 지식은 응당 이미 상당히 보급되었다. 이후에 삼국은 이러한 기초에 의하여 용이하게 성취를 이룰 수 있었다. 《구당서(舊唐書)》 〈백제전〉 에서는, '사계절 여름삼복과 음력섣달이 중국과 같다.' 고 하였다. 《통전(通典)》 〈변방동이조(邊防東夷條)〉 에서 또한, 백제에 대해 이르기를, '음양오행을 해석하는데 宋의 하승천(何承天)이 만든 원가력(元嘉曆)을 사용하여 인월(寅月)을 연초(年初)로 삼는다.' 고 하고 있다. 《일본서기(日本書紀)》 에서 또한, 백제가 6세기 중엽에 복력 박사(卜曆 博士)를 파견해 일본의 과거에 응시한 일이 있다고 기록하고 있다. 신라는 7세기 전반 무렵에 국가 발전을 급격히 추진하면서 적극적으로 당화운동(唐化運動)을 전개하였다. 예를 들어 唐나라 정관(貞觀)7년(633년)에 이순풍(李淳風)이 혼천의(渾

天儀)를 만들어 천체현상을 관측하였는데, 신라도 이에 자극을 받아 십년 후에 경주에 2장(丈) 9척(尺) 높이의 첨성대(瞻星臺)를 건설하였으며, 그 유적은 지금까지도 여전히 보존되고 있다. 효소왕(孝昭王)원년(692년)에는 승려 도증(道證)이 당으로부터 돌아와 천문도(天文圖)를 올렸고, 성덕왕(聖德王) 17년(718년)에는 누각전(漏刻典)을 만들고 박사를 두었으며, 경덕왕(景德王)8년(749년)에는 천문 박사(天文 博士)와 누각 박사(漏刻博士)를 두었는데, 모두 당의 제도를 모방하는데서 벗어나지 못하였다.

역법(曆法)에 대해 말하면, 신라는 문무왕(文武王) 14년(674년)에 唐의 역법을 채용하기 시작했다. 고려의 사가(史家) 김부식이 편찬한 《삼국사기》 〈신라본기〉 제7편에 보면,

> 문무왕 14년(674년) 봄 정월에 당나라에 들어가 숙위하던 대나마(大奈麻) 덕복(德福)이 역술(曆術)을 배워서 돌아와 새 역법으로 고쳐 사용하였다.

라고 하였다. 이후에 신라는 끊임없이 학생을 파견해 당나라에 가서 유학하게 하였는데, 어떤 사람은 唐에서 스승으로 받들어져 역법을 연구하다가 후에 귀국하여 그 뛰어난 능력으로 공헌을 한 사람도 있었는데, 김암(金巖)이 바로 한 예이다. 《동국통감 (東國通鑑)》 권10, 혜공왕 15년(779년)조에 보면,

> 김암은 … 젊었을 적에 이찬(伊飡)이 되어 唐나라에 들어가 숙위(宿衛)하고 있을 때에, 틈나는 대로 스승을 찾아가 음양가(陰陽家)의 방술을 배웠고, 스스로 둔갑입성법(遁甲立成法)을 저술하여 그 스승에게 보이니, 스승이 말하기를, '밝게 통달함이 여기에 이를 줄

은 미처 몰랐다.' 하고, 그 후부터는 감히 제자로 대우하지 아니하였다. 환국(還國)하자 사천대 박사(司天臺 博士)가 되었다.

고 기록되어 있다.

신라 헌덕왕(憲德王)때부터 唐 목종(穆宗)때 만들어진 선명력(宣明曆)을 채용했고, 고려 태조 때에도 계속하여 사용하고 바꾸지 아니하였는데, 충선왕(忠宣王)때에 이르러서야 비로소 새로이 역법을 바꾸어 반포하였다. 《고려사》 권50, 〈역지(曆志)〉 1.에 보면 다음과 같이 기록되어 있다.

고려는 별도로 역서(曆書)를 만들지 않고 당나라의 선명력(宣明曆)을 사용하였다. 당나라 목종(穆宗)장경(長慶)임인년(壬寅年)(822년)부터 고려 태조가 건국할 때까지 거의 100년에 가까운 세월이 경과하는 사이에 그 역법이 이미 낡아서 실재와 차이가 생기게 되었다. 당나라에서는 이미 역법을 개정하였는바 이로부터 무릇 22차에 걸쳐 개정하였으나, 고려에서는 선명력(宣明曆)을 계속 사용하였다.

고려는 중국을 따라서 수시로 역술(曆術)을 고치지 못하였기 때문에, 기삭(氣朔)과 교식(交食)이 때때로 맞지 않아서, 태사(太史)가 자주 징벌을 받았다. 《동국통감》 권16.에 의하면,

고려 현종(顯宗) 21년(1030년), 여름 4월에 하교하기를, '작년 12월이 송력(宋曆)에는 큰 달로 되어 있는데도 우리나라 태사가 올린 역서(曆書)에는 작은 달로 되어 있으며, 또 금년 정월 15일에 월식(月食)을 한다고 아뢰었으나 끝내 월식을 하지 않았으니, 이는 반드시 술가(術家)가 정밀하지 못해서이다. 어사대(御史臺)에서 추

국(推鞫)하여 아뢰도록 하라.' 하다.

고 하였다. 충렬왕(忠烈王) 7년(1303년)에 원나라에서 왕통(王通) 등을 고려로 보내서 허형(許衡)·곽수경(郭守敬) 등이 새로 편찬한 수시력(授時曆)을 나누어 주었다.[71] 이후에 충선왕(忠宣王)이 원나라에 머물고 있을 때, 많은 재물로 최성지(崔誠之)에게 스승을 구하여 그 수시력 역술(曆術)을 배우게 하고서야 비로소 수시력을 실행할 수 있게 되었다. 《고려사》 권108, 〈崔誠之傳〉에 다음과 같이 기록되어 있다.

> 최성지는 … 특히 음양추보법(陰陽推步法)에 조예가 깊었다. 충선왕(忠宣王)이 元나라에 머물고 있을 때 태사원(太史院)이 역수(曆數)에 정밀(情密)함을 보고 최성지에게 내탕금(內帑金) 100근(斤)을 하사하여 스승을 구하여 수업하게 하니, 수시력 역술을 다 얻어 배우고 귀국하여 드디어 그 학(學)을 전하여 지금에 이르도록 이것을 준용(遵用)하고 있다.

충선왕 때 비록 원나라의 수시력(授時曆)으로 바꿔 사용하였으나, 일식·월식의 이론을 서술한 1절(節)만은 여전히 선명력(宣明曆)의 낡은 방법을 그대로 사용하여 시각이 맞지 않았다. 《고려사》 권50, 〈역지(曆志)〉 1.에 의하면,

> 충선왕(忠宣王)때에 이르러 비로소 원나라의 수시력을 사용하게 되었다. 그러나 당시에 수시력에서 사용한 개방지술(開方之術)은 전해지지 않았던 까닭에 일식·월식의 일절은 여전히 선명력(宣明曆)

71) 《高麗史》 권29, 〈忠烈王世家〉 편.

의 낡은 방법을 그대로 사용하였다. 그런 까닭에 일식 · 월식의 예보 시각이 천기(天氣)의 실재와 맞지 않았다. 천문을 맡은 관리들이 자체의 노력과 지혜로써 앞뒤를 맞추어 보려고 애를 썼으나 성과를 거두지 못하였으며 고려왕조가 끝날 때까지 개정할 수가 없었다.

고 기록하고 있다.

조선은 건국하고 명나라의 정삭(正朔)[72]을 받들어 명나라의 대통력(大統曆)을 사용하였다. 세종(世宗)때 정인지(鄭麟趾) · 정초(鄭招)에게 명하여 하늘을 관측하는 측정기구를 만들도록 하였다. 중국과 한국의 문헌을 널리 받아들이고 연구하여 7년 만에 북극측정기 및 각종 일구(日晷, 해시계) · 누각(漏刻, 물시계) · 혼의(渾儀)[천구의(天球儀)] · 간의(簡儀)를 만들었다. 또 정인지 등이 원나라의 수시력과 명나라의 대통력을 참작해서 《칠정산내편(七政算內篇)》을 저술했다. 과거에는 단지 명나라가 반포한 역법을 그대로 따라 행할 줄만 알았는데, 이때에 이르러 처음으로 스스로 역법을 세우게 되었다. 명나라 숭정(崇禎) 초년에 서양인 아담 샬(Adam Schall)이 시헌력(時憲曆)을 만들었다. 조선 인조(仁祖) 12년(1634년)에, 관상감(觀象監) 책임자 김육(金堉)이 북경에 가서 술수(術數)에 관련된 모든 책을 구입해 돌아와서 관상감 관리 김상범(金尙范)에게 연구를 하게 하였다. 김상범은 수차례 북경에 왕래하면서 질의 · 토론을 하며 십 수 년이 걸려서야 그 방법을 알아내어, 효종(孝宗) 4년(1653년)에 이르러 마침내 시헌력(時憲曆)을 공포 시행하였다. 《효종실록》 권10, 계사(癸巳)년 정월 조에 보면,

72) 正朔은 정월과 삭월 등 시작을 말하며, 제왕이 새로 나라를 세우면 세수(歲首)를 고쳐서 새로운 역법을 천하에 반포함.

관상감(觀象監)이 아뢰기를, '시헌력이 나온 뒤에 이를 우리나라의 새로 만든 책력과 대비하여 보니, 북경(北京)의 절기와 시각이 시헌단력(時憲單曆)과 일일이 서로 합치되었고, 우리나라의 단력(單曆)은 시헌력에 들어 있는 각성(各省)의 횡간(橫看) 및 조선(朝鮮)의 절기·시각과 또한 서로 합치되었습니다. 사소하게 순차를 바꾸어 놓은 곳은 있었습니다만, 또한 그렇게 어긋나는 것은 아니었습니다. 따라서 갑오년부터 일체 신법(新法)에 의거하여 추산해서 인행(印行)하는 것이 마땅하겠습니다. 그리고 역법(曆法)에 대해 이미 개헌할 때가 지났는데도 3백 년 이래 단력(單曆)을 만든 사람이 없이 그럭저럭 지금에 이르렀으니, 지금이야말로 개력(改曆)할 시기입니다. 우리나라에서는 전수하여 배우기가 형편상 매우 어렵습니다. 그런데 일관(日官) 김상범(金尙范)이 북경에서 돌아와 여러 달 동안 추산한 끝에 다행히도 알아내었습니다.' 라고 하다.

고 하였다. 이에 한국역법은 신기원(新紀元)을 열게 되었다.

[산학(算學)] : 산학이 언제 조선에 전해졌는지는 고증할 수 없다. 《삼국사기》 권2, 〈신라본기〉 첨해니사금(沾解尼師今) 5년(251년)조에는,

한기부 사람 부도(夫道)는 집안이 가난하였으나, … 글씨와 셈을 잘하여 당시 이름이 나 있었으므로, 왕이 그를 불러 아찬으로 삼고 물장고(物藏庫) 사무를 맡겼다.

고 하였는데, 이것은 한국 역사상 글씨와 셈을 잘하는 인재를 중요한 자리에 임용하였다는 것을 처음으로 기록에 나타낸 것이다. 성덕왕(聖德王) 16년(717년)에는 당나라를 모방하여 산박사(算博士)를

두어 중국산경(中國算經)인 철술(綴術)·삼개(三開)·구장(九章)·육장(六章)으로 학생을 가르쳤다.[73] 고려 광종(光宗) 9년(958년)에 과거를 실시하기 시작하였는데, 제술(制術)·명경과(明經科) 이외에 잡과(雜科)를 함께 개설하였고 그 안에 산과(算科)도 포함시켰다. 고려 인종(仁宗)때에는 식목도감(式目都監)에 명하여 학식(學式)을 상세하게 정하게 하였는데, 당나라의 국자감(國子監)에 육학(六學)이 설치되어 있는 것을 모방하여, 산학박사를 두어 산술을 맡아 가르치도록 하였으며, 산학생(算學生)은 8품 이상의 자제 및 서인(庶人)에서 선발하였다.

조선 또한 산과(算科)를 설치하고 산학박사 2명을 두었다.《상명산법(詳明算法)》과《산학계몽(算學啓蒙)》등을 교재로 하였으며, 응시자는 중인(中人)계급으로 제한하였다. 중인은 양반과 상민의 사이에 위치하였는데, 정부의 실무를 처리하는 사람이다. 이들 서리(胥吏:하급벼슬아치)는 완전히 실용적인 목적을 위해서 산학을 연구하였기 때문에 어떠한 학술상의 공헌은 기약할 수 없었다.

[의학(醫學)] : 중국의학은 언제 조선으로 전해졌을까? 은·주(殷·周)나라 시대로 근원을 소급하는 사람도 있다. 한국의《증보문헌비고(增補文獻備考)》권242,〈예문고(藝文考)〉에서는,

> 함허자(涵虛子)가 말하기를, '기자(箕子)가 중국사람 5천명을 거느리고 조선에 들어왔는데, 그 중에는 시(詩)·서(書)·예(禮)·악(樂)·의(醫)·무(巫)·음양(陰陽)·복서(卜筮)를 아는 무리와 여러 공장(工匠)·기예(技藝)가 모두 따라왔다.'

73) 《三國史記》 권38, 〈職官志〉 上 -國學-.

고 쓰고 있다. 기자(箕子)가 의학을 들여왔다는 것은 비록 확증은 없지만, 중국인구의 이입(移入)과 함께 중국의 의약(醫藥)지식이 들어왔을 것으로 상상할 수 있는 일이다. 한·위(漢·魏)시대에 조선은 중국의 군현(郡縣)이었다. 당시 중국의학은 특별한 성과를 이루고 있었는데, 틀림없이 조선에 중대한 자극을 주었을 것이다. 그래서 일본은 5세기에 일찍이 신라에 사람을 보내 명의(名醫)를 구하였으며,[74] 6세기에 다시 한 차례 백제에게 의학박사를 파견해 줄 것을 요청했었다. 《수서(隋書)》〈백제전〉에서는 또한 백제에 대해 이르기를, '(백제는)의약·시귀[蓍龜, 즉 복서(卜筮)]·점상(占相)의 기술을 알았다.' 고 한다. 신라는 조선반도를 통일한 후에 당 왕조의 진보한 의학지식을 수입하고자 더욱 노력하였다. 효소왕(孝昭王) 원년(692년)에 승려 도증(道證)이 당에서 돌아와 의학박사가 되었고, 중국의서인 소문(素門)·본초(本草)·난경(難經)·침경(鍼經)·맥경(脈經)·갑을경(甲乙經)·명당경(明堂經) 등을 교재로 삼아 생도(生徒)를 가르쳤다.

고려는 의학을 더욱 중시하여, 고려 태조 13년(930년)에 학원을 설립하고 의(醫)·복(卜) 두 학과를 설치하였다. 고려 광종 9년(958년)에 과거를 시행하며 의과(醫科)를 설치했다. 고려 성종 6년(987년)에는 다시 12목(牧)에 의학박사를 두면서 하교(下敎)하기를,

> '살아있는 것을 보호하는 이치는 병을 치료하는 것이 우선이 되는 것이기 때문에 신농씨(神農氏)는 세상을 다스리던 때에 약초(藥草)를 고루 맛보았고, 진시황(秦始皇)이 분서(焚書)하던 시기에도 의학서적은 없애지 않았다. 장차 백성의 곤란과 위기를 없애려면 조금도 결점이 없는 방술(方術)을 넓혀야 할 것이다. 지금 경전에 통달하고 학업에 열정이 있는 선비와 온고지신(温故知新)한 무리를

74) 《日本書紀》 권13. 〈允恭紀〉

선발하여 12목(牧)에 각각 경학박사(經學博士) 1명과 의학박사(醫學博士) 1명을 파견하니, 부지런히 좋은 가르침을 행하고 여러 유생들을 잘 가르치면 반드시 그 공적의 깊고 얕음을 헤아려 관직에 특별히 발탁하는 것을 장려할 것이니, 마땅히 여러 주(州)·군(郡)·현(縣)의 장리(長吏)나 백성 중에 학문을 가르칠만한 아동이 있으면 모아서 잘 훈계하여 힘써 스승의 가르침을 따르도록 하라.' 75)

고 하였다. 당시에 송나라는 고려에 대해 의학을 진흥시켜 주었으니, 일찍이 여러 가지를 협조하여 주었다. 예컨대, 고려 현종(顯宗) 7년(1016년)에 성혜방(聖惠方)을 하사하여 주었고, 고려 문종(文宗)은 26년(1072년), 28년, 33년 등 여러 차례에 걸쳐 의관(醫官)을 한국에 파견하여 주었다. 고려 숙종(肅宗) 6년(1101년)에는 신의보구방(神醫普救方)을 하사하여 주었으며, 고려 예종(睿宗)때에도 다시 고려의 요구를 받아들여서 국의(國醫)를 파견하여 약품을 가지고 고려에 가서 의약지식을 전수하게 하였다. 《고려사》 권14, 〈예종기(睿宗紀)〉 에 보면 다음의 기록이 있다.

예종(睿宗) 13년(1118년) 가을 7월 신사일에 宋나라에서 합문지후(閤門祇侯) 조의(曹誼) · 의관(醫官) 양종립(楊宗立) 등 7명을 보내왔다. 갑신일에 왕이 건덕전(乾德殿) 정문에서 (송나라 황제의) 조서(詔書)를 받았다. 조서에 이르기를, '성지명주(省知明州) 루이(樓异)의 보고에 의해 고려국(高麗國) 왕세자(王世子) · 왕자(王子) · 왕(王) 아무개가 의술 대방가로서 혈맥 · 창종과(瘡瘇科) 등 3~4명 정도를 빌려 이들로 하여금 의료(醫療)에 관심을 갖고 의학 교육을 넓힐 수 있게 해달라는 서면 요청이 있음을 잘 알았습니다.

75) 《東國通鑑》 권14, 고려 성종 6년 조.

> … 일전에 사절의 말을 열람하건대 멀리서 의료 인원을 요구한다고 하였습니다. 이에 국의(國醫)에게 명령하여 약품을 가지고 가서 의술 학습을 협력함으로써 모두 건강을 유지하도록 하는 것이니, 나의 지극한 마음을 생각하여 이 특별한 대우를 접수하기 바랍니다. 이제 병의랑합문지후(秉義郞閤門祗侯) 조의(曹誼) · 한림의관(翰林醫官) 대의국교수사자(大醫局敎授賜紫) 양종립(楊宗立) · 한림의유(翰林醫諭) 대의국교수사자(大醫局敎授賜紫) 두순(杜舜) · 한림의후(翰林醫候) 대의국교학(大醫局敎學) 성상(成湘)을 보낼 것인데, 적공랑(廸功郞) 시대의학록(試大醫學錄) 진종인(陳宗仁) · 남줄(藍茁)이 먼저 갈 것입니다.…….

고려는 의학을 중시하였으므로 수시로 중국 의서(醫書)를 찾아 구입하였는데, 어떤 의서들은 도리어 중국이 고려에서 구하지 않으면 아니 되었다. 예를 들어, 송나라 철종(哲宗)때에는 고려에 좋은 서적이 많이 있다는 것을 듣고, 120종의 도서목록을 열거하고 고려에게 탐색하여 구해 주도록 하였는데, 그 중에는 《고금록험방(古今錄驗方)》 50권, 《장중경방(張仲景方)》 15권, 《심사방황제침경(深師方黃帝鍼經)》 9권, 《구허경(九墟經)》 9권, 《십품방(十品方)》 12권, 《도은거효험방(陶隱居效驗方)》 6권, 《동군약록(桐君藥錄)》 2권, 《황제대소(黃帝大素)》 30권, 《명의별록(名醫別錄)》 3권 등의 의서가 포함되어 있다.[76)]

조선 또한 의학을 중시하는 정책을 채택하여, 전의감(典醫監)에 박사 2명, 조교 2명을 두었고, 의과는 3년에 한번 시험을 보았는데, 초시(初試)에서 18명을 뽑고, 복시(覆試)에서 9명을 뽑았다. 조선 世宗은 의약지식을 보급하기 위하여 일찍이 각종 중국 의서를 간행하였

76) 《增補文獻備考》 권242, 〈藝文考〉.

다.《세종실록》 권52.의 기록을 적어본다.

13년(1431년) 5월 갑술일에, 예조에서 전의감의 서면보고에 의거하여 아뢰기를, '본감(전의감)의 생도는 오로지 의학서만을 읽어 익히는데, 지금 본감에 있는 직지방(直指方) · 상한류서(傷寒類書) · 의방집성(醫方集成) · 보주동인경(補註銅人經) 등의 책은 다만 당나라 때의 저본(底本)으로 각 한 권씩만 있으니, 습독하려는 사람이 많아서 함께 보기 어렵습니다. 그러므로 주자소(鑄字所)로 하여금 인쇄하여 반포(頒布)토록 하되, 지금 보주동인경(補註銅人經)을 자세히 살펴보면 도형(圖形)이 있어서 주자(鑄字)로 인쇄하기가 어려우니, 재목(材木)이 있는 경상도에서 판각(板刻)하게 하고, 그 나머지 세권의 책은 주자소에서 각각 50권씩을 인쇄하여 본감 및 혜민국(惠民局) · 제생원(濟生院) 등에 나누어 주도록 하소서.' 라고 하니, 그대로 따랐다.

당시의 의학생 고시(考試) 또한 중국의 방법을 모방하였다. 구리로 사람형상을 만들어 놓고 침구(針灸, 침과 뜸)의 혈(穴)을 시험 보았던 점과 같은 것이 바로 그 실례이다.《세종실록》 권60, 계축 15년(1433년) 6월 임오조의 기록을 적어본다.

또 병을 속히 고치는 데는 침과 뜸만 한 것이 없습니다. 의원으로서 침놓고 뜸뜨는 구멍을 밝게 알면, 한 푼의 약도 쓰지 않고도 모든 병을 고칠 것이니, 지금부터 중국의 의술을 익히는 법에 의하여 각각 전문(專門)을 세우고 주종소(鑄鍾所)로 하여금 구리로 사람 형상을 만들게 하여, 점혈법(點穴法)에 의하여 재주를 시험하면, (의원을) 취재(取才)하는 법이 또한 확실할 것이다.

조선 세조 4년(1459년)에는 의학고강법(醫學考講法)을 제정하고 신숙주(申叔舟)를 의학도제조(醫學都提調)에 임명하고는 교지를 내려 이르기를,

> 대저 업소(業所)는 많음이 귀중하지 아니하고 정(精)함이 귀중함에, 옛적 유자(儒者)는 치경(治經)함에 있어 각각 오로지 하나의 전문적 서적만 가지고 하였는데, 하물며 의술은 인명(人命)에 관계되는 것이니 더욱 정(精)하지 않을 수 없다. 그러므로 '의술은 부자가 서로 이어서 3대에 이르지 않았으면 조제한 약을 복용하지 않았다.' 고 한다. 옛사람은 의약에 신중하기를 이와 같이 하였는데, 지금 의원(醫員)은 방서(方書)가 많고 다양하여 정밀하게 숙지하지 못하고, 병환의 증세를 파악하여 약을 씀에 있어 그 요점을 알지 못하니, 그 (方書)가 많고 정밀하지 못한 점은 분야별로 나누어 전업(專業)함 만 같지 못하다. 또 의서(醫書)는 고적(古籍)에 박식하여 정민(精敏)하지 않은 자는 두루 정확하게 알기가 쉽지 않으니, 아울러 문관을 선임하여 겸습(兼習)함이 가할 것이다.[77]

라고 하였다.

정부에서 장려했기 때문에 의약연구는 매우 성과가 있었다. 약학 방면에서는《향약집성방(鄕藥集成方)》이 대표작이다. 과거 한국은 중국 의학에서 사용하는 약재를 모두 중국에 요청하여 보급하였다. 조선 태조 때에 권중화(權仲和)가 현지에서 수집하고 편집하기 시작하여《향약간역방(鄕藥簡易方)》을 저술하였다. 후에 조선 세조는 여러 차례 의관을 골라서 사신을 따라 북경에 가서 의료처방서를 널리 구하였으며, 또한 주청을 받아들여 태의원(太醫院)에서 약(藥)이름을 바

---

77)《세조실록》권1, 4년 3월 戊戌 條.

로잡도록 했다. 선덕(宣德) 6년(1431년)에 전의정(典醫正) 노중례(盧重禮) 등에게 명하여 각종 향약방(鄕藥方)을 수집해서 책을 쓰게 하니, 분류하고 증보하여 《향약집성방》을 편성하였다. 이는 예전의 338가지의 증상을 959가지로 증보시켰으며, 예전의 처방 2,830가지를 17,600가지로 증보시켰다. 아울러 뜸 요법 1,476가지를 덧붙여서, 향약본초(鄕藥本草) 및 포제법(炮製法)을 합해서 85권으로 하였다.[78)]

의학방면에는 《의방류취(醫方類聚)》와 《동의보감(東醫寶鑑)》 등 저명한 서적이 있다. 《의방류취》는 모두 365권으로 조선 세종 27년(1445년)에 만들어졌는데, 당시 한국에서 최고의 의약백과전서였다. 《동의보감》은 태의(太醫) 허준(許浚)이 조선 선조(宣祖)때에 명을 받아 편찬한 것으로 광해군(光海君) 5년(1613년)에 완성하였다. 전체의 서목(書目)은 내경(內景)·외형(外形)·잡병(雜病)·탕액(湯液)·침구(鍼灸) 등 13편으로 구분하였으며, 그 아래에 108과목의 자세한 조목으로 나누어져 있다. 인용도서목록 86종을 싣고 있는데, 그 중 거의 대부분의 책이 모두 중국의 옛 의서(醫書)이다. 이것은 한국이 한의학(漢醫學)을 집대성(集大成)한 것이다. 그러나 한국 사람은 여전히 그 성과에 만족하지 못하고, 중국의 의약 수준을 따라잡지 못하는 것을 유감스러워했다. 조선의 사가(史家) 박지원(朴趾源)이 저술한 《열하일기(熱河日記)》 권22.에 의하면,

> 우리 동방(조선)은 의학처방이 두루 미치지 않고, 효능이 입증된 약재처방이 많지 않아, 모두 중국의 것을 자료로 삼으니, 항상 우리의 체질에 맞지 않음을 걱정한다. 두루 미치지 않는 의학처방으로 체질에 맞지 않는 약재처방을 명하니 당연히 그 병이 낫지 않는다.

---

78) 《世宗實錄》 15년 6월 壬辰 條.

고 한탄하고 있다.

우리는 중국과학이 한국에 미친 영향을 검토한 후에 아래와 같이 인식할 수 있다.

첫째, 한국의 천문(天文)·역법(曆法)·수학·의약학(醫藥學)은 그 발생과 발전이 모두 중국과 매우 밀접한 관계가 있다.

둘째, 중국의 역·산·의술(曆·算·醫術)의 보급은 한국이 후일에 서방의 과학문명을 받아들일 때까지 견고한 기초를 다지게 해주었다.

제 2 편

思 想

제2편 : 사상(思想) 영향

제5장 : 유가(儒家)사상

1. 중국의 유가사상

공자의 학설은 '인(仁)' 이라는 한마디 말로 귀결된다. 《논어》 〈안연(顏淵)〉편에서, "번지(樊遲)가 인에 관하여 물으니, 공자께서 '타인(他人)을 사랑하는 것이다.' 라고 답하였다." 라고 한다. 《중용》 에는, "인이라는 것은 사람다움이다." 라고 한다. 인(仁)이 사람을 사랑하는 것이라 함은 곧 인도(人道)를 말하는 것이다. 한마디로 말하면 공맹(孔孟)사상의 요체(要諦)는 인도주의를 시발점으로 삼는다.

[정치사상면] : 유가는 법가와는 달리 인치주의(人治主義)를 제창하였고, 그래서 정치는 응당 몸을 바르게 함(正身)으로부터 출발해야 한다고 인식하였다. 《논어》 〈안연(顏淵)〉편에서, "계강자(季康子)가 정(政)을 물으니 공자께서 대답하기를, '정(政)이란 바름(正)이다. 그대가 바름(正)으로 솔선하면 누가 감히 바르지 않으리?' " 라고 한다. 〈자로(子路)〉편에서는, "공자께서 이르길, '그 (통치자) 처신이 바르면(正) 명령하지 않아도 따라 행하나, 그 처신이 바르지 않으면 비록 명령을 하더라도 따르지 않는다.' 하였고, 한편, '진실로 그 처신을 바르게 하면 정치를 수행하는데 있어 무슨 문제가 있겠는가마는 그 처신을 바르게 하지 못한다면 어떻게 사람을 바르게 할 수 있겠는가?' " 라고 한다. 《맹자》 〈이루(離婁)〉상편에서는, "군주가 바르면 바르게 되지 않을 수 없으니, 오직 군주를 바르게 하면 국가는 안정

된다.” 라고 한다. 《대학》에서는, 성의(誠意)·정심(正心)·수신(修身)·제가(齊家)·치국(治國)·평천하(平天下)를 게재하고 있는데, 결국 치도(治道)는 응당 몸을 바르게 하는 데[(正身)]에서 출발된다는 점을 인정하는 것이다. 왜냐하면 다만 그 몸을 바르게 하는 사람만이 비로소 어진 마음을 풍성하게 가질 수 있기 때문이다. 《중용》에서, “사람을 다스리기 위해서는 처신으로써 사람을 취하고 도(道)로써 심신을 닦으며 어짊(仁)으로써 도를 닦는다.” 하고, 《맹자》〈이루〉상편에서는, “오직 어진 자(仁者)만이 높은 지위에 있어야하지 어질지 못하고서도 높은 지위에 있으면, 이는 일반 사람들에게 그 악함을 퍼뜨리는 것이다.” 라고 한다. 단지 인자(仁者)만이 비로소 자신을 미루어 남에게 미치게 되니, ‘자기가 하기 싫은 것은 남에게 하게 하지 않는다.’[79]하면, ‘남을 위해 차마 하지 않을 수 없는 마음을 가지고, 남을 위해 차마 하지 않을 수 없는 정치를 행할 수 있다’[80]는 것이다. 그러므로 유가의 정치이상은, 곧 어진 정치[仁政]을 실행하는 것이다.

[경제사상면] : 유가는 인민을 잘 보양하고 국가를 부유하게 하기 위해서 두 가지가 있다고 본다. 하나는, 적극적으로 중농(重農)을 주장하였다. 《상서》〈반경(盤庚)〉상편에서는, “만약 농부가 밭에서 허리를 굽히고 수확하기에 힘쓰면 이에 (풍성한) 가을을 맞을 수 있다.” 라고 하고, 〈무일(無逸)〉편에는, “먼저 농사짓기의 어려움을 안 뒤이에 안일(安逸)한다면 (군자는) 소인[小人: 인민들]이 의탁하고자 하는 바를 알게 된다.”[81]고 한다. 《맹자》〈양혜왕(梁惠王)〉상장(上章)

---

79) 《論語》〈顏淵〉篇: 己所不欲,勿施於人.

80) 《孟子》〈公孫丑〉上篇: 以不忍之心, 行不忍之政.

81) 《尙書》〈無逸〉篇: 先知稼穡之艱難, 乃逸則知小人之依.

에는, “백무(百畝)의 농토를 소유한 농가에게서 그 농사철을 빼앗지 말아야 한다.” 라고 했고, 한편 〈진심(盡心)〉상장에서는, “(인민들로) 그 밭을 잘 갈도록 하고 그 세금을 가볍게 해주면 인민을 부유하게 할 수 있다.” 라고 되어 있는데, 모두 중농주의의 표현이다.

다른 하나는, 소극적이나마 절용(節用)을 주장하였다. 예를 들면 《주역(周易)》 하경(下經), 〈절(節): 수택절(水澤節〉 편에, “절용을 제도화하면 재물을 상(傷)하지 않고 인민을 해치지 않는다.” 고 되어 있다.

《논어》 〈학이(學而)〉 편에는, “절용하여 사람을 사랑하되 백성들로 적당한 때에 일하도록 한다.” 고 되어 있다. 《순자(荀子)》 〈부국(富國)〉 편에는, “여유 있는 국가가 되는 길(道)은 절용하여 인민을 부유하게 하고, 그래서 그 나머지를 잘 저장하고 정치로써 백성을 여유롭게 하는 것이다.” 라고 되어 있다. 또한, 《대학》 에는, “재물을 취합하면 백성이 흩어지나, 재물을 분산시키면 백성이 취합된다.” 라고 한다. 《논어》 〈안연(顔淵)〉 편은, “백성이 풍족하면 임금은 누구와 더불어 풍족하지 않으리오? 백성이 풍족하지 못하면 군주는 누구와 함께 풍족하리오?” 라고 말하고 있다. 왜냐하면 (임금이) 오직 재물을 사용함에 절약하여야만 비로소 지나치게 세금을 거두어 인민의 생활을 박탈하지 않게 되는 것이기 때문에, 이는 농경사회를 안정되게 하는 주요 원칙인 것이다.

[사회사상면] : 유가는 사람과 인간관계를 중시하여 하나의 윤리를 정립하였다. 《주역(周易)》 하경(下經), 〈가인(家人):風火家人〉 편에서, “아버지는 아버지다워야 하고, 어머니는 어머니다워야 하며, 형은 형다워야 하고, 아우는 아우다워야 하며, 남편은 남편다워야 하고, 아내는 아내다워야 하는데, 그리하여 가정의 도리가 바르게 서야 가

정이 바르게 되니, 그리하면 천하는 안정된다."[82]고 한다. 《예기》 〈예운(禮運)〉 편에서도, "아버지는 인자하고 자식은 효도하며, 형은 양호(良好)하고 아우는 공경하며, 남편은 의롭고 아내는 (남편의 말을)들어 따르며, 어른은 은혜를 베풀고 어린이는 유순하며, 임금은 인자하고 신하는 충성하는 일 등의 열 가지가 인의(人義)라고 말한다."[83]라고 되어 있다. 또한, 《맹자》 〈등문공(藤文公)〉 상편에는, "인륜(人倫)으로 가르침에, 부자(父子)에는 친함이 있고, 군신(君臣)에는 의로움이 있으며, 부부(夫婦)에는 구별됨이 있고, 장유(長幼)에는 순서가 있으며, 붕우(朋友)에는 신뢰함이 있다."[84]고 일깨운다. 유가는 또 많은 도덕적 교조(教條)를 제출하였는데, 예컨대 《논어》 〈자로(子路)〉 편에서는, "번지(樊遲)가 인(仁)에 대해 묻자 공자께서 대답하시기를, '일상적으로 살아갈 때는 공손하고, 일을 맡아 처리할 때는 경의롭게 하고 사람과 함께 할 때는 충성스럽게 하는 것이다.' "라 한다. 〈계씨(季氏)〉 편에서는, "공자께서 이르시기를, '군자는 생각함에 아홉 가지가 있다. 볼 때는 명확함을 생각하고, 들을 때는 총기 있기를 생각하며, 안색은 온화해야함을 생각하고 용모는 공손함을 생각하며, 언어에는 충실함을 생각하고 일 처리에는 경의로움을 생각하며, 의심스러울 땐 물어 풀 것을 생각하고 화가 날 땐 곤란한 상황에 이르지 않을까 생각하며, 이득을 볼 때는 의로운가를 생각해야 한다.' "라고 되어 있다. 나아가서 《맹자》 〈양혜왕(梁惠王)〉 상장에서는, "우리 가정의 노인을 노인으로 공경함이 다른 가

---

82) 《周易》〈家人〉篇:
父父, 子子, 兄兄, 弟弟, 夫夫, 婦婦, 而家道正, 正家, 而天下定矣.

83) 《禮記》〈禮運〉篇:
父慈, 子孝, 兄良, 弟悌, 夫義, 婦聽, 長惠, 幼順, 君仁, 臣忠, 十者謂之仁義.

84) 《孟子》〈藤文公〉上篇:
敎以人倫, 父子有親, 君臣有義, 夫婦有別, 長幼有序, 朋友有信.

정의 노인에게도 공경으로 미치고, 나의 가정 어린이를 어린이로 잘 보살핌이 남의 가정 어린이에게도 잘 보살핌이 미치도록 한다." 하고 되어있다. 이 몇 가지 행위규범을 세운 것은 사람과 인간관계를 더욱 화목한 방향으로 나아가게 하려는 것이다.

[종교사상] : 유가는 인문(人文)을 중시하나 신비(神秘)스런 것은 숭상하지 않는 속성을 띠고 있다. 하늘을 공경하고 조상을 존경하는 신앙은 이에 윤리 범주 안에 들어있어 일반 종교와는 어느 정도 다른 점이 있다. 《논어》 〈술이(述而)〉 편은, "공자께서는 괴이함(怪) · 포악한 힘(力) · 난잡한 일(亂) · 신기함(神)에 대해서는 말함이 없었다." 고 하고, 〈옹야(雍也)〉 편에서는, "번지(樊遲)가 `지(知)`에 대해서 묻자, 공자께서 이르시기를, '인민으로서의 도의(道義)에 힘쓰고 귀신을 경원(敬遠)하면 `지(知)`하다고 말할 수 있다.' " 라고 되어 있으며, 〈선진(先進)〉 편에서는, "계로(季路)가 귀신 섬기는 일을 묻자, 공자께서 말씀하기를, '사람을 섬기는 것도 아직 잘 할 수 없는데 어찌 귀신 섬기는 것을 할 수 있겠는가?' " 라고 하였는데, 이 모두는 유가의 사상이 인본(人本)적임을 알 수 있는 것이다. 또 《논어》 〈위정(爲政)〉 편에서는, "이단(異端)에 관해 적극 관심을 쏟으면 이는 해로울 뿐이다." 라고 말하고 있는데, 이 같은 이단을 배척하는 자세가 후세에 미친 영향은 더욱 깊고도 멀다.

유가 사상이 한국 역사상 정치, 경제, 사회, 그리고 종교 각 방면에 중대한 영향을 주었기에 이를 검토해 보고자 한다.

2. 한국의 유가사상

4세기 한반도가 중국의 통치권에서 벗어난 후에 삼국정립의 국면이 되었다. 고구려와 백제는 370년대에 각각 대학을 설립하였고, 신라는 홍기가 비교적 늦어, 앞선 두 나라를 뒤따라 잡기에 급급하였는데, 역시 7세기 중엽에서야 국학(國學)을 처음 설립하였다. 신라가 한반도를 통일한 후 8세기 말엽(788년)에 독서출신과(讀書出身科)를 설립하고 《논어》·《효경》·《예기》·《곡례(曲禮)》·《춘추좌전》 등을 고시(考試)의 과목으로 삼음으로써[85], 유학 보급을 더욱 촉진하였다. 고려왕조에서도 개국 초기부터 대학을 창립하여 유학을 가르치고, 따라서 과거제를 실시함에 명경과(明經科)를 설치하여 인재를 선발하였다. 고려 뒤를 이어서 홍기한 조선은 제일 먼저 성균관(成均館)을 설립하고 오부학당제(五部學堂制)를 실시하여 유학을 강의하여 전수하였는데, 朱子의 학설은 조선 학술계 500년간을 지배하였다. 그리하여 한국의 역사상 정치·경제·사회·종교 각 방면에서 모두 유가사상의 큰 영향을 받게 되었다.

[정치사상면]

신라는 6세기에 국호(國號)를 처음 제정하였는데, 즉 '덕업이 날로 새롭게 된다.' 는 `신(新)`과 '사방을 망라한다.' 는 `라(羅)`[86]의 의미를 취한 것으로, 이는 유가사상의 영향을 나타낸 것이다. 신라가 한반도를 통일한 후, 역대 국왕 즉, 무열왕 김춘추(武烈王 金春秋)·문무왕 김법민(文武王 金法敏) 등은 모두 중국 문화에 심취하였으며, 그래서 당 현종(唐 玄宗)은 신라왕에게 `시(詩)`를 주었는데, 곧 '의관을 갖춤에 예를 받들 줄 알고 충신을 보임에 유교를 존중함을 안다(衣冠知奉禮, 忠信識尊儒)' 의 구절이 있다. 신라의 군신은 국사를 토론함에 항상 경전(經傳) 내용을 지침으로 삼았다. 예컨대 김유신은

---

85) 《三國史記》 卷十, 元聖王 4년조.

86) 위 같은 책 권4, 智證麻立干 4년조.

국왕을 권하여 백제를 치고자 할 때 국왕은 처음에 적수(敵手)가 될 수 없음을 두려워하여 허락하지 않았으나, 나중에 김유신이 경의(經義)를 이끌어 해석을 함에 국왕은 곧 흔쾌히 동의하였다. 《삼국사기》 권41, 〈김유신전(金庾信傳)〉 에,

> (김)유신이 민심을 이용할 수 있게 됨을 알고, 대왕께 고하여 말하기를, '오늘날 민심을 파악해 볼진대, 가히 할일이 있을 것 같습니다. 백제를 공격하여 대양주(大梁州) 전역(戰役)의 실패를 보복할 것을 청합니다.' 하니, 왕이 이르기를, '적은 군대로 큰 군대를 대적함인데, 위험하면 장차 어찌할 것인가?' 하니, 대답하기를, '병사의 승패여부는 병력의 크고 작음에 달린 것이 아니고 돌아보건대 그 인민의 심정이 어떠한가에 달렸을 뿐입니다. 그런고로 중국 은(殷)나라 마지막 군왕 주(紂)는 아주 많은 인민이 있었음에도 (주나라에 패망하게 된 것은) 저들의 심덕(心德)이 떨어져 나갔기 때문인데, 이는 주가(周家)의 열 가지 환란(患亂)에도 인민의 심덕이 하나로 합쳐짐만 못하였기 때문입니다. 지금의 우리 인민은 뜻이 하나 되어 더불어 사생(死生)을 함께 할 수 있으니 저들 백제를 두려워 할 것이 못됩니다.' 라고 하니, 왕이 이에 공격할 것을 허락하였다.

라고 한다.

신라의 뒤를 이은 고려에, 그 개국시조 왕건(王建)은 죽기 전에 「훈요(訓要)」를 받아쓰도록 명하였는데, 말하자면 그 자손들이 나라를 다스리는데 있어 응당 경사(經史)를 거울로 삼아야 할 것을 권면(勸勉) 한 것으로, 그 십훈요(十訓要)를 운운하면,

> (다스릴) 국(國)과 가(家)가 있는 자는 훈계를 만들어 근심이

> 없도록 할진대, 널리 경사를 읽어 옛 것을 거울삼아 오늘을 경계하라. 주공(周公)은 큰 성인으로 〈무일(無逸)〉 편을 조카 성왕에게 바쳐 훈계하였으니 의당 도록(圖錄)을 만들어 벽에 게시하여 출입할 때마다 보고 성찰(省察)할지니라.87)

라고 하였다. 그래서 고려 역대 국왕은 열심히 경연(經筵)하지 않음이 없었고, 교훈이 되는 사례(史例) 몇몇 원칙을 시험하듯이 손으로 써서 초록(抄錄)하였다. 《고려사》 권14 〈예종세가(睿宗世家)〉 3편에,

> (예종) 11년(1116년) 12월 경신(庚申)일 아침에 예종께서 청연각(淸讌閣)으로 거동하고 보문각교감(寶文閣校勘) 고선유(高先柔)에게 《서경(書經)》 <대우모(大禹謨)> · <고요모(皐陶謨)> · <익직(益稷)> 3편을 강연하도록 명하였다. 임오(壬午)일엔 청연각에 거동하사 내시 양온(良醞)과 지창흡(池昌洽)에게 명령하여 《예기》 〈중용(中庸)〉 · 〈투호(投壺)〉 2편을 강의하도록 하고 보문각학사 등에게 말하기를, '투호는 옛 예기(禮器)인데, 폐기한지 오래되었다. 송(宋)의 황제께서 하사한 그 용기(容器)는 극히 정밀하게 잘 갖추어져 있어 이를 시험코자 하니, 경(卿) 등은 투호의병도(投壺儀並圖)를 찬정(纂定)하여 진상할 수 있도록 하라. …' 하였다.

고 한다. 위 같은 책 권15, 〈인종세가(仁宗世家)〉 1편에서는,

> (인종) 5년(1127년) 3월 계축(癸丑)일에, 정당문학(政堂文學) 김부일(金富佾)에게 명하여 《서경》 <홍범(洪範)>편을 강연토록 하였다. 갑인(甲寅)일엔 기린각(麒麟閣)으로 거동하여 승선(承宣) 정

---

87) 《高麗史》 권2, 太祖 26년 4월조
有國有家, 做戒無虞, 博觀經史, 鑑古戒今. 周公大聖, 無逸一篇, 進戒成王, 宜當圖揭, 出入觀省.

항(鄭沆)에게 명하여 《서경》 〈설명(說命)〉·〈주관(周官)〉 2편을 강의토록 하였다.

라고 한다. 같은 책 권22, 〈고종세가(高宗世家)〉 1편에, '(고종) 14년(1227년) 8월 신해(辛亥)일에 태자가 보문각에 좌정하여 《효경》을 처음 수강하였다.' 라고 하는데, 역대 국왕 대부분은 유가경전을 숙독하여 항상 경의(經義)를 인용하며 다른 사람들을 권면(勸勉)하였던 것이다. 역시 《고려사》 권4, 〈현종세가(顯宗世家)〉 1편엔,

(현종) 2년(1011년) 여름 4월 정사(丁巳)일에, 재상에게 교서(敎書)하여 이르기를, "《논어》에 말씀하기를, '위태하여도 도와주지 아니하고 넘어져도 붙들지 아니하면 장차 저 재상을 어디 쓸 것인가?' 하였고, 《서경》에는, '오직 나무가 먹줄(繩)대로 따라가면 반듯하게 잘리고, 제후가 간언을 따르면 성군이 된다.' 하였으니, 군신의 의리(義理)에 마음을 다하여 바로잡아 구원하지 않을 수 있는가! 짐(朕)은 외람스럽게도 왕위를 계승하여 고난과 위태함을 하나하나 겪었기에 아침저녁으로 조심하고 부끄러워하면서 그 허물을 고치고자 힘쓰고 있으니, 경(卿) 등은 내가 미치지 못하는 점을 힘써 보필하여 또한 면전(面前)에서만 따르는 일이 없도록 하라." 고 하였다.

또한,

(현종) 9년(1018년) 2월 을해(乙亥)일에 교서하기를, "《예기》엔, '계춘(季春)의 달(月)에는 영어[囹圄: 감옥]를 감축하고 질곡(桎梏: 죄인의 발과 손에 채우는 차꼬와 수갑)을 없앤다.' 하였으니, 내외의 법사(法司)는 마땅히 월령(月令)을 준수하여 양화[陽和: 봄

기운이 융화함]를 이끌어 냄으로써 항구적인 법칙으로 삼도록 하라." 고 하였다.

같은 책 권16, 〈인종세가〉 2편에는,

(인종)9년(1131년) 6월에, 제서(制書)하여 이르기를, "《좌전》에 이르기를, '국가가 장차 흥하려면 인민을 보기를 자식같이 여기나, 장차 망하려면 인민을 보기를 초개[草芥: 하찮은 사물] 같이 여긴다. 그런고로 선왕은 사람을 차마 불쌍히 여기지 않을 수 없는 마음을 가지고 행정을 하였다.' 고 한다. 지난 겨울철에 궁궐을 경영(經營)하느라 삼도(三道)에서 벌목하여 인민 중 부역(負役)하다 죽은 자가 자못 많으니 의당 관부(官府)의 곡식을 풀어 그 처자를 부조(賻助)토록 하라." 고 하였다.

근세조선은 유교왕조라고도 호칭되며, 유학은 지상의 권위를 갖추었다. 세조 때에는 세자책봉의식을 규정하고 유복(儒服)을 입고 태학에 들어가 성례(聖禮)를 치르도록 하였는데, 이로부터 정제(定制)가 되었으며, 이는 세자가 공자의 제자가 됨을 선서하는 것과 다름이 없었다. 그리하여 훗날 정권을 잡으면 스스로 스승의 가르침(師教)을 준수해야했던 것이다. 조선의 역대 군신(君臣)은 정사를 토론함에 있어 모두 경의(經義)를 가지고 최고 준칙으로 삼았다. 예컨대, 태조의 즉위 초에 사헌부(司憲府)가 '사의(事宜) 14조' 를 항목별로 작성하여 진술하고, 합쳐 간행하였는데, 그 중 하나인 `납간쟁(納諫諍)`에 이르길,

경서(經書)에서 이르기를, '천자에게 간쟁(諫諍)하는 신하 7인이 있으면, 비록 무도(無道)하더라도 그 천하를 잃지 않으며, 제후가

간쟁하는 신하 5인이 있으면, 비록 무도하더라도 그 국가를 잃지 않는다.' 하였습니다. 이는 만세의 격언입니다. 신하된 자가 나아가 간쟁하는 것은 스스로를 이롭게 하기 위함이 아니고 곧 국가를 위함입니다. 또한 군주의 위엄은 뇌정(雷霆: 격렬한 천둥)과도 같고, 군주의 세력은 만균[萬鈞: 대단히 무거움의 표현]과도 같음이요. 뇌정을 무릅쓰거나 만균에 맞닿으면서 약석지언[藥石之言, 즉 명약(名藥)과 돌침(石鍼)처럼 치료 효과가 있다는 말]을 진술하기가 저 어찌 쉽겠는지요! 한 마디의 간언을 따르느냐 거슬리느냐에 복(福)과 화(禍)가 흥기되고 하나의 일이 폐지되느냐 설치되느냐에 해(害)와 이(利)가 생깁니다. 그런고로 군주는 항상 문을 열고 이끌어 간언(諫言)을 구하고, 얼굴빛을 온화하게 하여 간언을 수용하며 그 몸을 드러내더라도 선비들은 오히려 두려워하여 감히 다 진언하지 못합니다. 항차 군주의 위엄으로 그 간언을 흔들고 군주의 세력으로 그 간언을 억압하면 곧 약석(藥石)같은 간언은 거쳐 나아갈 수 없으니 언로(言路)를 막은 화(禍)는 기약(期約)도 없이 밀어닥칩니다. 《서경》에 이르기를, '간언을 좇으면 뜻을 거스르지 않는다.' 하였고, 또 이르기를, '왕후(王侯)가 간언을 좇으면 성군(聖君)이 된다.' 하였습니다. 전하께서는 유의(留意)해 주시기 원하옵니다. … 88)

라고 되어있다. 《영조실록(英祖實錄)》 권1. 에서는,

(영조) 즉위년 갑진(甲辰, 1724년), 9월 을사(乙巳)일에, 이에 앞서 함경감사 이의만(李宜晩)이 함경도의 살옥(殺獄)에 관한 문안초록(文案抄錄)으로 논단하고 이미 올려진 장문(狀聞: 狀啓를 올려 奏達함)에 첨부(添附)하여 형조품처(刑曹稟處)에 하달하였는데, 이

88) 《太祖實錄》 권1, 壬申元年 7월 己亥條.

제 형조에서 복주(覆奏)함에 여러 가지 착오가 많게 되었다. 주상께서 교서하여 이르기를, "형(刑)이란 것은 왕정(王政)의 중대한 부문이다. 그런고로 <순전(舜典)>에 이르기를, '흠모하고 흠모하도다. 오직 형의 구휼함이여!' 하고, 고요(皐陶)가 제왕의 덕을 찬양하기를, '죄가 미심쩍은 경우에는 오직 가볍게 처리하시고, 공(功)이 미심쩍은 경우에는 도리어 보다 후하게 처리하시며, 무고한 자를 살생하는 경우엔 차라리 실책(失策)이 될지언정 법도대로 하지 않으시다. …' 라고 한다. 삼대(夏·殷·周)에 형벌을 신중히 함은 그 인민의 생명을 소중히 여겼다는 것을 알 수 있다. 지금 부당하게 석방된 자가 유석자[宥釋者: 용서하여 풀어줄 대상]에 섞여 들어갔고, 유석에 해당하는 자는 역시 명백하게 장문(狀聞)하지 않았으니, 불찰(不察)이 심하다. 마땅히 해당 당상관을 추고(推考)하여 부표(付標)를 고쳐 들여보내도록 하라."하니, 감사 이의만은 상소하여 스스로를 인책하니, 주상께서 이르기를, '앞으로 힘쓰게 하려는 의도이니 사직하지 말라.' 고 하였다.

유가는, 나라를 다스리려면 먼저 마음을 바르게(正) 하여야 함을 강조하는데, 조선의 군신은 이를 서로 권면함에 있어 신중을 기하지 않을 수 없었다. 《정종실록(定宗實錄)》 권2. 에서,

(정종) 원년(1399년) 10월 己酉日에, 사헌부(司憲府)가 상소하기를, '무릇 인주(人主)의 한 마음은 만화(萬化)의 원천임으로, 정치의 득실과 민생의 이해가 이에 묶이게 됩니다. 만약 인주께서 먼저 그 마음을 바르게 하시고 일을 처리하는 사이에 추호도 사의(私意) 없이 행하시어, 그래서 정치가 공평하고 송사가 이치에 맞으면, 즉 인심은 화합하고 천지는 큰 편안함을 얻을 것이니, 다시 무슨 재이(災異)가 근심이 되겠습니까? … ' 라고 하였다.

《세종실록(世宗實錄)》 권30. 에는,

(세종)7년(1425년) 12월 기축일에 군위현감(軍威縣監) 노호(盧浩)가 사임을 하니, 상께서 그를 불러 보고 그 내력(來歷)을 하문하시니, 노호가 대답하기를, 성균관 박사로서 이 같은 직함을 받았기 때문이라고 하였다. 주상께서 이르시기를, '그대는 유생이 되어 어찌 치민(治民)의 도리를 모르겠는가마는 내가 친히 가르치는 것은 그 잊지 않음을 바래서이다. 수령의 행정은 그 조목이 하나가 아니니, 인민을 어질게 대함이 중하기에 이것을 마음에 담아두면 인민을 다스림에 있어 무슨 어려움이 있겠는가?' 라고 하였다.

《성종실록(成宗實錄)》 권22. 에서는,

(성종)3년(1472년) 9월 정유일에, 영의정(領議政) 신숙주(申叔舟)가 명을 받고 찬술한《영모록(永慕錄》을 진상하였는데, 그 글에서 이르기를, '신이 은밀히 말함에 있어 증자가 치국평천하(治國平天下)를 풀이함에, 먼저 주상께서 노인을 노인대접하면 인민은 孝를 일으킨다고 말하였고, 주자가 이를 풀이하여 이르기를, '위에서 행하면 아래에서 본받음이 그림자와 음향보다 민첩하다.' 하였습니다. 대개 효라는 것은 다스림(治)을 드러내는 근본으로 그래서 인민의 마음이 같게 된 바입니다. 오직 우리 성상께선 천성이 어질고 효성스러워 정치를 맡은 초기에 마침내 여기까지 미쳤고, 그 애모(哀慕)하는 지성(至誠)이 그 극(極)을 소용하지 않음이 없어, 억지로 영위하지 않았는데도 사람들에게 감동을 준 것이 이와 같으니, 진실로 이 마음을 가지고 효(孝) 문제를 치도(治道)로 삼아 우리 노인에게 노인 대접을 함이 다른 사람의 노인에게까지 이른즉 다른 사람이 쳐다보고 감화되어 장차 자기(自己)를 어쩌지 못합니다. …

> 요(堯)임금과 순(舜)임금이 仁을 가지고 천하를 이끌어 이에 인민이 좇고, 걸(桀)왕과 주(紂)왕이 폭정으로 천하를 이끄는데도 인민이 이를 좇았으니, 항차 인민의 마음이 이 같을 바에는 어찌 좇지 아니 하리요?

라고 기록되어 있다. 《영조실록(英祖實錄)》 권7. 에는,

> (영조)원년(1725년) 8월 기축일에, 부사직(副司直) 김간(金榦)이 부름을 받아 조정회합(朝廷會合)에 나가니, 주상께서 하문 하시기를, '심오한 학문은 일시에 개진할 수 없는 것이기에, 반드시 긴요한 공부가 있어야 하니, 모름지기 가장 요긴한 것으로 개진토록 하시라.' 하니, 김간이 이르길, '성현의 말씀으로 이를 살펴본다면 정심성의(正心誠意) 가 가장 요긴하고 절실한 것이 됩니다.' 라 하였다. 주상이 이르길, '마땅히 각 사항을 특별하게 가슴에 잘 간직할 것이다. 지금 국가의 형세가 위태롭고 민생이 곤핍함은 내가 덕(德)이 부족해서 그런데도 어찌 해야 할 바를 잘 알지 못하겠노라. 경(卿)이 배운 바는 이미 고명(高明)을 이루었으니, 범사는 모두 학문 중에서 나올진대 어찌하면 국사를 잘 조처하고 민생을 구제할 수 있겠는가?' 라고 물었다. 김간이 이르기를, "신이 듣건대, 선유(先儒)의 말씀에 이르기를, '인심이 아래에서 화합한 연후에야 하늘의 뜻이 위에서 화합하게 된다.' 하였습니다. 만약 군신상하(君臣上下)가 서로 더불어 화합하고 그래서 천심이 감응하면 민생은 소생할 수 있고, 그래서 국사가 제대로 조처될 수 있습니다." 라고 하였다.

또한 영조 3년(1727년) 10월, 부사직(副司直) 김유경(金有慶)이 시사(時事)를 통렬히 말하였는데, 역시 정심(正心)의 중요성을 언급하여

이르기를,

> 아! 전하께서는 지금의 조정을 바르다(正)고 여기시는지요? 바르지 않다고 여기시는지요? 조정이 바를 것 같으면 역신(逆臣)들이 남긴 자식들[유얼(遺孼)]을 어찌 좌우에 포열(布列)시키시는지요? 만약 바르지 않다면 어찌 이를 바르게 하는 길(道)을 생각지 않고 저들이 농단하고 괴란(壞亂)하도록 일임하시어 의리가 날로 어두워지고 기강이 날로 문란해지도록 하시는지요? 신은 이를 바르게 할 도리를 말하고자 청합니다. 옛적 말에 이르길, '바른 마음(正心)으로 백성을 바르게 한다.' 하였고, 또 이르길, '자기를 바르게 한 이후에야 사물이 바르게 된다.' 하였습니다. 금일에 조정을 바르게 할 근본은 오직 전하께서 자신을 바르게 하시는 데에 있으며, 그리고 전하께서 자신을 바르게 하는 요점은 의당 스스로 계술[繼述 : 선인이 남긴 일이나 뜻을 이어 명백히 서술함]을 잘 하고 성신(誠信)을 크게 키우며 궁위[(宮闈): 왕후의 殿]를 엄격하게 하여 사경[(邪逕): 부정한 마음이나 행위]을 두절시키는 것이 시작입니다. 엎드려 바라옵건대, 전하께서는 이 점을 유념하시고 이에 조금도 소홀함이 없도록 하소서.89)

라고 하였다.

조선은 유학을 존숭(尊崇)하여서 역대 국왕은 경연(經筵)을 중시하였다. 매번 경연에서 만나면 시강관(侍講官)은 역시 누차 어떤 문제이든 핑계 삼아[차제(借題)] 정심(正心)의 중요성을 강조하였다. 예컨대 성종은 경연에 거동함에, 한 차례 강론에서 《맹자》의 `방심하면 구함을 알지 못한다(有放心而不知求)`라는 부문에 이르렀는데, 시강

89) 《英祖實錄》 권13, 丁未3年 10月 戊申條.

관 이고배(李古培)가 입을 열어 말하기를,

> 옛날 지치(至治)를 논의하는 자는 존심(存心)을 중점(重點)으로 삼지 않음이 없었는데, 그래서 동자[董子, 즉 동중서(董仲舒)]가 이르기를, '인군이 마음을 바르게 함으로써 조정을 바르게 하고, 조정을 바르게 함으로써 백관을 바르게 하며, 백관을 바르게 함으로써 만민을 바르게 할 수 있다.' 하였습니다. 그런데 정심의 요점은 오직 경(敬)에서 존재합니다. 경(敬)이란 성학[聖學, 즉 인군의 학문]이 그 시작을 이루고 그리고 그 끝을 이루는 것이기 때문입니다.[90]

라고 하였다. 또, 한 차례 경연(經筵)에서 강론함이 범준(范浚)의 〈심잠(心箴)〉에 이르자, 동지사(同知事) 이승소(李承召)가 풀이하여 말하기를,

> 이는 인심에 병(病)을 얻은 것을 두루 말한 것일 뿐입니다. 만약 인군이 마음에 호평(好評)하고 악평(惡評)함에 치우침(偏)이 있다면 좌우에 있는 신료로부터 수많은 집사(執事)에 이르기까지 각기 치우친 점으로 인하여 중심 삼을진대, 만약 토공(土功)을 좋아하신다면 토공을 중심 삼을 것이고, 전렵(田獵)을 좋아하신다면 전렵을 중심 삼을 것이며, 불로(佛老: 불교와 도교)를 선호하시면 부처(佛)나 노자를 중심 삼을 것이니, 인군은 더욱이 이 점을 헤아려 마음에 두셔야 하며 조금도 호오간(好惡間)에 치우침이 있어서는 안 될 것입니다.[91]

라고 하였다. 또, 한 차례 경연에서 《맹자》를 강론함에 `대인이란

90) 《成宗實錄》 권11, 辛卯2年 7月 壬申條.

91) 앞의 같은 책, 같은 권, 2년 7월 癸酉條.

자기를 바르게 함으로써 사물을 바르게 하는 자이다(有大人者正己而物正者也)' 라는 부문에 이르렀는데, 동지사 이승소(李承召)가 풀이하여 이르기를,

옛날부터 인군된 자 그 누가 현인을 얻어 그를 임용코자 하지 않으려 했겠소? 그러나 한나라 당나라 이후 그 현인답지 못한 자를 임용하여서 나라가 위태롭고 쇠망하게 된 경우가 많았습니다. 그 처음 임용함에 대부분 주공(周公)과 소공(召公)에 비견된다고 여겼으나, 끝내는 나라를 잘못 이르게 한 자들이 있었습니다. 이는 인주가 사욕(私慾)에 가리어서 잘 살필 수 없었던 것입니다. 이로써 그 같은 현인을 얻고자 한다면 인주는 필히 먼저 마음을 바르게(正)하고 지기(志氣)를 총명하게 하고 그런 연후에야 사람을 알아 볼 수가 있어 그를 임용할 수 있습니다.[92]

라고 한 것이다.

이를 통해서 유가의 정치사상이 조선왕조에 대해 영향을 미친 점을 알 수가 있다.

[경제사상면]

경제면에서 한국은 유가사상의 상당한 영향을 받았다. 신라는 2세기 말엽에, 이미 《맹자》의 '농사철을 빼앗지 않는다(不奪農時)' 는 교훈에 주의하였다. 《삼국사기》 권2, 〈신라본기〉 제2. 에,

[벌휴(伐休)이사금(尼師今)] 4년(187년) 춘 3월에, 주·군(州·郡)에 명령을 내려 토목의 사역을 함에 농사의 때를 빼앗음이 없도

92) 위 같은 책, 같은 권, 같은 해, 7월 己亥條.

록 하였다.

라고 되어있다. 7세기 말엽 신라 신문왕(神文王)은 대신을 보내어 조묘(祖廟)에 제의(祭儀)를 치르도록 하고, `(저의) 부족한 몸을 긍휼히 여기시어 사시(四時)의 기후를 순탄케 하시고 오사(五事)의 징조가 허물이 없도록 해주실 것`[93]을 기원하였는데, 소위 `오사지징(五事之徵)`은 곧《상서》〈홍범(洪範)〉내의 아홉 가지 범주[구주(九疇)]에서 여덟 번째의 여러 가지 징조[서징(庶徵) 즉, 우(雨)·양(暘)·환(煥)·한(寒)·풍(風)의 징조]를 말함이다.

신라시대 이후 고려왕조는 처음부터 권농정책을 채택하였고, 더욱이 고려 성종은 유별나게도 열심히 농업을 장려하여 신농씨(神農氏)·후직(后稷)을 제사하였고, 친히 적전(籍田)을 경작하였으며, 아울러《주례(周禮)》에 의거하여 왕후도 친히 씨뿌리기를 시행하였다.《고려사》권3,〈성종세가〉편을 보면,

> (성종) 7년(988년) 봄 2월 壬子日에, 좌보궐겸지기거주(左補闕兼知起居注) 이양(李陽)이 봉사(封事)하여 상정(上呈)하였는데, 그 첫 번째에서 이르기를, "옛날 선철(先哲)의 왕께서 천도(天道)를 받들어 숭상하고 인시(人時)를 공경하듯 받든 까닭에 군왕은 곡식을 심고 거두는 일[가색(稼穡)]의 어려움[간난(艱難)]을 알고, 백성은 농업의 이르고 늦음[조만(早晩)]을 인식함으로써, 가인(家人)에 공급함이 풍족하고, 곡물을 풍성하게 거두게 됩니다. 월령(月令)에 의하면 입춘 이전에 토우(土牛)를 만들어 냄으로써 농업의 조만(早晩)을 보였으니, 청컨대 고사(故事)를 들어서 때에 맞춰 이를 시행할 것입니다." 하였다. 그 두 번째에 이르기를, "제왕의 적전

93)《三國史記》제8,〈神文王〉7年條:
矜恤眇末, 以順四時之候, 無愆五事之徵.

(籍田)을 몸소 경작하시어 왕께서 농업을 중시하는 의지를 실제로 입증하시고, 여공(女功)을 경건하게 거행함은 이에 현명한 왕후가 군주를 보좌하는 덕이므로 천지에 성의(誠意)를 다하고 방가(邦家)에 경사(慶事)를 쌓는 것입니다. 《주례》의 〈내재직(內宰職)〉에, '주상께서 봄에 왕후에게 조령(詔令)하여 육궁(六宮)의 사람들을 거느리고 늦벼[동(穜)]과 올벼[육(稑)]의 종자를 싹을 내서 왕에게 바치는 예를 행하게 한다.' 하였습니다. 이로써 말씀드리면, 왕자(王者)가 거사하는 바는 왕후가 반드시 이를 찬동해야 하오니, 바야흐로 지금 주상께서 봄에 상제께 곡식으로 기원하여 길일(吉日)에 동교(東郊)에서 적전(籍田)을 경작할진대, 군주께서 비록 적전에서 일이 있어도 왕후는 이에 헌종(獻種)하는 의식을 휴결(虧缺)하시니, 《주례》에 의거하여 국풍(國風)을 밝게 열어가기를 원합니다." 라고 하였다. … 교서하기를, "이양(李陽)이 논의한 바는 모두 경전에 의거한 것이니, 합쳐 실시할 것을 윤허(允許)하노라." 라 하였다.

고려 현종(顯宗)은 「홍범의 여덟 가지 정사는 먹는 것으로 우선을 삼는다(洪範八政, 以食爲先)」는 말을 거울삼아 일찍이 본업(本業) 즉 농경을 버리고 말업(末業) 즉 상공(商工)을 좇는 것을 더욱 엄금하도록 명령을 내렸다.[94] 고려 덕종(德宗)은 일찍이 지방 관리들에게 농사철을 빼앗지 않도록 엄명을 내렸다. 《고려사》 권5, 〈덕종세가〉에,

(덕종)3년(1034년) 봄 3월 경진일에, 교서하기를, '농상(農桑)은 의식의 근본이니, 모든 도(道)·주(州)·현(縣)관은 조정의 교지(朝旨)를 힘써 준수하여 삼시(三時)를 빼앗지 않음으로써 만백성을

94) 《高麗史》 권79,〈食貨志〉2, 農桑.

안녕토록 하라.' 고 하였다.

라고 되어 있다.

근세조선의 태조가 개국하자 곧《역경》의「절용을 법도로 정해 재물을 손상하지 않고, 인민을 해롭게 하지 않는다.(節以制度, 不傷財, 不害民)」는 취지를 근본 삼아 절용정책(節用政策)을 밝혔다.《태조실록》권2. 에,

> (태조) 원년(1392년) 10월 경신(庚申)에, 공부상정도감(貢賦詳定都監)이 상서하여 이르기를, "…신이 듣기로 '나라를 보유해가는 데는 필히 먼저 백성을 사랑해야 하고, 애민(愛民)에는 필히 먼저 용도를 절약해야 한다.' 고 하였습니다. 검소를 숭상하고 사치를 제거함이 절용(節用)의 큰 것이 됩니다. 부렴(賦斂)을 가볍게 하고 폐단의 악법을 고침은 애민(愛民)의 큰 것이 됩니다. 옛날에 그 나라를 잘 다스리는 군주는 토지의 생산을 잘 헤아려 그 공부(貢賦)를 정하고, 공물의 수입을 헤아려 그 용도를 절약하였다고 하는데, 이는 경상(經常)의 법칙입니다. 무릇 나라를 다스리는 자는 필히 이 점을 먼저 신중히 해야 하는데, 항차 창업의 초기엔들 아니 그렇겠습니까? …《역경》에 이르기를, '절용을 법도로 정해 재물을 손상하지 않고, 인민을 해롭게 하지 않는다.' 라고 합니다. 대개는 절용하면 적게 취하여도 남음이 있으나, 사치하여 쓴다면 많이 거두어 들여도 부족할 것이니, 신이 엎드려 생각하건대 전하께서는 절약하고 검소함을 시종 변함없이 하시고, 절용과 애민을 만세의 가법(家法)으로 삼으소서! …" 라고 하였다.

조선의 세조가 경연에 나아가니 강서관(講書官) 김구(金鉤)가 왕명을 받들어〈하도(河圖)〉와〈낙서(洛書)〉를 강론하고 그밖에도《상

서》〈무일(無逸)〉편의 '먼저 곡식을 심고 거두는 수고로움을 알아야 한다(先知稼穡之艱難)' 부문을 논급하였다. 그는 말하기를,

> 복희씨(伏羲氏)가 〈하도〉를 법도 삼아 8괘를 그려서 만들었고, 문왕과 주공이 괘사(卦辭)와 효사(爻辭)를 지어서 이었는데, 본래는 점치는 법이었습니다. 공자께서 십익(十翼)을 작성함에 있어, 온전히 의리(義理)를 썼으니, 사람마다 역리(易理)를 체득(體得)해 쓰게 하려는 것이었습니다. 그 첫머리 건(乾)의 괘(卦)는 군도(君道)요 바로 성상(聖上)의 일(事)에 해당합니다. 건(乾)을 체(體)로 삼으려면 곧 천도를 마땅히 체로 삼아야합니다. 거기에 이르기를, '하늘의 운행이 건전함으로써 군자는 스스로 강건하여 쉬지 않습니다(自强不息).' 라고 하였습니다. 자강불식(自强不息)함, 이것은 안일함이 없음(無逸)을 말한 바입니다. 주공께서는 무일편(無逸篇)〉을 작성하여 조카 성왕(成王)을 훈계하였는데, 그 첫머리에 이르기를, '먼저 곡식을 심고 거두는 일의 어려움을 알아야(先知稼穡之艱難), 이에 안일하더라도 곧 일반사람(小人)들이 가색(稼穡)을 의뢰할 줄 알게 된다.' 하였습니다. 그런즉 가색(稼穡)의 간난(艱難)을 안다는 것은 이에 무일(無逸)의 과실(果實)이니, 그렇게 되는 까닭은 가색이 곧 생민(生民)의 대명(大命)과 관계되기 때문일 뿐입니다. 인하여 가색의 고난을 극언함에, 유자후(柳子厚)의 종수곽탁타전(種樹郭橐駝傳)을 인용하기에 이르렀고, 백성에게 장(長)이 되는 자는 그 명령을 번거롭게 하기를 좋아한다는 설에 이르기까지 반복하여 진론(陳論)하였습니다.[95]

라고 하였다. 영조의 통치시기에 세렴(稅斂)이 번거롭고 무거워 이광좌(李光佐)는 쓴 소리로 `더욱 크게 절약하고 줄임으로써 백성을

95) 《世祖實錄》 권2, 元年(1456년)9월 壬午條.

구하고 국가를 살리는 도리로 삼을 것(大加節損, 以爲救民活國之道)` 을 강권하였다. 영조는 마침내 듣고 행하게 되고나서, 이르기를, "그렇소. 국가재산을 긁어모으면 인민은 흩어지고, 국가재산을 베풀어 흩으면 인민은 모아진다. 국가의 저축이 비록 고갈된다하더라도 오히려 인민이 가난해지는 것보다는 낫다."[96] 하였다. 이는 분명히 유가사상의 효과라고 할 수 있다.

[사회사상면]

사회면에서 한국은 역사를 통해 더욱 유가의 강상 윤리(綱常 倫理)의 깊은 훈도(薰陶)를 받았다. 6세기 말, 구법승(求法僧) 원광(圓光)은 중국에서 귀국하면서부터 유가의 윤리를 처음 전하여「세속오계(世俗五戒)」라 호칭하였다.《동국통감》권5,진평왕21년(599년)조에,

> 신라 승 원광은 진(陳)나라에 들어가 불법을 구하였는데, … 당시 사람들의 중시한 바가 되었다. 사량부(沙梁部) 사람 귀산(貴山)은 추항(箒項)과 더불어 교우(交友)가 좋은데, 서로 말하기를, "우리는 사군자(士君子)들과 교유(交遊)하기를 기대하나 정심수신(正心修身)하지 않으면 욕(辱)을 받을까 두려우니, 어찌 현자에게 도리(道理)를 묻지 않으리오?" 라고 하고, 그런 후에 원광을 방문하여 말하기를, "(저희 같은) 속사(俗士)는 무지몽매하여 아는 바가 없으니, 원컨대 한마디 (가르침을) 내려주시어 종신의 계율로 삼고자 합니다." 라고 하니, 원광이 이르기를, "불도에는 보살계(菩薩戒)가 있다. 그것은 10가지로 구별되는데, 너희들은 남의 신자(臣子)가 되어 이를 실행하지 못할까 염려스럽다. 지금 세속오계가 있

---

96)《英祖實錄》권1, 甲辰卽位年(1724년)9月 乙丑條:
然. 財聚則民散, 財散則民聚, 國儲雖竭, 猶勝於民貧也.

다. 첫째 「사군이충(事君以忠)」, 둘째 「사친이효(事親以孝)」, 셋째 「교우이신(交友以信)」, 넷째 「임전무퇴(臨戰無退)」,다섯째 「살생유택(殺傷有擇)」이다. 너희들은 이를 실행하는데 소홀하지 말라." 하였다. 귀산 등이 이르길, "삼가 가르침을 받았으니, 감히 실추(失墜)하지 않도록 하겠습니다."

라고 되어있다. 당시 신라에는 「풍월주(風月主)」라고 불리는 자들이 있었는데, 모두가 용의가 단정한 소년들이었고, 신라는 `선량한 학사를 구하여 무리를 만들어 효(孝)·제(悌)·충(忠)·신(信)을 갈고 닦도록 하였다.`97) 이것이 곧, '화랑(花郞)'의 기원이다. 7세기 중엽에 이르러 유가의 윤리사상은 이미 한국의 상하층 모두에게 보급되었는데, 백제 국왕 의자왕(義慈王)이 `해동증자(海東曾子)`라고 호칭된 것은 이를 설명해 주는 것이다. 《삼국사기》 권28, 〈백제본기〉 제6.에, "의자왕은 무왕의 원자인데, … 무왕 재위33년에 세워 태자로 삼았다. 효로써 부모를 섬기고, 우애로써 형제와 함께 하여 당시에 `해동증자(海東曾子)`라고 불렀다."라고 한 것이다.

고려왕조 역시, 명교(名教)를 보호하고 유지하기 위해 힘을 다하였다. 더욱이 성종은 특별히 열심이어서 이미 `육경(六經)을 취하여 법칙으로 삼고, 삼례(三禮)에 의거하여 규례로 삼으며(取則六經, 依規三經)`, 효자(孝子)·순손(順孫)·의부(義夫)·절부(節婦)를 찾아내어 선행을 세상에 널리 알리고 요역(徭役)을 면해 주도록 명령을 내렸다. 《고려사》 권3, 〈세종세가〉 편에,

(성종)9년(990년) 가을 9월 병자일에, 교지(教旨)를 내려 이르

97) 《東國通鑑》 卷5, 新羅法興王25年(531年)6月 丙申條.
求善士爲徒,以礪孝悌忠信.

기를, '일반적으로 국가를 다스리는 데는 필히 근본에 먼저 힘써야하는데, 그 근본은 효(孝)보다 더한 것이 없다. 효는 삼황오제의 본무(本務)요, 만사의 강기(綱紀)이며, 백가지 선행의 주요점이다. 이로 말미암아 한(漢)나라 황제는 양인(楊引)이라는 자가 부모를 존귀하게 봉양함을 가상히 여겨, 그의 대문에 깃발을 달아 동리에 표양(表揚)하였고, 진(晋)나라 황제는 왕상(王祥)이 효성이 지극함을 장려하여 사관에게 명하여 이름(名)을 기록하도록 하였다. 과인(寡人)은 어려서 외골수였고, 장성하여서도 용렬하고 우매함에도 고탁[(顧托=고명(顧命)]을 외람되게 이어받아 종묘(宗廟)를 계승하여 지키며 조고(祖考)의 평생의 덕업을 추모함에 있어, 세월이 덧없이 빨리 흘러감이 안타까우며, 옛적의 형제 왕자들을 매번 회상할 때마다, 화급한 일이 생겼을 때에 서로 도왔던 것[척령재원(鶺鴒在原)]이 더욱 감회가 크다. 이로써 육경(六經)을 취하여 법칙으로 삼고, 삼례(三禮)에 의거하여 규례로 삼아서 한 나라[일방(一邦)]의 뭇 속인으로 하여금 모두 천자·제후·경·사대부·서인 등 신분에 따른 다섯의 효도문(孝道門)으로 들어가도록 한다. 근래에 여섯 도(道)에 사령(使令)을 파견하여 교조(敎條)를 반포하여서, 노약자의 기근과 이산을 구휼(救恤)하고 홀아비, 고아들을 궁핍한 처지에서 진휼(賑恤)하며, 효자 · 순손 · 의부 · 절부를 탐방하여 구하도록 한다.

사례(事例)를 들면, 전주 구례현(求禮縣) 사람 손순흥(孫順興)이 그 모친이 병사하매 그 화상(畵像)을 그려서 받들어 제사하였는데, 3일에 한 차례 분묘에 나아가 봉향(奉嚮)함이 생전과 같이 하였다 한다. 운제현(雲梯縣)의 지불역(祗弗驛) 사람 차달(車達) 형제 3인은 노모를 함께 봉양하였는데, 차달이 말하기를, 그 아내가 시모를 섬김에 있어 근신하지 못하여 곧 내보내버렸고, 두 형제 역시 장가

들지 않고 같은 마음으로 노모를 효성으로 봉양하였다고 한다. 서도(西都) 모란리(牡丹里)의 박광렴(朴光廉)은 모친이 사망한지 7일에 홀연히 고목(枯木)을 발견하고 모친의 모습과도 같다하여 그의 집으로 짊어지고 와 그것을 봉양하여 예(禮)를 극진히 하였다고 한다. 남해(南海)의 낭산도(浪山島) 사람 능성(能宣)의 딸인 함부(咸富)는 그녀의 부친이 독사에 의해 죽자, 침실에 빈소를 마련하여 5개월 동안 밥을 올림이 그 생전과 다름이 없었다고 한다. 경주(慶州) 영일현(迎日縣) 사람 정강준(鄭康俊)의 딸 자이(字伊), 그밖에 경성(京城) 송흥방(宋興坊)의 최 모씨의 딸은 일찍이 과부가 되었어도 재가(再嫁)하지 않고 시부모를 효성으로 섬기고 어린 자식을 달래며 잘 양육하였다고 한다. 절충부 별장(折衝府 別將) 조영(趙英)은 가내 정원에 모친을 장례(葬禮)를 치러 모시고 아침저녁으로 제사하였다고 한다. 그 함부(咸富) 등 남녀 7인에게는 문려(門閭)에 기정(旗旌)을 달아 표양하고 그 요역을 면제하도록 한다. 차달 형제 등 4인에게는 역도(驛島)에서의 근무를 면제하여 벗어 나와서 그들이 주현(州縣)의 호적에 편성되기를 바랐던 바대로 수행토록 하며, 순홍 등의 5인은 관계(官階)를 효행의 정도를 헤아려 제수하여 효행을 널리 드러내 알리도록 하라.' 하였다.

이로부터 역대 국왕의 효자·순손·의부·절부에 대해 드러내어 선행을 알리는 일이 사관에 의해 중단 없이 기록되었고, 부모에 효성을 하지 않는 자와 형제간에 우애를 하지 않는 자는 즉시 엄격한 제재를 가하였는데, 앞과 같은 책, 권11, 〈숙종세가〉 편1. 에,

(숙종)6년(1101년) 봄 정월 을유일에, 형부(刑部)가 아뢰길, '주부동정(主簿同正) 조준명(趙俊明)은 그 부친이 죽은 지 4년인데, 그 모친을 봉양하지 않고 그 아우와 우애하지 않아 가족 모두

를 있을 곳이 없도록 하고 있으니, 법에 따라 논죄하기를 청합니다.' 하니, 왕께서 이르시기를, '짐이 정치를 함에 있어 효(孝)와 제(悌)를 우선으로 삼았는데, 그런데도 그와 같은 사람이 있었단 말인가!' 라 하고, 그 상주(上奏)한 것을 허락하였다.

조선왕조 (朝鮮王朝)는 유학을 숭상하여 삼강(三綱) · 오상(五常)[98] · 명교[名教: 명분에 관한 도덕적 교훈]을 유지하고 보호하였음은 다시 더 말할 나위도 없다. 태조가 즉위하여 즉시 교지명령(教旨命令)을 반포하고, 군민이 알아 지켜야 할 열 두 가지의 사안[軍民十二事]을 알아듣게 교유(教諭)하였는데, 그 중 하나가 곧 충효절의(忠孝節義)를 포상하고 장려하는 것이다. 교지(教旨)하여 이르기를, '충신(忠臣) · 효자(孝子) · 의부(義夫) · 절부(節婦)는 미풍양속과 관계가 있어 권장해야 한다. 일을 맡은 관청에서는 물어 찾아서 들은 바를 상신[신문(申聞)]하고, 우대해서 발탁하여 채용하되, 문려[門閭 : 마을 어귀에 있는 문]에 깃발을 꽂아 표양(表揚) 하도록 하라.'[99]하였다. 세종은 이미 집현전학사(集賢殿學士)들에게 명하여 고금의 충신 · 효자 · 열녀를 집록(輯錄)하도록 하니, 《회도삼강행실(繪圖三綱行實)》을 만들어 유가정신을 발휘하였다. 책을 완성하여 주석을 달아 이르기를,

인륜의 길(道)은 진실로 삼강(三綱)에서 벗어날 수 없고, 천성의 참(眞)은 실로 만세에 동일한 것이니, 의당 이전 사람들의 행실을 모아 금일의 따라해야 할 규범으로 삼아야 합니다. 소인이 살펴보건대, 임금 된 이(作之君), 아비 된 이(作之父), 남편 된 이(作之夫)는 곧, 하늘(天)로부터 근본 된 이들이고, 신하 된 이(爲臣), 자

98) 오상(五常)은 仁 · 義 · 禮 · 智 · 信 또는, 父義 · 母慈 · 兄友 · 弟恭 · 子孝를 말하고, 때로는 五倫과도 통하며, 불교계에서의 五戒를 일컫기도 함.

99) 《太祖實錄》 권1, 壬申元年7月, 丁未條.

식 된 이(爲子), 아내 된 이(爲妻)는 곧 땅(地)에서 근원된 이들로, 오직 천경지의(天經地義)가 정한 이치(理致)는 옛날에나 오늘날에나(古往今來) 다름(殊)이 없는 것 같습니다. 오랜 세월이 흘렀어도 알 수 있는 것은 공부자[孔夫子, 즉 공자]가 보인 교훈을 우러러 봄이요, 모든 인민에겐 법칙이 있어 길보(吉甫) 선생이 지은 詩를 생각함입니다. 효(孝)는 온갖 행실의 원천이 되고, 인(仁)은 곧 오상(五常)의 머리(首)이므로, 자상(慈祥)하고 측달(惻怛)함은 병이(秉彝: 상도(常道)를 굳게 잡고 행함)의 양능(良能)에 근원이 되고, 애경(愛敬)하고 순승(順承)함은 지정(至情)의 그침(已)이 없는 데서 말미암습니다. 어찌 오직 집안에서만 도리를 극진히 할 수 있는지요. 역시 국가차원에서 충성을 극진히 하는 것으로 옮겨 이어봄이 가당(可當)합니다. 사람이 필히 지켜야 할 도리는 임금을 섬기는 것보다 더 큰 것이 없고, 충성하려면 반드시 몸을 바쳐야 합니다. … 신(臣) 설순(薛循)으로 하여금 역대 및 본조(本朝)에 걸쳐 위로는 제왕후비(帝王后妃)로부터 아래로는 공경민서(公卿民庶)에 이르기까지를 잘 살펴 삼강(三綱)에 의거해서 기술할 수만 있다면, 삼가 종류대로 모아 편성하도록 해주십시오. … 인민의 상도(常道)를 게시하고 세상의 교훈을 부식(扶植)하여 다행히도 밝은 시대에 관해서 친히 보게 되고, 왕도를 좇고 시대의 화목을 이끌어내어 후세에 전할 수 있기를 기대합니다.[100]

라고 한다. 《삼강행실(三綱行實)》에는 모두 충신 · 효자 · 열녀 100여명이 수록되어 있고, 조선조 중종은 또 김국안(金國安)에게 명하니, 역대 많은 현인 중 장유(長幼)를 잘 처우하고, 붕우(朋友)와 잘 교제한 행적이 배워 본받을(師法) 만 한 자 47인을 취합하여, 칭송할

100) 《世宗實錄》 卷56, 壬子14年(1432年)6月 丙申條.

만한 일을 기록하고 그려서 삼강(三綱)의 미비된 점을 보완하고 이름하여《이륜행실(二倫行實)》이라 하였다. 정종 때에는《삼강행실》과《이륜행실》을 한 권의 서책으로 합치도록 명령하고, 언문(諺文)의 해설을 첨가시켜 명명하여 이르길, `《오륜행실(五倫行實)》`이라 하였다.[101] 역대의 유생들은 명교(名教)를 새롭게 지키는 것을 자신의 소임으로 이끌어 내지 않음이 없었는데, 예를 들면, 성종 때의 대사헌(大司憲) 한치형(韓致亨)이 상소(上疏)하여《주례(周禮)》〈삼덕(三德)〉·〈삼행(三行)〉·〈향삼물(鄕三物)〉을 논급하고 세풍(世風)을 크게 탄식하였는데, 곧 이는 한 예(例)가 된다. 상소(上疏)하여 이르기를,

> 선비의 습속(習俗)은 우미(優美)하지 않을 수 없고, 인민의 습속은 후덕하지 않을 수 없는데, 이로서 성제·명왕(聖帝·明王)은 삼강을 세우고, 사유[(四維): 예(禮)·의(義)·염(廉)·치(恥)]를 베풀지 않을 수 없습니다. 풍속을 제대로 지키는 것은 원기(元氣)를 지켜 보호하는 것과 같고, 명절(名節)을 중시하는 것은 귀신을 존중하는 것과 같습니다.《주례》를 가르치는 관료(師氏官)는 삼덕(三德)을 가지고 국자(國子)를 가르쳤는데, 하나는 지덕(至德)이라 하며, 도의의 근본(道本)으로 삼고, 또 하나는 민덕(敏德)이라 하며, 행실의 근본(行本)이 되고, 또 다른 하나는 순행(順行)이라 하는데, 효덕(孝德)으로서 역악(逆惡)을 아는 것입니다. 또 삼행(三行)을 가지고 가르쳤는데, 하나는 효행(孝行)이라 하여 부모를 가깝게 대우하는 것이고, 둘째는 우행(友行)인데, 현랑(賢郎)을 존중하는 것이고, 셋째는 순행(順行)인데, 사장(師長)을 잘 섬기는 것입니다. 따라서 옛날 선비를 가르침에는 필히 덕행을 우선합니다. 또 <향삼

---

101)《正宗實錄》권47, 丁巳21년(1797) 7월 丁亥條.

물(鄕三物)>을 만민에게 가르쳐서 빈객들이 흥취(興趣)하도록 하는데, 하나는 육덕(六德) 즉, 지(智)·인(仁)·성(聖)·의(義)·충(忠)·화(和)이고, 둘째는 육행(六行) 즉, 효(孝)·우(友)·목(睦)·인(姻)·임(任)·휼(恤)이며, 셋째는 육예(六藝) 즉, 예(禮)·악(樂)·사(射)·어(御)·서(書)·수(數)를 말하는 것입니다. 따라서 옛날에 인민을 가르침에는 역시 필히 덕행을 우선으로 여겼습니다. 이러므로 선비는 자기 학문을 하면서 남이 알아주기를 구하지 않으며, 인민은 효제(孝悌)를 중심 삼음으로써 순풍과도 같이 온화해지는 것입니다. 민자건(閔子騫) 같은 이는 계씨(季氏)가 자기를 비(費)의 재상(宰相)으로 삼으려 함을 듣고 이르기를, "제발 나를 위해 사양하련다. 만일 나를 임용코자함이 있으면 나는 필히 문수(汶水)의 주변[세상을 등지고 자연 속에 숨어 지내겠다는 은유]에 있을 것이다." 라고 하였습니다. 동자[董子: 동중서(董仲舒)]가 이르기를, "그 의(誼)를 바르게 하되 그 이(利)를 도모하지 않으며, 그 도리를 밝게 하되 그 공로를 꾀하지 않는다." 하였는데, 그 돈독한 의지가 이와 같습니다. … 지금의 선비들을 어떻습니까? 왕상(王祥) 같은 이는 (계모가 병이 드니, 추운 겨울임에도) 옷을 벗고 얼음 위에 누우니 두 마리 잉어가 스스로 뛰어 올랐고, 효아(孝娥)같은 이는 부친이 물에 빠져 죽으매, 슬피 소리를 내며 강물에 몸을 던져 시신을 끌어안았는데, 그 효성이 이와 같습니다. 장공예(張公藝)는 아홉 세대가 함께 기거하였고, 전진(田眞) 형제는 차마 재산을 나누지 못하였는데, 그 후덕한 풍속이 이와 같습니다. 지금의 인민은 과연 어떻습니까?… 102)

라고 하였다. 이를 통해서 유가의 삼강·오상의 윤리가 조선에 대

102) 《成宗實錄》 권10, 辛卯2년(1471년) 6월 乙酉條.

해 미친 영향이 깊고 멀다는 사실을 알 수가 있다.

[종교사상면]

종교면에서 조선은 또한 유가사상의 지대한 영향을 받았다. 신라는 9세기 초에 이미 '옳지 않은 도(左道)로 대중을 미혹하는 자를 엄히 징계하였는데',[103] 이는 곧, '공자께서는 괴력난신(怪力亂神)에 관하여 말씀하지 않았다' 함을 인용함으로 말미암은 반응이었다. 신라 뒤를 이은 고려는 비록 불교왕조라고 불리어졌지만, 다만 불교가 유가의 삼강오륜에 거슬린 점이 있어, 고려 말기에는 이미 불교를 배척하는 다수의 소리가 있었는데, 김초(金貂) · 정몽주(鄭夢周) 같은 이가 곧 그 대표자이다. 《고려사》 권117, 〈정몽주(鄭夢周傳)〉 에서 이르기를,

> 왕께서 경연(經筵)에 나아가시니, 정몽주가 진언하기를, '유자(儒者)의 도리는 모두 일용평상(日用平常)의 일로 음식을 먹고사는 남녀 모든 사람과 동일한 바로, 지극한 이치가 있습니다. 요·순(堯舜) 임금의 도리 역시, 이에 예외가 아닙니다. 움직이거나 멈추거나, 말을 하거나 침묵하거나 그 정도(正道)를 얻으면 즉, 요·순 임금의 도리요, 처음부터 아주 높고 행하기 어려운 것이 아니었습니다. 저 불가의 교훈은 곧, 그렇지 않아 친척을 사양하고 남녀관계를 끊으며, 홀로 암혈(巖穴)에 앉아 초의목식(草衣木食)하며, 공(空)·적(寂) · 멸(滅)을 숭상할 것으로 여기니, 이 어찌 평상의 도리인가요!' 라고 하였다. … 성균관(成均館) 박사 김초(金貂)는 불가(佛家)를 파해 없앨 것을 상서하니, 왕께서 분노하여 죽을죄로 다스리고자 하였는데, 병조좌랑(兵曹佐郎) 정탁(鄭擢)이 상소하여 이르기를, '제가

103) 《三國史記》 권10, 興德王 3년(828)條.

듣기로는, 김초가 이단(異端)을 배척하여 극언(極言)함에 숨기지 않았는데, 주상께서 선왕이 이룬 (유가)경전을 파해 없애고 장차 (그를) 극형에 처하려 하신다는 것입니다. 신은 은연중에 전하를 위해 이를 애석하게 여기는 바입니다.《상서》에 이르기를,『선왕이 이룬 헌장(憲章)에 의해 감찰하면 영원히 허물이 없게 된다.』라고 하는데, 소위 선왕성헌(先王成憲)이란 곧, '삼강오륜'이며, 불씨(佛氏)가 모두 이에 등을 돌린 것이지, 김초가 선왕성헌을 훼손한 것이 아니고, 오히려 전하께서 스스로 이를 훼손함이니, 원컨대 김초가 직무에 의거 직언을 한 죄를 사하여 주십시오.'라고 하였다. 대언인(代言人) 등이 왕께서 진노할까 두려워 감히 할 말을 계시하지 못하자, 정몽주가 함께 동렬(同列)하여 상소하기를, '… 신 등은 불씨(佛氏)를 배척하는 것이 유자(儒者)의 떳떳한 일이라고 여깁니다. … 너그러운 성은(聖恩)을 흡족히 내리시어 한가지로 모두가 죄 용서함을 받아 나라 사람들에게 신뢰감을 보여 주시기 간절히 바랍니다.'라고 하니, 왕께서 이를 좇았다.

라고 한다.

근세조선은 건립 공신들이 모두 유사(儒士) 출신이었기 때문에 건국 처음부터 불교를 억제하는 정책을 쉽게 채택하였으나, 그럼에도 유신(儒臣)들은 결코 이에 만족하지 않았다. 정종 때에 유신 전백영(全伯英)은 일찍이 공자께서 이단(異端)을 배척하신 취지에 의거하여 불교를 공격하였다.《정종실록》권3. 에는,

정종 2년(1400년) 경진(庚辰) 2월 경신일에, 경연(經筵)에 거동하시니,《촬요(撮要)》를 읽다가 양해(襄楷)가 (후)한의 환제(桓帝)가 불교를 매우 좋아하였다는 부문을 상표(上表)하여 말씀드림에 이르자, 동지경연사(同知經筵事) 전백영에게 말하여 이르기를, '경

> (卿) 등은 어떤 연고로 불교를 좋아하는 것을 그르다고 하는가?' 하니, 전백영이 대답하기를, '공자께서 말씀하시기를, 『이단을 열심히 연구하면 이는 해로울 뿐이다.』라고 하셨습니다. 성인의 도(道)는 인의(仁義)를 중점으로 삼는데, 석씨(釋氏)는 부모 없고(無父) 임금 없는(無君) 것을 종지(宗旨)로 삼으니, 인군께서 의당 좋아할 바가 아닙니다. 옛날부터 인군 중에서 불교를 좋아한 자는 아직 쇠망하지 않은 자가 없습니다.' 라 하니, 주상께서 이르시기를, '그렇다. 탐욕(貪慾)은 승려(僧侶)에게 막심(莫甚)한대, 물질적 욕심을 채워주면 기뻐하고 욕심을 채워주지 않으면 원망한다.' 고 하였다.

라고 되어 있다. 태종 때에 사간원(司諫院)은 또 불교를 엄히 제재할 것을 주청(奏請)하고 불사(佛事)를 통렬히 금하였으며 상장의식(喪葬儀式)은 일체《주자가례(朱子家禮)》에 의거하였다.《태종실록》 권24.에는,

> (태종)12년(1412년) 10월 경신일에 사간원(司諫院)에 상소하였는데, 그 소장(疏狀)에 이르기를, '이제 우리 성조(盛朝)는 베풀고 행하는 바 모두가 하나같이 옛 것을 준수하여 생민(生民)의 이해에 있어 흥성하고 제거하지 않음이 없으나, 유독 신불(神佛)의 폐단만이 아직도 다 혁파하지 못한 점이 있습니다. … 부처라는 것(佛者)은 군신관계를 버리고, 부자관계를 없애므로, 이에 부탄(浮誕)한 일을 가지고, 망녕되이 보응(報應)의 설(說)에 의탁하여 혹세무민(惑世誣民)하고, 미풍양속(美風良俗)을 해치니, 우리의 도덕의 손해(損害)가 이보다 심한 것이 무엇이겠습니까? 옛 중국의 당뇨(唐堯)·우순(虞舜)·삼대(三代)[하(夏)·은(殷)·주(周)]의 시절엔, 역대의 존속 년도가 많았고 향수(享壽)함도 길었는데, 이것은 진실로 불씨(佛氏)의 이치가 그러했기 때문이 아니었습니다. (후)한의 명제(明

帝) 때에 처음으로 불법이 있었으나, 명제 이후에 난망(亂亡)이 서로 이어졌고, 운조(運祚)가 길지 못하였으며, 양(梁) · 진(陳) · 원위[(元魏):北魏][104] 시대로 내려와서는 부처(佛)를 섬김이 더욱 부지런하였으나, 연대는 보다 촉박하여졌고, 불계(佛戒)를 지켰던 제왕들은 끝내 대성(臺城)의 화(禍)[105]를 맞았는데, 부처를 섬겨 복을 구한다는 점을 과연 믿을 수 있을까요? … 전하께 엎드려 바라옵기는 유사(攸司)에 특명을 내려 상장의식(喪葬儀式)은 하나같이 <주자가례(朱子家禮)>에 의거하시고 불사(佛事)를 통렬히 금지하소서!'

라고 되어있다. 세종 연간에는 불교를 배척하는 유사들의 목소리가 더욱 높아졌는데, 예를 들면, 세종 3년에 사간원은 이미 상소하여 유가의 '격물 · 치지 · 성의 · 정심 · 수신 · 제가 · 치국 · 평천하(格物 · 致知 · 誠意 · 正心 · 修身 · 齊家 · 治國 · 平天下)' 의 가르침에 어긋나는 불교를 크게 배척하였다. 《세종실록》 권12. 에서는,

(세종) 3년(1421년) 7월 임술일에 사간원이 상소하여 이르기를, '신 등이 은밀히 들었습니다만, 중국의 삼대(하 · 상 · 주) 이전에는 아직 부처의 가르침(佛教)이 없었답니다. 후한 명제 시대에 이르러 그 불법이 처음 시행되었고, 양(梁) · 진(陳)에서 침투되어 왕성하여졌습니다. 그것(불법)이 가르침으로 삼은 것은 본디 청정 · 적멸(淸淨·寂滅)을 종지(宗旨)로 삼고 천하국가를 외면하는 것으로 진실로 성인의 '격물(格物) · 치지(致知) · 성의(誠意) · 정심(正心) · 수신(修

104) 원위(元魏)는 곧 북위(北魏) 또는 후위(後魏)를 지칭한 것임. 북위의 황실의 본성(本姓)은 탁발(拓拔)인데, 漢化정책의 일환으로 성씨를 '元'로 改姓하였기 때문에 《佛氏雜辨》을 저술한 鄭道傳은 북위 도는 후위를 '원위(元魏)' 라고 지칭한 것임.

105) 臺城은 中國 六朝시대의 궁성을 지칭함인데, '臺城之禍'는 곧 궁궐에서의 재난으로 나라를 잃고 목숨도 잃음을 의미함.

身)·제가(齊家)·치국(治國)·평천하(平天下)'의 가르침에 거슬리는 것입니다. 그것의 교도(敎徒)가 되는 자는 허탄(虛誕)하고 무망(誣妄)한 화복응보설(禍福應報說)을 가지고 권선(勸善)을 위한다고 자칭하면서 여염향리(閭閻鄕里)를 횡행하면서 어리석은 인민을 유혹하고 그들의 재물을 갈취하니, 심한 자는 오로지 단가(檀家 곧, 불가)에서 시주(施主)하는 예물[단시지물(檀施之物)]을 사리사욕(私利私慾)의 자산으로 귀속시킨다니, 그들 스승의 청정(淸淨)·적멸(寂滅)의 가르침에 비교해 어찌 재물이 많을까요? 소위 한 사람이 경작하면 열 사람이 먹고, 한 사람이 양잠하면 열 사람이 옷을 입는다는데, 그 어찌해서 인민이 굶주리고 헐벗지 않겠는지요? 옛날 당나라 한유(韓愈)가 <원도(原道)>를 짓고, 堯임금, 舜임금, 삼왕(三王)[夏나라 우(禹), 殷나라 탕(湯)·周나라 문무(文武)왕]의 치도(治道)를 추구(推究)하고 밝히어, 불씨(佛氏)의 비리(非理)를 심도 있게 배척하여 이르길,『불씨를 막지 않으면 유도(儒道)가 흐르지 않고, 불씨를 금지하지 않으면 유도가 행해지지 않으니, 그 불자(佛者)들을 사람답게 하고 그 불서(佛書)를 불태우며, 그 불자의 거처를 일반 사람들의 거처로 만들고 선왕의 치도를 밝혀 인도하면, 홀아비·과부·고아·독신자·불구자·병환자[환과고독폐질자(鰥寡孤獨廢疾者)]들을 부양할 수 있다.』라고 하였습니다. 공손히 생각하건대 전하께서는 하늘이 내리신 성덕과 밝게 빛나는 학문을 가지고 성리(性理)의 근원을 궁구하고 이단의 거짓을 판별하셨으니, 진실로 천년에 한번 있는 성세(盛世)입니다. 사설(邪說)이 인민을 속이며 행해지지 않도록 하고, 놀고먹는 중들을 몰아내고 처지를 바꾸어 남녘에서 농사짓게 하고 아직 단절되지 않은 남은 습속(習俗)을 영영 혁파하며, 중국 삼대의 치도(治道)를 만회할 수 있음이 바로 이 때라고 신 등은 생각하옵니다.' 라고 하였다.

세종 6년에는 대사헌(大司憲) 하연(河演), 집현전 제학(集賢殿 提學) 윤회(尹淮), 성균관 생원(成均館 生員) 신처중(申處中) 등이 또 이어서 불교를 적극 배척할 것을 상소하였는데, 그 중 윤회의 소장(疏狀)이 가장 통렬하고 절실하였다. 그 소장에 이르길,

소신이 은밀히 들었습니다만, 불씨(佛氏)의 해악됨은 일찍부터입니다. 한나라 때부터 불씨를 받들어 숭배함에 더욱 신중하였으나 아직 복리를 얻지 못한 점은 사전(史典)에 실려 있어 진실로 전하께서 통찰하여 열람하신 바인데, 어찌 신 등이 말하기를 기대하겠습니까? … 신 등은 이단(異端) 중에는 불씨가 더욱 심하다고 생각합니다. 이적(夷狄)의 습속을 가지고 홀로 일반 사람들이 사는 곳 밖에서 기거하면서 인민들로 하여금 궁핍하다고 도적질을 하도록 하니, 그 죄가 의당 어떻겠습니까? … 옛적의 군자 중에는 그 해악을 깊이 말한 자가 많았는데, 국가를 위해 염려하는 자는 곧, 재물을 좀먹고 백성을 현혹하기 때문에 불씨를 배척하였고, 윤리를 위해 생각하는 자는 곧, 부모를, 임금을 나 몰라라 하기 때문에 불씨를 배척하였으며, 이 학문[유학]의 흥기 또는 상실을 위해 글을 쓰고 논리를 세워 장래에 가르침을 수립한 분은 곧, 그 공허(空虛)와 적멸(寂滅) 때문에 불씨에게 죄를 주었습니다. 그러나 그 불씨의 설법이 넓고 커서 사람의 마음을 쉽게 빠뜨려, 그래서 스며들고 퍼져서 수천 년을 거치면서 천하의 군주는 거의 미혹되었고, 경사대부(卿士大夫)도 거의 푹 빠졌으며, 어리석은 백성, 고아, 과부도 거의 속임을 받게 되었고, 그러고도 아직 깨닫지 못하는 것은 곧, 도학(道學)이 분명하지 않고 인심이 바르지 않기 때문입니다. 임금된 자는 곧, 정일집중(精一執中)의 도를 다하지 못하였기 때문이고, 신하 된 자는 곧, '격치성정(格致誠正)의 學' 을 궁구하지 못

했기 때문이며, 죄를 두려워하고 복을 사모함으로써 '인연과보(因緣果報)의 說'에 쉽게 빠져서입니다. 백성 중 무지한 자는 그 좋아하는 바를 좇아 눈으로 보고 본을 따서, 속이고 꾀는 데로 쉽게 흘러, 그래서 온 천하에 풍미해졌습니다. … 제가 생각하건대, 성(盛)함에 필히 쇠(衰)함이 있는 것은 (곧) 물리(物理)의 상사(常事)요, 복선화음(福善禍淫)은 (곧) 천도(天道)입니다. 요(堯)·순(舜)·우(禹)·탕(湯)·문(文)·무(武)·주공(周公)은 천하의 대성(大聖)으로 공업(功業)이 그 당시에 보태어지고 은덕(恩德)이 후세에 세워져 천하가 함께 우러러 신뢰하는 데도 오히려 아직도 제사하지 않으니, 저 부처는 어떤 사람이기에 요망하고 허탄하며 불경한 화설(話說)로 천상(天常)을 어지럽히고 군주의 권병(權柄)을 도적질함으로써 천하의 인민들을 분주하게 하니, 진실로 우·탕·문·무의 죄인인데도 도리어 우·탕·문·무왕께서 향유하지 못한 것을 향유하니 그 죄가 지극한 것입니다.

… 옛적 맹가씨[孟軻氏 : 맹자]가 편파적[피(詖)]이고 음탕하며 사악하고 핑계 삼는[둔(遁)] 사설(辭說)을 막고 오히려 스스로 삼성(三聖)의 도통(道統)을 계승한 것을 밝히고, 후세에 그 공덕을 논증하여 이르기를, '마땅히 우(禹)임금만 못하지 않다.' 하였습니다. 엎드려 바라옵건대, 전하께서는 오랑캐 술법[夷法]을 쓸어버리시고 크게 풍속을 변화시키며, 불가의 탑과 불당[탑묘(塔廟)]를 폐비하고 훼파(毁破)하여 철거하고 불경계율(佛經戒律)의 책을 불태워 없애시며, 경내의 승려들은 속가(俗家)로 돌아가도록 아울러 명하시고, 나아가서 예관(禮官)에게 명하시어《문공가례(文公家禮)》즉,《주자가례》를 본떠서 경사서민(卿士庶民)의 상제(喪祭)의 예를 정하도록 하여, 의품등급(儀品等級)에 차등을 두고, 의금(衣衾)과 기명(器皿)의 숫자를 정하여 도식하고 진열하되 간이(簡易)하고

명백하게 하여, 아래로 우민(愚民)에 이르러 모두 쉽게 알아 시행 할 수 있도록 한다면, 곧 옛날에 놀고 앉아 먹는 불도(佛徒)들이 이제는 모두 호미를 들고 밭이랑에서 일하는 인민이 될 것이고, 옛날에 부처를 섬기며 앞날의 복을 빌었던 무리들이 이제는 근본 된 부모에게 보답하고 먼 조상을 추모하는 사람으로 바뀌게 될 것이며, 道에는 두 가지의 조치가 없고, 국가에는 다른 나라의 풍속이 없어져, 인심은 이미 바르게 되고 도학은 더욱 분명해지고 세상의 도덕이 순화될 것입니다. 그리하면 즉, 역시 동주(東周)에서 한 차례 잘 다스려졌던[一治] 성세(盛世)가 될 것이니, …106)

라고 하였다. 이후 유학자들은 끊임없이 항의를 하여, 국왕 중에는 비록 불교를 선호하는 군주가 없진 않았으나, 다만 청의적(淸議的)인 압력 아래에서 여전히 도첩법(度牒法)을 폐지하고 사전(寺田)을 몰수하고 승과(僧科)를 취소하였는데, 이는 완전히 유가사상의 승리였던 것이다.

결론적으로 유가사상이 한국 역사에 미친 영향을 검토해 보면 다음 몇 가지를 인식할 수 있다 :

가. 정치방면에서, 유가는 특별히 인적요소(人的要素)를 중시하고, 이로 인하여 정치는 응당 정신(正身)으로서 출발점을 삼고, '차마 인민을 돕지 않을 수 없는 마음(不忍人之心)' 을 가지고 '차마 인민을 위하지 않을 수 없는 정치(不忍人之政)' 을 시행하는 것으로 귀결되어야 할 것을 주장하였다. 한국역사를 볼 때, 이 사상은 한국에 상당한 영향을 주었고, 비록 한국 위정자들이 꼭 언행이 일치된 것은 아니나 소위 인정(仁政)이 간혹 일시의 미봉정책일 수도 있지만, 유가적인 정치교육을 승

106) 《世宗實錄》 권23, 甲辰6년(1424) 3월 甲申條.

인하지 않을 수 없어 얼마간의 효과를 가져왔던 것이다.

나. 경제방면에서, 유가는 적극적으로 중농정책(重農政策)을 주장하고, 다른 한편 소극적이나마 절용정책(節用政策)을 주장하였다. 이 또한 한국역사에 영향을 미쳤으나, 그런데 이것은 농경사회의 객관적인 요구에 적응한 것이기도 했다.

다. 사회방면에서, 유가의 삼강오륜이 한국에 미친 영향은 깊고 넓다. 유가사상이 중국 고전문화를 집대성하여 먼저 안 사람이 후에 알게 된 사람을 일깨움으로써, 점차로 한국의 도덕에도 영향을 끼쳐 사회사상체계를 세운 점은 그 누구도 부정 못할 것이다.

라. 종교방면에서, 유가에서의 이단을 배척하는 사상은 한국, 특히 조선왕조에 영향을 주어, 숭유배불(崇儒排佛) 정책을 채택하여 끝내는 불교발전의 추세를 저지토록 하였고, 유가사상은 더러는 불교를 신봉하는 사람의 마음속에도 깊이 파고들어, 균형을 잡게 하고 절충하게 하는 작용을 하는 결과를 낳기도 하였다.

제6장 정치(政治) 사상

1. 중국의 정치사상

중국의 선철(先哲)이 말하는 정치사상의 기본은 다음 네 가지 사항, 즉 경천(敬天)·수덕(修德)·존현(尊賢)·정명(正名) 등으로 귀납된다.

[경천(敬天)] : 선철(先哲)은 하늘은 무상(無上)의 권위를 가진 것으로 인식하였다. 《주역(周易)》〈계사(繫辭)〉상편에 이르기를, '만물에 임금 된 자로 천(天)보다 더 큰 분이 없다.' 하였고, 《서경(書經)》〈탕고(湯誥)〉편에 이르기를, '천도(天道)는 착한 자에게 복을 내리고 음탕한 자에게 화를 내린다.' 하였으며, 《논어》〈계씨(季氏)〉편에는, '천명을 두려워해야 한다.' 하였는데, 하늘은 기뻐함과 분노함이 무상(無常)하니, 기쁨에는 곧 상서로움을 나타내고 분노에는 곧 경계함을 보인다. 《역경(易經)》〈진(震):진위뇌(震爲雷)〉편에서, '뇌진(雷震)이 내리치면 군자는 두려워하여 수양하며 반성한다.' 하였는데, 그 주소(注疏)에서는, '군자가 하늘의 진노를 보고 뇌성(雷聲)의 위엄에 두려워하여 자신을 가다듬고 수양함으로써 자기의 과오를 성찰한다.' 라고 하였다. 그러므로 《춘추》에서 재상(災祥)을 누차 기록한 것은 실로 중대한 의의가 깃들어 있는 것이다. 동중서(董仲舒)도 말하기를, '《춘추》 중에는 전세(前世)에 자신이 행한 일을 보도록 하고 천인상여(天人相與)의 경우를 비춰보도록 하여, 심히 두려움을 갖게 한다. 국가에 장차 도(道)를 잃은 패정(敗政)이 있으면, 하늘은 이에 먼저 재해를 나타내어 꾸짖어 본다. 그러나 스스로 반성할 줄 모르면 또 괴이(怪異)를 나타내어 놀라고 두렵게 한다. 오히려 변(變)을

알지 못하면 상처받고 패배됨[傷而敗]이 이에 미친다.[107] 다만, 하늘은 결코 이목(耳目)이 없어 실로 인민의 이목으로 이목을 삼는다.' 고 했고, 《서경》 〈고요모(皐陶謨)〉 편에서, '하늘이 총명[聰明: 잘 듣고 봄]을 보임은 우리 백성들이 총명한데서부터이고, 밝혀 위압을 보임은 우리 백성이 밝고 위압함에서부터이다.' 라 하였고, 같은 책, 〈태서(泰誓)〉 중편에서는, '하늘이 보게 됨은 우리 백성이 봄으로부터이고 하늘이 들음은 우리 백성이 들음으로부터이다.' 라고 한다. 천심은 바로 민심을 반영한 것으로 그래서 위정자는 모름지기 수시로 인민의 질고(疾苦)를 주의하여 하늘의 꾸짖음을 모면해야한다. 이 같은 경천사상은 위정자에 대해 실로 막대한 권계(勸戒)의 작용이 되었다.

[수덕(修德)] : 선철은, 위정자는 덕(德)을 근본으로 삼아야한다고 주장하였다. 《논어》 〈위정(爲政)〉 편에, '정치를 함에 있어 덕으로 해야 하는데, 비유하면 북극성이 제자리에 위치하면 뭇 별들이 그에 공수[拱手: 즉 두 손을 모으듯 주변을 둘러쌈]하는 것과 같다.' 라고 한다. 또 말하기를, '정령(政領)으로 이끌고 형벌로 다스리면 백성들은 형벌은 면하나 부끄러움을 모른다. 그러나 덕으로써 이끌고 예(禮)로써 다스리면 염치도 있고 올바름에 이른다.' 라고 한다. 《예기(禮記)》 〈치의(緇衣)〉 편에는, '저 백성들을 덕으로써 가르치고 예로써 다스리면 백성은 바른 마음을 갖게 되나, 백성들을 정령으로 가르치고 형벌로 다스리면 백성은 도피하려는 마음을 갖게 된다.' 라고 하는데, 이는 곧 준엄한 형법으로 인민을 강제하여 복종케 함은 덕치교화(德治敎化)하여 인민들로 하여금 기쁜 마음으로 진정 따르게

---

107) 《漢書》 권56,〈董仲舒傳〉제26.
春秋之中, 視前世己行之事, 以觀天人之際, 甚可畏也. 國家將有失道之敗, 而天乃先出災害以譴告之. 不知自省, 又出怪異以驚懼之. 尙不知變, 傷而敗乃至.

함보다 훨씬 못하다는 사실을 인식한 것이다. 《논어》 〈계씨(季氏)〉 편에, '먼데 있는 사람이 복종치 않으면 문덕(文德)을 닦음으로써 그들을 오게 한다.' 라고 하였는데, 이는 위정자는 가까이에 있는 사람을 기쁘게 함으로써 먼데 있는 사람을 오도록 해야 한다는 것으로, 이 모두는 반드시 덕치주의를 실행해야 한다는 것이다.

[존현(尊賢)] : 선철은, 정치가 잘되거나 잘못되는 경우는 전적으로 인재를 얻느냐 못 얻느냐에 달려있다고 인식하였다. 《서경》 〈함유일덕(咸有一德)〉 편에, '관리를 임명함에 오직 어질고 재능 있는 사람을 쓴다.' 라고 했고, 같은 책, 〈입정(立政)〉 편에는, '지금부터 입정함에 음험한 사람을 세우지 말고 오직 선량한 사람을 세워 우리 국가를 힘써 돕도록 해야 한다.' 라고 되어 있다. 음험한 사람은 소인이고 선량한 사람은 즉 현명하고 재능이 있는 사람으로, 곧 위정자는 소인을 제거하고 현재(賢才)를 등용해야 한다고 주장한 것이다. 《논어》 〈자로(子路)〉 편에서는, "중궁(仲弓)이 계씨의 재신(宰臣)이 되고나서 행정에 대해 묻자, 공자께서 대답하기를, '유사(有司)문제를 먼저 처리하고 작은 과오는 사면하며 어진 재사(才士)를 천거하도록 한다.' " 라고 하였고, 《중용(中庸)》 에서는, '위정(爲政)은 사람에게 달려있으니, 사람을 취함은 몸으로써 하고, 몸을 수양함은 도(道)로써 하며, 도를 닦음은 인(仁)으로써 한다. 인이라고 하는 것은 사람다움이니[人] 친족을 친애함이 아주 크고, 의라고 하는 것은 마땅함이니[宜] 어진 이를 존중함이 아주 크다. 친족에 대한 친애함의 차등과 어진 이에 대한 존중함의 차등이 예(禮)가 생기게 된 바이다.' 라고 되어있다. 《맹자》 〈고자(告子)〉 상편에는, '어진 이를 존중하고 능력 있는 자가 일을 처리하게 하고, 준걸인(俊傑人)이 재위하면

천하의 선비들이 모두 기뻐하여 그 조정이 바르게 세워진다.' 라고 함은 모두 어진 이를 존중하고 능력 있는 자가 일을 처리하게 하는 것(尊賢使能)이 건전한 정치의 선결조건임을 인식한 것이 된다.

[정명(正名)**]** : 선철은, 사회질서를 확립하기 위해서 무엇보다도 정명[正名: 명분을 바르게 함]해야 한다고 인식하였다. 공자께서 말씀하시되, '명분이 바르지 못하면 언어가 순수하지 못하며, 언어가 불순하면 일이 성취되지 못한다. 일이 성취되지 못하면 예·악(禮·樂)이 홍하지 못하고, 예·악이 홍하지 못하면 형벌이 적중하지 못하고 형벌이 적중하지 못하면 백성들이 손발을 어찌 움직여야 하는지를 알 수가 없게 된다.' (《논어》〈자로(子路)편〉) 고 하였다. 순자는 말하기를, '명실(名實)이 어지럽고 시비(是非)의 형식이 불분명하면 비록 법을 관리하는 관리나 술수(術數)를 읽는 유학자라도 역시 모두 혼란스럽다.(《순자》〈정명〉편)라고 하였는데, 이는 즉, 가령 명자(名字)의 정당한 표준을 먼저 확립하지 않으면 곧 순명책실[循名責實: 이름이 욕되지 않게 내용충실에 힘씀]할 방도가 없고, 일절 모두 담론할 도리가 없게 됨을 말함이다.《논어》〈안연(顔淵)〉편에 이르기를, "제(齊)나라 경공(景公)이 공자에게 정치를 묻자, 공자가 대답하여 이르기를, '임금은 임금답고 신하는 신하다우며, 아버지는 아버지답고 아들은 아들다워야 한다.(君君臣臣, 父父子子.)' " 라고 하였다. 이 또한 공자는 정명을 강조한 것이다. 정명의 취지는 명분을 존중하는데, 공자의《춘추》는 대의명분(大義名分)을 선양하기 위해 지어진 것이다.

2. 한국의 정치사상

중국이 조선반도에 군현을 설치한 지가 약 400년이나 되었기 때문에 삼국시대에 이미 중국의 경천사상(敬天思想)의 영향이 나타나고 있다. 고구려 태조왕은 일찍이 '천지(天地)의 역수(曆數)가 너의 몸에 있다.' 라는 말로써 왕의 자리를 그의 아우인 수성(遂成)에게 물려주었다. 즉, 《삼국사기》 권15, 〈고구려본기〉 에 의하면,

> 태조왕 94년(146년) 12월에 왕이 수성(遂成)에게 일러 말하기를, '나는 이미 늙어 천하의 정사를 처리하는데 힘이 들고, 천지의 운수(運數)가 너의 자신[여궁(汝躬)]에 달려있다. 더욱이 너는 안으로는 국정에 참여하고, 밖으로는 군사를 통할하여 오랫동안 국가에 공이 있었으며, 아주 성실하고 거짓이 없어 신민(臣民)의 여망을 가득히 받고 있으니 내가 맡길 수 있는 바, 그 마땅한 사람을 얻었다고 할 수 있다.' 고 말하고 이에 왕위를 물려주었다.

라고 하였다.

고구려 봉상왕(烽上王)때에 천재(天災)가 빈발함에도 이를 고려하지 않고, 토목공사를 크게 함에 그 신하 창조리(倉助利)는 '하늘을 경외하며 두려운 마음으로 수신하고 성찰할 것' 을 힘주어 간청하였다. 같은 책 권17.〈고구려본기〉에서 이르기를,

> 봉상왕 9년(300년) 2월에서 가을 7월까지 비가 오지 않아서 그 해에 굶주린 백성들이 서로 잡아먹을 정도였다. 8월에 왕이 국내의 15세 이상의 남녀를 징발하여 궁실을 수리하였는데, 백성들은 먹을 것이 없고 부역의 고달픔 때문에 도망하여 떠돌아 다녔다. 창조리가 간하여 말하기를, '천재(天災)가 거듭 일어나서 곡식은 여물지

않고 백성들은 집을 잃으며, 장성한 자들은 사방으로 흩어져 떠돌고, 노인과 어린이는 도랑과 골짜기에 버려지고 있습니다. 진실로 하늘을 두려워하고 백성을 걱정하며, 두려운 마음으로 수신하고 성찰할 때라고 봅니다. 대왕께서 일찍이 이것을 생각하지 않고 굶주림에 고생하는 백성들을 징발하여 건축공사의 부역을 강요하고 있으니, 너무도 백성의 부모 된 뜻에 어긋나는 것입니다. 원컨대 대왕은 그것을 깊이 헤아리소서.' 라고 말하였다.

라고 적고 있다.

신라 진흥왕 때에 백제가 신라와 연합하여 고구려를 정벌하고자 하였는데, 왕이 '나라의 흥망은 하늘에 달려있다' 라는 말로써 그 요구를 거절했다. 즉《동국통감(東國通鑑)》권5.에서 이르기를,

신라 진흥왕 15년(554년)에 백제의 성왕(聖王) 명롱(明穠)이 병사를 이끌고 신라를 침공하니, 군주(軍主) 김무력(金武力)이 그를 쳐서 죽였다. 그전에 먼저 백제는 신라와 연합하여 고구려를 정벌하고자 하였다. 신라왕이 말하기를, '나라의 흥망은 하늘에 달려있다. 만약 하늘이 아직 고구려를 싫어하지 않는다면 내가 어찌 감히 승리하기를 바라겠는가?' 라고 하며 고구려와 통하였다. 고구려는 그 말에 감탄하여 신라와 함께 기꺼이 교류했다. 이에 백제왕이 그것을 원망하여 친히 군대를 이끌고 공격해왔다.

라고 하였다.

신라 선덕왕(宣德王)이 병으로 자리에 누웠는데, 오랫동안 병에 차도가 없고 위중해지자, 조칙을 내려 스스로를 책망하며 말하기를,

일 년 내내 일기가 불순하여 백성들의 삶이 곤궁하다. 이는 덕이

백성의 바라는 바에 합치되지 않고, 정치가 하늘의 마음에 합치되지 않기 때문이다.[108]

라고 하였다.

왕이 돌아가니, 군신들이 종실(宗室)인 김주원(金周原)을 왕위에 세우기로 의논하였다. 주원은 알천(閼川)의 건너편에 살았는데, 폭우로 인하여 물이 넘쳐 건널 수가 없었다. 혹자는 말하기를, '곧 인군(人君)이라는 큰 자리는 사람들이 꾀하여 미칠 수 있는 바가 못 된다. 금일 폭우는 혹시 하늘에서 주원이 왕위에 오르는 것을 바라지 않는 것이 아닌가?' 라 하였다. 군신들의 의견이 나뉘어져서 결국은 원성왕(元聖王)을 세우니, 바로 비가 멈추었다.

신라 말에 군웅(群雄)들이 할거할 때, 궁예(弓裔)가 나라를 세워 태봉(泰封)이라 일렀는데, 그는 포학무도하여 백성의 원망이 끊임없이 생겨났다. 그의 부하 왕건(王建)이 많은 백성들의 존경을 받았는데, 당나라의 상인 왕창근(王昌瑾)이 옛날 거울 하나를 바쳤다. 거울 위쪽에는 간단한 말이지만 뜻이 깊은 예언적인 문장이 보였다. 부장(部將)이 상서로운 징조라 여기고 왕건을 몰래 왕으로 세우려 꾀했다. 그러나 왕건은 화를 입을까 두려워하여 결정하지 못하고 주저하고 있었다. 부장이 '하늘이 내려준 것을 취하지 못하면 반대로 그 원망을 받을 것입니다.' 라는 말로써 간절하게 권하니, 왕건은 마침내 궁예에게 반기를 들어 스스로 나라를 세웠다. 즉 부장(部將)이 말하기를,

때는 만나고도 잃기 쉬운 것이니, 하늘이 내려준 것을 취하지 못하면 그 원망을 받게 됩니다. 나라 안의 백성이 해악으로 말미암아

108) 《東國通鑑》 권10. 〈新羅 善德王〉 條.

고통을 받아서 매일 밤마다 고통에서 회복되기를 바라고, 또한 권세와 지위가 높은 사람들도 아울러 학살당하여 거의 살아날 여지가 없습니다. 지금 덕망이 아직 공(公)의 편에 모두 있는 것은 아니지만, 대중의 마음은 공(公)을 바라고 있습니다. 만약 공이 이를 따르지 않으면 우리들은 바로 죽음을 당할 것입니다. 하물며 왕창근(王昌瑾)의 경문(鏡文)이 저와 같은데 어찌 하늘의 뜻을 어기고 독부[獨夫 : 즉 궁예]의 손에 죽을 것입니까?109)

라고 하였다.

왕건 즉위 후 15년(932년) 5월에 큰바람이 불고 재해가 일어났다. 이에 과거 중국에서 오왕(吳王) 유비(劉濞)때에 큰바람이 불어 문이 부서지고 나무를 뽑아 버림에도 그 경계의 두려움을 알지 못해 끝내는 패망했다는 일을 거울로 삼아, 하늘의 꾸짖음을 만난 것을 두려워하여, 왕이 걱정스럽고 불안하여 마음이 편치 못함에 군신들에게 일러 말하기를,

근자에 민가에서 암탉이 변하여 수탉이 되고, 큰바람이 불어 관사가 무너져 내리니, 대체 어쩌다 재앙이 이 지경에 이르렀는가? 옛날 진(晉)나라에 간사한 신하가 있어 몰래 재산을 모으고 나쁜 일을 꾀함에 그 집의 암탉이 수탉으로 변하였다. 점괘에 이르기를, '사람이 분수에 맞지 않는 것을 생각하고 있으면 하늘이 교훈을 주고자 경계를 내린다. 그 악함을 고치지 않으면 결국은 죽임을 당할 것이다' 고 하였는데, 오왕 유비 때에 큰바람이 불어 문을 부수고 나무를 뽑아 버릴 때도 그 점괘가 역시 같았으나, 유비가 그 경계를 알지 못하여 역시 패망에 이르렀다. 또 <상서지(祥瑞志)>에

109) 《東國通鑑》 권12, 〈新羅景明王〉2년(918년)조.

이르기를, '부역을 행함이 평등하지 않고, 세금이 번잡하고 무거워서 백성이 조정(朝廷)을 원망하게 되면 이러한 응답이 있게 된다.' 고 했다. 옛날의 일들로 현재를 비추어 보면 무슨 일이 일어날지를 모른단 말인가? 지금 사방에서 노역이 그침이 없고 소용되는 비용이 이미 지나치게 많음에도 세금이 아직 줄어들지 않으니, 생각하건대 이러한 연유에서 나에게 하늘의 꾸짖음이 이른 것이니, 온종일 두렵고 걱정스러워서 감히 한가로울 수가 없어서 군국(軍國)의 세금을 어렵게 줄여주고 면제해 주었으나, 오히려 군신(群臣)들이 공도(公道)를 생각하지 않아서 백성으로 하여금 원망하고 미워하게 하였으며, 혹은 분에 맞지 않는 마음을 품고 있어서 이러한 변이(變異)를 이르게 한 것으로 생각되니, 각자가 마땅히 마음을 고치어 화에 이르지 않도록 하라.110)

고 하였다.

고려 문종 15년(1056년)에 천변(天變)이 생기니 명을 내려 직언(直言)을 구했다. 《고려사》 권7, 〈문종세가〉 1.에 의하면,

(문종) 10년 9월 칙령(勅命)을 내려 말하기를, '근래에 일관(日官)이 올린 글들을 읽어보니 여러 번에 걸쳐 천변[天變: 하늘의 재해]가 있다고 하는데, 이는 모두 과인의 덕이 부족하고 정령[政令: 정치상의 법도와 규칙]이 일치하지 않은 까닭이다. 이에 두려워 삼가며 이른 아침부터 밤늦게까지 어찌해야 할지를 모르겠다. 이번 달부터 정전[正殿: 천자나 왕이 일상적으로 조회를 하는 곳]을 피하고 식사를 줄여 하늘의 꾸짖음에 답하려 한다. 무릇 모든 관리들은 나의 과실을 직언하여 숨김이 없도록 하라.'

---

110) 《高麗史》 권2, 〈太祖世家〉2편.

고 하였다.

문종 22년(1068년)에 또 가뭄이 심하여지니 명을 내려 스스로를 벌주고, 아울러 대사면(大赦免)을 베풀었다. 같은 책 권8, 〈문종세가〉 2.에서 이르기를,

> (문종) 22년 5월 갑오에 칙령을 내려 말하기를, '봄부터 늦은 여름까지 비오는 때가 맞지 않고, 강하게 내려 쬐는 햇볕이 위세를 늦추지 않으니, 곡식이 모두 타버렸다. 이는 모두 과인이 덕이 모자라서 하늘의 이러한 질책과 징벌이 이른 것이니, 두려워하고 삼가는 태도를 보여서 하늘의 꾸짖음에 응답하려고 한다. 오늘 이전에 내외의 유형(流刑)과 형도(刑徒)이하의 죄로 벌을 받고 있는 자들은 모두 풀어 주도록 하라.' 고 하다.

라고 하였다.

고려 예종 5년(1110년) 6월에 여러 해 계속되는 재해로 인하여 흉년이 들어 백성들이 굶주리고 병이 들었다. '위로는 하늘의 꾸짖음에 답하고, 아래로는 민심을 위로하기' 위하여 조서를 내려 범죄자를 사면하라고 했다. 그 조서에서 말하기를,

> 짐(朕)이 어리석고 보잘 것 없는 몸으로 삼한(三韓)을 계승하였으나, 나라의 정사가 너무도 광대하여 능히 모두 보고 들을 수 없어 형정(刑政)이 공평하지 못하였고, 절후(節侯)가 고르지 못하여 3,4년 간 농토의 곡식이 흉년이 들어 백성이 굶주리고 병이 드니, 소간[宵旰: 날이 새기 전에 일어나 옷을 입고, 해가 진후에 늦게 저녁을 먹는다는 뜻]으로 걱정하고 노력하여 일찍이 잠시도 멈추지 않았는데도, 또다시 변괴(變怪)가 보이지 않는 날이 하루도 없이

여름날 이래로 강한 바람이 불고 우박이 내렸다. 이에 덕이 부족한 소치임을 알고, 두려움이 더욱 깊어짐에 추은[推恩: 은혜를 미루어 남에게 미치게 함]하여 위로는 하늘의 꾸짖음에 답하고, 아래로는 백성의 마음을 위로하며 화기(和氣)를 불러 모아 이것으로 평화와 안정을 찾고자 한다. 이 칙지(勅旨) 이전의 모든 유형(流刑)이하의 범죄로서 옥에 갇혀 있는 이들을 모두 면해주고, 죄가 두 가지 이상이면 형벌(刑罰)을 제거하고[* 죄를 지은 자는 형벌 즉 곤장·머리카락 자름·코벰·다리자름 등과 동시에 일정 장소에서 강제노역을 당함] 부처[付處 : 즉 일정장소로 보내 노역을 시킴]하며, 일찍이 죄를 받아 귀양살이하는 자는 아울러 모두 가까운 곳으로 옮기고 서용(敍用)하도록 하며, 혹시 죄를 범하여 부모처자와 떨어져 각처에 있는 자가 있으면 모두 모아 한곳에 살게 하라.

고 하였다.

예종 17년(1122년)에 왕이 병이 생기니 모든 신하들이 주공(周公)의 고사를 모방하여 하늘에 기도하여 자신의 몸으로 대신하겠다고 하였다. 같은 책 권14, 〈예종세가〉 3.에 이르기를,

(예종) 17년 4월 계미에 문하시랑평장사(門下侍郎平章事) 이자겸(李資謙) 등이 순복묘(純福廟)에 이르러 하늘에 기도하여 고하기를, '옛날에 주 무왕(周 武王)이 병이 생김에 주공이 지성으로 하늘에 명을 청하니 그 병이 나았다. 지금 신 등이 모두 어리석고 모자란 몸으로서 그 빈자리를 대신하고 있으나, 백성을 편안하게 하는 정술(政術)이 없고 덕행이 없이 천지신명께 아첨을 떨며, 단지 낮은 것을 탐하고 도가 아닌 것으로써 국가를 좀먹으니 하늘이 재앙을 만들어 위로는 군부(君父)에게 미쳤습니다. 생각건대 하늘의 총명함으로 마땅히 그 병과 미움을 신 등의 몸에 내려주시고, 천자

로 하여금 고질병에서 고통을 받지 않게 해주소서!'

라고 하였다.

고려 명종 때에 하늘의 모양이 자주 변함에 태사(太史)가 주청(奏請)하기를, '삼가 두려워하고 반성하여 하늘의 꾸짖음에 응답하십시오.' 라 했다. 같은 책 권21, 〈명종세가〉 2.에 의하면,

(명종) 24년(1194년) 12월 기미에 태사가 주청하여 말하기를, '근자에 들어 천체의 형상이 자주 변하니, 그 의미는 하늘이 폐하에게 경계하도록 하는 것이 아닌가 싶습니다. 마땅히 두려워하고 반성하여 하늘의 꾸짖음에 응답하십시오. 그렇지 않으면 화가 이르게 될 것입니다.' 라고 하자, 왕이 두려워하여 관리를 파견하여 기도하게 했다.

고 하고 있다.

고려 충렬왕 때에 눈이 내려 그치지 않음에 왕이 '하늘의 꾸짖음이 자주 보인다.' 고 생각하여, 특별히 명령을 내려 범죄자를 사면하였다. 같은 책, 〈충렬왕세가〉 1.에 의하면,

2년(1276년) 3월 정축에 눈이 내렸다. 왕이 칙령을 내려 말하기를, '내가 부덕함에도 제왕(帝王)의 큰 기업(基業)을 이어받아 지켜온 지가 지금 3년에 이른다. 장차 공주와 더불어 천자에게 조배(朝拜)하려 하는데도 하늘의 꾸짖음이 자주 보이니, 감히 몸이 얼어붙어 나아갈 수가 없구나! 재앙을 없애고자 마땅히 특별한 은혜를 베풀고자 하니, 불충불효한 자를 제외하고, 죄가 두 가지 이하인 자는 감면하고 그를 풀어주도록 하라.' 라고 하다.

고 쓰여 있다.

조선 태조의 즉위 초에 누차 하늘의 꾸짖음이 보이기 때문에 사형 당한 자의 유족에게 특사(特赦)를 내려줌과 아울러 그 가족의 재산을 돌려 준 것이 보인다. 즉, 《태조실록》 권2.에 의하면,

> 원년(1393년) 12월 정미 초하루에 조준(趙浚) 등이 상고(上告)하여 말하기를, '근래에 하늘의 꾸짖음이 누차 보이니 반드시 하늘이 뜻하는 바가 있을 것입니다. 무진(戊辰)연간에 사형 당한 사람의 가산(家産)과 노비 등을 모두 국가에 예속시키니, 처첩자손(妻妾子孫)이 의지할 곳이 없어 슬픔과 원망이 나날이 깊어가고 있습니다. 하늘이 꾸짖어 알리고자 하는 것이 혹시 이로 말미암은 것이 아닌지 두렵습니다. 무진년 이후 즉위 이전에 무릇 죄를 입어 재산을 몰수당한 자 중에서 전 왕조의 종실(宗室)이거나 부모나 임금을 죽인 대역 죄인을 제외하고는 모두 죄를 용서하도록 하고, 가산과 노비는 모두 처자에게 주어 생업에 종사하도록 하십시오.' 라고 하다.

고 기록하고 있다.

조선 정종 때에 크게 천둥이 치고 우박이 내리자, 교서를 내려 의견을 구하였다. 권근(權近)이 시정(時政)의 여섯 가지 일에 대해 글을 올렸다. 개략적으로 말하면,

> 하나는 정심술(正心術)입니다. 임금은 일심(一心)으로 백성을 다스리는 것이 근본입니다. 하늘을 감동시키는 정무(政務)는 바른 것이어야만 합니다. 진실로 느끼는 바가 있어 조금이라도 마음에 감동이 있으면 곧 하늘이 응답합니다. 이전에 전하가 서교(西郊)지방을 순행하실 때, 다음날 천둥이 치고 비가 왔고, 또 그 다음날 밤은

별자리에 변화가 있었습니다. 이미 돌아오시고 나서도 또 그 다음 날 큰 지진과 천둥이 있었고 재해가 거듭하여 생겼습니다. 대개 말을 달려 사냥을 하는 경우, 전하의 마음이 반드시 즐겁다고 여기면 즐기고자 하는 마음이 하나로 싹트게 되니, 이는 곧 즐겁게 노는 것이 점점 끝이 없게 되는 것입니다. 그런 까닭에 하늘이 변화와 재이(災異)로써 경계하라고 알리는 것입니다. 그 재해를 없애고자 한다면 전하의 一心의 성의(誠意) 밖에 없습니다. 옛날의 성왕(成王)이 한번 깨달음에 하늘이 이내 바람의 방향을 바꾸었고, 송경(宋景)의 한마디에 형혹[熒惑: 재화·병란의 조짐을 보이는 별이라고 하는 화성]이 집에서 물러났습니다. 하늘과 사람 사이에 감응은 깊고도 빠릅니다. 엎드려 바라옵건대, 전하께서는 두려워하고 삼가며 스스로 반성하십시오. 마음을 비우고 간언을 받아들이고, 잔치와 안락함을 탐닉하지 마시고, 좋아하는 것을 따라 즐기고자 하지 마시고, 삼가는 마음으로 바른 마음의 다스림을 가지시고, 스스로 조심하여 사욕을 누르고 덕을 실천하는데 힘써서 민생을 다스리시어 하늘의 도에 응하소서.' 라고 하였다.111)

고 적고 있다.

조선 태종 때에 바람의 피해가 생기자, 혹시 하늘의 뜻에 합치되지 않는 바가 있는지 두려워하여, 왕이 스스로 책임을 지고 자책하며, 신하들에게 일러 말하기를,

근일에 큰바람의 재변이 있는 것은 인사(人事)에 감응함이 있었던 까닭에 그리 된 것인가, 과인이 황음(荒淫)한 실수가 있어서인가? 옛사람이 '황(荒)' 자를 해석하기를, '안으로 색(色)에 빠지고, 밖으로는 짐승에 빠짐이라.' 고 하였는데, 내가 안으로 빠진 것은 경

111) 《定宗實錄》 권2, 元年(1399년) 10월 甲申日 條.

등이 알 바 아니지만, 밖으로 빠진 것은 모두가 함께 알아야 할 바이다. 재변을 만난 뒤로 내 스스로 이르기를, '나의 소위(所爲)가 천의(天意)에 합하지 아니하여 이에 이른 것인가?' 라 하고 물러가 몸을 닦고 반성함만 같지 못하다고 여기고 정사를 보지 아니한 지 이제 5, 6일이나 되었는데도 하늘의 응답이 없다. 그렇다면 호령(號令)과 정사(政事)가 백성들의 원망을 산 것이 되니, 화기(和氣)를 해친 것은 어떤 일인가? 사람을 임용함에 아직도 적당함을 얻지 못했음인가? 저화(楮貨)의 새 법이 아직 인심에 흡족하지 못해서인가? 정부와 대간에서 한 마디라도 재변이 오게 한 이유를 말하여 과인을 책함이 없으니 내 자신이 매우 민망하게 여기노라. 경 등이 감히 면대(面對)하여 말할 수 없다면, 마땅히 각기 실봉(實封)하여 계문(啓聞)하게 하라.[112]

고 하였다.

조선 성종 때에 천도(天道)가 불순함이 인사(人事)에 관계하여 어긋남이 있음을 알고 신하들에게 깨우쳐 말하기를,

근래에 들어 하늘이 경계를 내려 거듭해서 재이(災異)가 보인다. 지난 세모(歲暮)부터 지금의 정초까지 별자리가 변하고 천둥과 같은 소리가 들리니, 짐은 심히 놀라고 두렵다. 천도와 인사가 서로 통함에 있어서 인사가 어그러짐으로써 천도가 순행하지 않는다. 여러 문무백관은 모두 짐과 더불어 하늘의 녹(祿)을 먹는 사람들이다. 그리고 5부(府) · 6부(部) · 6과(科) · 13도관(道官)은 부탁하나니 더욱 신중 하라! 무릇 전적으로 잘못된 정책에 대응하여 국가와 백성의 일에 유리한 것은 각각 실제의 상황을 지적하여 아뢰도록 하라. 돌아보아 꺼릴 바가 없으면 짐이 당연히 채용하여 그것을 행하고,

112) 《太宗實錄》 권24, 壬辰12년(1472년) 7월 甲辰日 條.

그것을 이용하여 하늘의 뜻에 돌아가려 한다.113)

고 했다.

조선 숙종 때에 홍관[虹貫: 무지개가 해를 가로지름]의 변고가 있음에 승정원에서 소(疏)를 올려 청하기를, '더욱더 공경하고 삼가소서.' 라고 했다. 《숙종실록》 권61.에 의하면,

(숙종) 44년(1718년) 무술 3월 정축일에 승정원에서 무지개가 해를 가로지른 이변(異變)으로 인하여 진계(陳啓)하기를, '삼가 원하옵건대, 전하께서는 전에도 여러 번 이러한 재변이 있었는데도 목하(目下) 명확하게 증거 할 만 한 일이 없었다는 것으로 대수롭지 않게 여기지 마시고, 더욱 두려워하고 조심하여 감히 태만하거나 소홀히 하지 마소서. 비록 철 따라 조섭[調攝 : 몸을 양생함]하는 즈음(際)이라 하더라도 반드시 속임 없이 진실한 도리로 스스로를 힘써 경계하여야 할 것입니다. 여러 가지 정령(政令)과 정무를 보시는 사이에도 깊이 생각하고 부지런히 공부하심으로써 저희들을 격려하시어 관료들의 기풍을 떨쳐 쇄신토록 하시고, 소민(小民)들을 따뜻이 보살펴 큰 은택(恩澤)에 감화되게 하는 정치가 온 세상에 두루 미치게 된다면, 재앙이 사라지고 상서(祥瑞)가 모여서 저절로 천지가 화합되고 태평한 경지에 이를 것입니다' 라고 하니, 임금이 답하기를, '어제 병중에 홀연히 서운관(書雲官)의 아룀을 듣고는 놀랍고 두려워서 마음이 안정되지 않았다. 이번의 진언(陳言)은 실로 나라를 걱정하고 임금을 아끼는 뜻에서 나온 것이니 매우 가상하다. 내가 마땅히 유념할 것이고 또한 세자에게도 힘써 경계하도록 하겠노라.' 라고 하다.

113) 《成宗實錄》 권175.

고 적고 있다. 《조선왕조실록》 중에 이러한 종류의 기사가 많지만 모두 예로 들지는 않겠다.

중국의 덕치사상(德治思想)은 일찍이 한국의 전통정치에 상당한 영향을 미쳤다. 5세기가 이전 만해도 이러한 종류의 사상이 널리 보급되지는 않았었다. 예를 들어, 고구려 차대왕(次大王)때에 사냥을 하다가 흰여우를 만났는데, 무당이 상서롭지 못한 징조이니 힘써 스스로 반성하고 새롭게 하라고 전했다. 왕이 크게 노하여 그 여우를 죽였다. 《삼국사기》 권15, 〈고구려본기〉 제3.에 의하면,

> 차대왕 3년(148년) 가을 7월에 왕이 평유원(平儒原)에서 사냥을 할 때, 흰여우가 따라 오면서 울었다. 왕이 그 여우를 쏘았으나 맞지 않았다. 무당에게 물으니 대답하기를, '여우는 요사스런 짐승이니 상서로운 징조가 아닙니다. 하물며 그 색깔이 흰색이니 더욱 괴이합니다. 하늘은 그 말로서 타이름이 어려울 때 요사스러움과 괴이함을 보여, 임금이 두려워하고 스스로 반성하여 새롭게 하도록 하고자 합니다. 임금이 만약에 덕을 닦는다면 곧 화가 복이 될 것입니다.' 라고 했다. 왕이 말하기를, '흉한 것은 흉한 것이고, 길한 것은 길한 것이다. 네가 이미 요사하다고 하고 다시 복이 된다고 말하니 어찌 꾸밈이 있다고 하지 않겠는가?' 하고 마침내 그 여우를 죽였다.

라고 적고 있다.

신라는 6세기 초에 비로소 덕치사상의 영향이 나타난다. '신라(新羅)' 라고 국호를 정한 이유는 즉 '신(新)은 왕의 덕업(德業)이 날로 새로워진다는 뜻이고, 라(羅)는 사방, 즉 전 영토를 그물처럼 감

싼다.' 는 의미이다. 신라 진평왕(眞平王)이 사냥에 탐닉하여 국사를 돌보지 않으니, 병부시랑(兵部侍郞) 김후직(金后稷)이《상서(尙書)》의 '오자지가(五子之歌)' 를 인용하여 스스로 반성하고 삼가고, 덕을 닦아 국가를 보호하시라고 권하였다. 즉,《동국통감》권5,〈신라 진평왕(眞平王)〉 편에서 이르기를,

> 진평왕 2년(580년) 신라는 이찬(伊飡) 김후직(金后稷)을 병부령(兵部令)으로 삼았는데, 후직은 지증왕의 증손이다. 왕이 사냥을 너무 좋아함에 간하여 말하기를, "옛날에 왕이 된 사람들은 반드시 하루에 수많은 정사를 처리함에 깊이 생각하고 멀리 고려하였습니다. 좌우에 바른 관리를 두고 직언을 받아들여 부지런히 힘써 일하고 감히 편안히 놀고 즐기지 않았습니다. 그런 후에야 덕을 통한 정치가 아름답게 보이고 국가가 능히 보존되었습니다. 지금 전하가 매일 사냥꾼들과 더불어 매와 개를 데리고 꿩과 토끼를 쫓아 산야에서 바삐 말을 달리고 있으며 스스로 멈출 수 없게 되었습니다. 老子가 말하기를, '말을 타고 달리며 사냥을 하는 것은 사람의 마음을 광기에 차도록 만든다.' 고 했으며,《서경》에서 말하기를, '안으로는 여자 때문에 황폐해지고, 밖으로는 수렵에 탐닉하면 유일하게 이르는 것은 폐망(廢亡)이다.' 라고 하였으니, 이를 통해 보면 안으로는 마음을 흐트러뜨리고, 밖으로는 곧 나라를 망하게 하니, 그점을 생각하지 않을 수 없습니다. 전하는 그것을 염두에 두십시오." 라고 하다.

라고 적고 있다.

신라 선덕여왕 때에 별자리가 괴이하게 변화함에 여왕이 두려워했다. 김유신(金庾信)이 은(殷)나라 고종(高宗)·결왕(紂王)의 고사를 인

용하여, 여왕이 인사(人事)에 마음을 진력하면 자연스럽게 덕이 재앙을 이길 것이라고 했다. 같은 책 권7, 〈신라 선덕여왕(善德女王)〉 편에 의하면,

신라 선덕여왕 16년(647년) 봄 정월에, 신라는 비담(毗曇)·염종(廉宗) 등을 목 베었다. 처음에 비담 등이 여왕은 선량한 정치를 할 수 없다고 말하고 거병(擧兵)하여 여왕을 폐하고자 명활성(明活城)에 주둔했다. 관군(官軍)이 월성(月城)에 주둔하여 십여 일을 공방해도 해결되지 않았다. 밤에 큰 별이 월성에 떨어졌다. 비담 등이 병사들에게 일러 말하기를, '내가 듣기에 별이 떨어진 곳에는 반드시 피가 흐른다고 한다. 이는 거의 여왕이 패하여 죽을 징조이다.' 라고 하니, 병사들이 함성을 질렀는데 그 소리가 천지를 진동시켰다. 여왕이 그 소리를 듣고 패할까 두려워했다. 유신이 여왕을 보고 말하기를, '길함과 흉함은 늘 일정한 것이 아니고 사람이 스스로 부르는 것입니다. 옛날의 주왕(紂王)은 붉은 공작을 보고도 망했고, 노(魯)나라는 기린을 잡았으나 쇠했으며, 고종(高宗)은 장끼가 울었으나 흥했고, 정공(鄭公)은 용이 싸웠으나 번영하였으니, 옛날에도 덕이 요사스러움을 이겼던 것을 알 수 있습니다. 즉, 별자리가 변하는 것은 족히 두려워 할 바가 못 됩니다. 청컨대 왕은 걱정하지 마십시오.' 라고 하고는 불을 안고 있는 허수아비를 만들어 솔개연에 실어 마치 하늘로 올라가는 것처럼 날리었다. 다음날 사람들로 하여금 소문을 퍼뜨려 말하기를, '어젯밤에 떨어졌던 별이 하늘로 다시 올라갔다.' 고 했으며, 또 백마를 목 베어 별이 떨어졌던 땅에 제사지내고 기도하여 말하기를, '하늘의 도는 곧 양(陽)이 강하고 음(陰)이 부드러우며, 사람의 도는 곧 임금이 존귀하고 신하는 낮다. 만약 누군가가 그것을 바꾸고자 한다면 큰 혼란이 일어날 것이다. 지금 비담 등이 신하로써 임금을 모반하려 하는 것은

아래로부터 위를 범하는 것이니, 이것이 곧 이른바 난신적자(亂臣賊子)인 것이다. 사람과 신(神)이 같이 투기하는 것은 천지가 용납하지 않는다. 지금은 하늘이 이것에 뜻이 없어서 도리어 군주의 성(城)에 별의 괴이함을 보인 것 같으니, 이는 신하가 의혹 되어 이치를 알지 못한 것이다. 오직 하늘의 위엄은 곧 사람이 하고자함을 쫓아서 선을 선하다고 하고 악을 악하다고 하여 신(神)의 수치를 만들지 않는다.' 고 말하고, 이에 모든 장수와 신하들을 독려하여 공격하니 비담 등은 패하여 목 베임을 당하였다.

라고 적고 있다.

고려 광종(光宗) 때에 큰바람이 나무를 뽑아 버림에 사천감(司天監)에서 덕을 닦아 재앙을 물리칠 것을 주청하였다. 《고려사》 권2, 〈광종세가〉 편에 이르기를,

(광종)원년(950년) 봄 정월에 큰바람이 불어 나무를 뽑아 버림에 왕께서 재앙을 물리칠 방법을 물으셨다. 사천감이 상소하여 말하기를, '덕을 닦는 것보다 나음이 없습니다.' 라고 했다. 이로부터 《정관정요(貞觀政要)》를 항상 읽었고, 연호를 광덕(光德)이라 했다.

고 적고 있다.

고려 정종(靖宗) 때에 오랫동안 가물어 비가오지 않음에 정전(正殿)을 기피하고 식사를 줄이며, 스스로 책임을 묻고 반성함에, 얼마 후 때맞추어 비가 내려 널리 적시고서야 정전에 거동하고 본래대로 식사를 했다. 같은 책 권2, 〈정종세가〉 편에 의하면,

2년(1035년) 6월 신하들이 아뢰기를, '옛날의 성제(聖帝)나 명

왕(明王)이 모두 재이(災異)를 면한 것이 아니라 오직 능히 덕을 닦고 인(仁)을 행함으로써 재앙을 복으로 바꾸었습니다. 금년 봄 이래로 가뭄이 더욱 심해짐에 왕께서 정전(正殿)을 피하고 식사를 줄이시고, 소간[宵旰: 아침 일찍 일어나 옷을 입고 저녁 늦게 밥을 먹는다는 것으로 아주 열심히 일을 하는 것을 이름]으로 근심하고 노력하시며 스스로 책임을 묻고 반성하심에, 때에 맞추어 비가 내려 널리 적시어져 풍년을 기약할 수 있게 되었으니, 엎드려 청하옵건대 정전으로 돌아가시고 식사를 본래대로 하시고, 예전처럼 일을 관장하십시오.' 라고 하니, 왕이 그 말에 따르며 말하기를, '과인이 부덕하여 이러한 가뭄의 해가 있었는데, 지금에 이르러 비록 비를 얻었으나 오히려 후일에 근심이 있을까 두렵도다. 그러나 대신들의 청을 어길 수가 없어서 그것에 따르겠노라.' 고 하다.

라고 쓰여 있다.

고려 예종 11년(1116년) 12월 갑신일에 청연각(淸讌閣)에서 잔치를 베풀며 학사(學士) 등에게 일러 말하기를,

짐(朕)이 일찍이 《정관정요(貞觀政要)》를 읽어보니, 당나라 태종이 이르기를, '단지 천하를 태평하게 하고 집집마다 넉넉하고 사람마다 풍족하게 하면, 비록 좋은 징조가 없더라도 가히 덕을 요·순(堯·舜)임금에 비교할 수 있으며, 만약에 백성이 부족하고 이적(夷狄)이 침입하면, 가령 영지(靈芝)나 봉황(鳳凰)이 있다 해도 어찌 걸·주(桀·紂) 폭주와 다르지 않겠는가?' 라고 했다. 이 말의 뜻이 지극하니 그 뜻을 밝게 따라 행하도록 하라.' 고 명하고, 마침내 김연(金緣)·박경인(朴景仁) 및 보문각(寶文閣) 학사들에게 명하여 《정관정요》를 해석하고 주석을 달아 바치게 했다.114)

114) 《高麗史》 권14, 〈睿宗世家〉 3편.

고 적고 있다.

예종 16년(1121년) 5월에 오랫동안 가뭄이 들고 재해가 발생함에 곧 조서를 내려 죄수를 풀어주고 악정(惡政)을 제거하라고 했다. 조서에서 말하기를,

> 천시(天時)가 불순하여 가뭄과 더위로 재앙을 내리니, 생각건대 이는 과인이 부덕하여 재앙이 내린 것이다. 무고한 백성이 죽어 가는 것에 근심하여 재앙이 물러가기를 기도하였으나 대답이 없어 두려워 마음에 여유가 없다. 바라건대 은혜를 내려 화기(和氣)를 불러 모으고자 한다. 무릇 감옥에 있는 죄수들 중에 사형수를 제외한 나머지는 모두 풀어주고자 한다. 혹 관리가 공법(公法)을 가지고 가혹하게 폐해를 일으키거나, 혹 썩은 곡식을 강제로 지급하고 이자를 받아들이거나, 혹 황폐한 농토에서 세금을 거두어들이거나, 혹 급하지 않은 일에 부역을 동원하거나 하는 일들은, 나라 안의 모든 관아에 명하느니 일체 금지하도록 하라.115)

고 했다.

조선 성종 5년(1475년)에 봄 사냥을 생각하고 있는데, 갑자기 땅이 흔들리고 우박과 눈이 왔다. 왕이 덕을 잃음이 있나 의심하여 시신(侍臣)들에게 물었다. 시신(侍臣)들이 모두 강무(講武: 사냥 등을 통해 무예를 연습함)는 폐할 수 없다고 말하였다. 단지 재앙은 역시 우연이 아니니, 이에 더욱더 스스로 수양하여 반성하도록 했다. 즉 《성종실록》 권39.에 의하면,

> (성종)5년 2월 기미(일)에 눈이 내렸다. 경연(經筵)의 강의를 마

115) 위와 같은 책, 같은 편.

치고 지평(持平) 성현(成俔)이 왕에게 계(啓)를 올려 말하기를, “최근에 땅이 흔들리고 우박이 내리고 눈이 왔습니다.《춘추(春秋)》와《서경(書經)》에서 이르기를, ‘큰 비가 내리고 땅이 흔들리고 번개가 치는 것은 양(陽)이 기울고 음(陰)이 성하는 징조라’고 전하고 있습니다. 무릇 음양이 어그러지는 것은 반드시 인사(人事)로 말미암는 것입니다.…(主上께서) 영사(領事) 홍윤성(洪允成)·윤자운(尹子雲)에게 일러 말하기를, ‘강무(講武)하는 것은 왕이 된 자로서 폐할 수 없는 것이다. 금년 봄 사냥을 하고자 하는 것은 노(魯)나라 은공(隱公)의 관어지거[觀魚之擧:《춘추》은공(隱公) 5년조에 ‘봄에 은공이 당(棠)이란 곳에서 고기잡이하는 것을 구경했다’는 것을 일컬음]와 같지는 않은데, 하늘의 재앙이 이와 같으니 어찌 덕을 잃음이 이와 같은가? 경 등은 모두다 실덕(失德)에 관한 것을 말하시오.’라고 하니, 윤성이 대답하여 말하기를, ‘강무(講武)는 폐할 수 없는 것입니다. 세조가 일찍이 개성부(開城府)를 순행할 때가 2월이었는데, 큰 눈이 내리고 천둥과 번개가 쳤습니다. 군사들에게 술을 하사하고 진(陣)을 파하지 않았으며, 마침내 15일이 되어서야 돌아왔습니다. 그러나 재앙이 오는 것이 어찌 우연이겠습니까? 진실로 당연히 몸을 삼가고 스스로 반성하여 하늘의 꾸짖음을 없애야 합니다. 병자년 여름에 건춘문(建春門)이 흔들려 문을 지키는 병사 3인중 1명이 죽은 일이 있었습니다. 세조는 곧 죄인을 풀어주라고 명하여 하늘의 경고를 따랐습니다. 지금 천둥이 치는 변고를 만났으니 명하여 강무(講武)를 중지하고 식사를 줄이고, 음주를 금함으로써 하늘의 경고를 두려워하는 뜻을 보임이 마땅합니다. 청컨대 더욱더 스스로 반성하고 삼가소서.’ ”

라고 하였다.

조선은 유교왕조였기 때문에《조선왕조실록》중에 덕치(德治)에 관련된 기사가 많이 보인다.

중국의 존현사상(尊賢思想)은 삼국시대에서 그 단서를 찾을 수 있다. 고구려 고국천왕(故國川王)은 일찍이 4부(部)에 명하여 각기 현량(賢郞)을 추천하게 해서 얻은 이가 바로 을파소(乙巴素)인데, 그는 나라를 크게 잘 다스렸다. 《삼국사기》 권16, 〈고구려본기〉 제4.에 의하면,

> 고국천왕 13년(191) 여름 4월에, 좌가려(左可慮)가 사람을 모아 국도(國都)를 공격하니, 왕이 왕기(王畿) 안의 병마(兵馬)를 모아 난을 평정했다. 마침내 명령을 내려 말하기를, '근자에는 총애를 입어 관리가 되고 덕에 의해 관위(官位)가 승진되지 않으니, 그 해독이 백성에게 흘러들어 가고 우리 왕가(王家)를 흔들리게 했으니, 이는 과인이 현명하지 못한 소치이다. 너희 사부(四部)에 명령하니, 국내에 있는 현명한 자들을 모두 추천하도록 하라.' 하였다. 이에 4부가 모두 함께 동부(東部)의 안유(晏留)를 추천하니, 왕이 그를 불러 국정을 맡겼다. 안유가 왕에게 말하기를, '신은 어리석고 용렬하여 진실로 국가의 큰 정사를 보기에 부족합니다. 서압록곡(西鴨綠谷) 좌물촌(左勿村)에 을파소라는 사람이 있습니다. 그는 성격이 강직하고 굳세고, 지식과 생각이 아주 깊이가 있습니다. 그러나 세상에 쓰이지 못하여 스스로 밭을 경작하여 먹으면서 살아가고 있습니다. 대왕께서 만약 국가를 잘 다스리고자 한다면 이 사람만큼 잘 할 수 있는 사람이 없을 것입니다.' 라고 하니, 왕이 사신을 파견하여 그를 예의를 갖추어 초빙하였다. … (을파소가) 이에 온갖 정성을 다하여 나라를 위해 봉사했다. 정교(政教)를 밝히고 상벌을 신중히 하여 백성을 편안하게 하니, 내외에 아무 일이 없었다.

라고 하였다.

신라가 조선반도를 통일할 때, 김유신의 공헌이 지대했다. 유신이 병에 걸려 낫지 않음에, 문무왕(文武王)이 어떤 유언이 있는지를 물었다. 유신이 '군자와 친하고, 소인을 멀리 하소서.' 라고 대답했다. 그 말을 좀 더 상세히 살펴보면,

> 신이 옛날부터 선대(先代)를 이어 받는 왕들을 뵈니, 처음처럼 끝이 좋은 경우가 거의 없습니다. 여러 대에 걸쳐 쌓아온 공적이 하루아침에 무너지고 폐하여질까 심히 두렵습니다. 엎드려 바라옵건대 전하(殿下)께서는 성공이 쉽지 않지만 수성(守成)도 역시 어려움을 아소서. 군자와 친하고 소인을 멀리하여 위로는 조정이 화합하고 아래로는 백성이 평안하게 하십시오. 그러면 곧 신이 죽어도 한이 없습니다.

라고 하였다.

신라 신문왕(神文王)때의 유학자 설총(薛聰)은 일찍이 우화를 지어 왕을 깨우치려 하여 말하기를,

> 무릇 임금 된 자는 연륜이 있고 성실한 사람과 친하면 흥하고, 아름답고 요염한 사람과 친하면 망합니다. 아름답고 요염한 사람과는 쉽게 친해지나, 연륜이 있고 성실한 사람과는 친하기가 어렵습니다. 이는 하희(夏姬)가 진(陳)을 망하게 했고, 서시(西施)가 오(吳)를 망하게 했으며, 맹자가 평생 군주와의 만남을 얻지 못하고, 풍당랑(馮唐郎)이 숨어서 머리가 희어졌던 것과 같습니다. 옛날부터 이러하거늘 나는 어찌해야 합니까![116]

---

116) 《東國通鑑》 권9, 〈新羅 神文王〉 11년 조.

라고 하였다.

고려 목종(穆宗)때에 '당나라는 팔원[八元: 8명의 선량한 사람]때문에 다스려졌으며, 주(周)나라는 십란(十亂)으로 인하여 흥했다.'라는 말을 거울삼아, 일찍이 조서를 내려 직언(直言)을 구했다. 조서에서 이르기를,

> 당(唐)나라는 팔원(八元) 때문에 다스려졌고, 주(周)는 십란(十亂)으로 인하여 흥했다. 국가를 다스리는데 자원이 되는 것은 오직 현자(賢者)뿐이다. … 지난 해 이래로 여러 번 건곤(乾坤)의 변고가 보이고, 또 변경지역에 우환이 많이 생기고 있다. 이에 스스로 깊이 책임을 느끼고 더욱더 현명한 자를 생각하게 된다. 옛날의 생각을 쫓아 간혹 책서(策書)를 보니, '송공(宋公)이 좋은 말을 하여 요사스러운 별이 집에서 물러났고, 왕이 이를 따라 덕을 닦아 정치를 하니 이웃의 오랑캐가 전쟁을 그쳤다'고 하였는데, 이는 작은 선이 역시 능히 하늘을 움직이고 사람을 감동시킬 수 있다는 것을 알려주는 것이다. 자기를 이기도록 스스로 힘쓰고, 자기의 나쁜 점을 감추기 위해 간언을 사양하지 말라! 지금 위로는 대보(臺輔)로부터 아래로는 하급관료에 이르기까지 곧은 말은 없고 오직 아첨하는 말만 있다. 안타깝구나! 말을 해보지만 쓰여 지지 않으니, 나 역시도 스스로 물들어 가서 위험을 막을 수가 없다고 하면 누가 그 원망을 책임지겠는가? 경관(京官) 5품 이상은 각각 봉사(封事)를 올려 모두 경계가 되고 유익한 말을 모아 국가의 일을 함께 평가하라.117)

117) 《高麗史》 권3, 〈穆宗世家〉 6년 2월 조.

고 하였다.

고려 숙종(肅宗)때, 어사대(御史臺)에서 주청하기를, '사문진사(四門進士) 이제로(李齊老)는 승려의 아들이기 때문에 과거에 응시하는 것이 합당하지 않다.' 고 했다. 왕이 말하기를,

> 공자께서 중궁(中弓)에게 말씀하기를, '얼룩소의 새끼가 붉고 또 뿔이 있는데, 누구도 쓰고자 하지 않는다 하여 산천이 그것을 그냥 놔두겠는가?' 고 하였다. 과거(科擧)란 장차 현명한 자를 구하는 것이거늘, 제로(齊老)가 재주가 있는데 어찌 그 아비로 인하여 그를 폐할 것인가? 라고 하고, 명하여 과거에 응시하게 하도록 했다.118)

고려 명종20년(1190년) 9월에 당 태종이 현명한 자를 기용하여 능히 정관(貞觀)의 치세(治世)를 이룬 것에 감동하여, 특별히 명을 내려 각 관청은 엄격하게 살피고 심사하여 정사를 맑고 깨끗하게 하라고 했다. 명령하여 말하기를,

> 옛날부터 국가에 있어서 가장 중요한 것은 백성이었다. 당 태종이 천하에 청렴하고 강직함으로써 유명한 선비들을 선발하여 각 지역의 수령으로 임명하여 백성들을 편안하게 하고, 그 일을 간책(簡冊)에 적으니, 후세에 교훈이 되었다. 지금 국가가 옛날의 일들을 참작하여 현재를 생각하니, 맑음을 고양하고 탁함을 버리는 출척(黜陟)의 법으로 당 태종 시절의 태평함에 가까워지고자 한다. 어찌하여 백성과 가까이 있는 관리가 먼저 사사로움을 생각하고 후에 공(公)을 생각하여, 사람에게 손해를 입히고 자기가 이익을 갖는가? 백성을 압박하여 기름과 피를 짜내고도 부끄러움을 모르고 편

118) 《高麗史》 권11, 〈肅宗世家〉1, 20년 9월 조.

안히 있다. 비록 비리를 저질러 착복한 사실이 드러나도 오히려 또 권세가에 부탁하여 그 죄를 면하고자 시도한다. 그 인습이 오래됨으로써 간사하고 간악함을 바로잡고, 다스림에 이르고자 하여도 그것을 얻을 수가 없다. 이에 그대들 양계(兩界)의 병마사와 5도의 안찰사들은 항상 마음을 다하여 선을 보고 놀라 잘못을 깨우치고, 악을 원수처럼 여겨서, 절의로써 그 임무를 다하는 자가 있으면 그를 칭찬하여 그로 하여금 더욱 힘써 일하게 하고, 관직을 빌미로 이익을 탐하는 자는 그를 탄핵하여 벌을 주도록 하라. 이와 같이 하면 곧 염치(廉恥)의 풍조가 일어날 것이고, 남의 것을 탐내는 행동이 멈출 것이다. 이를 해당관리에게 명하여 시행하도록 하라.[119]

고 하였다.

고려 예종 원년(1106년) 6월에 가뭄과 메뚜기 피해가 자주 보이니, 곧 조서를 내려 신하들을 책하고 현명한 자를 추천하라고 했다. 조서에서 말하기를,

'… 문무 관료들은 공로(功勞) 없이 녹(祿)만 축내고 있으니, 가뭄과 메뚜기의 피해가 여기에 이르렀도다. 무릇 현명한 자는 승진하고, 어리석은 자는 물러나는 것이 정사(政事)를 위한 핵심이다. 그러나 관직이 너무 많아서 짐이 모두 알지는 못하는 바이다. 관료 중에 현명한 자가 있을 것 같으면 재상이 그를 천거하고, 간사하게 그 지위를 훔친 자는 대간(臺諫)이 그를 몰아내도록 하라' 하니, 그 날에 비가 조금만 내렸다.[120]

라고 하였다.

---

119) 《高麗史》〈明宗世家〉권2, 20년 9월 조.

120) 《高麗史》〈睿宗世家〉권1, 원년 6월 조.

고려 인종 7년(1129년) 황충(蝗蟲)이 소나무를 먹었다. 진(晉) 무제(武帝)와 양(梁) 무제(武帝) 시에 간신(奸臣)이 중요 관직을 차지하여 비리를 저지르자 황충의 피해가 있었다는 것을 거울삼아, 특별히 조칙을 내려 스스로 책임을 묻고 아울러 각 관리들로 하여금 현명한 자는 승진시키고, 어리석은 자는 물러가게 했다. 《고려사》 권16, 〈인종세가〉 2.에 의하면,

7년 5월 을축일에 조서를 내려 말하기를, '짐이 부덕하여 재앙을 만나게 되었다.' … 금일 간관(諫官)이 주청하기를, 경기(京畿)의 산야에 황충의 떼가 소나무를 갉아 먹었습니다. 이는 나라에 사악한 사람이 많고, 조정에 충신이 없기 때문입니다. 국가의 녹을 먹으며 자리를 차지하고 있으나 공로가 없음이 벌레와 같음을 하늘이 말하는 것입니다. 급히 서둘러 그 폐해를 구하지 않으면 반란이 일어날 것입니다. 도(道)가 있는 사람을 천거하여 높은 자리에 임명하면 재앙을 줄일 수 있을 것입니다. … 옛날에 진(晉) 무제가 가충(賈充)·양준(楊駿)을 총애하여 관리로 임명함에 황충[메뚜기]의 피해가 있었습니다. 이는 덕이 없는 자를 내치지 않았기 때문입니다. 梁나라 대동(大同) 초에 메뚜기가 소나무와 잣나무의 잎을 먹으니 경방(京房)이 말하기를, '국가의 녹을 먹는 자들이 천자의 덕에 도움이 되지 않음에 하늘이 충해로서 경계한 것입니다.' 라고 하였습니다. 벌레는 사람에게 도움이 되지 않고 만물을 먹어버립니다. 즉 이는 국가의 녹을 먹는 모든 관료들이 도움이 되지 않는다는 응답입니다. 이러한 종류의 천재가 보이는데도, 임금은 신하들을 제대로 알지 못하고 계십니다. 청컨대 현자는 승진시키고 불초한 자는 물리치소서. 그리고 의심이 없도록 결단을 내리시면, 이에 관리들은 좋은 일은 그 공을 임금에게로 돌리고, 잘못된 것은 그 책임을 자

신에게 돌려 스스로 책임을 질 것입니다.' 라고 하였다. 이에 조서하기를, '짐(朕)이 잘 다스려짐을 구하는 데 온 마음을 다하고 있으나, 덕이 실로 좋지 못하여 정치는 피폐해지고 백성은 해침을 당하였도다. 이미 인물의 현명함과 우둔함을 구별하지 못하여, 능히 쓸 만 한 자는 늘 그 자리이고, 필요 없는 사람이 승진하고 있도다. 용렬하고 비천한 사람들이 넘쳐나게 자리를 차지하여 사적인 이익을 우선하니 뇌물이 크게 행해지고 공도(公道)가 가려지고 막히어 그 폐해가 점점 더 심해지고 오래 지속하였도다. 그 충성스러운 마음과 절개를 품어 가히 도움이 될 수 있는 자들은 해를 두려워하여 조용히 하거나 세상의 풍속에 따라 나아가고 물러난다. 이것이 하늘에서 재앙을 내려 보낸 이유이다. 지금 대보(臺輔)와 모든 관리들이 옛것을 거울삼아 시비를 논하고 있는 것은, 바야흐로 장차 선악을 잘 분별하여 국사를 맑고 깨끗하게 하자는 것이다. 짐이 비록 영민하지는 못하나 옳은 말과 바른 이론은 기꺼이 따를 것이다. 무릇 내외의 관료로서 욕심이 많아 더럽게 이익을 도모하고, 포악잔인하고 혹시 겁쟁이거나 불초한 자, 도움이 안 되고 오히려 손해를 입히는 자가 있다는 것을 알지 못하는 바는 아니다. 그러나 명령을 내려 그 학정(虐政)에 대해 목을 베지는 못하였도다. 습속이 이미 오래되었는데, 갑자기 그 책임을 물어 죄를 주는 것은 짐이 차마 하지 못하는 바이다. 각 관리들은 마땅히 이 타이름을 되풀이하여 알리고, 그들로 하여금 스스로 새로워지도록 하라. 진실로 새롭게 개혁하려 하지 않고 오래된 악을 깨닫지 못하는 자는 친소귀천(親疎貴賤)을 논하지 않고 모두 법으로서 바로잡을 것이다. 공(公)을 위해 청백하게 봉사하고, 절의가 특별한 자는 마땅히 각각 칭찬하여 추천하라.' 하였다.

고 하였다.

조선 세종 때에 좌사간(左司諫) 박관(朴冠) 등이 왕에게《서경(書經)》의 '관직은 사사로이 친한 자에게 미침이 없어야 하고, 작위(爵位)는 악덕자에게 미침이 없어야 한다.'는 말을 인용하여, 현명하고 능력 있는 사람을 임용하기를 주청했다. 그 상소에서 말하기를,

> 관작(官爵)이라는 것은 그 덕성과 재주를 갖춘 자에게 임명하는 것입니다.《서경》에 이르기를, '관직(官職)은 사사로이 친한 자에게 미치지 아니하고 오직 능한 자에게 미칠 것이며, 작위(爵位)는 악덕(惡德)한 자에게 미치지 아니하고 오직 현명한 자에게 미친다.'라고 하였습니다. 이런 까닭에 현명한 자가 그 자리(位)에 앉게 되고, 능력 있는 자가 그 직(職)에 있게 되며, 덕성이 없고 재주도 없는 자는 외람하게 받을 수가 없는 것입니다. (그러나) 지금 제수(除授)하는 법을 살펴보면, 특지(特旨)라든가, 문음(門蔭)이라든가, 취재(取才)라든가, 보거(保擧)라는 것이 있어, 지난번 안(案)에 부탁(付託)된 것을 또 다시 부여하고 있습니다. 이것은 비록 전하께서 현명한 사람들에게 널리 길을 열어주는 아름다운 뜻이라 하겠으나, 전안(前案)에 기재되었다 하여, 과연 모두 재주와 덕망이 있는 사람이겠습니까? 신 등이 염려하는 것은 사사로이 친근한 사람만을 들어 쓰는 등용문이 이로부터 열리게 되고, 염치없는 사람이 이로 인하여 나오게 될까 하는 것이니, 원컨대 지금부터는 비록 전안(前案)에 기재된 자라도 반드시 보증하고 천거한 것을 상고하여 그리고서 벼슬에 제수(除授)토록 하고, 그 내력에 대해서는 전안(前案)에 있다고 하여 덮어놓고 마음대로 들어오는 문을 막게 할 것이며, 그리하여 어질고 능한 선비에게만 임명토록 한다면 공도(公道)에 있어 다행한 일입니다.[121]

---

121)《世宗實錄》권23, 甲辰6年(1424년) 2월 癸亥 條.

라고 하였다.

조선 성종 때에 대사헌(大司憲) 한치형(韓致亨) 등이 상소하여 지금 마땅히 해야 할 일을 조목조목 나열하여 진술하면서《역경(易經)》의 '소인은 임용하지 말라' 는 가르침을 인용하여 주의를 요청하였다. 그 상소에 의하면,

《주역(周易)》에 말하기를, '대군(大君)은 천명(天命)이 있어, 국가를 열어 계승하였으니, 여기에 소인(小人)은 쓰지 말라.' 고 하였습니다. 정자(程子)는 이를 해석하기를, '군사를 일으켜 성공함은 하나의 방법만이 있는 것이 아니어서 모두 반드시 군자(君子)만이 성공하는 것이 아니다. 소인은 평상시에 쉽게 교만하고 뽐내는데, 더구나 그 공(功)을 믿고 뽐내는 것이야 말해 무엇 하랴!' 라고 하였습니다. 대군(大君)은 은상(恩賞)하는 권한을 가지고서 군사의 공(功)을 바르게 함으로써, 소인은 곧 공이 있다 하여도 임용할 수는 없는 것이니, 임용한다면 반드시 나라를 어지럽게 할 것입니다. 소인이 공을 믿고서 나라를 어지럽힌 자는 옛적에도 있었으니, 금백(金帛)으로 상(賞)줌이 옳을 것입니다. 성인(聖人)이 경계를 세운 뜻은 깊고도 원대하다고 봅니다.[122]

라고 하였다.

조선 영조 즉위 초에 홍문관(弘文館)이 차자(箚子)를 올려 곧 구양수(歐陽修)의《붕당론(朋黨論)》과 주희(朱喜)의《여유정서(與留正書)》를 좌우명(座右銘)으로 삼을 것을 청하였다. 즉,

간사함을 멀리하는 것은 국가를 위한 가장 큰 경계가 되고, 현자와 친한 것은 국가를 흥하게 하는 가장 중요한 임무입니다. 간사한

122)《成宗實錄》권10, 辛卯2년(1471년) 6월 己酉 條.

신하가 임금을 섬기는 것을 보면, 승봉(承奉: 웃어른의 뜻을 받아 섬김)하는 것으로써 충성으로 삼고, 오직 허락하는 것으로써 공손으로 삼는데 반해, 바른 신하는 즉 이와는 반대입니다. 일에 따라서 바로잡아 구원하는데 있어 간혹 왕을 비방하는 것처럼 생각되기도 하며, 예로서 나아가고 물러남에 있어서는 혹시 교만하다고 의심을 받기도 하여, 범상한 군주는 그것을 분별하는 데 역시 어려움이 있습니다. 구양수의《붕당론(朋黨論)》과 주자의《여유정서(與留正書)》에서 군자와 소인의 정황을 지적하여 진술하고 있는데, 그것은 아주 섬세하고 통쾌하기까지 합니다. 그 중의 하나를 필사(筆寫)하여 모든 좌석의 곁에 두고 그것으로 간사함과 바름의 도를 판단하는 기초로 삼으면 십중팔구는 오차가 없을 것입니다.[123)]

라고 하였다. 이를 통해 존현사상(尊賢思想)이 한국에 준 영향의 일단을 알 수 있다.

중국의 정명주의(正名主義), 또한 일찍부터 자연스레 한국에 상당한 영향을 주었다. 한국의 역대왕조를 보면, 대개 중국의 황제를 주나라의 천자(天子)와 같이 간주하고, 스스로를 주나라의 제후와 같이 여겨서 명분을 중시하여 감히 참월(僭越)하지 않았다. 예컨대 신라의 경우는 왕제(王制)를 둠에 있어 '천자는 칠묘(七廟)를 두고, 제후(諸侯)는 오묘(五廟)를 둔다.', '천자는 천지천하(天地天下)의 명산대천(名山大川)에 제사를 지내고, 제후는 사직(社稷)에 제사한다.'(《예기(禮記)》〈왕제(王制)〉편) 는 설에 의거하였기 때문에, 단지 오묘(五廟)를 세우고 칠묘(七廟)를 세우지 않았으며, 사직단(社稷壇)을 세우고 경내(境內)의 산천에 한정하여 제사를 지냈다.[124)] 6세기의 50년대

123)《英祖實錄》권2, 즉위년 9월 癸丑 條.

로부터 한국의 역대왕조는 계속해서 중국의 연호를 받들어 행하였다. 단지 신라 법흥왕이 스스로 연호를 세웠는데, 고려조의 역사가인 김부식은 일찍이 그것이 예가 아님을 통탄했다.125) 조선은 주자학(朱子學)을 관학(官學)으로 삼았다. 주자는 특별히 명분을 중시하였는데 이 때문에 정인지 등이 왕명을 받들어 《고려사》를 편찬함에 있어, 고려왕실을 본기[本紀: 황제와 황실에 관계된 사실을 기록하는 편목]이 아닌 세가[世家: 제후와 관계된 것을 기록하는 편목]에 편입시켰다. 《고려사》 범례(凡例)에 이르기를,

> 《사기(史記)》를 살펴보면, 천자에 관한 기록은 〈기(紀)〉라 일컬었고, 제후는 〈세가〉에 기입하였다. 지금 《고려사》를 편찬함에, 왕실을 〈세가〉에 넣어 명분을 바르게 하고자 한다.

라고 적고 있다.

이것은 곧 대의명분을 논하여 고려는 중국 천자의 통제 아래에 있는 하나의 나라에 불과하므로 단지 제후의 신분으로 만족하여 세가에 넣었다는 것을 말하는 것이다. 고려는 말년의 두 왕인 신우(辛禑)와 신창(辛昌)의 기록을 적는 방법에 있어 이미 한두 차례 문제가 발생하였다. 조선 초기 역사를 편수할 때는 모두 그 이름을 적었으나, 조선 세종 때에 고려사를 편수할 때에 처음에는 그들을 왕으로 기록하자 춘추관(春秋館)에서는 상서(上書)하여 강력하게 '우(禑)는 도적 신돈(辛旽)의 서자(庶子)로 몰래 신기(神器, 즉 왕위)에 의거하여 부자(父子)가 서로 전수하였으니, 흉악함이 극도에 달한 것이며, 그 죄는 왕망(王莽)보다도 더 큰데, 어찌 왕으로 칭하여 명분을 어지럽

---

124) 《三國史記》 권32, 〈雜志〉 1, 祭祀.

125) 앞과 같은 책 권4, 〈法興王〉23년(536년)條.

히렵니까?' 라고 주장하며 요구하기를, '지금 《고려사》를 편수함에 우(禑)·창(昌) 부자(父子)를 모두 《한서(漢書)》 왕망의 예(例)에 의거함으로써 명분을 바르게 하고, 난적(亂賊)을 징벌함으로써 만세의 법을 엄하게 하소서' 라고 했다. 그 결과 마침내 그 의론(議論)에 따랐다. 또 예를 들면, 조선 성종 때에 왕의 아우 이준(李浚)이 왕위를 빼앗고자 음모를 꾸몄는데 국왕이 겨우 가벼운 죄로 다스리자, 대사헌(大司憲) 이극돈(李克墩)이 상소하여 강력히 주장하기를, '예(禮)는 분(分)에 있어 막대(莫大)하며, 분(分)은 명(名)에 있어 막대하니, 명분(名分)은 군신에 있어 막중한 것입니다. 따라서 군신의 분(分)은 천지가 바뀔 수 없는 것과 같으니, 만약에 극형에 처하지 않을 것 같으면 그 명분이 어찌 될 것이며, 종사(宗社)의 대계(大計)는 어찌 되겠습니까?' [126] 라고 인식하였다. 이 두 세 가지의 예를 통해서, 조선의 학자들이 명분을 중시한 일단을 충분히 증명할 수 있다.

아래 몇 가지로 결론을 맺는다.

첫째, 중국의 경천사상은 한국 통치자들로 하여금 하늘의 견책을 만날까 두려워 얼마간이라도 인민의 질병과 고난을 돌아보지 않을 수 없도록 하기 위한 것으로 실로 왕권을 제한하는 작용을 하였다.

둘째, 중국의 덕치사상은 전술한 중국 선왕의 실제적인 모범에 보태어져, 한국 통치자들의 '위정지도(爲政之道)' 를 계발하여 실로 한국에 정치적 진보가 있도록 했다.

셋째, 중국의 존현사상은 정치하는 자가 현재(賢才)를 임용하거나, 간사한 자를 제거하는 것을 고무시켜서 한국 과거의 이치(吏治)에 대해 상당한 청량제 작용을 하였다.

---

126) 《성종실록》 권2, 庚寅元年(1470년) 正月丙申(日)條.

넷째, 중국의 정명사상은 명분의 존엄성을 강조함으로써, 야심자들로 하여금 신중을 기하도록 하여 한국의 지난 제왕 정국의 안정에 대해 확연하게 상당한 공헌이 있었다.

제7장 법선왕(法先王) 사상

1. 중국의 '법선왕' 사상

중국 고대의 철학자는 '말을 함에는 반드시 선왕의 말이라고 지칭하고 선왕의 성공이라고 꾸민다.'[127]고 하였는데, 유가·법가·도가·묵가 등의 제가(諸家)들이 이와 같았다. 즉, 《서경(書經)》 〈재재(梓材)〉 편에서는,

> 선왕이 이미 명덕(明德)을 다해 직책을 수행하니 모두가 귀향(歸向)하여 가깝게 되었고, 여러 방국(邦國)이 형통하여 형제를 맺어 바야흐로 내도(來到)하였다.

라 했다. 《역경(易經)》 〈비괘(比卦)〉 편에는,

> 땅위에 물이 있는 것이 비(比)인데, 선왕은 이 때문에 만국을 세우고 그 나라 제후와 친하게 지낼 수 있었다.

고 한다. 위 같은 책, 〈곡례(曲禮)〉 상편에는,

> 떳떳한 도리로 남의 말을 받아들이고 남의 말을 들을 때는 반드시 공손히 하며 남의 학설을 표절하지 않고 아무 생각 없이 남의 의견에 따르지 않으며 반드시 옛 것을 법칙 삼게 되면 선왕을 본받았다 이를 만하다.

---

127) 康有爲, 《孔子改制考》 卷4,〈託古要旨〉, 萬木草堂叢書. p.3.

고 했다. 《효경(孝經)》 〈개종명의장(開宗明義章)〉 에는,

선왕은 지극한 덕(德)과 요체가 되는 도(道)를 가지고 있어서 천하를 순응케 하고 백성을 화목케 하여 상하가 원망함이 없게 한다.

고 되어있고, 《맹자(孟子)》 〈이루(離婁)〉 하장(下章)에는,

정치를 하는데 선왕의 도에 따라하지 않으면 가히 지혜롭다고 이르겠는가?

라 하고, 《순자(荀子)》 〈권학(勸學)〉 편에는,

선왕의 유언(遺言)을 듣지 않으면 학문의 대의를 알지 못 한다.

고 했으며, 《한비자(韓非子)》 〈유도(有度)〉 편에서는,

윗사람이 눈에 보이는 것만을 중시하면 아래 사람은 눈에 보이는 것만을 꾸미게 되고, 윗사람이 귀에 들리는 사실만을 중시하면 아래 사람은 좋은 소리가 들리도록 하는 데만 열중하게 되며, 윗사람이 모책(謀策)을 중시하면 아래 사람은 말을 꾸미는데 번잡을 떨게 된다. 선왕은 이 세 가지를 경계하는 것만으로는 부족하다고 생각하여 자기 자신의 현능함을 버려두고 법술(法術)을 사용하여 상벌을 살폈으니, 이것이 선왕이 견지해온 요체이다.

라고 되어있다. 《관자(管子)》 〈명법(明法)〉 편에서는,

선왕이 나라를 다스림에, 법도에 근거하여 사람을 가려 썼고 임

의로 사람을 천거하지 않았다. 법도에 근거하여 사람의 공(功)을 헤아렸고, 스스로 공의 정도를 재어 평가하지 않았다.

고 하고, 《장자(莊子)》〈제물론(齊物論)〉편에는,

《춘추(春秋)》의 경세(經世)론과 선왕의 뜻에 대해 성인(聖人)은 의론(議論)은 하지만 옳다 그르다하는 분별을 하지는 않는다.

고 한다. 《묵자(墨子)》〈비명(非命)〉중편에는,

삼법(三法)이란 무엇인가? 근본(根本)·근원(根源)·적용(適用)을 말한다. 근본이란 천귀(天鬼)의 뜻과 성왕(聖王)의 일을 고찰하는 것이고, 근원이란 선왕의 말을 담은 서책을 징험(徵驗)하는 것이다. 적용이라 함은 근본과 근원을 현실세계에 실행하는데 법도로 삼는 것을 말한다. 이것을 '三法'이라고 말하는 것이다.

라고 한 것에서 보면, 제가들이 정(政)·법(法)·학(學)·도(道)를 논함에 있어 모두 '선왕(先王)'에서 벗어날 수 없었음을 알 수 있다.

이른바 선왕(先王)은 황제(黃帝)·요(堯)·순(舜)·우(禹)·탕(湯)·문왕(文王)·무왕(武王) 등을 지칭하는데, 이 중에서 요·순 임금을 전형적 인물로 꼽는다. 유가는 특히 요·순 임금에 대하여 추숭(追崇)함이 지극하다. 예를 들어 《중용(中庸)》에서는, '중니(仲尼), 즉 공자께서는 요·순의 도를 본받아 서술하여 밝힌 것이며, 문·무(文·武)의 법을 본받아 밝힌 것이다.' 라고 말하고 있다. 그러나 제가(諸家)는 이들 先王에 관하여 각기 다른 설법을 펴고 있다. 묵자(墨子)는 이르기를,

옛적에 삼대의 성왕이 모두 세상을 떠난 후 천하는 의(義)를 상실하였는데, 후세의 군주 중에 혹자는 후하게 장례를 치르고 오래도록 상복을 입는 것이 인의(仁義)여서 이것이 효자가 할 일이라고 생각하였고, 혹자는 후하게 장례를 치르고 오래도록 상복을 입는 것이 인의가 아니어서 효자가 할 일이 아니라고 생각하였다. 이 양자는 말과 행동이 서로 상반된다. 그런데도 양자 모두는 '나는 요 · 순 · 우 · 탕 · 문 · 무왕의 도를 계승한 것' 이라고 말한다.[128]

라 했다. 이 때문에 한비자(韓非子)는 '일찍이 선왕을 분명하게 증거 함에 있어 유달리 요 · 순(堯 · 舜)으로 정한 것은, 모두 역사적 사실을 돌아보지 않은 곡해(曲解)와 견강부회(牽强附會)' 라고 주장하였다. 그의 주장은 다음과 같다.

공자와 묵자는 모두 요·순을 말하지만, 그 취사(取捨)함은 서로 같지 않은데도 모두 자신이 참 요 · 순 임금의 계승자라고 말한다. 요·순이 다시 살아오지 못하니 장차 누가 유가와 묵가의 진실됨과 거짓됨을 정하겠는가? 은 · 주나라의 칠백년 세월, 하나라 이천년 세월에서 요·순의 진짜 모습을 정할 수는 없다. 지금에 와서 삼천년 전 요·순의 道를 찾고자 하나, 생각해 보건대 그것은 꼭 그래야 할 필요가 없다. 참고와 징험 없이 반드시 그렇다고 하는 것은 어리석은 일이다. 반드시 그렇다고 할 수 없는 것을 가지고 증거로 삼는 것은 속이는 행위이다. 따라서 선왕을 분명하게 증거 함에 반드시 요·순으로 정하는 것은 어리석은 것이 아니면 속이는 것이다.[129]

사실 선왕은, 연구에 의하면, 다소의 역사적 사실에 기초한 것으로

128) 《墨子》〈節葬〉篇.

129) 《韓非子》〈顯學〉편.

보이는데, 각 가(家)의 심중에서는 그다지 중요하게 생각하지 않았다. 그들의 본의(本意)는 강유위(康有爲)가 말한 바와 같이 단지, '상고(上古)를 법도로 삼고, 선왕을 높이고 옛것에 의탁함으로써 당세(當世)를 바꾼다.'[130]고 생각했을 뿐이었다. 그들은 각기 나름대로 구세적(救世的)인 이상(理想)을 갖고 있었고, 공언(空言)으로 설교(說敎)함이 구체적인 행사의 아주 절실하고 저명한 내용을 드러내어 이 사람을 감동시키는 것만 같이 못하다[131]는 점을 깊이 인식하고, 그래서 이상에 생명력을 불어넣고, 각기 그 인품을 본 것처럼 그 목소리를 들은 것 같은 그 선왕을 형상화하여 그 선왕을 완전무결한 전형으로 만들었다. 바로 이와 같은 이유에서 후대의 사람들은 정책시행 · 법집행 · 용병(用兵) · 설교(說敎) · 수신(修身) 등의 방면에서 모두 부득불 '법선왕(法先王)' 을 최고목표로 하였음을 과거의 사서(史書)에서 하나하나 상고(詳考)할 수 있다.

한국을 비롯한 중국의 주변국들은 모두 오래 전부터, 그리고 깊게 중국문화의 훈도(薰陶)를 받았다. 각국의 개화는 중국에 비해 매우 낙후되어 있었기 때문에, 한편으로는 '후왕(後王)을 법도로 삼아 제도를 하나로 하고 예의를 융성하게 한다.'[132]는 것에 열의를 보이고, 다른 한편으로는 '법선왕' 사상에 대해서도 중국과 같이 중대한 영향을 받고 있다. 이제 한국의 역사문헌에 근거하여 검토해 보겠다.

2. 한국의 '法先王' 사상

130) 《孔子改制考》 권11, 〈孔子改制託古考〉, p.12

131) 이 표현은 사마천이 공자께서 《春秋》를 저술하게 된 이유로 제시한 것, 즉 《史記》〈自敍〉편의 "我欲載之空言,不如見之於行事之深切著明也." 의 구절을 변용한 것으로 볼 수 있음.

132) 《荀子》 〈儒效〉 : 法先王, 一制度, 隆禮儀

한국은 중국의 '법선왕' 사상의 영향을 상당히 받았다. 한국의 역대 관찬 서적 중에 자주 '선왕(先王)' 이란 글자가 보인다. 예를 들어《삼국사기》〈신라본기〉 신문왕(神文王) 원년(681년) 8월의 교령(敎令)에, '공(功)이 있는 사람을 상주는 것은 선성(先聖)의 훌륭한 규범이고, 죄(罪) 있는 자를 베는 것은 선왕의 훌륭한 전범(典範)이다.' [133]라고 하였고, 고려 숙종(肅宗) 원년(1096년) 정월의 조서에, '짐(朕)은 선왕을 우러러 법도로 삼아 검덕(儉德)을 행하고자 음식을 줄여먹고 함부로 기호(嗜好)대로 하지 않겠다.' [134]라고 한 말과, 고려 인종(仁宗) 7년(1129년) 5월의 조서에, '선왕의 법에서 형명(刑名)을 바르게 하고 분수(分守)를 상세하게 하여 관면(冠冕)과 의복의 법제에 상하의 구별과 존비의 차이가 있게 하고자 한다.' [135]고 한 말 등과, 조선 세종 6년(1431년) 3월 유생 신처중(申處中) 등이 불교의 배척을 청한 주소(奏疏)에, '저 부처는 어떤 사람인가? 어느 사람의 대를 이은 적자(嫡子)이면서 그 아비를 배반하고, 필부(匹夫)로서 천자(天子)와 대항하며 부자(父子)의 윤리 기강도 끊고 군신의 의도 없으며, 남녀가 집에서 사는 것을 옳은 일이 아니라 하고, 남자가 밭갈이하고 여자가 베 짜는 것을 못할 일이라 하여, 생생(生生)하는 근본을 끊고 의식(衣食)의 근원을 막으며, 입으로 선왕(先王)의 정도(正道)를 말하지 아니하고 몸에는 선왕의 법복(法服)을 입지 않았다.' [136]라는 말 등, 이들이 이른바 '선왕' 은 분명 모두 중국 문헌상 전해 내려오는 성제명왕(聖帝明王)을 지칭한 것이라 할 수 있다.

조선반도는 삼국시대에 한학(漢學)이 수입된 지가 오래되지 않아서

---

133) 《三國史記》 권8,〈新羅本紀〉제8.

134) 《高麗사》 권11,〈肅宗世家〉1.

135) 위 같은 책, 〈仁宗世家〉2.

136) 《朝鮮王朝實錄》,〈世宗實錄〉 권23.

중국 선왕의 전설은 아직 광범한 주의를 불러일으키지 않은 듯하다. 예를 들어 고구려 대무신왕(大武神王) 15년(32년)에 원비(元妃)는 왕자 호동(好童)에게 적자권(嫡子權)[왕위계승권]을 빼앗기게 될까 두려워 국왕에게 참언(讒言)을 올려 호동을 죽이려고 모의하니, 호동은 어머니의 악행을 드러내어 아버지에게 근심을 끼칠까 두려워 진실을 밝혀 해명할 생각을 하지 않고 검(劍)으로 자살을 하였는데, 고려의 사관은, 그 '마땅히 순(舜)이 고수(瞽瞍: 舜임금의 아버지)에게 하듯 하여, 회초리는 맞고 몽둥이면 달아나서, 아버지가 자식을 죽였다는 불의(不義)에 빠지지 않도록 하여야 했음'[137]에도 그렇게 하지 못한 것을 안타까워했다. 그리고 백제 동성왕(東城王) 22년(500년) 봄에 왕이 토목사업을 크게 일으키자 군신들이 항소하며 실행하지 않으니, 왕은 다시 불가하다고 간하는 자가 있을까 싶어 마침내 궁문을 닫고 이에 거부하였다. 고려의 사관은 또, 그 '옛날의 명군(明君)은 자신을 비우고 정사를 신하에게 물었고 온화한 얼굴로 신하의 간쟁을 받아들여 오히려 사람들이 말하지 않음을 걱정하여 간쟁을 청하는 북을 매달고 왕의 결정을 비방하는 글을 써 붙일 수 있는 나무를 세웠을 뿐만이 아니었던 것'[138]과 같이 못했음을 책망하였다. 이는 곧 앞의 두 왕이 선왕을 모범삼음을 알지 못했기 때문에 이를 인용하여 유감으로 삼은 것이다.

그러나 삼국의 말년에 이르러 '법선왕'의 사상은 중시되기 시작하였다. 예를 들어 궁예의 부장 왕건(王建)은 혹자가 '탕·무(湯·武)의 일[139]을 건의하였기 때문에 겨우 자립(自立)할 것을 결심하였다. 《삼국사기》 권50, 〈궁예전(弓裔傳)〉에 의하면,

---

137) 《三國史記》 권14,〈高句麗本紀〉제2.

138) 《三國史記》 권26,〈百濟本紀〉 제4.

139) 곧, 殷周 역성혁명으로 周의 武王이 천명을 잃은 殷을 멸망시킨 일.

왕이 흉악함과 잔학함을 거리낌이 없이 행하자, 신료들이 크게 두려워 어찌 할 바를 몰랐다. 여름 6월 장군 홍술(弘述)·백옥(白玉)·삼능산(三能山)·복사귀(卜沙貴)[140] 네 사람이 몰래 모의하고 밤중에 태조의 집에 찾아가 말하였다. '지금 임금께서 음란한 형벌을 마음대로 써서 자신의 처자(妻子)를 살육하고 신료를 목 베며, 백성을 도탄에 빠뜨려 살아갈 길이 막연합니다. 옛 부터 어리석은 임금을 폐위시키고 지혜가 밝은 임금을 세우는 것은 천하의 큰 의리입니다. 청컨대 공(公)께서는 탕왕과 무왕의 일을 행하십시오!' 라고 하자, 이에 태조는 얼굴빛을 붉히며 거절하면서 말하였다. '나는 충성스럽고 순박하다고 스스로 믿어 왔는데 지금 (군주가) 비록 포악하고 난폭하다고 하여 감히 두 마음을 가질 수 없소. 대저 신하로서 임금을 교체하는 것은 소위 '혁명'이라고 하는데 나는 실로 덕이 없어 감히 殷나라 周나라 건국자의 일을 본뜰 수가 없소이다.'

라고 하였다. 그러나 결과적으로 왕건은 곧바로 궁예를 폐하고 정권을 취하고 대립(代立)하여 조선반도를 통일하고 고려왕조를 창립하였다.

고려왕조는 비록 불교왕조로 일컬어지지만 유학 또한 매우 발달하였기 때문에 역사문헌 중에는 여러 곳에서 '법선왕' 사상이 발현된 흔적을 찾을 수 있다. 예를 들어 고려 태조는 죽기 전에 사람을 시켜 필기하게 한 '술요(述要)' 에서 왕위계승법을 규정하였는데, 바로 요 · 순(堯 · 舜)의 선례(先例)에 의지하여 본받았다. 《고려사》 제2, 〈태조세가〉편 2.에 의하면,

(태조)26년(943년) 하(夏) 4월, 태조는 내전(內殿)에서 대광(大

140) 이는 홍유(洪儒) · 배현경(裴玄慶) · 신숭겸(申崇謙) · 복지겸(卜知謙)의 어릴 때 이름.

匡) 박술희(朴述希)를 불러 친히 훈요(訓要)를 주며 이르기를,

'짐(朕)이 듣건대 순(舜)임금은 역산(歷山)에서 농사를 짓다가 마침내 요(堯)임금의 선양(禪讓)을 받았고, 한(漢)의 고제(高帝)는 패(沛)의 늪지대에서 기의(起義)하여 마침내 한의 패업을 이루었다. 짐 또한 단평(單平)에서 기의(起義)하여 사리에 맞지 않는 추대를 받아 여름에는 더위를 두려워하지 않고 겨울에는 추위를 두려워하지 않고 심신의 노력을 다한 지 19년에 삼한을 통일하였고 외람되이 25년간이나 왕위에 있었으니 몸이 이미 늙게 되었다. 다만 후사(後嗣)가 감정과 욕망에 의해 사사롭게 되어 강기(綱紀)를 어지럽게 하여 큰 근심이 될까 두려워 이에 '훈요'를 기술하니, 모든 후사에게 전해 거의 매일 조석으로 펼쳐보도록 하여 영구히 귀감으로 삼도록 하라. … 셋째, 적자(嫡子)에게 나라를 전하는 것이 비록 상례(常禮)라고는 하나 단주(丹朱)[堯임금의 아들]가 불초하여 요(堯)임금은 순(舜)에게 선양을 하였으니, 실로 공(公)을 우선시한 마음이다. 만약 원자(元子)가 불초하면 차자(次子)에게 계위(繼位)하게 하고, 차자 또한 불초하면 그 형제들이 추대한 자에게 대통(大統)을 잇게 하라. …'

고 하였다.

고려 광종(光宗)이 즉위한 초기에 큰바람에 나무가 뽑히니, 왕이 재앙을 물리칠 술책을 하문하자 사천(司天)은 덕을 닦음만 같은 것이 없다고 아뢰니, 왕은 이에 늘《정관정요(貞觀政要)》를 읽었다. 조선의 사관은 이에 대해 후왕을 법도로 삼은 것이지 선왕을 법도 삼은 것이 아니라고 생각하였는데 대다수는 그렇지가 않다고 생각하였다. 다음의 자료를 보자.

홍수의 환란에 순(舜)임금은 나 자신을 경계한다고 했고, 가뭄의

재난에 탕왕(湯王) 또한 자책하였다. 옛 제왕이 재앙을 당해서 스스로 덕을 닦고 성찰한 바가 전책(典冊)에 실려 전하니, 마땅히 후세의 왕이 법도로 삼아야 할 것이다. 광종이 즉위 초에 하늘이 꾸짖는 알림이 가까이 이르니, 왕은 기도를 올려 재앙을 물리치고자 하였으나 뜻을 바꿔《정관정요》를 읽는 것을 우선시한 것은 어떤 이유인가? 왕의 마음은 당 태종의 치적이 순임금이나 탕왕보다도 훌륭하고《정관정요》의 말이 전책(典冊)보다 낫다고 생각하여 이를 대단히 사모하여서 따르고자 한 것이니, 그 왕의 미혹됨이 많이 보인다. 당 태종은 이름나기를 좋아하는 군주로《정관정요》에 기록된 바는 비록 한 둘 가지의 칭송할 만한 것이 있기는 하나, 인의(仁義)를 가탁(假託)하여 공리(功利)를 부풀려서 덕을 부끄럽게 한 것이 많아 한(漢)의 고조와 광무제에게도 미치지 못하는데, 항차 감히 순임금과 탕왕에 견주겠는가! 슬프도다! 상(上)에서 법도를 취하면 겨우 그 중(中)을 얻게 되며, 중(中)에서 취하면 그 하(下)를 얻는 것이니, 광종의 치적은 광종에서 그칠 뿐인 것은 어찌 당 태종을 법도로 삼고 제왕을 법도로 삼지 않음에서 연유한 것이 아니리오![141]

고려 성종(成宗)은 문치(文治)를 힘써 행하여 중국 문헌상에 전해 내려오는 선왕사업에 대해 특별히 흥미를 느끼고 학교를 일으켜 세우고 이르기를, '나라를 다스리는 군주는 오상(五常)을 익히고 가르침을 세우며 육경(六經)을 전범(典範) 삼아 법규를 취하지 않음이 없는 까닭에 순(舜)임금과 우(禹)임금은 동서(東西)와 상하(上下)에 학교를 두었고 은나라와 주나라는 두 곳에 학교를 세웠다.' 고 했다.

또 성종은 효도를 주창하여 이르기를, '무릇 나라를 다스림에 반

141) 《東國通鑑》 권13, 光宗 원년.

드시 먼저 근본에 힘써야 하는데 근본에 힘쓰는 것은 효도보다 나은 것이 없다. 삼황오제(三皇五帝)의 근본적 노력인 효도는 만사의 법도이고 백가지 선의 으뜸이다.' 라고 하였다. 또 성종은 서부지역을 순수(巡狩)하고자 하며 이르기를, '우임금와 순임금이 태악(泰嶽)을 순수한 해에 제후들이 무리지어 이르렀다.'[142]고 하였다.

고려 예종(睿宗)은 즉위 초에 요·순(堯·舜)임금이 특수한 표시가 있는 의관을 입혀 사형을 대신하는 형벌을 써서 죄인을 다스린 것에 대해 추모(追慕)함을 표시하였다. 《고려사》 권2,〈예종세가〉편1.에 다음과 같이 기록되어 있다.

> (예종)원년(1106년) 11월 경신일에 조서를 내려 이르기를, '짐이 듣건대 민간에서 매매에 소용되는 미곡(米穀) 및 은제품이 심히 질이 나쁘다고 한다. 그런 까닭에 전대(前代)이래로 법을 엄히 하여 이를 금하였는데 지금에 이르기까지 그에 대한 징계된 자가 보이지 않는다. 대체로 간교한 부류가 법에서 금하고 있음을 두려워하지 않고 오직 이익만을 추구하여서, 모래를 쌀에 섞고 은에 구리와 철을 혼합하여 어리석은 백성을 미혹하니, 심히 천지신명의 뜻이 아니다. 백성의 빈곤은 실로 이것에서 연유하고 있으니 법으로 이를 경계해야 한다. 그러나 요임금과 순임금은 특수한 표시가 있는 의관을 입혀 사형을 대신하는 형벌을 써서 죄인을 다스리니 백성이 범법행위를 저지르지 않아서 형벌을 폐하여 쓰지 않게 되고 집집마다 모두 덕행이 있게 되었으니, 짐은 심히 이를 흠모한다. 바라건대 내외의 군민(軍民)·공상(工商)의 잡류(雜類)가 마음과 생각을 고쳐먹어 개과천선(改過遷善)하여 죄를 멀리하게 되면 자연히 형벌은 맑아지고 덕에 의한 가르침이 널리 미치게 된다. 부유하고

142) 《高麗史》 권3,〈成宗世家〉.

천수를 다하게 하는 일과 태평의 풍기(風氣)를 조성하는 것이 어찌 도달하기 어렵겠는가!

당시 변경이 편안하지 않자, 예종은 순(舜)임금이 간우[干羽: 방패·깃을 들고 추는 춤]을 추어서 유묘[有苗: 중국 남방의 묘족]이 감동하여 격식을 갖추고 내부(來附)해온 것을 거울삼고, 오로지 무사(武事)만을 믿고 의존할 필요는 없다고 인식하고, 웅당 순임금을 본받아 송 황제가 보내준 대성악(大晟樂) 문무무(文武舞)를 종묘에 먼저 올리도록 하였다. 《동국통감(東國通鑑)》 권20.에 다음과 같이 기록하고 있다.

예종 11년(1116년) 가을[(秋)] 8월에 조서로 이르기를, '문무의 도는 한쪽만으로 치우치거나 다른 한쪽을 폐할 수 없는 것인데, 근래에 주변의 오랑캐가 점차 세력이 성하니 모신(謀臣)과 무장(武將)이 모두 무기를 정비하고 군사를 훈련시키는 것이 급선무라고 생각하고 있으나 무사(武事)만을 전적으로 활용하는 것은 옳지 않다고 본다. 예전에 순임금은 문덕(文德)을 타고났으나 양편 계단에서 간우(干羽)를 추자, 칠순(七旬)의 유묘(有苗)가 격식을 갖추어 내부하였다는데, 짐은 이 점을 심히 흠모한다. 항차 지금 송의 황제가 특별히 대성악(大盛樂) 문무무(文武舞)를 보내왔으니 마땅히 먼저 종묘에 올리고 나서 백관의 연회에 향유하도록 해야 할 것이다.

예종이 항상 선왕의 어진 정치를 칭송했기 때문에 군신들은 상서(上書)함에 있어, '성상(聖上)의 도는 지극히 고명(高明)하고 정치는 인의(仁義)에서 나옴으로써, 마치 요·순임금이 옛것을 상고한 점을 높임과 같고 은나라와 주나라가 문사(文士)를 가까이 한 점을 체현(體

現)한 것 같습니다.' [143] 라는 송사(頌詞)가 있게 되었다.

고려 인종(仁宗)은 소인배를 등용하여 큰 화를 키웠는데, 일찍이 조서를 내려 자책하기를, '죄가 나에게서 생겨났으니, 노(魯)의 사기(史記)는 우(禹)임금의 덕을 가상(嘉尙)히 여기고 허물을 고침에 있어 주저하지 않았다라고 하였고, 《상서(商書)》에는 성탕(成湯)임금의 명석함을 기재하였다.' [144]라고 말하면서, 우임금과 탕임금을 본받아 과실을 뉘우치고 스스로 새로워질 결심을 표시하였다.

위에서 서술한 사례(史例)를 통해 '법선왕(法先王)' 사상이 고려에 미친 영향의 일단을 볼 수 있다.

조선(원문에서는 李朝로 표현함)은 유교왕조로 불리어져 중국의 '법선왕' 사상의 영향이 더욱 현저해졌다. 그 예로 태조 즉위 초에 사헌부(司憲府)에서 상소하여 행사(行事)를 함에 합당한 이치를 조목조목 진술하였는데,[145] 즉 요·순(堯·舜)임금으로 법도를 삼을 것을 재청하였다. 그 논조는 상벌(賞罰)을 분명하게 하라는 것이었다.

> 상주고 벌주는 것은 인주(人主)의 큰 권한이니, 공이 있어도 상주지 아니하고 죄가 있어도 벌주지 아니하면, 비록 요·순(堯·舜)이라도 능히 정치를 잘할 수 없지마는, 상주고 벌주는 것이 공평하면 공도(公道)가 밝아져서, 사람들이 감히 다른 의견을 할 수가 없을 것입니다.

라고 한 것이다. 또 참언(讒言)을 막아야 한다는 논조로 다음과 같이 말하였다.

---

143) 《高麗史》 권13,〈睿宗世家〉2.

144) 상게서 권16,〈仁宗世家〉2.

145) 《朝鮮太祖實錄》 권1, 壬申원년 7월 己亥 條.

순(舜)임금이 말하기를, '짐(朕)은 참소하는 말이 선인(善人)의 일을 방해하여 짐의 사단[師團 : 신료들]을 놀라게 하는 것을 싫어한다.' 하였다. 참소하는 말이 쉽사리 사람을 미혹하게 하여 순임금과 같은 성인으로서도 오히려 염려스런 일로 여겼으니, 두렵지 않습니까? 대개 참소하고 아첨하는 무리들은 온갖 방법으로 죄를 꾸며 인주(人主)를 미혹시키니, 달콤한 말이나 비굴한 말로 하는 청탁이 때때로 따르게 되고, 차츰차츰 헐뜯고 살을 베어내는 것과 같은 참소를 때때로 듣게 된다면, 무능한 사람을 물리치고 유능한 사람을 등용시키는 일과 죄 있는 사람을 형벌하고 공적이 있는 사람을 상주는 일까지 모두 그 적당함을 잃게 되어, 위망(危亡)이 곧 이르게 될 것입니다.《시경(詩經)》에서 이르길, '군자는 참언(讒言)을 조심해야 될 것이니, 난(亂)이 이로써 증가하기 때문이다.' 하였습니다. 만약 총명함을 가지고 간사함을 살핀다면, 온갖 간사함은 능히 도망할 수 없으며, 참언이 근절될 것입니다.

라고 하였다. 이어서 대사헌(大司憲) 남재(南在) 등이 또 상소하여 요(堯)임금과 우(禹)임금의 근검함을 본받아 법도로 삼을 것을 청하였다.

몸소 근검함을 실행하는 것은 다스림을 이루는 근본입니다. 띠로 지붕을 잇고 흙으로 계단을 만든 것은 검소함이니, 천하와 국가를 다스리는 사람이 요임금과 우임금을 모범으로 삼는다면, 어찌 나라가 다스려지지 않을까 걱정하겠습니까. 원컨대, 담당 관원으로 하여금 여러 창고의 전곡(錢穀)을 관장하게 하여, 그 일 년 동안 출납하는 수량을 헤아려 그 용도를 절약하게 하소서.146)

146) 상게서, 권2, 원년9월 기해조.

정종(定宗)은 즉위 초에 순(舜)과 무왕[武王: 周나라의 창업군주]를 본받기로 결심하고 분경(奔競: 지나친 경쟁)의 습속을 금지하였다. 《정종실록》 권2.에 보면 다음과 같이 기록되어 있다.

(정종)원년(1399년)기묘 8월 경자일에 하교(下敎)하여 분경(奔競)을 금하였다. 왕은 이렇게 말하였다. "옛일을 상고하면, 옛날 우임금이 용(龍)에게 명하기를, '짐(朕)은 참소하는 말이 착한 사람의 일을 중상 모략하여 짐의 백성[신료]들을 놀라게 하는 것을 미워한다.' 고 하여 태평의 정치에 이르게 하였고, 기자(箕子)가 무왕(武王)에게 고하기를, '백성은 음란한 붕당이 없고, 벼슬아치는 서로 비부(比附)하는 것이 없어야 합니다.' 라고 하여, 충후(忠厚)한 풍속을 이루었으니, 수천 년이 내려와도 모두 짐작할 수 있는 것이다. 고려의 말년에 이르러 기강이 해이해져서 붕당(朋黨)을 서로 만들고, 참소하기를 서로 좋아하여, 군신을 이간시키고 골육을 상잔(傷殘)하여 멸망하는 데에까지 이르렀다. 황공하게도 생각하건대, 우리 태상왕(太上王)께서 천지 · 조종(祖宗)의 도움을 힘입어서 조선사직의 기업을 창조하시고, 과인에 이르러 어렵고 큰일을 이어 지키니, 어찌 모두 함께 새로워지는 교화를 도모하지 않겠는가! 그러나 남은 풍속이 끊어지지 않아서 사사로이 서로 비부(比附)하여 지나친 경쟁[분경(奔競)]을 일삼아, 모여서 남을 참소하고 난(亂)을 선동하는 자가 많도다. 만일 중한 법전을 써서 금령(禁令)을 내리지 않으면, 사람의 마음속으로 점점 배어 들어가게 하는 참소(讒訴)와 속뜻은 모르고 겉만을 전하는 호소가 마음대로 행하여져, 장차 반드시 우리의 동맹을 저해하고, 우리의 종실을 의심하며, 우리의 군신을 이간하는 데 이르고야 말 것이니, 고려 때보다 무엇이 나을 것이 있겠는가!" 라고 하다.

동시에 문하부(門下府) 상서(尙書)가 시무(時務)를 진술하였는데, 또한 순(舜)임금과 탕(湯)임금을 본받아 신하에게 간언(諫言)을 구하고 받아들일 것을 힘써 권하며 다음과 같이 말하였다.

> 직언(直言)을 구하고 간언(諫言)하는 말을 받아들이는 것은 인주(人主)의 요체(要諦)가 되는 도이나, 임금이 신하의 직간의 언사를 받아들이지 않으면 그 허물을 알아 조처할 수가 없습니다. 그러므로 순임금은 지혜롭게도 세속에서 흔히 통하여 쓰는 말을 살피기를 좋아하였고, 성탕(成湯)은 성(聖)스럽게도 간(諫)하는 말을 좇아서 어기지 않았습니다. 이것으로 본다면, 역대 제왕의 다스림이 간언함을 좇아서 이루어지지 않은 것이 없었습니다. 그러나 근일에 대간(臺諫)이 상소(上疏)하면, 혹 윤허를 내리지 않거나, 궁중에 머물러 두고 비답(批答)하지 않아서, 언로(言路)가 막히고 일반 인민의 사정이 달성되지 못하게 되니, 아마도 이는 선왕(先王)의 천하 국가를 다스리던 도리와는 다른 듯합니다. 원하옵기는, 이제부터 대간이 장계(狀啓)를 올려 전달하는 일은 곧 윤허를 내리시어 언로를 넓힘으로써 아래 사람들의 정서를 통달토록 하소서.147)

조선 태종은 당 태종의 고사를 모방하여 여러 동생들을 죽이고 아버지를 압박하여 퇴위케 하고는 세상 사람의 비난을 잠재우기 위해 비록 잠시 정종(定宗)을 세웠으나 오래지 않아 왕위를 취해 대신 즉위하였다. 즉위 초에 참찬문하부사(參贊門下府事) 권근(權近)이 상소하여 시급히 힘써 닦아야 할 몇몇 일을 진술하였는데, 우선적으로 우(虞)나라 순임금과 주(周)나라 문왕의 '두텁고 성심으로 효함[독성효(篤誠孝)]'를 본받을 것을 권하며 다음과 같이 말하였다.

---

147) 《朝鮮定宗實錄》 권2, 己卯원년 8월 丙辰 條.

신이 듣건대, 옛적에 문왕(文王)이 세자(世子)가 되어 왕 계력(王 季歷)에게 조알(朝謁)하기를 하루에 세 번씩 하였다 합니다. 전하께서 일찍이 동궁(東宮)에 계실 적에 태상왕(太上王)을 받들어 섬김이 정성과 공경이 갖추어 지극하였으니, 효도라고 할 수 있사오나, 문왕이 세 번 조알한 일에 비교하면 미치지 못함이 있습니다. 이제 이미 왕위에 올라 만기(萬機)가 지극히 번다하여 날마다 친히 조알하시기는 참으로 어려운 일이오니, 마땅히 매일 세 차례씩 신하를 보내어 선식(膳食)을 올려드리고 문안토록 하고, 열흘에 한 번씩 친히 나가서 뵈옵되 법가(法駕)를 갖추지 말고 다만 금위(禁衛)만을 거느려서 간편함을 좇으시고, 매사에 반드시 정성과 공경을 다하여 마음을 기쁘게 해 드리기에 힘쓰소서. 비록 날마다 정성을 다했더라도 감히 스스로 지극하다 생각지 마시고, 반드시 순(舜)과 문왕(文王)이 어버이 섬기던 것 같이 하시며, 상왕(上王)을 섬기는 데에도, 또한 이 도리를 따르소서.[148]

나중에 태종은 대간(臺諫)의 간언을 받아들이지 않았고 심지어 이들을 배척하고 문책까지 하자 대간이 사직하니, 대사헌 남재(南在)가 상서하여, 천하 만세 인주(人主)의 표준인 순·우·탕(舜·禹·湯) 임금을 본받을 것을 힘써 청하니, 태종은 처음에는 이해하지 못하다가 순·우·탕 임금의 일을 물어 분명히 알게 되자 과연 허물을 고치게 되었다. 《조선태종실록》 권15.에 보면 다음과 같이 기록되어 있다.

태종8년(1408년) 5월 壬戌日에 대사헌(大司憲) 남재(南在)가 상소(上疏)하기를, '대간(臺諫)은 인주(人主)의 이목(耳目)과 같은 관원(官員)입니다. 인주가 억조(億兆)의 위에 처(處)하고 구중(九

---

148) 《朝鮮太宗實錄》 권1, 辛巳원년, 정월 甲戌 條.

重)의 깊은 궁궐에 계심에 만기(萬機)의 이해와 백성의 기쁨과 근심걱정, 여러 신하의 현부(賢否)를 어찌 능히 두루 알겠습니까? 그러므로, 옛날 인군이 이 대간의 벼슬을 설치하여 큰 일 작은 일 할 것 없이 모두 다 말하게 하고, 비록 혹시 중도(中道)에 맞지 않더라도 또한 죄를 가하지 않은 것은, 언로(言路)를 열고 시청(視聽)을 넓혀 만세의 계책을 위한 것입니다. 성스럽기가 순·우·탕 임금보다 더 성스러운 이가 없지마는, 순임금은 아래로 묻기를 좋아하고 통속의 구전(口傳)을 살피기 좋아하였으니, 통속의 언사라도 오히려 살피면 선(善)을 저버림이 없음을 알 수 있습니다. 우임금은 착한 말을 잘 받아들였고, 탕임금은 간언함을 좇아서 어기지 않았으니, 선을 용납하는 도량을 알 수 있습니다. 이들 세 성인(聖人)은 천하 만세 인주의 표준입니다. … 지난번에 헌사(憲司)에서 박자청(朴子靑)·홍리(洪理)를 논핵(論劾)하다가 주상(主上)의 뜻에 맞지 않아서 사제(私第)로 돌아가게 하였습니다. 간신(諫臣)이 헌사(憲司)에서 봉직(奉職)하다가 견책을 당한 것을 보고, 그 죄를 용서해 주기를 청하여 세 번이나 궐문(闕門)에 나아갔으나 윤허를 얻지 못하여, 또한 사직하고 집으로 물러갔습니다. 이로 말미암아 대간(臺諫)이 여러 날 자리를 비워 조야(朝野)가 놀라고 두려워하니, … 엎드려 바라옵건대, 신의 말을 굽어 채납(採納)하시어 대간(臺諫)을 복직(復職)시켜 일을 보게 하시면 어찌 일월(日月)의 밝음과 건곤(乾坤)의 도량이 아니겠습니까?' 하였다. 소(疏)가 올라가니, 궁중에 머물러 두고 내리지 아니하였다. 임금이 남재(南在)를 불러 순·우·탕 임금 즉 세 성인의 일을 묻고, 대간(臺諫)이 모두 출사(出仕)하여 직책을 수행하도록 명하다.

하였다. 세종은 즉위 초에 왜구가 대마도(對馬島)를 침략하여 점령하였으므로 출병하여 토벌할 것을 결정하고 글을 써서 내외를 밝게 깨우쳤는데, 먼저 탕왕(湯王)과 선왕(宣王)의 고사를 인용하여 출병의 명분을 다음과 같이 증명하였다.

> 병력을 기울여서 무력을 행사하는 것은 진실로 성현(聖賢)께서도 경계한 것이요, 죄 있는 자를 다스리고 군사를 일으키는 것은 제왕으로서 부득이한 일이라. 옛적에 탕(湯)임금이 농사일을 제쳐놓고 하(夏)나라를 정벌하였고, 주(周)나라 선왕(宣王)이 6월 같이 더운 때에 험윤(玁狁)을 토벌했으니, 그 일에 있어 비록 대소는 다름이 있으나, 모두가 죄를 토벌하는 거사(擧事)가 된 것이니, 그런즉 한 가지라.149)

조선 세종은 '해동요순(海東堯舜)' 으로 불리며 비록 '요·순 임금과 문·무왕의 가르침과 우·탕왕과 주공(周公)의 도' 를 다했고, '모든 시책과 행위가 멀리 삼대(三代)를 법도로 삼았다.' 고는 하나, 조선의 유생들은 여전히 세종의 불교배척이 철저하지 못한 것에 불만을 가져 한두 번 상서하여 권하고 간언하였는데, 그 예로 예문봉교(藝文奉敎) 양봉래(梁鳳來) 등은 다음과 같이 상소하였다.

> 전하께서는 천성이 총명하시고 학문이 고금에 으뜸이시어 무릇 정사(政事)를 펴시는 일이 멀리 (中華의) 삼대(三代)를 법도로 삼으셨습니다. …(그런데) 어찌하여 불씨(佛氏)의 탄망(誕妄)한 것을 밝게 아실뿐만 아니라 인순(因循)하고 얽매이시어 모두 배척하시지 못하십니까. …옛날 당나라 한유(韓愈)가 <원도(原道)>를 지어 불(佛)·노(老)의 그릇됨을 배척하면서 말하기를, '요행히도 삼대 뒤에 나오게 되어서 우·탕·문·무·주공·공자에게 내침을 당하지 아

149) 《朝鮮世宗實錄》 권4, 己亥원년 6월 壬午 條.

니하였으며, 또 불행하게도 삼대 이전에 나오지 아니하여 우·탕·문·무·주공·공자에게 바로 잡히지 못하였다.' 고 하였으니, 이제 전하께서는 몸소 요·순·문·무의 학(學)과 우·탕·주공의 도(道)를 갖추셨으니, 이때에 전부 파하지 아니 하신다면 신은 유독 전하를 애석하게 여길 뿐 아니라, 후세를 위해서도 더욱 유감스럽게 여기는 바입니다.150)

조선 세조의 즉위 초에 집현전 직제학(直提學) 양성지(梁誠之)가 상소한 조목을 보면 '법전대(法前代)' 라는 항목이 하나 있는데, 여기에서 그는, '위로는 당·우(唐·虞)와 삼대[夏·殷·周]를 법도로 삼고 아울러 한·당·송·금의 정치를 취하라.' 고 주장하고 있다.

대저 당요·우순(唐堯·虞舜)시대와 삼대의 정치는 본시 만대 제왕의 귀감이 되는 바입니다. 그러나 한(漢)·당(唐)·송(宋)·금(金)이라 할지라도 또한 어찌 모두 법도로 삼을 만한 것이 없겠습니까? 다만 세상의 운수는 후하거나 박함이 있을 뿐입니다. 만약 한나라의 문제(文帝)를 법도로 삼는다면 백성을 기르는 정치가 지극할 것이고, 한나라의 고제(高帝)·광무제(光武帝)와 唐나라 태종이 국난(國亂)을 뿌리 뽑고 세상을 건진 功은 어찌 적다 할 수 있겠습니까? 송나라 태조의 규모(規模)와 기상(氣象)의 광명정대함을 주자(朱子)는 이르기를, '요·순과 합치한다.' 고 하였으며, 金나라 세종의 대정(大定)연간의 정치는 전대사(前代史)에서도 이를 칭송하였습니다. 원하건대 전하께서는 위로 당·우 시대와 삼대를 법도 삼으시고 겸하여 한·당·송·금의 정치를 취하신다면 매우 다행이겠습니다.151)

150) 앞의 같은 책, 권23, 甲申6년 3월 丁酉 條.

151) 《朝鮮世祖實錄》 권1, 乙亥원년 7월 戊寅 條.

당시 왕제(王弟) 이유(李瑜)가 왕위를 넘겨다보려고 자신을 따르는 무리와 함께 반역을 도모하였는데, 세조는 단지 이유 등의 노비와 전답만을 거두어들이자 군신들이 여러 차례, 이유 등을 모두 법조(法曹)에서 죄를 다스리게 할 것을 청하였다. 세조는 이때마다 순임금이 날마다 자신을 죽이려 한 상(象)을 처리한 예를 근거로 삼아 이유 등을 법조에서 다스릴 기회를 주지 않았다. 《세조실록》 권2.에 다음과 같이 기록되어 있다.

세조 원년(1456년) 8월 신유일에 지평(持平)안중후(安重厚)·좌정언(左正言)이숭원(李崇元)이 본사(本司)의 의논을 가지고 다시 이유(李瑜) 등의 죄를 청하니, 임금이 말하기를, '상(象)은 날마다 순임금을 죽이는 것을 일삼았어도 순임금은 벌을 줘주지 않았다.' 하였다. 안중후 등이 아뢰기를, '순임금이 상(象)에 대하여 주공(周公)이 관숙(管叔) · 채숙(蔡叔)에 대하여 그 형제로서는 한가지였으나, 처벌하는 데는 다름이 있었으니, 상(象)의 해로움은 순임금의 한 몸에 그쳤으나, 관숙 · 채숙의 죄는 온 천하(天下)와 관계가 있는 것이기 때문에 같지 않았던 것입니다. 이제 유(瑜)등의 죄는 상(象)에 비할 것이 아니니, 청컨대 사은(私恩)으로써 공의(公義)를 해치지 마소서.' 하니, 전교하기를, '그대들의 말은 이미 다 알았다. 그러나 이는 심히 사정에 어둡고 실용에 적합하지 않은 의논이다. 상(象)은 그 사람됨이 미약하여 그를 처치하기가 쉬웠기 때문에 순임금이 그 목숨을 보전케 해 주었지만 관숙 · 채숙 등은 무경(武庚)과 더불어 모반하여 그 세력이 강대하였으니, 주공이 어찌 쉽게 제어할 수가 있었겠느냐? 그러므로 군사까지 일으켜서 죽이는 데 이르렀으니, 이는 주공의 본의가 아니었다. 그 밖에는 내가 많은 사람을 죽이려고 하지 않기 때문에 특별히 용서한 것이다.

세조는 일찍이 주나라 무왕(武王)을 본받아 상제(上帝)에게 교사(郊祀)하고 태조를 배향(配享)하니, 판서운관사(判書雲觀事) 양성지(梁誠之)가 상서하여 칭송함을 많이 실었는데, 몇 가지로 이르기를,

가만히 생각하건대, 중니(仲尼)가 말하기를, '무왕(武王)과 주공(周公)은 달효(達孝)152)이지!' 라 하였으니, 두 성인(聖人)을 '달효' 라 일컫는 것은 무왕은 천명(天命)을 받았으며, 주공은 문왕·무왕의 덕을 성취시켜 명당(明堂)에 종사(宗祀)하여 하늘에 배향(配享)시키고, 또 태왕(太王) 고공단보(古公亶父)와 왕 계력(季歷)을 추존(追尊)하여 왕으로 삼았으므로, 이른바 모두가 '달효' 인 것입니다. 지금 우리 전하께서 친히 상제(上帝)를 남교(南郊)에 제사지내고 태조를 배향하였으니, 곧 무왕·주공의 '達孝'와 같습니다. … 153)

라고 하였다.

예종(睿宗) 즉위 초년에 성균관 유생 이여주(李汝舟) 등이 상서하여 문묘(文廟)의 석전(釋奠)에 대뢰[大牢: 소·양·돼지 등으로 잘 차린 제사]로써 제사할 것을 청하였는데, 왕은 선왕의 법을 가벼이 고칠 수 없다고 답하니, 이에 다시 상서하여 요(堯)·순(舜)의 고사를 가지고 거듭 새로이 생각해 줄 것을 요청하며 다음과 같이 말하였다.

신 등이 듣기로는, 마땅히 (선왕의 법을) 지켜야 할 것을 지키는 것도 진실로 계술[繼述, 앞사람이 하던 일이나 뜻을 본받아 계속 이어감]이며, 마땅히 변통하여야 할 것을 변통하는 것도 또한 계술입니다. 삼가 옛날 (순 임금의) 고사를 살펴보건대, 순 임금이 요

152) '達孝'란 부모를 잘 섬겨 세상 사람이 모두 인정하는 효도라는 의미임.

153) 상게서, 권7, 丁丑3년 3월 戊寅 條.

임금의 선위(禪位)를 받으신 지 28년 동안에 그 예악(禮樂)과 형정(刑政)을 고쳐서 베푼 것이 많았는데, 순 임금이 이를 혐의스럽게 생각하지 않았고, 순 임금도 그르게 여기지 아니하였으니, 이 어찌 마땅히 지켜야 할 바를 지키고, 변통하여야 할 바를 변통하지 않고서 그러하였겠습니까? … 154)

예종이 즉위 후 늘 충언을 받아들이지 않고 군신들이 여러 차례 간언하여도 들어주지 않자, 대사헌 양성지(梁誠之) 등이 상소하여 중국의 선왕인 우·탕·문·무·태갑(太甲)·고종(高宗)·성왕(成王)이 현재(賢才)를 신용한 예를 들면서 반성을 촉구하였다. 《예종실록》 권3.에 다음과 같이 기록되어 있다.

(예종)기축원년(1469년) 2월 신묘일에 대사헌(大司憲) 양성지(梁誠之) 등이 상소하기를, "신 등이 근래에 실직(實職)의 3단계를 뛰어넘어 승차(陞差)하는 것은 아직은 드문 일임을 들어서 우러러 성총(聖聰)을 더럽히었는데, 주상께서는 곧 교지를 내리시기를, '대신(大臣)은 믿지 않을 수 없으므로 이를 제수(除授)한 것이다.' 하시었고, 근자에 또 공로없이 분에 넘치게 자록(資祿)을 더해 받은 일을 들어서 우러러 성총을 어지럽히었는데, 또한 교지를 내리시기를, '모두 그대가 아는 바라 고칠 수 없다.' 고 하셨습니다. 신 등이 거듭하여 이 점을 생각하건대, 인주(人主)가 부여받은 바의 천직(天職)을 함께 다스리는 자는 어진 인재이니, 이에 일세(一世) 동안 주고받는 것이 작록(爵祿)입니다. 그러므로 사람을 쓰거나 버림에 있어 마땅함을 잃게 되면, 이는 하늘의 기예(技藝)를 저버리는 것입니다.

---

154) 《朝鮮睿宗實錄》 권1, 己丑원년 정월 甲申 條.

옛 당·우(唐·虞)시대와 하·은·주(夏·殷·周)시대를 상고할 것 같으면, 고요(皐陶)가 우(禹)임금에게 고하기를, '날마다 세 가지 덕을 베풀면, 새벽부터 밤늦게까지 다스리고 밝히어 가문을 거느리게 될[즉 卿·大夫가 됨] 것이며, 날마다 여섯 가지 덕을 엄히 공경하듯 지켜나가면, 이를 밝히어 나라[國]을 거느리게 될[즉 諸侯가 됨] 것입니다. 그리고 이들 아홉 덕[155]을 갖춘 자들을 모두 받아들고 널리 펼쳐 등용한다면, 아홉 가지 덕이 모두 행해져서, 재주와 슬기가 뛰어난 사람이 관청에 있게 되고, 백료(百僚)가 서로 배우며 일하게 될 것입니다. 그리고 여러 관리들은 때를 맞추어 일하고 오진[(五辰)[156], 즉 계절을 다스리는 다섯 별]에 따라 일하여, 여러 가지 업무가 모두 잘 이루어질 것입니다. 편안함과 탐욕으로 나라를 다스리지 않게 하시고, 조심하고 두려워하십시오. 하루 이틀 지나는 사이에 만 가지 기틀[萬機]가 생기는 것입니다. 여러 관리들이 이를 저버리지 않게 하십시오. 세상을 다스리는 하늘의 일을 벼슬하는 사람들이 대신하는 것입니다.'[157]라고 하였습니다.

중훼(仲虺)가 성탕(成湯)에게 고하기를, '하늘이 백성을 내실 때 욕망을 갖게 하셨으니, 임금이 없으면 곧 (세상은) 어지러워질 것이므로, 하늘은 총명한 이를 내셔서 때를 좇아 이들을 다스리는 것입니다. ……. (임금께서는) 노래와 여자를 가까이 하지 않으시고, 재물과 이익을 불리지 않으셨습니다. 덕이 많은 사람에게는 힘써 벼슬을 주시고, 공이 많은 사람에게는 힘써 상을 내리셨습니다. 사

155) 《尙書》 〈虞書.皐陶〉편에서, 九德으로 '너그러우면서 씩씩함[寬而栗]', '부드러우면서 꿋꿋함[柔而立]', '성실하면서 공경함[愿而恭]', '다스리면서도 존경함[亂而敬]', '온순하면서도 굳셈[擾而毅]', '곧으면서도 온화함[直而溫]', '간략하면서도 상세함[簡而廉]', '억세면서도 착실함[剛而塞]', ' 강하면서도 의로움[强而義]' 등을 제시함.

156) 五辰은 四時의 의미를 나타내는 다섯 별. 봄은 歲星, 여름은 熒星, 늦여름은 塡星[鎭星.土星], 가을은 太白星, 겨울은 辰星이 다스림.

157) 《尙書》 〈虞書.皐陶〉 편 내용.

람을 쓸 때에는 자신과 같이 대우하시고, 허물을 고치심에는 주저하지 않으셨으며, 관대하고 어지셔서 만백성들이 밝게 믿도록 하셨습니다.' 158)하였습니다. 이윤(伊尹)이 태갑(太甲)에게 정사를 재차 맡기며 말하기를, '지금 임금께서는 그 명(命)을 새로이 행하시게 되셨습니다. 그 덕(德)을 새로이 하시어 처음부터 끝까지 하나같게 하시면 시정(時政)은 곧 날로 새로워질 것입니다. 관리를 임용하실 때에는 오직 어질고 재능 있는 사람만을 쓰시며, 좌우에 둘 중신(重臣)은 그 직무[자리]에 꼭 맞는 사람만을 쓰십시오. 그것은 어려워 신중히 하여야만 될 일이니, 오직 화합하고 하나 되게만 하십시오. 그리고 선왕의 일을 편히 받들 수 있게만 되신다면, 영원히 백성들의 안락한 삶의 근저(根底)가 되실 것입니다.' 하였습니다.

부열(傅說)이 고종(高宗)에게 경계하여 말하기를, '천자와 제후의 법도를 세우고, 대부(大夫)와 사장(師長)들을 임명하여, 안일하게 놀지 않고 백성들을 다스리도록 하셨습니다. ……. 다스려지고 어지러워짐[治亂]은 여러 관리들에게 달려 있으니, 벼슬을 사사로이 친한 사람에게 주시지 않도록 하시고, 오직 능력에 따라 주십시오. 작위는 악덕한 사람에게 주시지 않도록 하시고, 오직 현능(賢能)에 따라 주십시오.' 하였습니다. 159)

주공이 (조카) 성왕에게 고한 <입정(立政)>편에 이르기를, '예전 은(殷)나라 사람들로 부터 우리 주나라 문왕께 넘어오면서 정사를 세우심에 일을 맡을 사람은 곧 그에 타당한 사람으로 임명하셨으며, 그들을 간택하시어 다스리도록 하셨습니다. … 지금으로부터 계속해서 정사를 세우심에는 간사한 사람을 쓰지 마시고, 오직 착한 선

158) 《尙書》 〈商書.仲虺之誥〉편 내용.

159) 《尙書》 〈商書.說命〉(중)편 내용.

비만을 쓰시어 힘써 우리나라를 돕도록 하십시오.'[160]라고 하였습니다.

대저 우임금과 고요(皐陶)·중훼(仲虺)·이윤(伊尹)·부열(傅說)·주공(周公) 등은 옛 선한 재상으로서 천하에 제일가는 분들이고, 우임금·탕왕·문왕·무왕·태갑(太甲)·고종(高宗)·성왕(成王) 등은 옛날 천하를 잘 다스렸던 군주들인데, 서로 권하고 힘써 경계한 것은 사람을 쓰는 일 한 가지에 지나지 않았습니다. 아아! 사람을 쓰는 것을 어찌 삼가지 않을 수 있겠으며, 작록(爵祿)을 어찌 헛되이 빌려 줄 수 있겠습니까?

라고 하였다.

성종은 유학을 장려하고 문치주의를 힘써 행하였는데, 예전에 어떤 사람이 상서하여 '조선은 대당(大唐)의 부용국(附庸國)이기는 하나 문치의 풍화(風化)는 요·순·우·탕과 견주어 뒤지지 않는다.'[161]고 하였다. 당시의 군신들은 당·우(唐·虞)와 삼대의 통치를 실행하지 않고 말하기 좋은 구전(口傳)으로만 생각하기도 하였으나, 대사헌 이극돈(李克墩) 등은 상소하여 예법(禮法)은 폐할 수 없는 것으로, 즉 이제·삼왕[(二帝·三王), 즉 요·순임금과 우왕, 탕왕 및 문·무왕]으로 그 근원을 찾아 거슬러 올라간다고 강조하며 다음과 같이 말하였다.

신(臣) 등이 듣건대, 천지는 바꿀 수가 없는 것이고, 명분은 문란케 할 수가 없는 것이라 합니다. 성인께서 예를 만들어 이를 구별하고, 법을 만들어 이를 엄하게 하였으니, 그런 까닭으로 예가 이루어져서 사람이 범하지 못하고, 법이 제정되어서 백성이 두려워할

160) 《尙書》 〈周書立政〉편 내용.

161) 《朝鮮成宗實錄》 권7, 庚寅원년 9월 甲午 條.

줄을 압니다. 이것이 이제[(二帝):요 · 순]와 삼왕[(三王):우, 탕, 문 · 무]가 믿고서 천하를 다스렸던 것이며, 우리 조종(祖宗)의 창업과 수성도 또한 일찍이 이로써 하지 않은 적이 없었습니다.

대사헌 한치형(韓致亨) 등이 상소하여 '시의(時宜) 17조'[162]를 진술하였는데, 먼저 '치세는 당 · 우[(唐 · 虞);堯 · 舜]시대에 미치지 못하니 이를 훌륭한 정치라 이를 수 없고, 덕은 요 · 순(堯 · 舜)에 이르지 못하니 이를 성인이라 이를 수 없다'는 것을 강조하며 다음과 같이 말하였다.

(신) 엎드려 보건대, 주상 전하께서는 불세(不世)의 자질을 가지고 마땅히 하려고 하는 생각이 있어, 언로를 열고 간쟁(諫諍)을 가납하시며, 도유우불(都兪吁咈 : 찬성과 반대의 뜻을 가진 감탄사)하사 치도(治道)에 열심이시니, 우리 백성의 병폐가 일체(一切) 제거되어, 국가의 형세가 반석(盤石)과도 같이 편안합니다. 진실로 족히 태평한 기틀이 되었는데도 전하께서는 오히려 치도에 지극하지 못함이 있어 백성의 병폐가 되는 일을 물리치지 못함이 있을까 하여, 늘 허심탄회하게 신하의 간언을 들어 받아들이고 다스림에 보충할 말을 구하시니, 우리 동방에 만세의 복입니다. 그러나 다스림이 당 · 우(唐 · 虞)시대에 이르지 못하면 훌륭한 통치라고 이를 수가 없고, 德이 요 · 순(堯 · 舜)임금에 이르지 못하면 성군[聖人]이라 이를 수 없는 까닭으로, 옛날 사람은 요 · 순의 치도(治道)가 아니면 감히 임금의 앞에 진언을 전달하지 못하였고, 필부필부(匹夫匹婦)라도 요·순의 은택을 입지 않음이 있으면, 그 마음이 부끄러워 저잣거리에서 종아리를 맞는 것과 같이 여겼습니다. 그렇다면 신하된 자는 진

162) 상게서 권10, 辛卯2년 6월 己酉 條.

실로 마땅히 요·순의 성(聖)을 임금에게 바라고, 군주도 또한 마땅히 당·우시대의 다스림을 스스로 기약하여야 할 것입니다. …

그의 통치풍토에 대한 논조는 당·우(唐·虞)시대의 요·순임금과 주나라 문·무왕의 치세를 최고 이상으로 삼고 있다. 그는 다음과 같이 말을 이어간다.

9관(九官)·12목(十二牧)이 상호간에 똑같이 겸양함은 우조(虞朝:순임금 시대)의 풍교(風教)가 융성함이고, 선비는 대부(大夫)가 되는 것을 겸양하고 대부는 경(卿)이 되는 것을 겸양함은 주나라 조정의 교화가 아름다웠던 것입니다. 그런데 지금의 백성은 곧 삼대[夏·殷·周]의 곧은 도를 행하는 자들로, 하늘로부터 받은 선한 본성을 갖고 인간의 떳떳한 도리를 굳게 지키는 변치 않는 성질을 가지고 있을 것 같으면 어찌 교화할 수 없는 사람이 있겠습니까? 단지 인군이 친히 거느리고 교도하는 여하(如何)에 있을 뿐입니다. 《대학》에 이르기를, '성군 요·순임금은 천하를 인으로써 거느리니, 백성이 여기에 따랐고, 폭군 걸·주(桀·紂)가 천하를 포악한 것으로써 거느리니, 백성이 여기에 따랐다.'고 하였고, 《맹자》에, '군자의 덕은 바람과 같고 소인의 덕은 풀과 같아서 풀 위에 바람이 불면 반드시 쓰러진다.'고 하였습니다. 엎드려 원하건대, 전하께서는 묻기를 좋아하고 착한 것을 즐거워하시며, 덕을 귀하게 하고 선비를 높이시며, 절의를 숭상하고 효제(孝悌)를 돈독히 하시며, 충신과 열부의 묘(廟)를 봉하고, 효자 손순(孝子 孫順)의 집에 기(旗)를 꽂아 널리 알리소서.

라고 하였다. 그는 논조하기를, 간쟁은 불가불 따라야 하는 것으로, 즉 은대(殷代)의 성탕(成湯)과 주대의 선왕(宣王)을 법도로 삼아야 한다고 말을 이어갔다.

> 구폐(九弊)라는 것이 있는데, …남에게 이기는 것을 좋아하고, 허물 듣기를 부끄러워하며, 말 잘하는 이를 초빙하고, 총명한 것을 자랑하며, 위엄을 사납게 하고, 강퍅[剛愎, 완고하여 사람의 말을 따르지 않음]함을 자행하는 것, 이 여섯 가지가 군상(君上)의 폐단이고, 아첨하는 것, 형세를 살펴 행동하는 것, 두려워하는 것, 이 세 가지가 신하(臣下)의 폐단입니다. 중훼(仲虺)가 은대 성탕(成湯)을 찬양하되, 그 허물이 없는 것을 일컫지 아니하고 그 허물을 고치는 것을 일컬었고, 윤길보(尹吉甫)가 주대 선왕(宣王)을 칭송하되, 그 빠뜨림이 없는 것을 아름답다 아니 하고, 그 빠뜨림을 보충하는 것을 아름답다고 하였습니다. 간하는 자의 광기 어린 무고(誣告)는 나 자신의 너그러이 용서함을 밝게 하고, 간하는 자의 누설은 나 자신의 너그러이 따름을 드러나게 하며, 한결 같이 이렇게 함이 있으면 모두 성덕(盛德)이 되는 것입니다.

또, 시독관(侍讀官) 김유(金鈕)는 비록 '기우(祈雨)는 반드시 징험(徵驗)되는 것이 아니다' 고 인식하였지만, 탕왕(湯王)이 일찍이 기우제(祈雨祭)를 드린 적이 있었으므로 한번 시험 삼아 해보는 것을 방해하지 말 것을 주장하면서 다음과 같이 말하였다.

> 오늘 아침에 정창손(鄭昌孫)이 말하기를, '군왕(君王)이 친히 기도하는 것은 가벼이 거행할 수 없다.'고 하였으나, 신이 가만히 생각건대, 옳지 않다고 보았습니다. 옛날에 상탕(商湯)은 상림(桑林)에 기도하고 여섯 가지 일로써 자책(自責)하였으니, 다만 성의를 다할 뿐입니다. 비록 비가 내리지 않는다 한들 무슨 해가 되겠습니까?163)

또, 의정부에서 계(啓)를 올려 백성을 보전하고 교화를 일으키고 또한 요·순 임금이 몸소 실천하며 교화한 것을 본받을 것을 청하며 다음과 같이 말하였다.

> 옛 부터 제왕이 백성을 보전하고 교화를 일으키는 데에 뜻을 둠에 있어, 몸소 절검을 행하는 것을 우선적으로 할 업무로 삼지 아니함이 없었습니다. 혹 교묘한 가식(假飾)에서 나온다고 하면 백성이 따르지 아니하였으니, 당나라 현종(玄宗)이 금수(錦繡)와 주옥(珠玉)을 불태운 것이 끝내 어떻게 백성을 인도하고 풍속을 이루는 데에 도움이 되었겠습니까? 요 임금과 순 임금은 천하를 인[어짊]으로써 거느리므로 백성이 이를 따랐으니, 몸소 실천하면서 교화하는 그 효력이 어찌 빠르지 않겠습니까?164)

또, 왕의 숙부 이성(李晟)이 살인을 하였는데, 성종은 그 죄를 다스리기를 원치 않으니, 대사헌 유지(柳輊)가 상소하여 근심스레 순 임금과 같은 성군이 되기를 기대하고 있다. 《성종실록》 권90.에 다음과 같이 기록되어 있다.

> 성종 9年(1478년) 3月 병자일에 사헌부 대사헌(司憲府大司憲) 유지(柳輊) 등이 상소하기를, … 법이란 것은 조종(祖宗)이 준 것이요, 천하의 공기(公器)이니, 친귀(親貴)로 인하여 흔들릴 수 없습니다. 법이 낮아졌다 높아졌다 하는 일이 있다면, 백성이 어떻게 편안히 살 수 있겠습니까? 그런 까닭에, 옛날의 성왕(聖王)은 능히 신자(臣子)의 법 집행을 용납하였습니다. 그러한 뒤에라야 그 법이 믿어지고 조정이 의지할 바가 있었던 것입니다. 옛날에 도응(桃應)

163) 상게서, 권17, 壬辰3년 4월 丙戌 條.

164) 상게서, 권22, 壬申3년 9월 更子 條.

이 맹자(孟子)에게 묻기를, '순(舜)이 천자(天子)가 되고 고요(皐陶)가 법관(法官)이 되었을 때에, 고수(瞽叟)가 사람을 죽였으면 어떻게 하였겠습니까?' 하니, 맹자가 대답하기를, '체포할 따름이다.' 라고 하였습니다. 순 임금이 천자로서 그의 아버지를 구하지 못하는 것은 고요(皐陶) 때문이 아니고, 고요가 집행하는 바가 법이기 때문이었습니다. 창원군(昌原君) 성(晟)이 전하에게 비록 존속(尊屬)이기는 하나, 어찌 순 임금의 고수에 대한 관계와 같겠습니까? 순 임금이 아버지를 위하여 천하의 법을 사사로이 하지 못하였는데, 전하께서 감히 창원군 성(晟)을 위하여 사사로이 하고자 하십니까? 고수가 사람을 죽였을 뿐이라도 순임금은 오히려 이렇게 할 터인데, 하물며 창원군 성(晟)은 이미 함부로 사람을 죽인 죄를 범하고, 또 왕명을 거역하였으며, 전하의 총명[천총(天聰)]을 속이지 않았습니까? 신 등은 불초(不肖)하여 진실로 감히 고요(皐陶)로 자처(自處)하지 못하나, 어찌 감히 순 임금과 같은 성군(聖君)을 전하께 기대하고 바리지 아니하리오!

경종(景宗) 때에 우의정 조태구(趙泰耉)가 상소하여 새로운 정치의 요무(要務)를 진술하였는데, 또한 '반드시 순임금과 우임금을 법도로 삼을 것' 을 주장하며 다음과 같이 말하였다.

어진 이[賢人]에게 맡기고, 재능이 있는 이[才能人]을 부리는 것은 바로 나라를 다스리는데 우선으로 해야 할 일입니다. 더욱이 지금은 말세(末世)라 인재가 매우 적습니다. … 삼가 원하옵건대 공평하게 듣고 보아 모두 거두어 보살피되 붕당(朋黨)에 구애되지 말고, 오직 어진 이는 들어 쓰되 피차를 논하지 말고, 오직 유능하면 뽑아서 재능이 뛰어난 사람으로 하여금 모두 나아가게 하여 직사(職事)가 실추(失墜)됨이 없게 하소서.

순임금은 하잘 것 없는 말도 살폈고, 우임금은 도리에 합당한 말을 들으면 절하며 받아들였습니다. 성인도 오히려 그러한대, 하물며 이보다 아래에 있는 사람의 경우이겠습니까? 지금 공거(公車)에 오르는 것은 거의 대부분이 당동벌이[(黨同伐異): 시비와 곡직을 가리지 않고 자기편에는 무조건 동조하고, 상대편에는 덮어놓고 공격하여 배척함.]하는 말이 많으나, 성상께 진언하는 것은 정직한 말이 드뭅니다. 그런데도 전하께서 또한 일찍이 그 공과 사를 감별하여 그 취함과 버림[취사(取舍)]를 명백히 보이지 않으시니, 나라를 위한 아름답고도 확고한 계책은 이미 알려지지 못하고, 이를 받아들여 시행하심도 일찍이 많이 보지 못하였습니다. 삼가 원하옵건대 반드시 순임금과 우임금을 모범으로 삼으소서.[165]

영조(英祖) 때 군신(君臣)의 의론(議論) 또한 선왕(先王)의 행사에서 벗어나지 않았다. 그 예로 영조는 태후의 뜻을 받들어 민진원(閔鎭遠)의 죄를 특별히 사면해 주면서 곧 이르길, '요·순의 도는 오직 효제(孝悌)일 따름입니다.'[166]라고 하였다. 또한 여러 도(道)의 감영(監營)과 병영(兵營)의 사치가 날로 심해지는 것에 불만을 표하여 곧 이르기를, '옛날 성군은 처마의 띠를 자르지도 않았고, 흙으로 된 세 계단만을 쌓았다.'[167]고 말하였다. 집의(執義) 이성룡(李聖龍)은 '죄인을 주토(誅討)하는 일과 백성을 근심하게 하는 일은 본래 서로가 방해되지 않는다는 점'을 설명하고 곧 이르기를, '옛날에 백성을 근심하는 일은 요·순 임금보다 더 앞선 이가 없었으나, 백성에 대한 근심이 급하다고 해서 사흉(四凶)[168]의 죄과(罪過)를 바

165) 《朝鮮景宗實錄》 권3, 辛丑원년 정월 乙丑 條.

166) 《朝鮮英祖實錄》 권1, 甲辰즉위년 10월 戊寅 條.

167) 상게서, 권14, 丁未3년 11월 丁丑 條.

168) 堯임금 때의 네 명의 악인. 즉 공공(共工)·환두(驩兜)·삼묘(三苗)·곤(鯀)을 지칭한 것임.

로잡는 데에 경황이 없었다고 한 것은 일찍이 들어보지 못했다'[169] 고 하였다.

영의정 정호(鄭澔)는 죄인을 주토(誅討)함에 응당 회피하거나 꺼리지 않아야 한다는 것을 설명하기 위해 우임금의 고사를 인용하여 더욱 투철하게 기술하고 있다. 《영조실록》 권7. 에 보면 다음과 같이 기록되어 있다.

> 영조 원년 을사년(1725년) 9월 기미일에 영의정(領議政) 정호(鄭澔)가 상소하여 관직에서 물러날 것을 청하고는 토적(討賊)의 의미를 논하여 말하기를, '신(臣)이 봄쯤에서 소명(召命)에 나아가 한두 차례 등청하여 용안을 대했을 때에 성상(聖上)의 교지(敎旨)는 일찍이 간흉(奸凶)이 앞서 저질은 참독(慘毒)한 사안(事案)에 대하여 몹시 통한(痛恨)하지 않으심이 없으면서도, 매양 사안이 전하와 직접 관계된[성궁(聖躬; 聖體] 곳에 이르러서는 반드시 스스로 혐의(嫌疑)의 의사를 갖으시는데, …신은 청컨대 그것을 변별해 보겠습니다. 정자(程子)가 말하기를, '회피하거나 혐의를 나타내는[피혐(避嫌)하는] 일은 현자조차도 부당한 일인데, 성인은 스스로 지극히 공정한데 어찌 피혐(避嫌)하는 일이 있으리오?' 하였습니다. 무릇 필사(匹士)의 현자(賢者)도 오히려 피혐을 부당하게 여기는데, 항차 천승(千乘)을 이끄는 지위에 계시고, 한 나라의 군주가 된 분이시겠습니까? 한번 피혐하는 마음이 있으면 사사로운 의사[사의(私意)]가 일어나 지극히 공정한 마음을 넓힐 수가 없으므로 장차 왕림하시는 곳마다 막히고 구애되지 않는 곳이 없을 것입니다. 선유(先儒)가 순임금이 사흉(四凶)을 주벌(誅伐)한 것을 논평하여 말하기를, '사흉은 모두가 세가(世家) 대족(大族)인데, 순임금이 하루

---

169) 전게서, 권7, 乙巳원년 9월 癸卯 條.

아침에 시골에서 천거되어 몸이 천자지위에 있게 되니, 그들 마음이 복종하지 않고 그들 죄악상이 환히 드러났기 때문에, 어쩔 수 없이 그를 주벌하였다.' 고 하였는데, 순임금이 사흉에 대해서 진정 소위 사안[일]이 자신과 관계되는 것인지라, 순(舜)이 어찌 일찍이 피혐할 바가 있어서 주극[誅極, 즉 극형으로 다스림]의 법을 거행하지 않았겠습니까? 오직 저 흉당(凶黨)이 성궁(聖躬)을 위태롭게 하고 착한 인민을 해치고 죽일 것을 꾀한 죄과가 환하게 나타난 것은, 특히 저 사흉(四凶)이 마음으로 복종하지 않은 데에 비할 뿐만이 아닌 것입니다. 그런데도 전하께서는 진실을 왜곡하는 자의 피혐하려는 의논만을 따르시고 순임금의 지극히 공정한 도리는 잊으시니, 이는 신의 어리석어 감히 알 수가 없는 바입니다.

라고 하였다.

《조선왕조실록》 중에는 '법선왕(法先王)' 사상과 관련 있는 기록이 부지기수로 많이 있다. 우리는 이상의 검토 결과 다음과 같은 몇몇 결론을 얻을 수 있게 되었다.

첫째, 한국의 역대 집정자는 중국 문헌상 전해오는 선왕을 최고의 법식(法式)으로 보았다. 선진(先秦)의 철인(哲人)이 재능과 지혜를 모두 기울여 모종의 '선왕' 에 대한 이상 정립에 기여하였고 얼마간의 그 이상(理想)의 실현을 얻었으니, 이것은 분명히 한국의 전통적 정치사회가 진보하는 데에 도움이 되었다.

둘째, 한국의 개국은 비교적 늦었고, 그 문물제도는 대부분 중국에서 유래한 것이 곧 '후왕' 을 법도로 삼은 결과가 되었지만 '선왕' 은 오히려 더욱 큰 존숭(尊崇)을 받기에 이르렀다. 이는 '후왕' 은 형태와 흔적이 있어서 구해볼 수 있기는 하나, 이것이 선과 미의 극진함은 될 수 없는데, '선왕' 은 오히려 (그렇게 되기를) 바랄 수는 있으나 곧바로 이루어질 수 없는 영상(影像)이기 때문에 자연히 더욱 큰 흡인력을 갖고 있었던 것이다.

셋째, 한국의 역대 집정자는 곤란한 문제를 만나 해결할 방법이 없을 때마다 '선왕'에게서 영감을 얻기를 소망하였다. 그러나 이상과 현실은 반드시 합치되지 않기 때문에 선왕의 이름을 빌려 채택한 행동 또한 왕왕 시의(時宜)에 합당하지만은 않았다. 어찌 되었든 간에 종국적 상황은 중국문화가 한국에 끼친 영향이 깊고 먼 사실을 반영한 것이다.

제8장 정통론(正統論)

1. 중국의 정통론(正統論)

중국 정통관념의 형성은 유가의 '대일통(大一統)' 사상에서 연원(導源)한다. 《예기(禮記)》 〈증자문(曾子問)〉 편에서 이르기를, '하늘에는 두 개의 태양이 없고, 땅에는 두 분의 왕이 있을 수 없다.' 고 하였다. 《춘추공양전(春秋公羊傳)》 은공(隱公) 원년 조(條)에 이르기를, '무엇을 말하여 왕 정월(王 正月)이라 하는가? 대일통(大一統)이다.' 라고 하였다. 동중서(董仲舒)가 대책(對策)하여 이르기를, '《춘추》의 '대일통' 은 천지간에 영구히 변하지 않는 법도이며 고금(古今)에 있어 세상 사람이 모두 실천하고 준수하여야 할 도리이다.' 라고 하였다. 유가는 이미 '대일통' 을 최고의 정치이상으로 삼아, 어떤 시기에도 일인 통치와 일국 통치를 인정하였다. 《상서》 〈대우모(大禹謨)〉 편에서 이르기를, '하늘이 돌보시어 명을 내려 세상을 모두 차지하게 하시어 천하의 임금이 되었다.' 고 하였고, 《시경(詩經)》 〈북산(北山)〉 편에서 이르기를, '온 하늘 아래 왕토(王土) 아닌 것이 없고, 온 세상에 왕의 신하 아닌 사람이 없다.' 고 하였다. 그러나 사실은 다 그러한 건 아니었고, 어떤 일정 시기에는 자주 여러 사람의 통치가 있었고, 열국(列國)이 분립하여 있어서 이 때문에 곧 정(正)·부정(不正)의 문제가 발생하게 되었다. 《춘추공양전》 은공(隱公) 3년 조(條)에 따르면, '군자는 정(正)에 산다.' 고 하였다. 구양수(歐陽修)는 그의 〈정통론〉에서 이르기를, '정(正)은 천하의 부정을 바르게 하는 것이고, 통(統)은 천하의 하나 되지 못함을 합(合)하는 것이다.'[170]라 하였다. 결국 무엇이 '정' 이고 무엇이

'不正' 인가에 대해 비록 옛날부터 사가의 의견이 분분하지만 대체로 몇 가지 원칙에 귀납한다.

가. 할거(割據)는 부정(不正)이다.

사마광(司馬光)이 말하기를, '(어리석은)나로선 전대의 정윤[正閏: 정통과 비정통 즉 윤통]을 족히 알 수 없으나, 나로서는 만약 구주[九州: 중국의 전 영토]를 하나로 통일(統一)할 수 없다면, 모두 천자의 명칭을 가졌다 하더라도 그 실질을 갖지 않았다고 생각한다.' 고 하였고, 또 말하기를, '정윤(正閏)의 관계에 대해 감히 안다고 할 수는 없으나, 다만 그 공업(功業)의 실상을 근거로 삼아 말하면 주(周) · 진(秦) · 한(漢) · 진(晉) · 수(隋) · 당(唐)은 모두 일찍이 구주(九州)를 하나로 합쳐 후손에게 천자의 지위를 전하였으며, … 따라서 전부 천자의 법제로써 군림하였다. 나머지는 땅[處地]이 서로 비슷하고 치덕(治德)이 서로 같아(즉, 세력이 비슷하여) 서로 하나를 이루지 못하고, 명칭이 다르지 않으면서, 본디 상호 군신(君臣)의 관계가 아니니, 모두 열국(列國)의 법제(法制)를 써서 조처하였다.'[171]고 하였다. 즉 사마광의 견해는 오직 구주를 통일할 수 있는 것을 '정'으로 삼고, 할거(割據)함은 곧 '부정' 으로 삼았음을 알 수 있다.

구양수(歐陽修)도 말하기를, '천하의 정(正)에 근거하여 천하를 하나로 합치면, 이것은 정통(正統)이 되는데, 요(堯) · 순(舜) · 하(夏) · 상(商) · 주(周) · 진(秦) · 한(漢) · 당(唐)이 이것이다. 처음에는 비록 그 정(正)을 얻지 못했지만, 마침내 천하를 하나로 합치면 이것은 '정통' 이라고 말할 수 있는데, 진(晉) · 수(隋)가 이것이다. 천하대

---

170) 《구양문충공전집(歐陽文忠公全集)》 권 59.
正者所以正天下之不正也,統者所以合天下之不一也.

171) 《資治通鑑》 권69.〈魏紀〉1편.

란으로 참절[僭竊: 분에 넘치는 높은 자리를 차지함]이 함께 홍기하여서 정통이 속할 데가 없게 된즉, 정통은 때때로 단절된다.' 172)라고 하였는데, 이 또한 할거한 것으로서 '부정' 으로 생각한 것이다.

나. 찬탈(簒奪)함은 부정이다.

유지기(劉知幾)가 말하기를, '습착치(習鑿齒)가 찬술한《한진춘추(漢晉春秋)》는 위(魏)나라를 위국(僞國)으로 삼았는데, 이는 아마도 거짓과 바름[사정(邪正)]의 도(途)를 정하고, 순역(順逆)의 이치(理致)를 밝히려 한 것일 뿐이다.' 173)라고 하였다. 주희(朱熹)는 고래의 국가를 8종으로 분류하였는데, 다만 주(周) · 진(秦) · 한(漢: 촉(蜀)을 포함) · 진(晉) · 수(隋) · 당(唐)을 `정통`으로 삼았고, 일반적으로 통(統)에서 찬위(簒位)하여 세세(世世)에 전하지 못한 자, 예컨대 한(漢)의 여후(呂后) · 왕망(王莽) · 당(唐)의 무후(武后)의 류(類)를 `찬적(簒賊)`이라 했으며, 난리를 틈타 찬위하여 혹 영토를 차지한 자, 예컨대 삼국의 위(魏) · 오(吳)인데, 이를 `위국(僞國)`이라 말하였으며, 모두 '부정' 이라 인식한 것이다.

다. 이적(夷狄)의 나라는 부정이다.

《춘추공양전》 성공(成公) 15년 조에 이르기를, '《춘추》에서는 그 나라(주 왕실)를 안으로 하고, 주 왕실 아래의 모든 나라(즉 제후국)를 밖으로 했으며, 모든 제후국 아래의 나라를 안으로 하고, 이적을 밖으로 하였다' 174) 고 하였다. 당대(唐代) 황보식(皇甫湜)은《동진원위정윤론(東晋元魏正閏論)》을 저술하고, 첫머리에 종족을 기준으로

172) 《구양문충공전집(歐陽文忠公全集)》 권59,〈정통론(正統論)〉하편.

173) 《사통(史通)》 권7, 〈탐이(探賾)〉편.

174) "春秋内其國而外諸夏,内諸夏而外夷狄."

정윤(正閏)을 구분하였다. 송대(宋代) 정사초(鄭思肖)는《심사(心史)》를 저술하여 더욱 민족주의를 주창하였으며,《남사(南史)》즉, 남조(南朝)의 역사는 당연히 4조(宋·齊·梁·陳)의 정사(正史)로,《북사(北史)》즉, 북조(北朝)의 역사는 호사(胡史)라고 개칭해야 한다고 주장하였다. 명(明)의 구준(丘濬)은《세사정강(世史正綱)》을 편찬하였는데, 한(漢)·당(唐)을 화하[華夏: 정통의 중국을 일컫는 말]의 순수하고 온전한 세대로 삼았고, 삼국을 화하(華夏)의 할거세대(割據世代)로 삼았으며, 남북조 및 남송을 화하(華夏)의 분열세대로 삼았고, 동진(東晋) 및 오대(五代)를 화이(華夷)의 혼란세대로 여겼으며, 호원(胡元)을 이적(夷狄)의 순수한 전성세대로 보았고, 원의 천하혼일(天下混一)에 대해서는《강목》의 남북조와 오대(五代)의 예에 의거하여 그 연호(年號)를 갑자(甲子) 아래에 분기(分記)하였다. 왕수(王洙)는《송사질(宋史質)》을 저술하였는데, 더 진일보하여 요(遼)·금(金) 두 시대를 외국(外國)으로 열거하였을 뿐 아니라, 심지어 원대(元代)의 연호를 완전히 삭제함으로써 모두 이적(夷狄)이 통(統)을 어지럽히는 것을 허락하지 않았다.

`할거(割據)`와 `찬탈(篡奪)`은 이미 '부정(不正)' 이어서 '정통(正統)' 이라 할 수 없기 때문에 중앙 왕실을 옹호하는 것이 요구된다. 이적(夷狄)의 국가는 이미 '부정' 이므로 '정통(正統)' 이라 할 수 없으므로 외족(外族)에 항거하는 것이 요구된다. 송대 손복(孫復)이 말하기를,

> 《춘추》는 천자를 높이고, 중국을 존귀하게 여긴다. 중국을 귀하게 여기는 것은 이적을 낮추기 위함이고, 천자를 높이는 것은 제후를 낮추기 위해서이다.[175]

175) 孫復,《춘추존왕발미(春秋尊王發微)》

라고 하였다. 제후를 낮추고 이적을 천시함으로써 대의명분을 중시하고 화이(華夷)간의 내외(內外)를 엄히 분별하였다. 이것이야말로 《춘추》 이래의 존왕양이(尊王攘夷)의 정신인 것이다.

2. 한국의 정통론(正統論)

한국의 지리 · 인종 · 역사 이 모두는 중국과 나눌 수 없는 긴밀한 관계를 갖고 있다. 지리를 말하면, 산동반도 · 요동반도와 북한연안은 발해와 황해를 끼고 하나의 불규칙한 반원형을 형성하여 어떤 의미로는 하나의 큰 호수(大湖)라 말할 수 있어서 고대 연안민족(沿海民族)의 이동과 함께 문화교류는 지극히 그 방법이 편리하였다. 인종으로 말하면, 고대조선의 한강 이북의 주민, 즉 부여(夫餘) · 예(濊) · 맥(貊) · 옥저(沃沮) · 고구려(高句麗) 등의 족속(族屬)들은 모두 중국경내(中國境內)로부터 이동하여 들어갔다. 한강이남의 마(馬) · 진(辰) · 변(弁) 삼한(三韓)은 또한 적지 않은 한인(漢人)의 혈통이 혼합하였는데, 예컨대, 진한(辰韓)은 많은 진인(秦人)이 옮겨 들어간 까닭에 또한 '진한(秦韓)' 이라고도 이름하였으며, 마한(馬韓)은 한때 망국(亡國)을 당한 위만조선의 기준(箕準)이 공격해서 점령하여 그 지역에서 왕을 칭하였고, 마한(馬韓)의 후신인 백제 또한 자칭 부여계통이라 하였다. 역사로 말하면, 기자(箕子)가 조선에 봉해졌다는 전설은 이미 3,000년 이상 유전(流傳)하였으니, 마땅히 모종의 사실적 근거가 있을 것이다.[176] 기자조선(箕子朝鮮)이후에 위만조선이 계승되는데, 또한 한인(漢人)이 세운 정권이다. 비록 기자조선이전에 또 단군조선이 있다는 전설이 있지만, 이 전설의 발생은 심히 늦다. 한국의 과거 많은 역사도 이를 인정치 않는 표현을 하였다. 조선왕조의 사가

176) 傅斯年, 《동북사강(東北史綱)》 제1권, 〈古代之東北〉편.

안정복(安鼎福)이 편찬한《동사강목(東史綱目)》은 단군전설이 황당무계하다고 배척하고, 기자를 추존하여 정통으로 삼았으며, 서거정(徐居正)은《동국통감(東國通鑑)》을 편찬하였는데, 역시 단군전설을 의심스럽다고 하여 기자를 특별히 추존하였다. 찬(贊)하여 이르기를,

> 의관(衣冠)제도는 모두 중국과 같은 까닭에 시(詩)·서(書)·예·악(禮·樂)의 나라이며, 인의(仁義)의 나라라고 하였는데, 기자가 이를 시작하였으니 어찌 믿지 않겠는가?'[177]

라 하였다. 이러한 관계로 한국인은 계속하여 중국을 본위(本位)로 바라보았고, 스스로 중국의 분기(分岐)로 인정하였는데, 이것은 한국 전통문화의 하나의 큰 특색이다.

중국이 한(漢) 무제(武帝)이후 조선반도에 군현(郡縣)을 세운 지 400년 정도지난 서진(西晉) 말년에 고구려·백제·신라 삼국이 병기(竝起)하여 중국은 조선반도에서 물러났고, 이로부터 비로소 내외의 구별이 있게 되었다. 고구려·백제 두 나라는 4세기 80년대에 각기 태학(太學)을 설립하였는데, 신라는 언제 태학을 세웠는지 고찰할 수 없으며, 보다 늦은 6세기 초년에 이르러서야 유학을 수입한 것 같다.

유학의 융성에 따라서 춘추대의(春秋大義)가 사람의 마음에 깊이 파고들었다. 신라 법흥왕(法興王) 23년(536년), 신라가 연호(年號)를 처음 세움으로써 춘추정신(春秋精神)을 위배하게 되면서, 한국 사가의 맹렬한 공격을 받았다.[178] 진덕왕(眞德王) 4년(650년)에 신라는 당의 영휘(永徽)라는 연호(年號)를 처음 시행하였는데, 이는 한국이

177)《東國通鑑》외기(外紀)〈箕子朝鮮〉편.

178) 林象德,《東史會綱》권2.
新羅法興王二十一年, 新羅初稱年號. 東方自有國, 皆用中國年號, 至是新羅因中國分裂, 自號建元. 史氏曰: 吳楚僭稱王, 春秋夷狄之所以謹名分也. 建號紀年, 天子之事, 諸侯而僭之, 越禮犯分莫甚焉!

중국연호를 봉행(奉行)한 처음이며, 이로부터 한국은 역대로 모두 중국연호를 시행하여 1,200여 년 간 계속되다가 갑오전쟁(甲午戰爭, 1894년) 이후에야 비로소 연호를 스스로 세웠다. 신라가 중국연호를 시행한 것은 바로《춘추(春秋)》의 대일통(大一統)주의가 관철된 것이다. 고려의 역사가 김부식(金富軾)이 그 일을 논하여 이르기를,

> 삼대[三代: 하(夏)·은(殷)·주(周)]가 정삭(正朔)을 고쳐 새롭게 하고, 후대에서 연호(年號)를 칭한 것은, 모두 대일통(大一統)하여 백성의 보고 듣는 것을 새롭게 하려는 이유에서이다. 이런 까닭에 진실로 때를 만나서 병기(竝起)하고 나란히 나라를 세워 천하를 다툰다든지, 간웅(奸雄)들이 틈을 타서 방자하게 일어나 신기[神器: 즉 임금의 자리]를 넘보지 않는 한, 모서리에 치우쳐 있는 작은 나라는 천자의 나라에 신하로 예속하는 것이어서, 진실로 가히 연호(年號)를 사사로이 할 수 없다. 신라가 한 뜻으로 중국을 섬김으로 사신(使臣)이 길에서 서로 마주치는 정도임에도 불구하고 법흥왕(法興王)이 스스로 연호를 칭하였으니 미혹된 것이다. 그 후에도 그 잘못됨을 답습함이 여러 해가 된 바, (당) 태종의 꾸짖음을 듣고도 오히려 인습(因循)하다가 이때에 이르러서야 당의 연호를 봉행(奉行)하게 되었으니, 비록 부득이함에서 나온 것이기는 하더라도, 또한 허물을 범하고서야 개선할 수 있었던 것이라고 말할 수 있다.179)

라고 하였다.

신라는 또,《예기(禮記)》〈왕제(王制)〉편에서, '천자는 칠묘(七廟)를 두고, 제후는 오묘(五廟)를 둔다.' 는 설로 인하여 제후의 분수에

179)《三國史記》권5,〈眞德王〉편.

안착하여 오묘를 세웠고, '천자(天子)는 천지천하의 명산대천(名山大川)에 제사하고, 제후는 사직(社稷)에 제사한다.' 라는 설로 인하여 제후의 분수에 머물러서 사직에 제사하였다. 《삼국사기》 권32, 〈잡지(雜志)〉1, 제사(祭祀) 조에 이르기를,

> 신라의 종묘제(宗廟制)를 살펴보면, …제36대 혜공왕(765~779년)때에 오묘(五廟)를 처음 정하였고, …제37대 선덕왕(780~784년)때에 사직단(社稷壇)을 세웠으며, 또 사전(祀典: 국가 왕실에서 주관하여 제사를 모시는 신의 목록을 적어놓은 것)은 모두 경내(境內)의 산천으로 한정하여 천지(天地)의 제제(祭制)에 미치지 않았다. 《예기》 <왕제편>에서 이르기를, '천자는 칠묘(七廟)를 세우고 제후는 오묘(五廟)를 세움에, 즉 이소(二昭), 이목(二穆)을 태조의 묘와 합쳐 오(묘)가 된다.' 라고 하였으며, 또 이르기를, 천자는 천지천하의 명산대천에 제사지내고, 제후는 그 봉지(封地)에 있는 사직과 명산대천에 제사지낸다.' 고 한 까닭에 감히 예법을 넘어서 행할 수 없다!

고 하였는데, 이는 모두 신라가 천자를 추존하고 중국을 존귀하게 여긴 징표(徵表)이다.

신라이후 고려왕조(918~1392년)는 오대(五代)때에 흥기해서 명대(明代) 초기에 쇠망하여 모두 470여 년 간 지속되었는데, 그 사이에 송(宋) · 요(遼) · 금(金) · 원(元)이 전후로 흥기하였고, 이로 인하여 고려는 전후 송 · 요 · 금 · 원에 대해 신하(臣下)의 예를 칭하고 조공(朝貢)을 하였다. 고려는 송을 섬김에 있어 시종 한가지로 지성을 다하였으니, 예를 들어 `정강(靖康)의 사변(事變)`(1125년)때에 고려의 인종은 역량의 한계로 인하여 명(命)을 좇아서 급히 지원하지 못

하자, 사죄를 표하기도 하였다.[180] 송의 황실이 남도(南渡)한 이후 정통론은 일시적으로 극성하였으며, 고려는 송과 유구한 우방외교관계를 유지하였으므로 자연히 이 같은 사조(思潮)의 영향을 받을 수밖에 없었다. 더욱이 정통론의 기초를 구성하는 양이사상(攘夷思想)은 고려에 상당한 자극을 준 것 같다. 원래 한국인은 평소 정통적 중화(中華)의 문화를 계승함으로써 스스로 크게 성장하여 화하(華夏) 이외의 거란 · 여진 · 몽고족 등에 대해 대개는 '야인(野人)' · '번이(蕃夷)', 혹은 '호로(胡虜)'로 인식하고 더욱 경멸하였으나, 이제는 오히려 그들이 대단한 위세로 압박하여 그들에게 굴복하지 않을 수 없었으니, 자연히 마음에 달갑지 않음이 있었다. 어떤 사람은 고려조에서 단군(檀君)전설이 출현하기 시작한 것이 결코 우연이 아니라고 인정한다. 즉 단군과 중국의 성군(聖君) 당요(唐堯)가 같은 시기라고 지칭함은 문화의 우월성을 과시하여 민족의 자존심을 환기하는 데 빌려 쓰려고 한 것이며, 단군이 평양에 도읍을 정하였다고 칭하는 것 또한 숨겨진 깊은 뜻이 있는 것인데, 평양이 이미 몽고에 의해 점령되자, 이에 나라사람을 경각시키는데 이를 이용하기 위해 조종(祖宗)의 발상지를 명기(明記)하고자 한 것이다. 그러므로 단군전설은 결국 양이사상(攘夷思想)의 산물인 것이다. 존왕사상(尊王思想)에 이르러서 고려조는 또한 구체적인 사실의 표현을 갖고 있다. 예를 들어 충렬왕 2년(1276년)에, 왕의 '선지(宣旨)'를 고쳐 '왕지(王旨)'라 하였고, '짐(朕)'을 고쳐 '고(孤)'라 하였으며, '폐하(陛下)'를 고쳐 '전하(殿下)'라 하였고, '태자(太子)'를 고쳐 '세자(世子)'라 하였으며, 왕의 묘호(廟號)는 원종(元宗) 이후에 역시 '조(祖)' 또는 '종(宗)'을 붙이지 않고 모모왕(某某王)으로 칭하여, 중

180) 《高麗史》 권15, 〈仁宗世家〉 6년 8월 條.

국에 대해 조금이라도 참월(僭越)한 것이 있으면 역시 하나하나 고치고 바꾸었다. 그러므로《고려사》에서는 왕실을 `세가(世家)`편에 기입하여 고려를 중국천자 통치 아래에 있는 제후에 비의(比擬)하였다.

조선 500년간의 사상계는 주자학설(朱子學說)이 독존의 지위를 점유하였다. 주자는 정통론을 제창하는데 특별히 열심이어서 조선의 학자들은 이에 영향을 많이 받았다. 조선시대 왕의 칙명에 의해 편찬한《동국통감》을 시험 삼아 볼 것 같으면, 곧 한 가지 사실을 엿볼 수 있다. 중국의 정통론은 존왕(尊王)을 강조한 까닭에《동국통감》은 매년 반드시 중국연호를 먼저 썼으며, 중국 정통론이 '할거(割據)'를 반대한 까닭에《동국통감》은 삼국시대를 무통(無統)으로 여겼다. 중국정통론이 '찬탈(簒奪)'을 반대한 까닭에《동국통감》은 신라왕조의 선덕(善德)·진덕(眞德)·진성(眞聖) 등의 3여왕을 중국의 여후(呂后)·무후(武后)와 동일시하고, 이에 낮추어 '주(主)'라 칭하였다. 또 왕망(王莽)의 예를 모방하여 고려왕조말년의 두 국왕 신우(辛禑)·신창(辛昌)을 '찬적(簒賊)'이라 하였다. '강목(綱目)' 사상은 그 취지가 대의명분을 선양하고, 난신적자(亂臣賊子)를 제재하는데 있는 까닭에 신우(辛禑)부자에 관한 서법(書法)은 이미 한 두 차례의 문제를 발생시켰다. 초년에는 모두 그 명칭을 써서《고려사》를 편수하고, 먼저 왕이라 썼으나, 춘추관(春秋館)은 이에 상서하여 반대하기를, '우(禑)는 적신(賊臣) 신돈(辛旽)의 서얼자(庶孼子)로서 몰래 신기[神器: 왕의 자리]에 올라 부자(父子)가 상전(相傳)하여 흉악함이 극도에 달하였으니, 죄가 왕망(王莽)보다 더 드러났는데, 어찌 왕을 칭하여 명분을 어지럽힐 수 있는가!'라고 하고, '《고려사》를 찬수함에 우(禑)·창(昌)부자는 실로《한서》의 왕망(王莽)의 예에 의거하여 명분을 바르게 하고, 난적을 징계하여 만세의 법을 엄하게 할 것'[181]을 요구하였다. 결과적으로 그 의론을 좇았으니, 이는 바로 중국정통론의 정신에 기초한 것이다. 또 예를 들면, 성종 때에 관민이 제사[第舍: 저택]를 기공하는데 신분등급을 가볍게 인식하자, 대사헌 한치형(大司憲 韓致亨)이 상서하여 잘못을 통렬히 지적하며 이르기를,

> 《주역》에서 말하기를, '하늘은 높고 땅은 낮아서 건곤(乾坤)이 정해지고, 낮고 높은 것이 베풀어져서 귀하고 천한 것이 자리 잡았다.' 고 한 것은 상하(上下)의 분수(分數)는 바꿀 수 없다는 것을 말한 것입니다. 그런 까닭으로 반드시 먼저 상하의 분수를 구별한 뒤라야 백성의 뜻이 정(定)해지고 예의(禮義)를 둘 바가 있는 것인데, 이제 공(公)·경(卿)·대부(大夫)들이 부귀에 익숙하여 큰집을 다투어 지으면서 보통으로 여겨 한도(限度)가 없고, … 장사하는 무리와 노예(奴隷)의 미천한 신분으로도 한 번 돈과 재물이 있으면 또한 분수를 헤아리지 아니하고 집과 사택을 다투어 건립하여, 번화(繁華)한 것만을 힘써 숭상하니, … 이에 서인(庶人)의 집이 조정 신하의 집을 능가하고, 조신(朝臣)의 집이 궁궐과 같이 사치스럽고 크기가 절조가 없으니, … (이 같은) 참람한 풍습을 점점 자라게 할 수는 없는데, (이는) 사소한 문제가 아닙니다.[182]

라고 하였다.

조선은 한편 대내적으로 신민(臣民)이 명분을 엄수하기를 요구하였고, 다른 한편, 중국에 대해서는 역시 시종 사대(事大)의 예를 삼가

---

181) 《世宗實錄》 권124, 己巳31년 4월 乙卯(日)條.

182) 《成宗實錄》 권10, 辛卯 2년 6월 己酉 條.

지켜서 중국을 받들기를 주(周)시대의 천자를 받들듯이 하고, 스스로를 주시대의 제후와 같이 보아서 감히 조금도 참월(僭越)된 행위가 없었다. 예를 들어 세조 때에는 양성지(梁誠之)가 상서하여, 조선의 건국이 유구하고 문물이 융성함은 중국을 존중하였기 때문이라고 인식하여서 비록 연호를 별도로 세우는 것은 불편하더라도 다만 국왕의 생신(生辰)을 절일(節日)로 지칭해도 무방할 것 같다고 건의하였다. 그 상서에서 이르기를,

'신(臣)이 듣건대, 옛날의 제왕(帝王)들이 모두 생신(生辰)을 절일(節日)로 일컫는 것은 어버이의 은혜를 소중히 여기고 효도로써 세상을 다스림을 선포(宣布)하는 까닭에 있습니다. 동방(東方)에서는 고려(高麗)의 성종(成宗)이 처음으로 생일을 천추절(千秋節)로 삼았는데, 이로부터 후에는 역대(歷代)에서 모두 명칭(名稱)이 있었으니, 충렬왕(忠烈王) 때에 이르러서는 수원절(壽元節)이라 일컬었습니다. 전대(前代)의 역사를 상고해 본다면, 요(遼)나라와 금(金)나라에서 사신(使臣)을 보내 와서 생신(生辰)을 하례(賀禮)하게 했으니, 매우 성대한 일이었습니다. 우리 본조(本朝)에 이르러서는 다만 탄일(誕日)이라 일컬어 예(禮)가 매우 간략(簡略)했으나, 본시 불가(不可)하다고 할 수는 없습니다. 그러나 신(臣)이 《당사(唐史)》를 살펴보건대, 발해(渤海)의 대조영(大祚榮)은 고구려의 옛 장수인데 갑자기 일어났다가 망했으므로 일컬을 만한 것이 없었는데도, 동국(東國)의 예악(禮樂)과 문물(文物)의 융성(隆盛)한 점에 관하여 다만 발해(渤海)만 칭송하였을 뿐이고, 삼한(三韓)은 칭송의 대상으로 삼지 아니하였으니, 신(臣)은 이를 부끄럽게 여깁니다. 우리 동방(東方)은 요(堯)임금과 더불어 같이 일어나서 토지(土地)의 넓이가 일만 리(一萬 里)나 되고, 생치(生齒)가 번성(煩

盛)하고 군사와 마필(馬匹)이 강성하고 백관(百官) 제도가 성대한데, 비록 별도로 연호(年號)는 세우지 못하지마는 고구려(高句麗)의 옛 것을 계승하여 (국왕의 誕日을) 절일(節日)을 일컬을 수는 없겠습니까? 원컨대 대신(大臣)들로 하여금 서로 의논하여 시행하도록 하소서.' 라고 하였다. 그러나 어서(御書)에 이르기를, '그럴 수는 없다' 고 하였다." 183)

훗날에 명나라 왕조가 청에 망하자, 조선은 명나라 신종(神宗)이 왜란 때에 원군을 보내준 것에 감격하여 명 신종을 위하여 묘(廟)를 세우고자 하였으나, 제후가 천자를 제사함이 예에 벗어난다는 이유로 처음에는 주저함을 나타내었다. 《숙종실록》 권40, 갑신30년(1740년) 9월 계축일 조에 이르기를,

이여(李畬)가 아뢰기를, 신종 황제의 묘우(廟宇)를 세우라는 하교(下敎)는 실로 천고(千古)에 보기 드문 성대한 의절(儀節)이니, 군하(群下)로서 누군들 감동(感動)하지 않겠습니까? …논자(論者)가 혹 이르기를, '제후(諸侯)가 천자(天子)를 제사지내는 것은 예(禮)에 있어 참람(僭濫)하다.' 고 하는데, 상도(常道)로써 말한다면, 그렇습니다. 그러나 신의 뜻은 이것과는 다릅니다. 옛날 한(漢)나라의 위현성(韋玄成)은 말하기를, '아비는 지서[支庶: 적자 이외의 아들]의 집에서 제사지내지 않고, 왕(王)은 하토(下土)의 제후(諸侯)에게서 제사지내지 않는다.' 고 하였으니, 그 분별이 진실로 판연한 듯합니다. 그러나 예(禮)는 본래 경례(經禮: 바꿀 수 없는 예)와 변례(變禮)가 있는데, 요컨대 인정(人情)에 바탕을 두고, 천리(天理)에 맞아야 하니, 만약 적자(嫡子)가 연고가 생겨 아비를 제사지낼

183) 《世祖實錄》 권7, 丁丑 3년 3월 戊寅 條.

수 없으면, 지서(支庶)가 그 집에서 대행(代行)하는 것은 또한 인정(人情)에 그만둘 수 없는 것입니다. 천자가 태묘(太廟)에서 이미 혈식[血食: 희생을 올리고 제사지냄]하지 못하는데, 한구석의 작은 나라에서 유독 영구히 잊지 못하는 성의(誠意)를 가지고 추사(追思)하여 이를 제사한다면, 또한 지서(支庶)로서 그 아비에게 대신 제사하는 것과 무엇이 다르겠습니까? … 지금 만약 동방(東方)을 들어 명(明)나라의 구역(區域)으로 삼아서 천자의 묘우(廟宇)를 세운다면, 어찌 성대한 일이 아니겠습니까?

라고 하였다.

결과적으로, 끝내 '천자의 태묘(太廟)에서 이미 혈식(血食)하지 못하니, 한구석의 작은 나라가 추모하고 생각하여 제사지내는 것이 어찌 불가한가?' 라고 하고, 숙종(肅宗) 31년에 '대보단(大報壇)' 을 금원(禁苑)에 축조하여 명 신종을 봉사(奉祀)하였고, 영조(英祖) 때에는 아울러 명 태조 및 명 사종(思宗)을 부제(附祭)하였다. 정조(正祖) 때에는 또, 《존주휘편(尊周彙編)》을 칙령으로 편찬하여 명 왕실에 대한 존숭(尊崇)을 표시하였다. 이 같은 것은 진정으로 명나라 군대가 조선을 도운 것에 감격한 정리(情理)로부터 나온 것으로, 사실 또한 《춘추》의 대일통(大一統) 정신이 도야(陶冶)된 결과라고 말할 수 있다.

조선이 명 왕실에 대해 한 예우는 대단히 공손하였으나, 다만 기타 민족을 대우함에 있어서는 오히려 자존자대(自尊自大)의 태도를 가졌다. 이는 바로 《춘추》에서의 하·이(夏·夷)를 분별한 정신에 기초한 것이다. 명조가 청에 멸망하였지만 조선은 여전히 명을 위해서 원수를 갚겠다는 생각을 버리지 않았다. 《숙종실록》 권2, 원년(1675년) 을묘 정월 기사일 조에,

> 아! 병자년의 일[이른바 병자호란]은, 하늘이 우리를 돌보지 않고 짐승 같은 오랑캐가 사람을 핍박하여 우리를 회계[會稽: 패전의 치욕]에 들어가게 하고,[184] 우리를 청성(靑城)에서 변을 당하게 하며,[185] 우리 백성을 죽이고 우리 관면[冠冕 : 관은 쓰개의 총칭이고, 면은 대부이상이 쓰는 예관(禮冠)으로 귀함이나 자존의 상징]을 찢은 것입니다. 이때에 우리 선왕(先王)께서 한 번의 죽음 같은 수치를 참아 종사(宗社)를 위하고, 한 번 치욕을 감수하여 백성을 위하였으나, 피를 흘리고 눈물을 삼키며 치욕을 머금고 가슴을 치며 한가지의 나아갈 바만이 있음을 생각하여 지금에 이르렀으니, 천도(天道)가 여러 번 돌고 인신(人神)은 분노가 찼다. 오늘날 북방의 소식은 잘 알 수는 없으나, 추악한 오랑캐가 훔쳐 차지한 지 이미 오래 되었으므로 중국의 원한과 분노가 바야흐로 일어나서, 오(吳)가 서방에서 일어나고 공(孔)이 남방에서 잇달고 정(鄭)이 동방에서 엿보고 있고, … 우리는 이웃하고 있는 나라로써 … 오히려 이때에 군사를 일으키고 격문(檄文)을 달려 보내어 천하를 위하여 앞장서지 않고, … 다만 칼을 가지고도 베지 않고 기총(機銃)을 만지면서 격발하지 않는 것이 애석할 뿐만 아니라, 진실로 … 우리 조종(祖宗)과 우리 선왕(先王)께 아뢸 여지가 없고 천하 만세에 할 말이 있을 수 없음이 두렵습니다.

라고 하였다.

인용한 내용에 만청(滿淸)을 지칭하여 '짐승 같은 오랑캐', '추악한 오랑캐'라고 한 것은 그 원수로 여긴 심정을 충분히 반영한

184) '會稽之恥': 春秋時代에 吳王 夫差와 회계산에서 싸우다가 패배하여 잡히나, 그 굴욕을 씻기 위해 臥薪(嘗膽)한 越王 句踐이 마침내 싸워 이김. 패전하여 잊지 못할 수치를 의미함.

185) 靑城은 靑色之城이라고도 함. 이 靑城은 河南省 開封縣境에 있음. 북송말 '靖康之變' 시에 여기 청성에서 宋의 황제 欽宗·상황 徽宗 등이 金軍에 포로되어 金의 수도로 압송됨. 국가적 치욕을 당한 지역.

것이다. 조선은 비록 만청(滿淸)의 위력에 둘러싸인 바가 되어 부득이 청의 정삭(正朔)을 받들기는 하였지만 단지 '관공문서(官公文書) 외에는 비록 미천한 서인이라도 청국의 연호를 쓰는 자가 없었다.'[186]

조선 내에서 사적(私的)으로는 여전히 계속해서 명나라의 숭정(崇禎) 연호를 사용하였다. 조선의 한학자 박지원(朴趾源)은 일찍이 만청(滿淸)이 주자를 추존함을 지적하고 배척하며 이르기를, '주자학을 진정 아는 것이 아니고, 천하의 입을 막아 자신들이 이적(夷狄)임을 감히 말 못하게 하는 것'[187]에 불과하다고 하였다. 그러나 한국인의 심안(心眼)에서의 이·하(夷·夏)의 구별은 결국 문화수준의 고하로 구별하는 것에서 예외가 아니므로, 조선은 당초 비록 만청을 대단히 원수시하였지만 후에 만청이 점점 정통문화의 보호자의 지위를 얻게 되자 조선은 또한 전환하여 만청과 친하였다. 조선말년에 이르러 서방세력이 침투하자 대원군(大院君)이 '양이격양(洋夷擊攘)' 정책을 견지하였는데, 비록 원인은 하나가 아니지만 주요한 것은 분명히 중국의 양이사상(攘夷思想)의 영향으로 귀결된다.

과거 많은 사람들이 정통론의 결점을 전적으로 찾았는데, 어떤 사람이 이르기를, '정통과 도통(道統)의 안목으로 지적하여 중국역사를 보면, 황제권과 유술(儒術)이 결합한 중국정치는 1,000여 년 간의 역사에서 청명함이 지극히 적었다.' 고 한다. 또 혹자는 '이 같은 사상은 진정 민족관념의 발육에 도움이 되나, 그 폐해는 도리어 배타적·자아적·협애적 민족개념을 촉발하였고, 세계사상을 포용하는 민족의 출로를 지연시켰다.' 고 한다. 비록 정통론의 유폐(流弊)가 없지는 않았으나, 역사상으로 보면 현저하게 공헌을 하였다.

---

186) 《肅宗實錄》 권3, 원년 4월 壬寅 條 참조.

187) 《熱河日記》 권10.

가. 정통론의 기초를 구성하는 존왕사상은 대의명분을 강조하여 각 국가의 야심가들에게 돌아보아 꺼리게 하는 바가 있게 하였고, 이 때문에 각 국가 내부의 향심력(向心力)을 더욱 강하게 하여 한국 등 각 국 역사정국의 안정에 얼마간은 일조하였다.

나. 정통론의 기초를 구성하는 양이사상(攘夷思想)은 내외구별을 강조하였기 때문에 한국 등 각 국가의 민족의식을 환기하고, 각 국가가 발분하여 강국을 도모하는 정신을 계발하였다.

제9장 화이관념(華夷觀念)

1. 중국의 화이관념(華夷觀念)

중국은 인구가 많고 영토가 넓고, 종족이 복잡하며 문화수준이 서로 같지 않다. 이 때문에 예로부터 화이관념의 형성을 가져왔다. 예컨대《상서(尙書)》〈주서 · 무성(周書 · 武成)〉편에는, '중국 중원과 남북 주변 오랑캐 모두가 따르고 복종하지 않음이 없다.' 라고 하고,《좌전(左傳)》〈정공(定公)〉편 10년 조에는, '변방족이 중하(中夏)를 도모치 않고, 동쪽 오랑캐가 중화(中華)를 침란(侵亂)하지 않는다.' 라고 한다.《논어》〈팔일(八佾)〉편에는, '이적(夷狄)에 군주가 있어도 제하(諸夏)에서의 군주가 없는 것만도 못하다.' 라고 하였고,《맹자》〈등문공〉(상)편에는, '나는 화하(華夏)의 것을 가지고 변이(邊夷)를 변화시켰다는 것은 들었으나, 화하가 변이에게 변화되었다는 것은 듣지 못했다.' 라고 되어있다.《공양전(公羊傳)》〈성공(成公)〉편 15년 조에는, '《춘추》는 그 나라를 안으로 여기고 제하(諸夏)를 밖으로 여기다가 (점차) 제하를 안으로 삼고 이적(夷狄)을 밖으로 삼았다.' 라고 하였고,《주자어류(朱子語類)》83편에는, '《춘추》의 큰 취지에서 볼 수 있는 것은 난신(亂臣)을 주살하고 적자(賊子)를 토벌하며, 중국을 안으로 여기고, 이적을 밖으로 여기며 왕자(王者)를 존귀하게 여기는 대신 패자(霸者)를 도적처럼 여길 뿐이다.' 라고 되어있다. 이 모두는 선철(先哲)이 화이(華夷)의 차별을 얼마나 중시했는가를 증명하는 것이다.

그러나 선철의 화이관념은 종족의 의의(意義)보다는 문화의 의의(意義)에 편중하여 말한 것이다. 맹자가 주장한 '용하변이(用夏變夷)' 는 낙후된 종족은 높은 문화민족을 의지할 수 있고, 이적은 화하에게서 변화될 수 있음을 설명한 것이다. 한유(韓愈)의 〈원도(原道)〉편에서 말하기를, '제후가 오랑캐의 예(禮)를 쓰면 즉 이적(夷狄)이 되고, 중국에게로 진출하면 중국이 된다.' 고 하였다. 그래서 화이(華夷)의 차별은 결국 문명과 야만의 구별이라고 말할 수 있다.

2. 한국의 화이관념(華夷觀念)

한반도는 중국과 관련을 맺음에 있어, 처음에는 중국의 군현(郡縣)으로 포함되었다가, 서진(西晉)말년에 오호(五胡)의 난이 발생하자, 고구려 · 백제 · 신라 등 자주정권이 점차 성장하여 마침내 신라가 반도를 통일하였다. 개화가 비교적 늦고 건국도 비교적 늦음에 따라 신라는 서둘러 선진국을 추종하여 중국의 문화를 적극 흡수해서 힘껏 '이이역화[以夷易華: 오랑캐에서 문화민족으로 바뀜]' 를 추구하게 되었는데, 예를 들면, 의복과 같은 것을 중화의 제도로 바꾸는 것 등이다. 고려의 역사가 김부식(金富軾)이 편찬한 《삼국사기》 권23, 〈잡지(雜志)〉 제2편에 보면,

> 신라 초기에는 의복 제도를 고려하지 않았다. 제23대 법흥왕 때에 이르러 비로소 6부의 복색과 존비(尊卑)의 제도가 정해졌는데, 아직 오랑캐의 습속(習俗) 정도였다. 진덕왕 2년(648년)에 이르러 김춘추가 당(唐)에 건너가 당의 의식제도를 배워 (이에)따를 것을 청하니, 현종(玄宗)황제가 허락하자, 의대(衣帶)를 가지고 돌아와서 시행하니 오랑캐의 습속이 중화의 의식으로 바뀌었다.

라고 되어 있는데, 이로 말미암아 당시 한인(韓人)들이 중화를 사모한 일면을 알 수 있다.

고려가 개국되고 「이이역화(以夷易華)」의 전통은 견지되어 고려 태조26년(943년) 4월 임종할 때에, 박술희(朴述熙)를 불러 친히 훈요십조(訓要十條)를 내려주어 자손들로 하여금 조석으로 열람하여 영원토록 귀감으로 삼도록 하였다. 그 훈요 네 번째 조(條)를 보면,

> 생각건대, 우리 동방이 오래도록 당풍(唐風)을 사모하여 문물예악(文物禮樂)은 모두 당의 제도를 따랐다. 방위와 토양이 다르면 인성도 각기 다른데, 구차하게 같아야 할 필요는 없다. 거란(契丹)은 금수(禽獸)의 나라인지라 풍속이 같지 않고 언어 역시 다르니, 의관제도는 삼가 본받지 말라.[188]

라고 훈시하였다.

고려 예종10년(1115년) 10월 이부상서 왕자지(王字之) 등을 파견하여 송(宋)의 대학에 가서 표(表)를 올리도록 하였고, 또한 「용하변이(用夏變夷)」하여야함을 표시하였는데, 간략히 이르기를:

> 백성을 교화하고 풍속을 이루는데 대학의 풍으로 행하니 하(夏)를 써서 오랑캐를 변화시키는 것은 저들 선왕의 가르침을 빙자해서입니다.[189]

라고 하였다.

고려 인종 때에도 나라 백성들을 권면하여 '화하(華夏)의 법은 본받고 거란 오랑캐의 풍속은 금할 것' 을 명하였다. 《고려사》 권26 〈인종세가〉2편에서는,

---

188) 《高麗史》 권1, 〈太祖〉1편.

189) 상게서, 권14, 〈睿宗〉3편.

인종 7년(1129년) 5월 갑진일에 조(詔)하기를, '선왕의 법은 형명(刑名)을 바르게 하고 분수(分數)지킴을 상세히 하며, 큰 것은 갖추고 굽은 것은 막고, 관면(冠冕)의 의식, 의복 제도에 상하의 구별이 있고, 존귀함과 비천함이 같지 않으니, 그런고로 귀한 신분으로 핍박하지 않고 천한 신분으로 주제넘지 않음은 사람의 마음이 정하는 것이다. (그런데 이제) 덕이 아래에 미침이 적고 법규가 때와 함께 피폐하고 복식에 등급이 없으며 사람이 근검절약을 알지 못한다. 나의 태조가 나라를 열고 극히 신중하고 검소하고 덕을 행하며, 오직 영원한 계획을 품고, 화하(華夏)의 법은 본받으나 거란의 풍속은 금하셨다. 이제 위로는 조정으로부터 아래로는 서민에 이르기까지 화려하고 사치스런 풍속을 다투듯 가까이 하고 오랑캐의 풍속을 몸에 익혀 회복하기가 어려움에 깊이 탄식한다. 오늘 짐이 솔선하여 말속(末俗)을 혁신하고, 승여[乘輿: 탈것] 복어[服御: 입을 것] 등의 물건은 모두 화려함을 제거하고 질박함을 숭상하는 바, 너희 공경들은 짐의 뜻을 받들어 행하도록 하라.' 고 하셨다.

라고 되어있다.

고려 왕조 사백 수십 년간 거란, 여진, 몽고에게 차례대로 시달렸는데, 비록 저들의 위력에 일시 굴복하였으나 문화 수준이 높다고 자부하며 시종 마음으로는 경시하고, 송 왕실에 대해서는 기꺼이 복종하였는데, 이는 바로 '중국은 귀하고 오랑캐는 천하다' 는 《춘추》의 사상의 영향 때문이다.

조선시대 약 5백년간은 주자학이 시종 최고의 권위를 유지하였기 때문에 화이(華夷)의 구별이 더욱 엄격해졌다. 예컨대, 세종 때에는 한자가 번다하고 복잡하여 민중이 학습하기가 불편함에 신숙주(申叔

舟) 등에게 명하여 언문(諺文)을 짓도록 하였는데, 당시 일반 사대부 대부분이 반대를 표시하였다. 이는 '중국을 버리고 오랑캐와 같아진다.' 고 생각하였기 때문이다. 집현전 부제학 최만리(崔萬里) 등은 상소를 올려 이르길,

"우리 조선은 조종 때부터 내려오면서 지성스럽게 대국을 섬기어 한결 같이 중화의 제도를 준수하여 왔으므로, 지금 마땅히 글을 같이하고 법도를 같이하여야 할 때인데, 언문을 창작하시므로 보고 듣기에 놀라움이 있습니다. … 옛날부터 구주(九州, 즉 중국) 안에는 풍토가 비록 다르나 아직 지역 국가의 언어에 맞춰 별도로 문자를 만든 곳이 없었고, 오직 몽고·서하·여진·일본과 서번(西藩) 등이 각기 그들의 문자가 있으되, 이는 모두 오랑캐의 처사일 뿐 족히 좇아갈 바가 아닙니다. 옛글에 이르기를, '화하(華夏)의 문화를 가지고 오랑캐를 변화시킨다.' 라고는 하였으나, 화하가 이적에게 변화된다는 소리는 아직 듣지 못하였습니다. 역대로 중국은 우리나라엔 箕子가 남긴 풍속이 있다고 여겨왔고, 문물과 예악이 중화에 견주어 닮았다고 하는데, 이제 따로 언문을 만드는 것은 중국을 버리고 스스로 이적과 같아지려는 것으로써, 이른바 소합향[蘇合香: 소철에 합쳐 나오는 좋은 향기]을 버리고 당랑환[螳螂丸: 큰 힘에 맞서려는 사마귀가 갖고 있는 작은 힘]을 취함이오니 어찌 문명의 큰 누(累)가 아니오리까?" 하였다.190)

또 조선 세조 때에 동생 이유(李瑜)가 왕위를 탈취하기 위해 모반을 꾀한 것이 발각되었는데, 세조는 겨우 그 합세한 무리만 주살하고 이유를 사사로이 사면하려 하자, 모든 신료가 법으로 그를 조처

190) 《世宗實錄》 권103, 甲子26년(1444) 2월 庚子條.

할 것을 요청하니, 세조는 요(遼)나라 태조의 고사를 인용하여 불허할 것을 견지하니, 영의정 정인지(鄭麟趾)가 일어나 언쟁하듯이 말하기를, '요나라는 오랑캐이니 법으로 삼을 것이 못됩니다. 오늘의 이 사건은 마땅히 주공(周公)의 처사를 법도로 삼아야 할 뿐입니다. 만약 사사[賜死: 극형에 처할 죄인을 대우하는 뜻으로 임금이 독약을 내려 자결하게 하는 일]하여 머리가 잘리지 않게만 한다면 그것으로 족합니다.' [191] 라고 하였다.

조선이 중국 정통문화를 계승한다고 자처하나, 대체로 중국전통에 부합되지 않는 것도 있기 때문에 '소중화(小中華)' 로 칭하였다.

《성종실록》 권20, 임진3년(1472년) 7월 을사일에 예조(禮曹)에서 상계(上啓)하여 이르기를,

> 우리 동방은 기자(箕子) 이래로 교화가 크게 행해져 남자는 열사(烈士)의 풍조(風潮)가 있었고, 여자는 정절(貞節)의 미풍(美風)이 있었으므로 역사기록에서 '소중화(小中華)' 라 칭하였습니다.

라고 하였다.

조선은 이미 자부하여 '소중화' 로 여겼기 때문에, 다른 한편 여진(女眞) 등을 야인(野人)이라 하여 경시하고 엄하게 경계하였다. 《연산군일기(燕山君日記)》 권25 정사3년(1497년) 7월 갑진일 조(條)에 보면,

> 중국은 즉, 이적(夷狄)과 더불어 영역을 스스로 구별하였고, 위엄과 덕화(德化)를 멀리 미치니, 그런즉 오랑캐들이 스스로 굴복하여 왔으므로, 이른바 '오는 자는 막지 않고 가는 자는 좇지 않는다.'

---

191) 《세조실록》 권9, 戊寅3년(1458) 9월 辛未條.

는 것입니다. 우리나라의 양편 경계는 중국과 더불어 형편이 다릅니다. 영안도(永安道)는 본시 야인의 경계인데, 세종께서 두만강으로 한계를 삼았고, 그 때에 김종서가 계책을 올려 육진(六鎭)을 설치한 것이니, 이는 대개 야인이 살고 있는 땅이므로, 그들은 차마 옛 땅을 멀리 떠나지 못함으로 그대로 성 밑에서 살도록 허락하고 울타리[번리(藩籬)]로 삼아, 성식[聲息: 음성으로 전하는 소식]을 보고하게 한 것이지, 일부러 오랑캐를 가까이 한 것은 아니었습니다. 평안도는 삼위(三衛)[192]와 거리가 너무 멀기 때문에, 조종(祖宗)부터 성 밑에 가까이 사는 것을 허락하지 않았으니, 그 초무(招撫)하는 방법이 영안도와는 확실히 다릅니다.

라고 하였다.

한편, 대명(大明)을 부모와도 같이 여겼는데, 《선조실록》 권37, 계사 26년(1593년), 4월 무자일 조를 보면,

주상께서 이르시길, '설령 외국으로 말한다면, 중국은 부모와 같고 우리나라와 일본은 똑같이 외국이면서도 자식과 같은 것이다. 그 부모의 자식 관계에서 말한다면 우리나라는 효자(孝子)이고, 일본은 적자(賊子)이다.' 라고 하였다.

더욱 심하게는 스스로 중국의 일부라고 인정을 하는데 《선조실록》 권41, 동년 8월 계미일 조를 보면,

우리나라는 기자(箕子)가 봉함을 받은 이후로 중국 역대의 황조(皇朝)가 모두 우리를 내복(內服)으로 보았다. 한나라 때에는 사군을 설치하였고, 唐나라 때에는 부여군(扶餘郡)을 증설하였다. 대명

192) 명 태조가 동북삼성 지역에 설치했다는 삼위(三衛)의 땅.

> (大明)에 이르러서는 팔도의 군현을 모두 요동에 예속시켜 의관과 문물을 한결 같이 중국 제도를 따르게 하고 우리 국왕에게 어보(御寶)를 맡겨 일을 다스리게 하였다. 가령 표류한 중국 사람을 거느리어 어려움을 풀어주면 천자가 지방 관리에게 상을 내리듯이 우리 국왕에게 상을 내렸으니 실제로는 중국의 땅을 우리로 하여금 다스리게 한 격이다.

라고 한 것이다. 조선의 친명(親明) 태도가 이와 같이 철저했던 것은 완전히 문화적으로 같다는 인식에 바탕을 둔 것이다.

청나라 건국 초기 조선의 군신(君臣)들은 청을 호로(胡虜)로 보면서, 강렬한 적의를 보였는데, 예를 들면, 인조 14년(1636년) 2월에 사간(司諫) 조경(趙絅)을 이어 홍익한(洪翼漢)이 상소하여 이르길,

> 신들이 들으니, 지금 용호[龍胡, 淸 만주족]가 남하해 온 것은 바로 지난날 금(金)나라 칸[汗]이 황제를 칭한 일이 있었기 때문이라고 합니다. 신은 태어나면서부터 다만 대명(大明)의 천자가 있다고만 들었을 뿐인데, 이런 말이 어찌하여 들린단 말입니까? … 우리나라는 본디 예의의 나라로 천하에 소문이 나서 우리를 '소중화'라 일컫고 있으며, 열성(列聖)들이 서로 계승하면서 한마음으로 사대하기를 정성스럽고 부지런히 하였습니다. 그런데 지금 오랑캐를 섬기고 편안함을 몰래 취하며 근근이 생존하고 있습니다. 비록 세월을 이어 가고 있으나, 조종들을 어떻게 대하겠으며, 천하 사람들을 어찌 대하겠으며, 후세에 대해서는 어쩌겠습니까? 라고 하였다.[193]

강희제(康熙帝) 말년에, 천하가 이미 평정해졌으니, 조선에서 한학을 가르치는 고시언(高時彦)은 '화하(華夏) 문명의 지역이 변하여

193) 《仁祖實錄》 권30, 丙子14년(1636년) 2월, 丙辰 條.

성예[腥穢: 비린내가 나고 더러움]의 지구로 되었다.' 라는 비통한 글월을 지어 이르길,

> '옛날 부자[夫子: 孔子]께서 《춘추》를 지어 중국을 존중하고 이적을 물리쳐 '大一統의 義' 를 이루시니, 일성(日星)과도 같이 빛나 천하 만세에 드리우게 되었다. 우리 동방 문화는 중국을 사모하고 닮아 위로는 사대부에 이르고 아래로는 마을 골목의 천민에게 이르기까지 주나라를 존중하는 것이 소중한 줄 알고, 혈맹으로써 명나라 황조 400년을 복종하여 섬기니, 용사(龍蛇)의 변화에 이르러 신황(神皇)이 다시 창조하는 은혜를 받음이 골수에 사무친다. 한 번에 창해(滄海)가 뽕나무밭으로 바뀌듯이 세월이 무상하여 화하(華夏)문명의 땅이 변하여 비린내 나고 더러운 지구가 되었고, 수 천리로 기자에게 봉해진 산하가 역시 소 떼가 더럽히고 지나간 듯한 수치가 되었고, 의인(義人) 지사(志士)가 비통함을 억누르고 강개함을 억누르니, 이는 일찍이 주부자(朱夫子, 朱熹)가 이른 바 '함원인통[含寃忍痛: 원한을 품고 고통을 억누름]' 의 네 글자를 가슴에 품은 자가 많게 된 것이다.'라고 하였다.194)

그러나 한인(韓人)의 마음에 있는 화이(華夷)의 구별은 결국 문명과 야만의 구별 외에는 각종 종족에 대해 어떤 후박(厚薄)함이 있는 것이 아니어서, 청이 점차 중국문화의 보호자로서의 지위에 이르자, 조선은 마침내 청과의 친함이 과거 명과 친했던 것과 같게 되었다.

중국과 영국 사이에 일어난 아편전쟁 후, 서방열강이 급히 조선반도에 부정한 이득을 구하고자 하니, 조선은 돌연히 이질문화인 양이(洋夷)에 대하여 자연스럽게 원수로 보는 마음이 생겼는데, 예컨대

194) 李光燾, 《中韓民族與文化》 166쪽 재인용.

이태왕(李太王, 즉 高宗) 3년(1866년), 프랑스 함대가 쳐들어온 강화도사건 이후 대원군은 전국 통도대읍(通都大邑)에 두루 비석을 세웠는데, 명문(銘文)하여 이르길,

'서양 오랑캐가 침범하는데 싸우지 아니함은 곧 화의요, 화의를 주장함은 나라를 팔아먹는 것이니. 우리 자손만대에 경계로 삼는다.' (洋夷侵犯, 非戰卽和. 主和賣國, 戒我子孫萬年!)

라고 한 것이다. 일시에 오랑캐를 물리치자는 목소리가 하늘을 진동시키니, 바로 이것이 바로《춘추》의 화이변별(華夷辨別) 사상의 영향이다.

중국의 화이사상 관념이 한국에 미친 영향을 다음 몇 가지로 정리할 수 있다.

첫째, 중국의 화이관념은 동방민족주의의 원천으로 그것은 낙후된 국가에게 선진 국가를 바라보는 욕망을 자극하였고, 후진민족에게 발분하여 강성코자 하는 정신을 계발토록 하였다.

둘째, 화이관념은 일정한 한도를 지나 마침내 이민족을 배척하는 무기가 되었고, 한국 등 동아시아 제국의 서방에 대한 태도는 다분히 이 사상의 영향을 받았다.

셋째,《춘추》에서의 화이를 분별하는 사상은 곧, 문화의 의의가 종족의 의의를 초월함을 나타내고, 문화의 기초에 있어 중국에 대해 충심의 열복(悅服)을 표시한 것이다. 문화의 혼합으로 비로소 대동(大同)사회의 지름길[도경(途徑)]에 도달하는 것이다.

제 3 편
政 治

제3편 : 정치(政治) 영향

제10장 개국전설(開國傳說)

1. 중국의 개국전설

중국은 고대 세계 4대 문명국의 하나로, 멀리 3,000년 전에 문물제도는 이미 선명하게 잘 갖추어져 있었다. 당시 한국 등 동아시아 각국은 아직 미개상태에 처했지만, 나중에 중국문화를 접촉하고 비로소 점차 개화하였고 건국하였다. 이는 중국학자의 사견(私見)이 아니라 각국 학자들이 공인하는 사실이다. 한국 조선시대 역사가 함허자(涵虛子)[1]는 말하기를, '의관제도는 실로 중국과 동일하여 그런고로 '시·서·예·악의 나라', '인의의 나라' 라고 일컫게 되었는데, 기자(箕子)가 이를 시작하였으니, 어찌 믿지 않으리오!' [2]라고 하였던 것이다. 사실 황당한 전설을 보고 들으면, 일단 정밀한 분석을 해야 할 것이나, 그럼에도 그 중에는 다소의 역사적 요소를 갖고 있음을 발견하기 어렵지 않다. 여기에서는 중국의 개국전설과 관련된 한국의 단군개국전설·기자개국전설·고구려개국전설·백제개국전설·신라개국전설 등의 사항을 분별하여 서술하고자 한다.

---

1) 함허자(涵虛子)는 明 태조의 16번째 아들(17번째 아들이라는 설도 있다)로 대녕(大寧)에 봉해졌고, 헌(獻)이라는 시호를 받아 영헌왕(寧獻王)이라고도 한다. 영락(永樂) 초기에 다시 남창(南昌)에 봉해졌다. 자호(自號)는 대명거사(大明居士)·함허자(涵虛子)·단구선생(丹丘先生)이며, 음악에 통달했고 악부에 능했다. 그런데, 본서의 저자 주운영은 그를 왜 한국역사가라고 했는지 역자로선 잘 이해가 되질 안는다.

2) 徐居正,《東國通鑑》外紀,〈檀君朝鮮〉편 인용.

2. 한국의 개국(開國)전설

[단군개국(檀君開國)전설]

단군전설은 13세기말 고려시대의 승려 일연(一然)이 저술한 《삼국유사(三國遺事)》 권1.에 처음으로 보이는데, 그 내용은 다음과 같다.

> 《위서(魏書)》에서 이르기를, (지금부터) 2,000여 년 전에 단군왕검(檀君王儉)은 아사달(阿斯達)에 도읍을 정하고 나라를 열어, 조선이라고 이름 하였다. (이 때는 중국에서) 도당(陶唐)의 요(堯)가 재위(在位)했을 때와 같은 시기이다. 고기(古記)에 이르기를, '옛날에 환인(桓因)의 서자(庶子) 환웅(桓雄)이 있었는데, 자주 천하에 뜻을 두어 인간세상을 구원하고자 하니, 아버지가 자식의 뜻을 알아 아래로 삼위태백[三危太伯 : 태백산정]을 보니, 가히 홍익인간(弘益人間) 할 만하다고 생각하여 이에 천부인(天符印)을 주고, 가서 다스리도록 했다.' 고 한다. 그래서 환웅이 무리 삼천을 거느리고 태백산정의 신단수(神檀樹)아래로 내려와 신시(神市)라 불렀으니, 이가 환웅천왕(桓雄天王)이다. 풍백(風伯) · 우사(雨師) · 운사(雲師)를 거느리고 곡물 · 생명 · 형벌 · 선악을 주관하였고, 인간 360여일을 모두 주관하되 세상에 있으면서 다스리고 교화하였다. 때마침 한 마리의 곰과 호랑이가 같은 동굴에서 살고 있었는데, 항상 신웅(神雄)에게 기도하여 사람이 되기를 원하였다. 신웅이 신령스런 쑥과 마늘 20매를 보내주며 말하기를, '너희들이 이것을 먹고 일백일간 햇빛을 보지 않으면 사람이 되리라.' 고 하였다. 곰과 호랑이가 이것을 얻어서 먹고 삼칠일간 근신하자 곰은 여자가 되었으나, 호랑이는 근신하지 못하여 사람이 되지 못하였다. 웅녀(熊女)는 혼인할 상대가 없어서 매번 신단수 아래에서 울며 아이 갖기를 원하니, 환웅이 임시로 사람으로 변하여 그와 결혼하였고 웅녀는 임신

하여 아들을 낳으니, 이름 짓기를 단군왕검(檀君王儉)이라 하였다. 단군왕검은 당고(唐高) 즉위 50년(B.C.2333년)에 평양성에 도읍하고 처음에 조선(朝鮮)이라 칭하였다. 또 태백산 아사달(阿斯達)로 옮겨 도읍으로 삼고, 다시 궁홀산(弓忽山), 또다시 금미달(今彌達)이라 칭하고, 1,500년간 다스렸다. 주(周)나라 호왕(虎王), 즉 무왕(武王)이 즉위한 기묘년에 기자(箕子)를 조선의 왕에 봉하자, 단군은 장당경(藏唐京)으로 옮겨갔으며, 후에 아사달로 돌아와 은거하며 산신이 되었는데 나이가 1,908세가 되었다.

《삼국유사》에서는 스스로 말하기를, 중국의 《위서(魏書)》를 근거했다고 하나, 《위서》를 고찰해 보아도 이러한 기재사항은 없다. 또 이르기를 한국의 《고기(古記)》를 근거로 했다 하나, 또한 무슨 책을 지적하여 말한 것인지 알 수가 없으니, 생각하건대 삼국 이전의 전적(典籍)은 아닌 듯하다. 《삼국유사》는 본래 근엄한 사서로는 볼 수 없으며, 그래서 삼천년 전의 단군전설을 추술(追述)한 것이니, 당연히 시간이 지나오면서 크게 문제가 발생하였다. 조선시대의 서거정(徐居正) 등이 칙명을 받들어 편찬한 《동국통감(東國通鑑)》은 기사가 비교적 간단하며, 내용 또한 《삼국유사》와 약간의 차이가 있으니, 〈외기(外紀)〉 〈단군조선전(檀君朝鮮傳)〉에 이르기를,

동방에는 처음에 군(君)으로 보이는 자가 없었는데, 신인(神人)이 단목(壇木) 아래로 내려오니, 나라사람들이 그를 군(君)으로 삼았는데, 이가 단군이며, 국호를 '조선(朝鮮)'이라 하였다. 이때가 당요(唐堯)의 무진년 때였다. 처음에는 평양을 도읍으로 정하였다가 후에 백악(白岳)으로 옮겨 도읍하였다. 상(商)나라 무정(武丁) 8년에 이르러 아사달 산으로 들어가 신(神)이 되었다.

고 하였다.

《삼국유사》에서는 단군이 당요(唐堯) 오십년 경인(庚寅)에 즉위하였고, 주나라 무왕(武王)이 기자를 조선에 봉한 후에 아사달에 은거하여 산신(山神)이 되었다고 말하고 있다. 한편《동국통감》에서는 단군이 당요(唐堯) 오십년 무진(戊辰)에 즉위하였고, 상[殷]나라 무정(武丁) 8년에 아사달 산에 들어가 신이 되었다고 하였는데, 양자 사이에는 설법(說法)상에 약간의 차이는 있으나 단군을 기자의 앞에 위치시키는 것에는 일치하고 있다. 그러나 두 가지의 설법은 모두 근거로 삼기에 부족하다.《동국통감》의 전문(前文) 뒤에 사신(史臣)이 덧붙여 말하기를,

> 《고기(古記)》에 이르기를, '단군은 요(堯)와 무진(戊辰)년에 병립하여 하(夏)나라를 거쳐 상(商)나라의 무정 팔년 을미(乙未)에 아사달 산에 들어가 신이 되었으니, 전체 생애가 일천 사십 팔년이라' 고 하는데, 이 설은 의심스럽다. 지금 요(堯)가 즉위한 때를 살펴보면, 상원 갑자 갑신의 해인데, 단군의 즉위는 25년 후인 무진년인즉 요임금과 병립했다는 것은 잘못이다. 당·우(唐·虞)시대로부터 하·상(夏·商)시대에 이르러 세상이 점차 각박해져서 인군(人君)이 나라를 유지한 것이 오랜 경우에도 5,60년을 넘지 않았는데, 어찌 단군만이 일천 사십 팔년을 살면서 일개의 나라를 향유했다는 말인가? 그 설의 거짓됨을 알 만하다. 앞선 무리가 일천 사십 팔년이라고 말하는 것은 곧 단씨(檀氏)가 후세에 전하여 지나온 해의 숫자이지 단군의 수명은 아닐 것이다. 이 설이 차라리 이치에 합당하다. … 이를 잠시 덮어두고 후에 상고(上考)토록 한다.

라고 하였다.

《동국통감》에서 한번은 '이 설은 의심스럽다' 고 했고, 다시 '잠시

덮어두고 후에 상고토록 한다.'고 한 것은 찬술인이 단군개국전설에 대해 의심스런 태도를 가지고 있었음을 알 수 있게 해준다.

단군개국전설을 고찰해 보면, 고려중기 이전에는 그 흔적을 찾아 볼 수 없다. 송의 사신 수행원(隨行員) 서긍(徐兢)은 선화(宣和) 5년(1123년)에 고려를 방문했을 때, 그가 보고들은 것에 근거하여《선화봉사고려도경(宣和奉使高麗圖經)》을 편찬하였는데, 책 가운데 '건국(建國)' 이란 장(章)을 두었다. 만약에 서긍이 단군개국전설을 들었다면 서술하지 않을 이유가 없는데, 책 가운데에는 그에 관한 내용이 전혀 없다. 또 이십여 년 후 고려의 역사가 김부식은《묘향산보현사비(妙香山普賢寺碑)》를 편찬하였는데, 묘향산은 단군이 내려와 산 곳으로 전해지고 있는데도 비문(碑文)중에는 이에 대해 한마디도 논급함이 없다. 김부식이 얼마 후 편찬한《삼국사기》〈고구려 동천왕 21년 조〉에서야 겨우 기록하여 이르기를, '평양이라고 하는 곳은 본래 선인(仙人) 왕검(王儉)의 저택(邸宅)이다.' 라고 하였다. 이것은 고려 중기에서야 겨우 '평양선인(仙人)' 의 전설이 있었으나, 단군의 이야기는 없었음을 증명하기에 족하다. 원래 단군(檀君)은《삼국유사》에서는 단군(壇君)으로 되어 있으며, 조선의 역사가에 이르러서야 단(壇)자를 단(檀)자로 고쳤는데, 이 때문에《조선고전설고(朝鮮古傳說考)》의 일본인 작가 백조고길(白鳥庫吉)은 주장하기를, "단군은 불경(佛經) 중에서 '전단[旃檀: 단향목(檀香木)]' 의 정령을 신화(神化)한 것이다." 라고 하였다. 그러나 소전성오(小田省吾)는 그렇게 보지 않아서 '단(壇)', '단(檀)' 은 모두 한국어로 Tan의 음을 취하며, 아울러 제단(祭壇)의 '단(壇)' 혹은 전단(旃壇)의 '단(壇)의' 의미는 포함하지 않으며, 단군은 한국어로 'Tangun' 으로 발음되고 원래 산신의 뜻이라고 주장하였다. 단군전설은 본래 묘향산의 산신전설에서 나온 것인데,《삼국유사》에서 '단군왕검' 으로 이름삼은 까닭은 묘향산의 산신을 왕검과 결합하여 하나로 했기 때문으로 이것에 근원적인 연고(緣故)가 있는 것이다. 왕검(王儉)은 또한 왕험(王險)으로도 쓰는데, 원래는 평양의 옛 이름이다.

한국 민간에서는 한결 같이 평양 선인의 전설이 유행하였으니, 예를 들어 《고려사》 권127 〈묘청전(妙青傳)〉에는 승려 묘청이 고려 인종에게 궁중에 팔성당(八聖堂)을 지어 팔성에게 제사할 것을 권한 사실을 기재하고 있는데, 평양 선인(仙人)은 실로 덕이 있는 연등불(燃燈佛)로 곧 팔성 중의 하나이다. 《삼국사기》에서 또한 '평양은 선인 왕검의 저택' 이라고 말한 것은 이미 앞에서 서술한 것과 같은데, 전해오기를, 평양은 본래 중국 성인(聖人) 기자(箕子)가 왕(王)으로 온 땅이며, 또한 일찍이 고구려의 수도였고, 고려시대에는 서경(西京)이라 칭하여 그 지위가 수도 개성의 다음이었기 때문에 고려 말기에 출현한 단군개국전설은 묘향산의 산신(山神)을 평양에 연결시켜 개국시조를 만든 것으로, 매우 자연스러운 것이 된다.

단군개국전설은 중국역사문화를 배경으로 하여 한국 씨족사회의 추장(酋長)전설을 덧붙여 만든 것으로, 만든 목적은 민족정신을 앙양하기 위함이었다. 조선민족은 본래 중국 부여족의 한 지파이며, 부여족은 보편적으로 신수교혼(神獸交婚)의 신화를 전하고 있기 때문에 단군전설은 천신 환웅이 웅녀와 결혼하여 단군을 낳았음을 말하고 있다. 그리고 고구려의 시조고사 또한 일맥상통하는 점이 있다.

고구려는 옛날부터 전해오기를, 천제(天帝)의 아들인 북부여왕 해모수(解慕漱)가 하백(河伯)의 딸과 혼인하여 주몽(朱蒙)을 낳았다고 하는데, 한국의 역사가 이병도는 안곽(安廓)의 설을 인용하여 한국어 중의 '환' 은 '해모' 와 발음이 비슷하며, '웅(熊)' 은 '수(漱)' 와 자의(字義)가 서로 같고, 하백은 한국어 Koma 혹은 Kaima의 차자(借字)로써, 고구려에서는 '웅(熊)' 자 혹은 '맥(貊)' 자로 대신할 수 있다고

하였다. 이러한 설을 근거로 해서 하백녀는 웅녀와 실은 동일인이라고 하였다.[3]

단군개국전설의 완성은 여전히 환경적인 자극을 받은 것에 불과하다. 다만 단군이 개국하고 평양을 수도로 정했다는 전설은 실로 매우 깊은 의미가 담겨 있다. 고려말기는 완전히 몽고인의 압제 하에 놓여 있었으며, 원나라 왕조는 일찍이 1,270년대부터 1,290년대에 이르도록 평양이북지방을 점령하였고, 평양에 동녕부(東寧府)를 두었다. 한국인은 본디 중국의 정통문화를 계승하였다고 자부하였는데, 오히려 이적(夷狄)인 몽고인에게 모든 면에서 짓밟힘을 당하였으니, 그 내심의 아픔은 가히 상상하여 알 수 있다. 따라서 처음으로 단군개국이 중국의 성왕인 당요·우순(唐堯·虞舜)임금과 같은 때임에 의탁하여 그 건국의 유구함을 표시하고 그것을 빙자하여 민족적 자존심을 환기하였다. 그리고 단군이 평양에 도읍을 건설했음에 가탁한 것은 나라사람들[(國人)]을 깨우쳐 조종(祖宗)의 발상지임을 아로새기게 하려고 한 것에 불과하다. 종합해 볼 때, 단군개국전설은 한국민족의 정신적 산물인 것이다.

조선이 고려를 대신하여 흥기하고 나서 단군전설은 비로소 관찬사서에 채용되었다. 우선《세종실록》〈지리지〉에 기재되었고, 이후에 정인지(鄭麟趾)가 편찬한《고려사》〈지리지〉에는 단군조선을 전조선(前朝鮮), 기자조선을 후조선(後朝鮮)으로 표기하고, 이어 위만조선으로 기재하는 삼조선설(三朝鮮說)이 최초로 제출되었다. 세종은 일찍이 단군개국의 의의를 강조하여 즉위 11년(1429년) 평양 기자릉의 곁에 단군사(檀君祠)를 수축하여 고구려 시조 동명왕과 나란히 제사하였다. 성종 3년(1472년)에 이르러 또 황해도 구월산에 삼성사(三聖祠)를 건립하여 환인 · 환웅 · 단군을 제사하였다.《성종실록》권

3) 이병도, 《國史大觀》 중역본, p. 21

15, 임인 3년 2월 계유조(癸酉條)에서 이르기를,

황해도 관찰사 이예치(李芮馳)가 상계하기를, '신이 전하(殿下)의 하유(下諭)를 받자와 문화현(文化縣) 옛 노인인 전(前) 사직(司直) 최지(崔池)와 전(前) 전직(殿直) 최득강(崔得江)을 방문하여 삼성당(三聖堂) 사적조록(事跡條錄)을 얻어서 살펴보니, 그 하나는, 속담에 전해오기를, 단군은 처음에 신이 되어 구월산으로 들어갔고, 사우(祠宇)는 패엽사(貝葉寺) 서쪽 대증산(大甑山)에 있어 불찰(佛刹)에 임(臨)해 있었는데, 후에 그 절 아래의 작은 봉우리로 옮겼고, 또 소증산(小甑山)으로 옮겼는데, 즉 지금의 삼성당(三聖堂)입니다. 대증산 및 패엽사 아래의 작은 봉우리는 지금은 당(堂)의 기초도 없으며, 그 당시의 치제(致祭) 여부 및 삼성을 함께 제사했는지의 여부는 아직 알 길이 없습니다. 다음으로, 단군 및 환웅·환인을 삼성(三聖)이라 칭하여 사우(祠宇)를 건립하고 제사했습니다. 사(祠)가 폐해지면서부터 당우(堂宇)가 쓰러지고 피폐해졌으며, 건태(建泰) 경오(庚午)에 이르러, 현령 신효원(申孝源)이 중창하였고, 戊寅년에 이르러 현령 매좌(梅佐)가 단청을 하였습니다. …그 다음으로, 삼성당 아래 가까운 곳에 인가가 조밀하였지만, 제사가 파해진 뒤로 나쁜 병이 발생하기 시작하여 인가는 텅 비게 되었고, 닭·돼지를 도살하여 신이 싫어하는 주문을 하니 나쁜 병 소문이 들리지 않았습니다.' 고 하였다. 예조(禮曹)는 이 상계(上啓)에 의거하여서, 백성이 모두 삼성당을 평양부로 옮겨 세우고 제사를 드리지 않자, 그 후로 나쁜 병이 발생했다고 하는 것이 비록 황당무계한 설이기는 해도, 《고기(古記)》에 단군이 아사달 산으로 들어가 신으로 화하였다고 하니, 즉 지금의 본도(황해도) 문화현 구월산이고, 그 묘도 존재해 있으며, 또 이전에 이곳에서 제(祭)를 올려 도움을 청하여 민원(民願)에 따랐으니, 평양 단군묘의 예에 의거하여 매년

> 춘추에 촉향(燭香)을 내려 제를 행할 것을 제안하니, 왕이 이에 따랐다.

고 하였다.

이에 단군교(檀君教)가 성립하였고, 이로부터 신봉하는 자가 날로 많아졌다. 그러나 조선의 유학자는 오히려 대부분이 단군개국을 부인하였으며, 《기자실기(箕子實紀)》의 저자인 이율곡 같은 이는 '단군이 제일 먼저 출현하였다는 것은 문헌에 증거가 없다.' 고 말하였고, 《동사강목(東史綱目)》의 저자 안정복(安鼎福)은 '《동방고기(東方古記)》 등의 책에서 말하는 단군의 이야기는 모두 황당하고 증거 없는 이야기이며, 환인제석(桓因帝釋)이라 칭하는 것은 법화경(法華經)에 나오며, 기타의 일컫는 것은 모두 승담(僧談)이다.' 라고 말하였다. 이것은 그들이 유학에 깊은 영향을 받아 단지 기자개국만을 승인한 것이 근원적 이유이다.

[기자개국전설(箕子開國傳說)]

기자가 조선에 봉해진 기사는 한인(漢人)의 저작에 처음으로 보인다. 사마천의 《사기》 〈송미자세가(宋微子世家)〉 에서 이르기를,

> 무왕(武王)이 이미 은(殷)을 정복하고 기자를 방문하였다. … 이에 무왕이 기자를 조선에 봉하였으나 신하로 삼지는 않았다.

고 하였다. 또 사마천보다 약간 앞서서 복생(伏生)이 지은 《상서대전(尙書大典)》 권3. 에서 또한, 이르기를,

> 무왕이 은나라를 정복하고, … 기자를 죄수 몸에서 풀어주었으나,

기자는 주(周)의 석방을 참고 견디지 못하고 조선으로 달아났다. 무왕이 이를 듣고 인하여 그를 조선에 책봉하였다.

고 하였다.

기자가 조선에 도착한 후의 상황은 반고(班固)의《한서(漢書)》에도 자못 상세하게 기재되어 있다. 《한서(漢書)》〈지리지 · 연지조(燕志條)〉에 이르기를,

현토(玄菟)와 낙랑(樂浪)은 문제(文帝) 때에 설치되었으며, 모두 조선·예·맥·고구려·만이(朝鮮·濊·貊·句麗·蠻夷)의 땅이다. 은(殷)의 도(道)가 쇠해지자 기자는 조선으로 도망하여 그 곳의 백성을 예의(禮儀)·전잠(田蠶)·직작(織作)으로 교화하였다. 낙랑의 조선민은 8개조의 법금(法禁)을 두었는데, 서로 죽인 자는 그 자리에서 바로 죽이고, 서로 다치게 한 자는 곡식으로 배상하도록 하며, 서로 도둑질 한 자는, 남자의 경우 호적을 몰수하여 그 집의 노(奴)로 삼고, 여자는 비(婢)로 삼는다. 스스로 속죄(贖罪)하고자하는 자는 한 사람에 오십만 전을 내야하며, 비록 면하여 서민이 된다 하여도 풍속에서는 부끄럽게 여겼다. 시집가고 장가드는 것은 원수 된 바가 없어야 하였다. 이러한 까닭에 그 백성은 평생토록 서로 도둑질을 하지 않아서 문호(門戶)를 잠그는 일이 없었으며, 부인(婦人)은 정절이 있고 신의가 있어 음란하고 편벽(偏僻)되지 않았다.

라 하였다.

기자가 조선을 개화시킨 것을 설명하는 데는 중대한 공헌을 하였지만 기자 자손의 사적은 사서에 모두 실려 있지 않으며, 단지 사십여 세손인 기준(箕準) 및 그의 아들 부(否)가 망국(亡國)하기 전후의 사정만을 싣고 있다.《삼국지(三國志)》〈위지(魏志) 동이 · 맥전(東

夷 · 貊傳)〉 에 이르기를,

> 옛적에 기자가 이미 조선으로 가서 8조의 가르침을 지어서 조선의 백성을 교화하였다. … 그 후 사십 여세에 조선후(朝鮮侯) 준(準)은 왕호를 참칭(僭稱)하였다. 진승(陳勝) 등이 봉기하고 천하가 진(秦)에 반란을 일으키니, 연(燕) · 제(齊) · 조(趙)의 백성 수만 명이 조선으로 피신하였다. 연나라 사람 위만(衛滿)은 상투를 틀고 흰옷을 입고 가서 조선의 왕이 되었다.

고 하였다.

배송지(裵松之)의 《삼국지주(三國志注)》 에서는 어환 (魚豢)의《위략(魏略)》 을 인용하여 위씨가 기씨를 멸한 사정을 상세하게 보충하였다. 설(說)에 의하면, '전국(戰國)말기에 연나라의 유장(遺將)인 진개(秦開)가 조선의 서쪽 경계를 공격하여 2,000여 리(里)의 땅을 취하자, 조선은 점차로 약해졌다고 한다. 진(秦)이 6국을 통일한 후 몽염이 장성을 쌓아 요동에까지 이르렀다. 당시에 기부(箕否)가 왕위에 있었는데, 진(秦)이 나아와 공격할까 두려워하여 투항하였다. 기부가 죽은 후에 그의 아들 준(準)이 즉위한 지 이십여 년 후에 중국은 크게 어지러워졌다. 난민이 대량으로 도망하여 조선에 들어왔으며, 연나라 사람 위만(衛滿)이 기준에게 유세(遊說)하여 서쪽 경계에 살기를 구하니, 기준이 이를 허락하였다. 위만은 망명한 무리들을 꾀어 모아 어느 날 한나라 병사가 왔다고 사칭하고 왕궁 숙위를 청하고는 준(準)왕이 진공태세를 갖추지 않은 기회를 타서 공격하니, 준왕은 대항하지 못하고 달아나 바다로 들어갔다. 그 아들 및 친척으로 나라 안에 있는 자들은 한(韓)씨로 성을 바꾸었으며, 준(準)왕은 바다 가운데에 머물러서 조선과 서로 왕래하지 않았다.' 이상이 중국사서에서 전해오는 기자조선의 시말(始末)이다.

한인(韓人)은 기자를 숭상하였는데, 문헌으로 고증할 수 있는 것은 수·당 시기에 이미 그 단서가 드러난다. 예를 들어《구당서(舊唐書)》〈고(구)려전〉에는 '기자신(箕子神)' 에 대한 제사가 있었음이 증명되고 있다. 고려시대에 이르러 기자개국전설은 이미 민간에 보급되어, 지금의 평양 북문 밖 옥토산(玉兎山)의 기자릉(箕子陵)은 바로 고려 숙종 7년(1102년)에 발견되었다. 원래 중국사적에는 기자가 평양에 도읍을 했다는 명문화된 기록이 없는데,[4] 이 후로부터 기자가 평양에 도읍을 정했다는 것을 마침내 조선의 역사가가 공인하게 되었다. 예를 들어 조선의 역사가 권근이 편찬한《동국사략(東國史略)》에 이르기를,

> 기자는 중국에서 무리 오천 인을 이끌고 조선으로 피하여 왔으며, … 마침내 평양을 도읍으로 하였다.

라 하였으며, 정인지가 편찬한《고려사》〈지리지〉에서는,

> 평양부는 본래 세 조선[檀君·箕子·衛滿 朝鮮]의 옛 수도이다. 당요(唐堯) 무진년에 … 평양을 도읍으로 하고 단군이라 불렀으니, 이것이 전조선이다. 주 무왕이 상나라를 정복하고 기자를 조선에 봉하니, 이것이 후조선이다.

고 했고, 홍여하(洪汝河)가 편찬한《동국통감제강(東國通鑑提綱)》권 1.에서 이르기를,

4) 중국의 전적(典籍)에는 모두 기자가 어디에 도읍을 두었는지에 대해 분명한 기록이 없으며,《산해경(山海經)》에서야 겨우 '조선은 열양(列陽)에 있다' 고 하였고, 곽박(郭璞)의 주에 이르기를, '조선은 기자에게 봉해진 곳이다. 지금의 대방(帶方)에 있으며, 대방은 열구현(列口縣)에 있다.' 고 했다. 이 때문에 기자의 국도(國都)가 어디인가에 관한 연구는 이설이 대단히 많다.

> 태사(太師)가 마침내 동으로 가서 요수(遼水)를 건너 평양에 도읍하여 거주하니, 인민이 기뻐하여 대동강을 황하에 견주어 노래를 지어서 칭송하였다.

고 한다.

평양은 이미 기자가 국도(國都)로 정한 곳이라 전해졌으며, 이에 기자의 유적에 관한 것이 계속하여 출현하였는데, 앞에서 서술한 기자릉[5]을 제외하고도, 예를 들어 남문 밖에는 기자궁의 유적이 있으며, 남문 밖의 외성 안에는 정전(井田)을 했던 유적이 있는데, 정전 중에는 기자정(箕子井)이 있다. 이들 유적의 진실을 추구해 보면 모두가 후일의 사람이 위탁한 것이다.

이성계가 고려를 대신하여 홍기하자 명나라 태조는 그를 조선국왕에 봉하였기 때문에, 조선은 기자를 계승한 정통왕조임을 자임하여 스스로 '소중화(小中華)'라 칭하였으며,[6] 기자에 대하여 대단한 숭배를 표시하였다. 예를 들어 태종 14년(1414년) 9월에 단군 기자 사전(祀典)을 정하였다. 세종 10년(1428년) 4월에는 변계량(卞季良)에게 명하여 기자묘비(箕子廟碑)를 제작하게 하였는데, 《세종실록》 권40.에 보면,

> 판우군부사(判友軍府事) 변계량이 기자묘비(箕子墓碑)의 비명을 지어 올리니, 그 글에 말하기를, '선덕(宣德) 3년 무신(戊申) 하(夏) 4월 갑자일에 국왕 전하께서 교지(敎旨)를 전하여 이같이 이르시기를, '옛날 주(周)나라 무왕(武王)이 은(殷)나라를 정복하고

5) 평양의 기자릉은 전해지기를, 기자의 검(劍)과 관(冠)을 묻었다고 하며, 고려 숙종 7년에 발견되었는데, 임진왜란 중에 파괴되었고, 지금에 보이는 것은 광서 15년에 중수된 것이다.

6) 《성종실록》 권20, 임신3년(1472)7월 을사조에 의하면, '우리 동방은 기자 이래로 교화가 크게 행해져서, 남자는 열사(烈士)의 풍류가 있고, 여자는 정숙하고 바른 풍속이 있어 史書는 '小中華'라고 칭한다.' 고 적고 있다.

은의 태사(太師)를 우리나라에 봉하여, 그의 신하 노릇을 하지 않으려는 뜻을 이루게 하였도다. 우리나라의 문물과 예악(禮樂)이 중국과 비견(比肩)함이 지금까지 2천여 년에 이르게 된 것은 오직 기자의 교화에 힘입은 것이로다. 돌아보건대, 그 사우(祠宇)가 좁고 누추하여 우러러 보는 법도라 일컬을 수 없으니, 나의 부왕께서 일찍이 중수(重修)할 것을 명하셨고, 내가 그 뜻을 받들어 공사를 독려하여 이제야 낙성(落成)하였도다. 마땅히 비석에 새겨서 영원히 후세에 보여야 하겠다. 사신(史臣)은 비문을 지으라.' 고 하셨습니다. 신 계량이 명을 받고 공경하고 두려워하여 감히 사양하지 못하였습니다. 신이 곰곰히 생각하건대, 공자(孔子)는 문왕(文王)과 기자(箕子)를 《역경(易經)》 <명이괘(明夷卦)> 상사(象辭)에서 나란히 거론(擧論)하였으며, 또 삼인(三仁)이라고 《논어》 〈미자(微子)〉 편에서 칭찬하였으니, 그런즉 기자의 덕(德)은 감히 칭찬하지 않을 수 없습니다. 옛날 하우씨(夏禹氏)가 물과 토지를 다스리니, 하늘이 홍범구주(洪範九疇)를 내려 주어 이륜[彝倫: 불변의 인륜]이 시행되었다고 합니다. 그러나 그 설(說)은 일찍이 《우서(虞書)》 나 《하서(夏書)》 에 한 번도 드러나지 않다가, 1천여 년이 지나 기자에 이르러서 비로소 발설(發說)되었으니, 그때 만일 기자가 무왕을 위하여 이것을 자세히 진술하지 않았다면, 《낙서(洛書)》 에 나오는 하늘의 뜻과 인사(人事)와의 관계에 대한 학문을 후세의 사람들이 어디에서 알 수 있었겠습니까! 기자가 유도(儒道)에 공(功)이 있게 된 것이 어찌 우연한 일이겠습니까! 기자는 무왕(武王)의 스승입니다. 무왕이 그를 다른 곳에 봉하지 아니하고 우리 조선에 봉하였기 때문에 조선 사람들은 아침저녁으로 친히 그의 교화에 훈도(薰陶)되어서, 군자(君子)는 대도(大道)의 요지를 들을 수 있고, 백성들은 더할 수 없는 어진 정치의 보호를 입을 수 있었습니다. 그 교화는 거리에 떨어진 유실물(遺失物)도 주워 가지 않기에 이르렀습니다.

이것이 어찌 하늘이 우리나라를 후(厚)하게 돌보아, 어진 이를 보내어 이 백성에게 은혜를 베풀게 한 것이 아니겠습니까. 사람의 힘으로 능히 할 수 있는 바가 아닌 것이다. 정전(井田)의 제도와 8조(條)의 법이 해와 별처럼 밝아서, 우리나라 사람들은 대대로 그 가르침에 따르게 되었으니, 1천 년 뒤에도 마치 그 당시에 사는 것과 같게 되었습니다. 근신하듯 그의 신령을 우러러 대하니 저절로 감회를 참을 수 없습니다. 공손히 생각하옵건대, 우리 공정왕(恭定王)께서는 총명하고 옛일을 익혀 경서(經書)와 《사기》를 즐겨보았으며, 우리 전하께서는 하늘이 내리신 지혜롭고 어진 자질로써 성인(聖人)의 학문에 밝으시니, 홍범구주(洪範九疇)의 도(道)에 모두 정통(精通)하시고 마음이 융합하는 데가 있으셨습니다. 그런 까닭에 부왕(父王)은 시작하시고 사왕(嗣王)은 계승하시어, 기자의 덕(德)을 높이고 공(功)에 보답하는 전업(典業)을 성취하심은 지성(至誠)에서 나온 것으로 실로 전대의 군왕(君王)들과 비견할 수 없는 바입니다. 경대부(卿大夫)와 선비들과 백성들이 서로 이끌고 일어나, 이것을 본받고 실행한다면 천자(天子)의 밝고 빛나는 교지에 가까워져서, 널리 내려주는 복(福)에 함께할 수 있음이 의심할 나위 없습니다. 아아, 성대함이여! 무릇 몇 간의 집을 짓고 전지(田地)를 두어 제수(祭需)를 마련하게 하고, 조세와 부역을 면제시킨 가호(家戶)를 그곳에 두어 전심으로 청소(淸掃)하게 하시고, 부윤(府尹)에게 명하여 삼가 묘궁(廟宮)의 향사(享祀) 업무를 잘 받들게 하셨으니, 묘궁(廟宮)의 일은 대체로 유감이 없게 되었습니다. 신 계량은 감격함을 이기지 못하여, 삼가 바닥 위의 손에 닿도록 머리 깊이 숙여 절하며 비명(碑銘)을 올립니다.' 라고 하였고, 비명에 새기기를, 『아! 기자께서는 문왕(文王)의 사람이었도다. 미쁘도다. 홍범구주(洪範九疇)와 상제(上帝)의 가르침을 펴서 밝히셨네. (기자는) 은나라의 태사(太師)일 뿐만 아니라, 실로 주 무왕(周 武

王)의 스승이었네. 은나라는 그를 버려 멸망하였고, 주나라는 그에게 물어 배워서 창성하였네. 위대하도다! 온 천하여. 안위(安危)가 그 한 몸에 달려 있었네. 무리를 거두어 동으로 오시니, 하늘이 그를 우리의 스승으로 삼으셨네. 팔조(八條) 그 장전(章典)으로 가르치고 다스리니, 우매한 자 뉘 아니 밝아지며, 유(柔)한 자 뉘 아니 강(强)해지리. (백성이) 길에 떨어진 물건을 줍지 않았다고《한서》에서 칭송하였고, 동이(東夷)를 중화(中華)로 만들었다고 당(唐)나라의 비문에 새겨져 있네. 부지런히 힘쓰시는 우리 임금, 끊어졌던 학문을 크게 다시 이으시니, 마음은 그 이치에 맞추듯 부합[계합(契合)]하고, 몸소 그 법도를 실천하셨네. 부왕께서 이미 지으시고 사왕(嗣王)이 이어 닦으시니, 사우(祠宇)는 날아갈 듯 장엄도 하고, 높다란 사당(祠堂)에 기자 화상 봉안하고, 해매다 시절 따라 향사(享祀) 올려 지극히 공경하고 성의(誠意)를 다하네.』하였습니다. 아! 소신(小臣)은 기자께서 끼치신 법에 마음이 잠겼더니, 이제 왕명(王命)을 받들어 머리를 조아려 명문(銘文)을 작성하오니, 성대한 덕(德)의 광채가 억만년에 넓고 가득 하리이다.' 고 하였다.[7)]

성종 24년(1493년) 12월에 기자묘(箕子廟)를 중수하였고,[8)] 광해군 5년(1613년) 4월에는 기자전감(箕子殿監)을 두었다.[9)] 이상의 몇 가지 단서로 볼 때, 조선이 기자에 대해 얼마나 존숭했는지를 알 수 있다.

조선에서 유학이 흥성하여 일반적으로 유학자는 공자가 찬(讚)하여 '삼인(三仁)' 이라 한 것에 대해, 그 하나로 기자를 포함하고 있으며, 더욱이 온 정성을 다하여 숭배하였다. 따라서《기자실기(箕子實紀)》(李栗谷 撰),《기자외기(箕子外紀)》(徐明膺 撰) 등의 책이 한

7)《世宗實錄》권40, 무신 10년 4월 신사조.

8)《成宗實錄》권285, 계축 24년 12월 정사조.

9)《光海君日記》권52, 임자 4년 4월 신묘조.

시대를 풍미하였다. 그들은 단군개국은 부인하거나 회의(懷疑)를 나타내면서도 기자개국은 하나 되어 인정함으로써 옛 조선개화의 공(功)을 기자에게 돌렸다. 《동국통감(東國通鑑)》〈외기.기자조선(外紀.箕子朝鮮)〉편에서는, 함허자(涵虛子)를 인용하여 말하기를,

> 기자는 중국에서 5,000 인을 이끌고 조선에 들어왔는데, 그때에 시(詩)·서(書)·예(禮)·악(樂)·의(醫)·무(巫)·음양(陰陽)·복서(卜筮) 유파(流派)의 수많은 기예(技藝)가 모두 함께 들여왔다. 이미 조선에 이르렀으나 언어가 통하지 않아 번역하여 터득하게 했고, 《시·서(詩·書)》로 가르쳐서 중국 예악(禮·樂)제도, 부자·군신의 도리, 오상(五常)의 예(禮)를 알게 하였으며, 8조의 법금(法禁)으로 교화하여 신의를 숭상하고 유술(儒術)을 돈독히 하여 중국의 풍교를 배양하고 완성시켜서 병기 다투는 것[병투(兵鬪)]를 좋아하지 않게 하였고, 덕으로 강폭(强暴)을 복종시켜서 이웃나라가 모두 그 의를 흠모하여 서로 친하였으며, 의관제도는 모두 중국과 같았다. 따라서 말하기를, '조선은 시·서·예·악(詩·書·禮·樂)의 나라이며 인의(仁義)의 나라인데, 기자가 그 시작을 열었다.' 고 하는데, 어찌 믿지 않겠는가!

라 하였다.

그런데 청일전쟁 이후에 한국인은 외부의 압박을 받았기 때문에 민족자주의 정서가 날로 앙양되어져 토착색채를 띤 단군개국전설이 외래의 기자개국전설을 압도하게 되었다.

근대 일본의 조선 역사가는 대부분이 기자개국전설을 철저히 말살하여, 도엽암길(稻葉岩吉)같은 이는 한대의 학자가 동북과 조선은 천문영역 측면에서 기성 방위(箕星 方位)에 해당한다고 생각한 것에 의해 이 학설이 전하여 조선에 이르러서 기자동래설(箕子東來說)을

탄생시킨 것이라고 주장한다. 삼품창영(三品彰英)은 기자전설은 완전히 중국 것이지 조선 것이 아니며, 조선에서 기자숭배가 유행하는 것은 곧 조선의 유교정치의 확립과 명나라 군대가 임진(壬辰) · 정유(丁酉)의 왜란 시에 조선을 원조한 일에 대한 감격에 의한 것이며, 또한 조선의 사대 · 모화(事大 · 慕華)정신의 앙양에 기초한 것이라고 주장한다. 청류남명(青柳南溟)은 조선반도에서의 기자조선을 부인하면서, 기자의 국도는 요녕(遼寧) 경내(境內)에 있고, 평양에 있다는 기자묘는 반드시 당·송(唐·宋)시대의 책사(策士)가 조선정책을 회의(懷疑)한 데서 나온 것이며, 또한 조선의 유생(儒生)이 중국에 아첨하여 만들어 낸 산물이라고 주장하였다. 위에서 말한 여러 일본인 역사가의 억설은 분명히 역사사실을 너무 가벼이 본 데서 야기되었을 것이다. 산동 반도와 조선북부 지역은 서로의 거리가 한 폭의 물 흐름 같이 가까워 해륙(海陸)교통이 매우 편리하므로 해서, 황하하류에서 흥기한 은나라 사람들은 일찍이 조선북부와의 교류가 생겼을 것임은 매우 자연스러운 이야기일 수 있다. 중국사학자 부사년(傅斯年)은 말하기를,

> 옛 조선과 기자의 고사에 이르러서는, 사실 다만 은나라와 동북은 본래 밀접한 관계가 있으며, 따라서 은나라가 주나라에게 패한 후 퇴각하여 요동지방을 보전할 수 있었음을 우리에게 말해주는 것일 뿐 아니라, 주공·성왕(周公·成王)이 동이(東夷)의 병력을 정벌하였으나 끝내 미치지 못하였음을 말해주고 있다. 그렇지 않았다면 패배한 나머지의 세력으로서 어찌 요해(遼海)를 넘어 조선에서 왕노릇을 할 수 있었겠는가? 반드시 그 근원적인 기반이 있어서 그런 연후에 지리적으로 먼 형세에 의거해서 스스로 보전할 수가 있었던 것이다.10)

고 하였다.

필자는 기자 그 사람이 일찍이 은나라 사람이었기 때문에 조선에서 근원적인 기반이 있음으로 인하여 조선의 왕 노릇을 할 수 있었는지 여부에 대해서는 문헌이 부족하기 때문에 그 필연성을 증명할 수는 없다고 생각한다. 왜냐하면 《사기》에는 기자를 조선에 봉하였다고 기록되어 있으나, 기자시대와의 거리가 이미 천여 년이나 되므로 그 기록을 절대적으로 믿을 만 하다고 단언하기는 어렵기 때문이다. 그런데 한인(漢人)은 먼 옛적부터 육로로 계속해서 조선반도로 흘러 들어갔으며, 동주(東周)시대에는 이미 한인(漢人)이 세운 나라가 있었음은 즉 역사기록에 있으니, 확실히 믿을 만하다. 우리들은 비록 기자와 그가 한 일을 증명할 방법은 없으나 한인(漢人)이 가장 빠르게 조선반도에서 원시국가를 건설하고 중국문화를 수입한 점은 논쟁의 여지가 없는 사실이다. 혹 저들(한국인)은 족문(族門)의 외모를 훌륭하게 꾸미기 위해 은의 성인인 기자의 후손이라고 구실 삼았는지도 모른다. 종합해서 말하면, 기자전설은 한인(漢人)이 조선개국에 대해 중대한 공헌을 하였음이 충분히 반영된 것이다.

[고구려 개국전설]

고구려 족속은 원래 중국 동북경내 부여족의 지파이다. 전해오기를, 고구려 시조 주몽(朱蒙)은 본래 알에서 태어났다고 하는데, 북부여에서 족인(族人)의 박해를 받았기 때문에 북부여에서 도망하여 졸본천(卒本川, 지금의 압록강 상류)에 이르러 정착하여 나라를 세웠다고 한다. 고려시대의 역사가 김부식이 지은 《삼국사기》 권13, 〈고구려본기〉 편에는,

---

10) 傅斯年 《동북사강(東北史綱)》 제1권 〈고대의 동북〉.p. 34.

시조 동명성왕은 성은 고(高)씨이고, 이름은 주몽(朱蒙)[추모(鄒牟)라고도 함]이다. 이에 앞서 부여(夫餘)왕 해부루(海夫婁)는 늙도록 자식이 없어 산천에 제사하여 후사를 구하였는데, 그가 탄 말이 곤연(鯤淵)에 이르렀을 때 큰 돌이 서로 마주 대하고 눈물을 흘리는 것을 보고, 왕이 이를 괴이하게 여겨 사람을 시켜 그 돌을 굴리자 금빛 개구리 모양의 어린아이가 그 안에 있었다. 왕은 기쁨에 차 말하기를, '이것은 곧 하늘이 나에게 자식을 주신 것이다.' 라고 하고, 데리고 가서 기르며 이름 지어 금와(金蛙)라고 하였다. 왕은 그가 장성하자 태자로 삼았다. 후에 부여의 정승 아란불(阿蘭弗)이 말하기를, '일전에 천제(天帝)가 내려와 나에게 말하기를, 장차 내 자손에게 이곳에 나라를 세우게 하려 하니 너희는 그곳에서 피하라. 동해의 물가에 가섭원(迦葉原)이란 땅이 있는데, 토양이 기름져 오곡을 심기에 적당하니 도읍을 정할 만하다고 했다.' 고 하고, 아란불은 마침내 왕에게 권하여 도읍을 그곳으로 옮기고 나라이름을 동부여라 했다. 부여의 옛 서울에는 어디서 왔는지를 알 수 없는 사람이 나타나서 스스로 천제의 아들 해모수(解慕漱)라 일컫고 거기에 도읍을 정했다. 해부루(解夫婁)가 죽자 금와(金蛙)가 왕위를 이었다. 이때에 금와가 태백산(지금의 백두산)남쪽 우발수(優渤水)에서 여자를 만나 그녀에게 물으니, 그녀가 말하기를, '나는 하백(河伯)의 딸이고 이름은 유화(柳花)라 합니다. 여러 아우들과 나와 놀고 있었는데, 그 때에 한 남자가 나타나 자신은 천제의 아들 해모수라 하면서 나를 웅심산(熊心山) 밑 압록강(鴨綠江) 강변에 있는 집으로 꾀어 가서 사통(私通)하고는 곧 가버리고 돌아오지 않았습니다. 부모님은 내가 중매 없이 사람을 따라간 것을 책망하여 마침내 우발수로 보내 살게 하였습니다.' 고 했다. 금와왕은 그녀를 이상하게 여기고, 방 속에 가두었는데, 햇빛이 그녀를 비추었다. 몸을 이끌어 햇빛을 피해가니 햇빛이 또 따라가 그녀를 비추었다. 이로 인하여 아이를 잉태하여 한 개의 알을 낳았는데 크기가 다섯 되[升] 정도나 되었다. 금와왕은 그것을 버려 개와 돼지에게 주었으나 모두 먹지 않았다. 또 그것을 길가에 버렸지만 말·소가 그것을 피해 갔고, 다시 그것을 들판에 버리니 새들이 그것을 날개로 덮어 주었다. 왕은 그것을 쪼개려 하였으나 쪼갤 수가 없자, 마침내 그 어머니에게 돌려주었다. 그 어머니는 쌀 것으로 싸서 따뜻한 곳에 두자 한 사내아이가 껍질을 부수고 나왔는데, 골격과 외양이 영특하고 기이하였다. 나이 겨우 7살에 기골이 준수하여 보통사람과 달랐다. 자기 손으로 활과 화살을 만들어 백번 쏘아 백번 맞추었다. 부여의 속어에 활을 잘 쏘는 것을 주몽(朱蒙)이라 한 까닭에 이름으로 불려졌다. 금와왕은 일곱 아들을 두었는데, 언제나 주몽과 함께 놀았으나 그들의 능력이 모두 주몽을 따르지 못하였다. 그의 맏아들인 대소(帶素)가 왕에게 아뢰기를, '주몽은 사람이 낳은 것이 아니며 사람됨이 용맹스러우니 만약 일찍 없애 버리지 않으면 아마도 후환이 있을 것이니, 그를 없애버리소서.' 라고 하였다. 왕은 그 말을 듣지 않고 주몽에게 말을 기르도록 했다. 주몽은 좋은 말을 알아보아 좋은 말에게는 적게 먹여 여위게 하고 나쁜 말에게는 잘 먹여 살찌게 했다. 왕은 살찐 말은 자신이 타고 여윈 말은 주몽에게 주었다. 후에 들판에 사냥을 나갔는데, 주몽은 활을 잘 쏘았으므로 그에게 준 화살은 적었으나 그가 잡은 짐승은 매우 많았다. 이에 왕의 아들들과 여러 신하들은 또 그를 죽일 일을 꾀했다. 주몽의 어머니는 이 사실을 알고 몰래 그에게 이르기를, '이 나라 사람들이 장차 너를 죽이려고 하니, 너의 재능과 지략으로써 어디에 간들 안 되겠느냐? 이곳에 오래 머물렀다가 욕을 당하는 것보다는 차라리 멀리 가서 큰일을 하는 것이 나을 것이다.' 라고 하였다. 주몽은 이에 오이(烏伊)·마리(摩離)·섬보(陝父) 등 세 사람과 벗을 삼아 엄호수(淹淲水:지금의 압록강 동북)에 이르러 건너가려 하였으나 다리가 없었다. 뒤쫓는 군사들에게 잡힐까 두려워 물에게 말하기를, '나는 천제의 아들이고 하백의 외손이다. 오늘 도망해 가는데 뒤쫓는 자가 거의 닥치게 되었으니 어찌해야 하느냐?' 고 하자, 곧 고기와 자라가 다리를 만들어 주몽을 건너가게 하고는 고기와 자라가 곧 흩어지니 뒤쫓는 기병은 건널 수 없었다. 주몽이 모둔곡(毛屯谷)에 이르러 세 사람을 만났는데, 그 중 한 사람은 삼베옷을 입었고, 한 사람은 빛이 검은 승복을 입었으며, 한 사람은 마름옷을 입고 있었다. 주몽이 묻기를, '그대들은 어떠한 사람이고, 성은 무엇이며, 이름은 무엇인가?' 라 하니, 삼베옷 입은 사람은 재사(再思)라 했고, 검은 승복을 입은 사람은 무골(武骨)이라 했으며, 마름옷 입은 사람은 묵거(默居)라고 하였으나, 성은 말하지 않았으므로 주몽이 재사에게는 극(克)씨, 무골에게는 중실(中室)씨를, 묵거에게는 소실(小室)씨를 주었다. 그러고 나서 여러 사람에게 이르기를, '내가 지금 천명을 받아 나라의 기초를 세우려고 하는데, 마침 이 어진 세 사람을 만났으니 어찌 하늘이 보내주신 것이 아니겠는가?' 라 하고, 마침내 그들의 재능을 알아 저마다 알맞은 일을 맡겼다. 그들과 함께 卒本川에 이르러 그 곳의 땅이 기름지고 산천이 험하고 견고함을 보고 마침내 그 곳에 도읍을 정하려 하였다. 그런데 미처 궁실을 지을 겨를이 없어서 비류수(沸流水)가에 집을 짓고 그곳에 살면서 나라이름을 고구려라 하였으며, 그로 인하여 고(高)를 성(姓)으로 하였다.

고 했다.

《삼국사기》는 12세기 중엽에 편찬된 것이며, 이보다 600여 년 전에 북제(北齊)에서 편찬한 《위서(魏書)》에 이미 주몽의 전설이 기재되어 있다. 《위서》 〈고구려전〉에 이르기를,

고구려는 부여(夫餘)에서 나왔다. 고구려인 스스로 선조가 주몽이라고 말하는데, 주몽의 어머니는 河伯의 딸인데, 부여 왕에 의해 집안에 유폐되었다. 햇빛이 그녀를 비추니 몸을 피하면 햇빛 그림자가 또 쫓아왔고, 이미 아이를 잉태하여 하나의 알을 낳으니 크기가 다섯 되나 되었다. 부여 왕이 이것을 버려 개에게 주니 개가 먹지 않았으며, 돼지에게 주니 돼지 또한 먹지 않았다. 길에 버리니 소와 말이 피했으며, 이후에 들에 버리니 여러 새들이 깃털로 이것을 품었다. 부여 왕이 이를 깨뜨리려 하였으나 깨뜨릴 수가 없어서 마침내 그 어머니에게 돌려주었다. 그 어머니가 이것을 싸서 따뜻한 곳에 두니, 한 사내아이가 알을 깨뜨리고 나왔다. 또한, 그가 장성함에 이름 지어 주몽(朱蒙)이라 하였다. 부여의 속언에 朱蒙이란 활을 잘 쏜다는 의미이다. 부여인은 주몽은 사람이 낳은 것이 아니고 앞으로 특이한 사고를 갖게 될 것이라 여기고, 그를 없애기를 청하였으나 왕은 받아들이지 않았고, 그에게 말을 사육하도록 명하였다. 주몽은 매번 사사로이 시험을 하여 말의 좋음과 나쁨을 알게 되어, 준마에게는 먹을 것을 적게 주어 수척하게 만들고, 노둔한 말에게는 잘 먹여서 살찌게 만들었다. 부여왕은 살찐 말을 자신이 탔고, 수척한 것은 주몽에게 주었다. 후에 사냥을 하였는데 주몽은 활을 잘 쏘았으므로 한 개의 화살로 한정하니, 주몽은 비록 화살은 적으나 잡은 짐승은 매우 많았다. 부여의 신하들이 또 그를 죽일 것을 음모하니, 주몽의 어머니가 몰래 이 사실을 알아내어 주몽에게 알려 주며 말하기를, '이 나라가 장차 너를 해하려 하니, 너의 재주와 지략으로 마땅히 멀리 사방으로 도망가라.' 고 말하였다. 주몽은 곧 오인(烏引) · 오위(烏違) 등 두 사람과 함께 부여를 버리고 동남으로 달아나다가 도중에서 하나의 큰물[엄호수(掩淲水)]를 만나 건너려 하였으나 다리가 없었고, 부여인의 추격이 코앞에 닥치니, 주몽이 물에게 고하여 말하기를, '나는 태양의 아들이고 하백의 외손이다. 금일 (위기를 피해) 달아남에 추격하는 병사가 막 이르려하니 어떻게 하면 이 물을 건널 수 있겠는가?' 라 하니, 이에 물고기와 자라가 함께 떠올라 그를 위하여 다리를 만들어 주몽은 건널 수가 있었으며, 물고기와 자라가 곧 흩어져 추격하는 기병은 건널 수가 없었다. 주몽은 마침내 보술수(普述水)에 이르러 우연히 세 사람과 마주쳤는데, 그 중에 한 사람은 삼베옷을 입었고, 한 사람은 검은 승복을 입었으며, 한 사람은 마름 옷을 입고 있었다. 주몽과 함께 흘승골성(紇升骨城)에 이르러 마침내 정착하여 살고 이름하여 고구려라 하였으며, 이로 인하여 고(高)를 성으로 하였다.

고 한다.

우리들이 《삼국사기》와《위서》의 기재를 비교해 보면, 곧《삼국사기》가 거의 완전하게《위서》의 문장에 근거하였으며, 부여 왕 해부루(解夫婁)가 큰 돌을 굴려 옮기어 금빛 개구리 모양의 어린아이를 얻었다는 것과 天帝의 아들 해모수(解慕漱)가 피난하여 동해의 해변으로 옮겨갔다는 것, 그밖에 금와(金蛙)가 왕위를 이은 후 하백의 딸 유화를 얻었다는 몇 구절만을 보충하였으며, 또 '하나의 큰 물' 을 엄호수(掩淲水)로 고치고, '보술수(普述水)' 를 '모둔곡(毛屯谷)' 으로 고쳤으며, '흘승골성(紇升骨城)에 이르러 마침내 정착하여 살았다.' 를 '졸보천(卒本川)에 이르러 그곳의 토양이 기름지고 아름다우며, 산하가 험준하고 견고하여 마침내 도읍으로 정하고자 하였으나 미쳐 궁실을 지을 겨를이 없어 비류수(沸流水) 위에 집을 짓고 살았다.' 로 고쳤다. 고려의 역사가가《위서》의 문장을 따라 같게 쓴 것은 당연히 단지 이것을 방편으로 삼으려 한 것뿐이며, 이러한 전설이 고구려 족속이 대대로 서로 전해온 옛 전설임에는 의심이 없다.

중국의 동북 종족에는 모두 난생(卵生)의 전설이 있는데, 동한시대 왕충(王充)의 《논형(論衡)》 에는 일찍이 탁리국왕(橐離國王)의 시비(侍婢)가 알을 잉태하여 부여왕 동명(東明)을 낳았다는 전설이 기재되어 있다. 《논형》 〈길험편(吉驗篇)〉 에 이르기를,

> 북이(北夷) 탁리국왕의 시비(侍婢)가 임신을 하자, 왕이 그녀를 죽이고자 하니, 시비가 대답하여 이르기를, '상서로운 기운이 있어 크기가 계란만한 것이 하늘에서 내게로 내려오더니 임신이 되었다.' 고 하였다. (왕이 차마 죽이지 못하여) 후에 아들을 낳았는데. 돼지우리에 버리니 돼지가 입김으로 알을 불어 죽지 않았으며, 후에 마구간에 놓아 말이 밟아 죽이게 하려 하였으나 말이 다시 입김으로 알을 불어 죽지 않았다. 왕은 혹시 천자(天子)가 아닐까 의심하여 그 어머니에게 주고, 노(奴)로 길렀으며, 동명이라 이름 짓고 우마를 기르도록 했다. 동명은 활을 잘 쏘아 왕은 그가 나라를 빼앗을까 두려워서 그를 죽이려고 하였다. 동명은 남쪽으로 달아나 엄호수(掩淲水)에 이르러 활로 물을 치자 물고기와 자라가 떠올라 다리를 만들어 동명은 물을 건넜고, 물고기와 자라가 흩어져 추격하는 병사는 건너지를 못하였다. 동명은 도읍을 정하고 부여의 왕이 되었다. 따라서 북이(北夷)에는 부여국이 있게 되었다.

라 하였다.

《삼국지》 에 대한 배송지(裵松之)의 주석(註釋)에는 《위략(魏略)》 의 내용을 인용하여 또한 같은 모양의 전설을 기재하고 있으며, 이후로부터 《한서》 〈부여전〉· 《양서(梁書)》 · 《수서(隋書)》 · 《북사(北史)》 등의 〈백제전〉은 모두 거의 완전하게 같은 기사가 있다. 그런데 《위략(魏略)》 에서는 '탁리(橐離)' 를 '고리(槀離)' 로 쓰고, '엄호수(掩淲水)' 를 '시엄수(施掩水)' 로 썼으며, 《양서(梁書)》 · 《북사》 는

'엄호수(淹滮水)' 로, 《수서(隋書)》는 '엄수(淹水)' 로 쓰고 있다. 이 때문에 나가통세(那珂通世)는 주몽과 동명은 동일인이며, 두 전설은 실은 하나라고 주장한다. 그러나 나의 인식은 다르다. 민족이 옮겨 이동함에는 늘 옛 지명을 중복해서 새로 옮긴 땅에 사용하는데, 이것은 역사상 자주 보이는 드물지 않은 일이다. 《위략》에서 부여 '북방에 고리지국(槀離之國)이 있다.' 고 한 것은 고리국이 멀리 북방에 있었으며, 고부여국은 처음에 길림성 장춘 일대에서 건국하였고, 고구려는 처음에 압록강 상류 동가강(佟佳江) 유역에서 건국하였음을 설명하는 것이다. 따라서 동명과 주몽의 전설은 두 개의 사안(事案)인 것이다. 전자는 부여족이 북방에서 남하하여 건국한 것을 반영하는 것이고, 후자는 고구려 족속이 중국의 동북지방에서 더욱 남천하여 조선에 들어와 건국한 것을 반영하는 것이다. 중국의 동북 및 발해연안은 옛날부터 보편적으로 난생전설(卵生傳說)이 유행하였다. 《시경(詩經)》 〈상송현조(商頌玄鳥)〉 편에 이르기를,

> 천명을 받은 현조(玄鳥)가 하강하여서 상(商)을 낳았네.

라 했는데, 이것은 은상(殷商)의 선조(先祖) 또한 난생(卵生)임을 보여준다. 또 《만주원류고(滿洲源流考)》 〈부족〉 편에 이르기를,

> 살펴보건대 만주는 본래 부족명이다. 발상세기를 고찰해 보면 장백산의 동쪽 포고리산(布庫哩山)의 아래 포륵호리(布勒瑚哩)라 일컫는 연못이 있는데, 전해오기를, 세 천녀(天女)가 연못에서 목욕을 하고 있는데, 신이 나타나 까치가 입에 물고 있는 붉은 과일을 계녀(季女)의 옷에 놓아두자 계녀가 입안에 머금으니, 갑자기 배속으로 들어가서 마침내 임신을 하여 얼마 후에 한 사내아이를 낳았으

며 장성함에 이르니, 천녀(天女)가 지금까지 있었던 과정을 고하였고, 이 때문에 애신각라(愛新覺羅)를 성씨로 하사하고 이름하기를 포고리옹순(布庫哩雍順)이라 하였다.

고 하였으니, 만주족의 선조 또한, 신이 까치가 물고 있던 붉은 과일을 삼키고 낳았다고 하였는데, 역시 난생전설과 같은 모형이다. 뿐 만 아니라 고려의 이규보(李奎報)가 지은《동국이상국집(東國李相國集)》중에는〈동명왕편〉이라는 긴 시가 있는데, 동명의 어머니인 하백녀는 본래 세 사람으로 이름은 유화(柳花)·훤화(萱花)·위화(葦花)라고 불렸다고 주(注)에서 분명히 하였다. 이것은 당연히 오래된 전설에 근거한 것으로 더욱 만주족의 세 천녀전설과 서로 너무도 똑같다. 종합해서 말하면, 고구려의 건국전설은 실로 고구려 족속과 중국 동북지역 종족간의 긴밀한 역사관계를 충분하게 반영해 내고 있다고 하겠다.

[백제 개국전설]

백제의 시조인 온조(溫祚)는 전해오기를, 고구려 시조 주몽이 졸본에 있을 때에 낳은 셋째 아들이라 하는데, 주몽이 북부여에서 낳은 장자 래(來)를 태자로 삼았기 때문에 온조는 태자의 용납을 받지 못할까 두려워 둘째 형 비류(沸流)와 함께 열명의 신하와 그를 따르는 백성을 거느리고 남하하여 위례성에 이르러 정착하여 나라를 세웠다.《삼국사기》권23,〈백제본기〉에 의하면,

백제의 시조 온조왕은 그 아버지가 추모(鄒牟) 혹은 주몽(朱蒙)이라 하는데, 그는 북부여로부터 난을 피하여 卒本부여에 이르렀다. 부여 왕은 아들이 없이 단지 세 딸을 두었는데, 주몽을 보고 비상

한 사람임을 알아 둘째딸을 그에게 시집보냈다. 얼마 후에 부여 왕이 죽고 주몽이 왕위를 이어 두 아들을 낳았는데, 큰아들이 비류(沘流)이고, 둘째 아들이 온조(溫祚)였다. 주몽이 북부여에서 낳은 아들인 래(來)가 태자가 되자, 비류와 온조는 태자가 자신들을 용납하지 않을까 두려워 마침내 오간(烏干)·마여(馬黎) 등 열 명의 신하와 함께 남행(南行)하니, 백성 중에 따르는 자가 많았다. 마침내 한산(漢山)에 이르러 부아악(負兒嶽)에 올라 바라보니, 정착할 만한 땅이라 생각되었다. 비류는 바닷가에 정착하고자 하니, 열명의 신하가 간하기를, '오직 이 하남(河南)의 땅만이 북으로는 한수(漢水)로 둘러싸이고, 동으로는 높은 산마루에 의거하고, 남으로는 비옥한 못을 바라보고, 서로는 큰 바다로 막혀 있어 천연의 요새이며, 땅이 기름진 아주 얻기 어려운 좋은 형세이니, 여기에 수도를 만드는 것이 마땅하지 않겠습니까?' 라 하였으나, 비류는 이 말을 듣지 않고 그 백성을 나누어 미추홀(彌鄒忽)로 돌아가 정착하였다. 온조는 하남의 위례성(慰禮城)에 도읍을 정하고 십신(十臣)으로 관료를 삼고, 국호를 십제(十濟)라 하였으니, 이때가 전한(前漢) 성제(成帝) 홍가(鴻嘉) 3년(B.C. 18년)이다. 비류는 미추의 땅이 습하고 물에 소금기가 있어서 안거하지 못하고 돌아왔는데, 위례군읍의 안정됨과 인민의 태평함을 보고는 마침내 부끄러움과 후회를 느끼고 죽었다. 그의 신민은 위례로 돌아왔으며, 그 이후로 백성은 즐거이 온조왕을 따르니, 국호를 백제(百濟)라고 바꾸었다. 그 세계(世系)는 고구려와 함께 한가지로 부여에서 나온 까닭에 부여로써 성씨를 삼았다.

고 하였다.

위에서 서술한 전설에 의하면, 백제의 시조 온조는 고구려의 시조 주몽의 셋째 아들이 되는데, 이것은 백제가 고구려의 분지(分枝)임과 온조가 졸본에서 태어났음을 반영하는 것이며, 다른 한편으로 북부여에서 낳은 아들인 래(來)가 태자가 되었다는 것은 곧 고구려건국은 초기 부여족이 여전히 남하세력의 근원이 되어 토착지역(고구려 땅)에서 낳은 아들들을 압도하였음을 반영하는 것이며, 백제시조가 졸본에서 남하하여 건국하였다는 것은 이미 농후한 지방색채를 띠고 있다. 온조와 비류가 한 명은 성공하고, 한 명은 실패하였다는 것은 부여족에서 벗어나 반도 남부를 향해 집단이주한 인민(人民)의 영고성쇠(榮枯盛衰)의 역사를 반영한 것이다. 위 문장에서 말한 한산(漢山)은 곧 지금의 서울지역이며, 부아악은 지금의 삼각산(三角山)으로 서울의 북쪽인 양주(楊州)의 남쪽에 있으며, 미추홀은 지금의 인천이고, 위례성은 지금의 충청도 직산현(稷山縣)이다. 《삼국사기》에서 온조가 처음 건국한 이름이 '십제(十濟)'이고, 후에 '백성이 즐거이 따라서 이름을 고쳐 백제(百濟)라 했다.'고 하는 것은 매우 문제가 있는 주장이다. '백제'라는 명칭은《삼국지》〈위지(魏志)〉 및 《후한서》〈동이전(東夷傳)〉에 모두 '백제(佰濟)'로 쓰여 있으며, 호태왕비문에는 '백잔(百殘)'으로 쓰여 있다. 원래 '백제', '백잔'은 한국어의 음을 취한 것으로, '백제'의 한국어는 Pak-nara로, '백잔'은 Pak-tar로 읽어 발음이 서로 비슷하다. 맥족의 어의(語義)에서 백제·백잔의 본래 뜻은 곧 '맥족의 나라'라는 뜻이다. 《수서(隋書)》〈백제전〉에, '처음에 백가(百家)로 바다를 건넜고, 이런 이유로 백제라 이름 하였다.'라 하였는데, 《삼국사기》의 저자가 '백가제해(百家濟海)'의 설에 현혹되어, 처음에는 한자(漢字)의 뜻을 채용하여 '백성락종(百姓樂從)'을 '백제'로 번역하고, 이어서는 '백제'에서 연유하여 잘못된 '십제(十濟)'의 설을 만들어 냈다.

《삼국사기》〈백제본기〉의 주(註) 중에는 또한 앞에서와는 조금 다른 또 하나의 전설을 제시하고 있다. 즉,

일설에 이르기를, 시조 비류왕의 아버지는 우태(優台)이며, 북부여왕 해부루의 서손(庶孫)이다. 어머니 소서노(召西奴)는 졸본사람인 연타발(延陀勃)의 딸로, 우태에게 시집을 가서 두 아들을 낳았는데, 큰아들이 비류이고, 둘째 아들이 온조이다. 우태가 죽자 과부로 졸본에서 살았다. 후에 주몽이 부여에서 받아들여지지 않자 전한(前漢) 건소(建昭) 2년 봄 2월에 남으로 도망하여 졸본에 이르러 도읍을 세우고 고구려라 이름하고, 소서노를 왕비로 삼았으며, 그녀는 나라의 기초를 열어 창업하는 데에 자못 내조의 공이 있었기 때문에 주몽은 그녀를 총애하여 특히 후하게 대접하고 비류·온조를 자신의 아들처럼 대해 주었다. 그런데 주몽은 부여에서 낳은 아들, 곧 예씨(禮氏)의 아들 유유(孺留)가 오니, 태자로 세워 왕위를 잇게 하였다. 이에 비류는 동생인 온조에게 일러 말하기를, '처음에 대왕이 부여에서의 어려움을 피해 도망하여 이곳에 이르렀을 때, 우리 어머니가 가재(家財)를 다하여 나라 세우는 일을 도와 그 노고가 대단히 컸다. 대왕이 세속의 일에 염증을 느끼게 됨에 국가를 유유에게 주었고, 우리는 이곳에 머물고 있으니 답답하기가 혹덩어리가 붙어 있는 것 같다. 차라리 어머니를 모시고 남으로 옮겨 살 곳을 골라 따로 국도(國都)를 세우는 것만 못하다.' 라고 하고, 마침내 동생과 함께 추종세력을 이끌고 패수(浿水)와 대수(帶水)를 건너 미추홀에 이르러 살았다고 한다. 《북서(北書)》 및 《수서(隋書)》에서 모두 이르기를, '동명의 후손에 구태(仇台)라는 사람이 있었는데, 사람됨이 어질고 믿음이 있었으며, 처음에 대방(帶方)의 옛 땅에 나라를 세웠으며, 한(漢)의 요동태수가 그에게 딸을 시집보냈는데, 마침내 동이(東夷)의 강국이 되었다.' 고 하나, 자세히 알 수는 없다.

고 하였다.

길전동오(吉田東伍)가 편찬한 《일한고사단(日韓古史斷)》에서는 위의 기록에 의거하여 '백제가 고구려의 후예라고 생각하는 것은 실로 착오를 범하는 것이다.' 라고 단언하였으며, 아울러 '백제는 고구려와는 본래부터 이성(異姓)이다.' 라고 하였다. 그러나 백제와 고구려가 비록 이성(異姓)으로, 하나는 성이 부여이고, 하나는 성이 고(高)이기는 하나, 그 실제는 모두 후대 사람이 한족(漢族)의 성을 모방하여 임의대로 선정한 것이어서 신빙성이 부족하다. 뿐만 아니라 고구려 시조 주몽과 백제시조 온조가 가령 《삼국사기》 주(注) 중의 전설과 같이 혈연관계가 없다고 해도 주몽과 온조의 아버지는 똑같이 부여인이며, 또한 온조의 어머니가 후에 또 주몽에게 시집갔다는 것은 백제와 고구려가 하나같이 한 아버지에게서 나왔다는 것을 반영한 것이다. 백제는 4세기 중엽부터 이미 고구려와 적대관계를 이루었지만 5세기 백제의 개로왕(蓋鹵王)이 북위(北魏)에 상서하며 여전히 말하기를,

> 신(臣)과 고구려는 근원이 부여에서 나왔다.[11]

고 한 것에서도 백제는 한결 같이 고구려와 한 근원에서 나왔음을 자신(自信)하고 있음을 알 수 있다. 또한 《속일본기(續日本記)》에는 백제의 후예인 진연진도(津連眞道)가 상표(上表)한 것을 싣고 있는데, 이르기를,

> 진도(眞道) 등의 근본계통은 백제 귀수왕(貴須王)에서 나왔다. 귀수왕은 백제의 16대 왕이다. 저 백제 태조 도모대왕(都慕大王)은 태양신이 강령(降靈)한 것으로 부여를 이어 개국하여 모든 한(韓)

11) 《魏書》 〈百濟傳〉.

을 총괄하였고 왕을 칭하였다.…

라고 하였는데, 도모(都慕)는 곧 주몽이며, 주몽은 고구려의 시조이다. 백제 또한 그를 국조(國祖)로 받들고 있으니, 이것은 바로 두 나라가 한 근원에서 나온 것을 반영하는 것이다.

[신라 개국전설]

신라시조 박혁거세(朴赫居世)의 전설 또한 난생(卵生)이다. 《삼국사기》 권1, 〈신라본기〉 에 의하면,

> 시조의 성은 박씨이고, 이름은 혁거세이다. 전한(前漢) 효선제(孝宣帝) 오봉(五鳳) 원년(B.C 57)갑자 4월 병진일에 왕위에 올랐고, 왕호는 거서간(居西干)이다. 그 때 나이는 13살이었다. 나라이름을 서라벌(徐那伐)이라 했다. 이보다 앞서 조선의 유민들이 여러 산골짜기에 흩어져 살면서 여섯 마을을 이루고 있었는데, 첫째를 알천 양산촌(閼川 楊山村), 둘째를 돌산 고허촌(突山 高墟村), 셋째를 자산 진지촌(觜山 珍支村), 넷째를 무산 대수촌(茂山 大樹村), 다섯째를 금산 가리촌(金山 加利村), 여섯째를 명활산 고야촌(明活山 高耶村)이라 하였다. 이들이 후에 진한(辰韓)의 6부가 되었다. 고허촌장 소벌공(蘇伐公)이 양산 기슭 나정(蘿井) 옆에 있는 숲 사이에서 말이 무릎을 꿇고 울고 있는 것을 보고 가 보니, 문득 말은 볼 수 없고 다만 커다란 알 하나만이 있었다. 그것을 깨어 보니 갓난아이가 나왔다. 데려다가 길렀는데, 나이 십여 살이 되자 기골이 준수하고 숙성하였다. 6부 사람들은 그의 출생이 신기하고 이상했으므로 그를 높이 받들고 존경하였으며, 이때에 이르러 그를 세워 임금으로 삼았다. 진한(辰韓) 사람들은 표주박[호(瓠)]를 박(朴)이라 했

는데, 처음에 큰 알이 표주박과 같았으므로 박으로 성을 삼았다.

라고 하였다.

신라 고대의 왕위는 박·석·김의 세 성씨에게 돌려가며 전하였는데,《삼국사기》에는 朴씨 성의 시조전설 뒤에 또 昔씨 성의 시조전설을 기록하였다. 즉,

> 탈해 이사금(脫解 尼師今)이 왕위에 오르니, 그 때 나이가 62세였다. 성은 昔이고, 왕비는 아효부인(阿孝夫人)이다. 탈해는 본래 다파나국(多婆那國)에서 태어난 사람이다. 그 나라는 왜국의 동북쪽 일천리 거리에 있다. 처음에 그 나라 임금이 여국왕(女國王)의 딸을 아내로 맞았는데, 임신한 지 7년 만에 큰 알 한 개를 낳으니, 왕이 말하기를, '사람이 알을 낳는 것은 상서롭지 못하니 버려야한다.' 고 하였다. 그러나 그녀는 차마 버리지 못해 비단에 알을 싸서 보물과 함께 독[(櫝;궤(櫃)] 속에 넣어, 바다에 띄워서 가는 대로 맡겨 두었다. 그것이 처음에는 금관국(金官國)의 바닷가에 닿았으나, 금관국 사람들이 그것을 괴이하게 여겨 거두지 않았다. 또 진한의 아진포(阿珍浦) 어귀에 닿으니, 때는 시조 혁거세 39년이었다. 이 때 바닷가에 있던 노파가 줄로 당겨서 바닷가에 매어 놓고 궤를 열어 보니, 한 작은아기가 있어 그 노파가 데려다 키웠다. 장성하자 키가 9자[尺]나 되고 풍채가 뛰어나고 명랑하며, 지혜가 남보다 뛰어났다. 어떤 이가 말하기를, '이 아이는 성씨를 모르니, 처음 궤가 올 때 한 마리의 까치가 날아와 울면서 따랐으므로, 마땅히 까치 작(鵲)자에서 새 조(鳥)를 떼어버리고 昔 만으로써 성을 삼고, 또 포장한 궤를 열고 나왔으니, 마땅히 탈해(脫解)라고 이름 지을 것이다.' 라고 하였다.

《삼국사기》〈신라본기〉에는, 또 김씨 성의 시조전설을 기록하고 있다. 즉,

> (탈해왕 9년 봄 3월에) 왕이 밤에 금성(金城) 서쪽에 있는 시림(始林)의 나무 사이에서 닭이 우는 소리가 나는 것을 듣고, 날이 샐 무렵에 호공(瓠公)을 보내어 살펴보게 하였는데, 금빛 작은 궤가 나뭇가지에 걸려 있고, 흰 닭이 그 밑에서 울고 있었다. 호공이 돌아와서 아뢰니, 왕이 사람을 시켜 궤를 가져오게 하여 열어 보니, 자그마한 사내아이가 그 속에 있는데, 자태와 용모가 기이하고 컸다. 왕은 기뻐하여 측근의 신하에게 말하기를, '이것이 어찌 하늘이 나에게 아들을 준 것이 아닌가?' 라 하고 거두어 키웠는데, 자라나자 총명하고 지략이 많았으므로 이름을 알지(閼智)라 하고, 금궤에서 나왔으므로 성을 金씨라 했으며, 시림(始林)을 고쳐 계림(鷄林)이라 하고, 이로 인하여 국호(國號)로 삼았다.

고 하였다.

우리는 위의 전설을 통해 하나의 공통점을 발견할 수 있다. 즉 박·석·김씨 성의 시조는 모두 난생(卵生)이라는 점이 그것이다. 김씨 성의 시조가 강림함에 그 아래에서 역시 흰 닭이 울고 있었다고 하니, 난생설화의 변형에 지나지 않는다. 이것은 바로 중국 동북의 고대 여러 부락에 보편적으로 유행한 전설이다. 또, 석씨 성의 유래가 '하나의 까치가 날아와 울었으니, 마땅히 까치 작(鵲)자를 줄여서 昔으로 성을 삼아야 한다.' 라는 것에서 말미암았다고 말하는데, 이러한 종류의 전설은 한자(漢字)가 전파된 이후에야 비로소 완성된 것임을 알 수 있다. 문헌에서 고증하기를, 한자는 4세기 후반에 비로소 한반도의 남부에 들어왔다고 하니,[12] 이러한 종류의 전설이 완성된

시기는 5세기의 일임을 증명하기에 족하다. 그리고 세 성씨 가운데 석탈해(昔脫解)가 해외에서 표류해 왔다는 것은 바로 신라 인종은 한강이북의 고구려 족과는 같지 않으며, 이미 단순한 부여족이 아니라 일종의 새로운 혼합종족이라는 것을 반영하는 것이다. 그 중에는 토착과 해외의 이민을 제외하고도 화북에서 난을 피해 남하한 한인(漢人)도 있다. 원래 신라는 진한의 후신(後身)이며, 진한(辰韓)은 또한 진한(秦韓)으로 불리기도 하였으니, 《후한서》〈동이전〉에 이르기를,

> 진한(辰韓)의 노인들은 스스로 말하기를, '진(秦)의 망인(亡人)이 고역(苦役)을 피해 한국(韓國)으로 오니, 마한(馬韓)이 동쪽 경계의 땅을 베어 그들에게 주었다. 그들이 사용하는 명칭에는 국(國)을 방(邦)으로, 궁(弓)을 호(弧)로, 적(賊)을 구(寇)로, 행주(行酒)를 행상(行觴)으로, 상호(相呼)를 도(徒)라고 불러서 진(秦)나라의 언어와 닮은 데가 있는 까닭에, 혹자는 이 지역을 진한(秦韓)으로도 부른다.' 고 하였다.

고 적고 있다. 또한 고려의 역사가 김부식(金富軾)이 말하기를,

> 또한 들으니, 신라인은 스스로 소호금천씨(小昊金天氏)의 후손이라 생각하여 성을 金으로 하였다고 한다. 고사(古史)에 이르기를, '진 · 한(秦 · 漢)의 난리(亂離) 시(時)에 중국인이 많이 바다건너 동쪽으로 왔다.' 고 하니, 삼국의 조선(祖先)이 어찌 그 옛 성인의 후예가 아니겠는가?[13]

---

12) 《東國通鑑》 권4에서 이르기를, '근초고왕 29년(374)에 백제는 高興으로 박사를 삼았다. 백제는 개국 때부터 문자가 아직 없었으며, 이때에 이르러서야 비로소 글로 기록함이 있었다.' 고 한다.

13) 《三國史記》〈新羅本紀〉권28.

라고 하였다.

이러한 전설은 모두 한인(漢人)과 신라건국 사이에는 매우 밀접한 관계가 있음을 반영하고 있는 것이다.

결론적으로 말하면, 한국의 각 국가는 모두 중국의 전설 혹은 역사적 사실을 채집하여 그들의 개국전설을 만들었다. 단군개국전설은 중국의 역사문화를 배경으로 하여 한국씨족사회의 추장(酋長)전설을 삽입하여서 제작한 것이다. 한편 기자(箕子)개국전설은 비록 아직 그 기자와 그의 행적이 반드시 실재한 것만은 아니지만, 조선의 원시국가는 한인(漢人)에 의해 창립된 것임을 반영한 것이다. 고구려건국전설은 중국 동북 경내(境內)의 부여족이 남하하여 건국한 역사적 사실을 반영한 것이다. 백제건국전설은 부여족의 한 지파가 다시 멀리 한반도의 남부에 이르러 건국한 역사적 사실을 반영한 것이다. 신라건국전설은, 朴·昔·金 세 성씨의 조상 모두가 난생(卵生)인데, 중국 동북지역 종족의 난생전설과 일맥상통(一脈相通)하는 것으로, 이는 신라건국 또한 중국문화의 복잡한 영향을 받은 것을 말해주는 것이다.

제11장 역대정권 교체(歷代政權 交替)

1. 중국의 정권교체

양계초(梁啓超)는 중국사의 변화상을 3분하여서 '중국의 중국', '아시아의 중국', '세계의 중국'이라고 하였는데, 진(秦)의 통일에서 청(淸) 건륭(乾隆)말년 까지를 '아시아의 중국' 시기로 삼은 것은 확실히 의미 있는 탁견(卓見)이라 하겠다.

진(秦)에서 청(淸)까지 약 2,000 년간에 중국민족은 중국 역사무대의 주역과 동시에 아시아 역사무대의 주역이었으며, 그 사이에 중국이 각 국가에 미친 영향은 극히 복잡하였는데, 그 중에서 정치방면의 영향은 더욱 현저하다. 아시아 각 국의 역사를 볼 것 같으면, 중국 정국(政局)의 연출된 변화는 항상 아시아 각 국가의 정국으로 하여금 연쇄적으로 변화를 발생케 하였고, 중국역대의 흥망성쇠가 항상 아시아 각 국가의 사회에 대해 각양각색의 빛과 그림자를 드리웠던 것을 발견하기 어렵지 않다는 사실이다.

2. 한국의 정권교체

조선반도는 중국에 연결되어 접한 연유로 옛날부터 중국과 양위일체(兩位一體)적 관계를 유지하였다. 멀리는 은·주(殷·周)시기에 조선은 이미 중국정치의 소용돌이에 말려들었다. 《사기》〈송미자세가(宋微子世家)〉편에서 이르기를, '주나라의 무왕이 기자(箕子)를 조선에 봉(封)하다.'라고 하였고, 복생(伏生)의 《상서대전(尙書大傳)》 권3에서 역시 이르기를, '주나라의 무왕이 은나라를 정복하고 …

기자를 석방하였다. 기자는 주나라가 자신을 석방한 것을 참고 견디기 어려워 조선으로 달아났다. 무왕이 이 소식을 듣고 그를 조선의 왕으로 봉하였다.' 고 하였다. 《사기》와 《상서대전》 모두가 2,000년 전의 저작이지만, 그 기재된 내용은 상당한 근거가 있으므로 과거의 한국(조선)의 역사가는 모두 일치하여 기자를 조선역사상의 정통으로 추존하고, 아울러 그 나라를 '기국(箕國)', '기자의 봉지(封地)' 라고 지칭하였다. 기자라는 인물에 관한 역사적 사실은 비록 실증할 방도는 없지만, 은 · 주(殷 · 周)가 멸망한 후에 일부분의 은나라 유민(流民)이 원래 殷과 인연이 깊은 동북(東北)지방과 북부 한반도로 도망하여 토지개간에 종사하며 원시적 국가를 창립하였다는 것은 매우 가능한 일인 것이다. 이에 관한 서술은 앞서 〈개국전설〉 부문에서 다루었다.

전국(戰國)시대에 이르러 연(燕)나라가 세력을 확장하여 동북지역을 경영하였다. 즉, 진개(秦開)를 파견하여 조선 서방을 공격하고 2천여 리(里)의 지역을 빼앗고는 관리를 두고 요새를 축조한 반면, 조선은 점점 쇠약해졌다. 이후에 진(秦)은 6국을 통일하고 몽염(蒙恬)을 파견해서 장성(長城)을 축조하고 요동(遼東)지역까지 이르렀다. 당시는 기자(箕子)의 후예라 자칭하는 기부(箕否)가 조선의 왕으로 있었는데, 진(秦)나라의 군사 위력을 두려워하여 곧 나와서 신하로 복종하였다. 기부가 죽은 후에 그의 아들 기준(箕準)이 왕위를 계승하였다. 오래지 않아 진시황이 죽자 중원(中原)은 크게 혼란스러워졌다. 《삼국지》 〈위지동이전(魏志東夷傳)〉에서 이르기를, '진승[陳勝: 진(秦)나라 말기에 일어난 대표적 농민반란의 지도자] 등이 봉기(蜂起)하자 천하가 진조(秦朝)에 반기를 들었다. 이에 연(燕) · 제(齊) · 조(趙)지역의 백성 수만 명이 조선 땅으로 피난하였다.' 라고 하였다. 진 말기에 중원의 한인(漢人) 수만 명이 조선에 이르렀음은 조선의 개화에 마땅히 중대한 영향을 미쳤다는 말이다.

한나라 고조(高祖)가 천하를 처음 평정하고 노관(盧綰)을 연왕(燕王)으로 책봉하여, 패수[浿水: 압록강]로 조선과 경계를 삼으니, 패수 이북은 연나라에 속하였다. 오래지 않아 연나라 사람 노관이 한을 배반하고 흉노지역으로 도망하니(B.C. 195년), 연나라 사람 위만[衛滿, 이병도 박사는 한인(韓人)이라고 주장하였고, 《사기》에서는 연나라 사람이라고 함]이 1,000여명을 이끌고 패수(浿水)를 건너 조선왕 기준에게 받아 줄 것을 청하였다. 기준은 위만을 박사(博士)로 삼고, 일백 리의 땅에 봉(封)하여 서쪽 변경을 지키도록 하였다. 오래지 않아 위만은 정변을 일으켜 기준을 내쫓고 자립하여 왕이 되니, 이때가 한나라 혜제(惠帝) 원년(B.C. 194년)이었다. 당시 한나라의 국가 기초는 아직 공고하지 않아, 조선을 경영할 여력이 없어서 단지 위만에게 두 가지 요건만을 지킬 것을 요구하였다. 즉, 첫째, 새외(塞外)의 제족(諸族)을 제지하여 한나라 변경을 침범하지 않게 한다. 둘째, 새외의 군장(君長)이 한나라 천자(天子)에게 내조(來朝)하려고 할 때, 그들을 정체시켜 어려움을 겪게 하는 일이 없도록 한다는 것이다. 그러나 위만은 이미 한나라 황실의 승인을 얻었기 때문에 기회를 타서 세력을 확충하여 인근부락을 위협하고 이익을 도모하여 병합하니, 진번(眞番)·임둔(臨屯)이 모두 와서 신하로 예속하였고, 수천 리의 땅을 개척하여 전에 없는 큰 왕국을 건설하였다. 당시 한나라 황실은 공교롭게도 휴식과 양생이 필요할 때라서 피차간에 서로 인정할 수밖에 없었던 것이다.

한 무제(漢 武帝)에 이르러 국력이 팽창하고 대외발전이 요구되자, 위씨조선이 주요 공략목표의 하나가 되었다. 무제 원봉(元封) 3년(B.C.108년)에 조선을 멸하고 낙랑(樂浪)·임둔(臨屯)·진번(眞番)·현토(玄菟)의 4군을 설치하였다. 이로부터 조선반도는 중국 중앙정부의 직접관할권에 들어갔다. 군의 위치에 관하여는 대체로 낙랑군은 평안남북 · 황해 · 경기 4도에 해당하고, 임둔군은 임둔국의 옛 이름을 채용한 것으로 강원도에 해당하며, 현토군은 함경남도에 해당하는데, 다만 진번군의 위치는 중 · 일 · 한 학자의 견해가 분분한 실정이다.

서한(西漢, 즉 前漢) 말년에 국가의 세력이 점차 쇠약해지고 압록강 중상류에서 거류한 고구려족과 한반도 남부의 한족(韓族)이 두각을 나타내기 시작하여 군현 통치는 점차 위협을 받게 되었다. 왕망(王莽)이 통치한 시기에 고구려가 명령을 듣지 않자 왕망은 병력을 파견하여 토벌하고 그 왕 추(騶)를 참살하였다.[14]

광무제(光武帝)가 중흥하였으나, 내전(內戰) 때에 원기(元氣)가 크게 상하였기 때문에 변방민족에 대해 방임정책을 취하였다. 건무(建武) 6년(A.D. 30년)에 동부도위(東部都尉)와 남부도위(南部都尉)를 철수토록 하고, 남부도위가 다스리던 각 현은 낙랑군의 직할현으로 개편하여 귀속시켰으며, 동부도위가 다스리던 영동(嶺東)의 7현은 그냥 방치해 버림으로써 자주자립 하도록 하였다. 이에 북방의 고구려족과 남방의 한족(韓族)은 모두 이러한 공백 기간에 활약하였다. 동한(東漢) 말년에 이르러 중원에 사건이 많이 발생하자, 그 틈에 공손씨(公孫氏)가 요동지방에 할거함에 따라 조선반도는 역시 그 세력범위 내에 들어가게 되었다. 당시 고구려는 세력이 점차 커져 항상 현토군·낙랑군을 침범하였고, 남방의 한국(韓國), 동방의 예족(濊族)도 날로 강성해져 군현의 관리는 통제할 방법이 없었다. 공손강(公孫康)은 위기를 면하기 위하여 곧 낙랑군의 남방에 하나의 군, 이른바 대방군(帶方郡)을 설치함에 따라 반도 남부는 한때 안정을 되찾았다.

14) 중국의 《兩漢書》, 《南北史》 등 왕망과 관련된 사료에 나와 있는 내용인데, 騶[鄒]는 과연 고구려 어느 왕을 지칭한 것인지 알 수 없다. 시기가 고구려 초기인지라 혹여 주몽 왕의 다른 이름이 鄒牟인지라 주몽 왕을 지칭한 것이 아닌가 하고 추정하지만, 《삼국사기》 등 한국의 사료에는 증빙할 그런 기록이 없다.

북방의 고구려는 공손씨가 요동·낙랑을 장악했기 때문에 서쪽 내지 남쪽으로 진출하지 못하였고, 단지 동편 방향으로만 발전하여 결과적으로 이전에 현토군·임둔군에 속했던 지역은 점차 고구려에 잠식되었다. 공손씨는 가만히 좌시할 수만 없어, 이미 고구려를 두 차례나 크게 정벌하였고, 따라서 고구려는 한시적으로 좌절을 맛보지만 빠르게 원기를 회복하였다.

조조(曹操)의 위(魏)가 한(漢)왕조를 대신하고, 촉(蜀)·오(吳)와 함께 삼국정립의 국면을 형성하였다. 위나라는 북방에 건국하고 동북을 세력범위로 삼았으므로, 자연히 공손씨(公孫氏)가 오랫동안 요동(遼東)에 할거함을 용납할 수 없었다. 명나라 명제(明帝) 경초(景初) 2년(238년)에 사마의(司馬懿)의 대군이 진격하여 공손연(公孫淵)을 참수하고 요동을 평정하였다. 이미 요동을 평정한 뒤 또, 수군(水軍)을 보내 낙랑·대방군 지방을 수복하니, 이에 조선반도는 위나라의 통제에 귀속되었고, 대방군 이남 한족(韓族)의 여러 나라 군주는, 또한 모두 위나라에서 파견한 읍군(邑君)·읍장(邑長)의 부류가 되어 위나라에 복속하였다. 그러나 고구려는 새로운 정세에 어두운 듯이 여전히 변경을 침범하였다. 위(魏)나라 폐제(廢帝) 정시(正始) 4년(244년)에 관구검(毌丘儉)이 대군을 이끌고 고구려를 토벌하여 그 나라 수도인 환도[丸都: 지금의 安東省 輯安縣]를 공격하여 함락하자 국왕은 황급히 피신하였다. 다음 해에 관구검은 또, 재차 진격해서 토벌하여 많은 사람을 죽이고 포로로 잡고는 환도에 기공비(紀功碑)를 세우고 돌아갔다. 고구려는 위나라의 압력 하에서 하는 수 없이 한시적이나마 굴복하였다.

관구검이 고구려를 대파한지 20년 후에 위(魏)나라는 진(晉)으로 교체되었다. 진(晉) 무제(武帝)의 재위기간(265~289년)에 조선반도는 대체로 안정을 되찾았다. 무제가 죽은 후 진나라 황실은 내홍(內訌)

에 빠져 변방을 돌아볼 여력이 없었는데, 이는 곧, 조선민족이 발전할 수 있는 기회가 된 것이다. 북방의 고구려는 기회를 타서 부흥하여 낙랑·현토와 남방의 백제를 수시로 공략하였고, 주머니 속의 송곳 끝이 밖으로 빠져 나오는 것처럼 (즉, 그들의 전투적 성향을 참지 못하고) 항상 대방(帶方)을 침략하여서 진(晋)은 조선반도 내에 있던 영토가 점차 축소되었다. 진(晋) 혜제(惠帝) 말년에 이르러는 내유외환이 심각하여 조선반도와 중원의 교통이 막히고 끊기자, 고구려의 기염은 더욱 기승을 부리게 되어 끝내는 오직 하나 남은 낙랑군을 통치하는데 있어 하루를 보장받기 어려운 지경이 되었다. 진(晋) 민제(愍帝) 건흥(建興) 원년(313년)에 낙랑의 관민(官民)은 장통(張統)의 영도 하에 조선에서 물러나 요서(遼西)의 모용외(慕容廆)에 투항하였는데, 이는 진(晋)이 동천(東遷)하기 4년 전의 일이다. 《자치통감》〈진기(晋紀)〉권10에,

> 요동(遼東)의 장통(張統)이 낙랑·대방 두 군을 거점삼아 고구려 왕 을불리(乙弗利)(즉 美川王)와 맞서 서로 공박하나 해를 넘겨도 해결되지 않자, 낙랑의 왕 준(王 遵)이 장통을 설득하여 그 백성 천여 가호(家戶)를 이끌고 모용외에게로 귀속하였다. 모용외는 그들을 낙랑군에 머물도록 했다.[15]

라고 하였다.

한 무제가 조선에 군현을 설치한 때부터 서진(西晋) 말기 내우외환에 밀려 조선에서 철수할 때까지 중국의 군현(郡縣)적 통치는 약 400년 동안 유지되었다. 이병도 박사가 말했듯이 조선반도 내에 중

---

15) 《資治通鑑》〈晋紀〉권10
遼東張統,據樂浪·帶方二郡, 與高句麗王乙弗利(卽美川王)相攻, 連年不解, 樂浪王遵說統, 帥其民千餘歸廆, 廆爲之置樂浪郡.

국 군현의 존재는 그 주위의 토착사회에 대해 비록 일종의 자극제와 흥분제가 되기는 하였으나, 동시에 역시 조선반도의 영토발전상의 최대의 장애가 되었다.[16] 중국의 군현통치가 이미 끝나자, 고구려·백제·신라는 크게 활동하여 이로부터 조선반도는 삼국정립의 국면을 이루었다.

오호(五胡)의 난(316년)으로 진(晉) 왕실이 동천(東遷)하자 중국에는 장기적인 혼란국면이 나타났다. 남북조시대 300년 간 조선반도는 외세의 간섭 없이 자유롭게 발전하였고, 삼국은 점차 강대해졌다. 삼국 중에 단지 고구려만이 중국과 국경을 접하였기 때문에 요동의 영토를 쟁탈하기 위하여 전연(前燕)과 충돌을 일으켰다. 고국원왕(故國原王) 12년(342년)에 모용황(慕容皝)이 대거 진격하여 수도를 함락하니, 왕은 급히 도망하였고, 왕릉(王陵)이 도굴되었으며, 왕의 모후(母后)·처자(妻子) 및 남녀 50,000여명이 포로가 되었고, 궁전의 부고(府庫)가 불태워졌다. 고구려는 부득이 사죄하고 강화(講和)하니, 이로부터 전연(前燕)에게 신하를 칭하고 입공(入貢)하였다. 후에 전연(前燕)이 전진(前秦)에게 패망하자, 고구려는 또, 전진에게 신하로써 복종하였다. 고구려는 광개토왕 때(342~412년)에 이르러서야 비로소 전성시대로 진입하였다. 왕은 일찍이 누차 후연(後燕)을 격파하여 수차례 쟁탈을 야기한 요동지역을 완전히 소유하였고, 또 백제를 누차 정벌하고 대방의 옛 땅을 탈취하여 일생에 개척한 토지가 매우 넓다 보니, 광개토왕(廣開土王, 談德)이라 호칭해도 부끄러움이 없을 정도였다. 왕이 죽고 그의 아들인 장수왕(長壽王, 璉)이 계승하였는데 재위기간이 79년 간이나 되었다. 왕은 남북조에 대해 양면(兩面)외교정책을 채택하였다. 즉, 북조에 대해서는 왕 24년(436년)에 북위와 처음으로 교통하였고, 남조와는 왕 원년(413년)부터 처음으로 동진과

---

16) 李丙燾, 《韓國史大觀》 중역본(中譯本) p.49

교통하였으며, 왕 8년에 송(宋) 왕조의 책봉(封冊)을 받았고, 그 후 계승한 모든 왕이 남북조를 향하여 분별하여 조공(朝貢)하였다. 고구려가 양면외교정책을 채택한 까닭은 틀림없이 중국을 안심시키고 전력을 다해 백제에 대응하고자 한 것이었다.

백제는 근초고왕(近肖古王, 346~374년) 당시에 남으로는 마한의 나머지 지역을 병합하고, 북으로는 대방의 대부분의 영역을 흡수하여 전성시대를 이루었다. 5세기에 이르러 누차 고구려에게 패배하여 잃은 영토가 날로 많아졌고, 개로왕(蓋鹵王, 餘慶) 말년(475년)에 이르러서는 수도가 고구려에 의해 함락되어 웅진(熊津)으로 천도(遷都)하면서 처한 형세가 더욱 위태로워졌다. 백제는 고구려의 압력에 대항하기 위하여 왜(倭)와 가까이 통한 이외에도 남북조에 대해 양면외교정책을 채택하였다. 즉, 북조에 대해서는 개로왕 18년(472년)부터 북위에게 봉표(奉表)와 조공을 시작하여 북제(北齊)·북주(北周)에 이르도록 계속 입공(入貢)하였다. 남조에 대해서는 사신의 오고 감은 북조보다도 빨랐으며, 전지왕(腆支王) 13년(417년)에는 동진(東晋)의 책봉(冊封)을 받았고, 이후 역대 송(宋)·제(齊)·양(梁)·진(陳)에게 조공함이 중단되지 않았다.

신라는 반도의 동남모서리에 치우쳐 있어 비교적 폐쇄적이었고 흥기 또한 늦어, 6세기에 이르러서야 겨우 두각을 크게 나타내었다. 진흥왕(眞興王) 12년(551년)에 고구려를 격파하고 한강유역을 차지하고서야 겨우 대륙을 향하여 창을 열게 된 까닭에 신라는 중국과 교통한 것이 가장 늦었다.

수(隋) 문제(文帝)가 남조의 진(陳)을 멸망시켜(589년), 300년 동안 남북 간의 대립국면을 끝내고 하나의 참신한 면모의 통일 대제국이 갑자기 출현함으로써 조선반도는 그 진동(震動)을 받게 되었다. 특히, 고구려는 중국과 국경을 접하였기 때문에 더욱 불안이 가중되었다. 그러나 고구려는 이때에 이미 넓은 영토와 많은 인민을 가지고 있는 하나의 큰 왕국이었으므로 비록 隋나라에 대해 계속해서 조공을 하였지만, 오히려 달가운 심정으로 범절을 준수하지 않고, 한편으로는 병사를 훈련시키고 곡식을 쌓아 항전할 준비를 하였고, 다른 한편으로는 한인(漢人)의 망명을 유도하여 수나라의 소식을 몰래 염탐하였다. 수나라 개황(開皇) 18년(598년)에 고구려 영양왕(嬰陽王, 元)은 남보다 앞서 일을 도모하면 남을 제어할 수 있음을 인식하고 마침내 말갈족(靺鞨族)을 이끌고 요서를 침입하였다. 수 문제는 크게 분노하여 즉시 한왕(漢王) 양양(楊諒)에게 명하여 병사 30만을 이끌고 나아가 토벌토록 하였으나, 임유관(臨渝關)까지 나오자 장마와 질병을 만나 중도에 병사를 퇴각시켰고, 영양왕 또한, 사신을 보내 사죄함으로써 일장 만파(一場 萬波)가 겨우 가라앉게 되었다. 수 양제(煬帝)가 황위(皇位)를 계승하였는데, 그는 큰 공을 세우는 것을 좋아하였다. 고구려의 영양왕에게 입조(入朝)할 것을 요구하였으나 이르지 않았다. 때맞추어 백제 · 신라가 고구려의 침공을 감당치 못하고 수나라에 구원을 요청하자, 수 양제는 이 기회를 이용하여 고구려를 정복할 결심을 세웠다. 대업(大業) 8년(612년)에 양제는 친히 고구려 정벌을 떠났다. 대군이 요수(遼水)를 건너 요동성(遼東城)을 포위하고 공격하였으나 오랫동안 함락시키지 못하자, 우문술(宇文述)로 하여금 군사 30만을 거느리고 압록강을 건너 남쪽을 정벌하도록 하였다. 그러나 고구려 장군 을지문덕(乙支文德)의 계책에 빠져 살수(薩水)에서 섬멸되었다. 즉《삼국사기》권20, 〈고구려본기〉 제8. 에서 이르기를,

(을지)문덕이 우문술(宇文述)의 군사가 굶주린 기색이 있음을 알아차리고 그들을 피로하게 하려고 매번 전투에서 자주 도망하였다.

우문술은 하루 동안 7번 싸워 모두 물리치니 이미 전쟁에서 이겼다고 믿고, 또 무리를 쫓기를 결의하여 마침내 살수를 건너 평양성으로 부터 30리 거리에서 산을 의지하고 야영을 하였다. 문덕은 다시 사절을 보내 거짓 항복하며 우문술에게 청하기를, '만약 군사를 되돌려 가면 마땅히 왕으로 모시고 행재소(行在所)에 입조(入朝)하겠다.' 고 말하였다. 우문술은 사졸들이 피로하여 다시 싸울 수 없으며, 또 평양성은 견고하여 함락하기 어려움을 헤아려서, 마침내 그 거짓항복을 빌미로 귀환코자 하였다. 우문술 등은 방진(方陣)을 이루면서 행군하였는데, 아군(고구려군)이 사방에서 공습하니, 우문술 등은 싸우면서 행군하여 가을 7월에 살수에 이르렀다. 군사가 물 중간 쯤 건넜을 때, 아군이 뒤에서 그 후미의 군사를 공격하니 우둔위(右屯衛)의 장군 신세웅(辛世雄)이 전사하였다. 이에 모든 군대가 모두 궤멸함을 막을 수 없게 되니, 장군과 병사가 도망하여 하루 밤낮에 압록강에 이르도록 450 리를 행군하였다. … 처음에 수나라의 9군이 요(遼)에 이르렀을 때는 모두 30만 5천명이었으나, 퇴각하여 요동성에 이르렀을 때에는 단지 2,700명이었고, 처음의 군비와 무기는 수만을 헤아렸는데, 모두 망실되고 탕진하였다.

라고 한다.

다음해(613년)에 양제는 재차 친히 정벌을 함에 있어 전력을 기울여 요동성을 공격하였으나, 고구려군이 견고하게 지켜 함락시키지 못하였고, 오히려 양현감(楊玄感)이 국내에서 반란을 일으켰다는 소식을 듣고 황급히 병사를 퇴각시켰다. 양제는 이미 두 차례나 실패를 맛보았지만 여전히 그 마음을 버리지 못하다가 대업(大業) 10년(614년)에 3차로 진격하였으나 군사의 위용은 예전만 훨씬 못하였고 사기도 저하되었다. 사실, 고구려에서도 이미 피곤을 보이고 있었다. 그래서 수나라 군대가 비사성(卑沙城)을 공략한 후에 고구려의 영양왕이 곧, 사신을 파견하여 강화를 요청하니 양제도 기회를 봐서 손을 떼었다. 이후 4년도 안되어 양제가 죽고, 수 왕조도 멸망하였다(618년).

당나라가 수나라를 대신하였고, 고구려 막리지(莫離支) 천개소문[泉蓋蘇文 : 일명 연개소문(淵蓋蘇文)]이 국정을 독단하며 백제와 연합하여 신라를 침략하자, 신라가 사신을 보내어 위급함을 보고하니, 唐 태종은 사람을 파견하여 중개역할을 하였지만 효력이 없게 되자, 곧 고구려에 대해 군대를 사용할 것을 결심하였다. 정관(貞觀) 19년(645년)에 태종은 거마(車馬)를 타고 친히 원정(遠征)하여 계속해서 여러 성을 함락시키고 드디어 안시성(安市城)을 포위하였다. 안시성 성주가 충성스런 용맹으로 선전하여, 성을 포위하고 오랫동안 공격하여도 이길 수가 없었다. 당나라 군대는 성을 내버려두고 전진할 수도 없어 마침내 사노성(師老城) 아래에서 풀이 마르고 물이 얼기를 기다렸으나 식량이 떨어지려고 하자 부득이 철군하였다. 안시성의 성주 이름은 정사(正史)에는 드러나지 않는데, 조선의 야사(野史)에서는 성은 양(楊)이고 이름은 우춘[遇春 : 일설에는 양만춘(楊萬春) 또는, 양만춘(梁萬春)]이라 전하며, 아울러 唐 태종이 한쪽 눈에 화살을 맞아 상처를 입었다고도 전한다. 박지원(朴趾源)의 《열하일기(熱河日記)》 권1에서는,

> 또, 세속에 전해지기를, '안시성주 양우춘(楊遇春)이 활로 당 태종의 눈을 맞추니, 태종이 성 아래에 군사를 모아놓고 들러내어, 비단 일백 필을 하사하며 그가 인주(人主)를 위해서 성을 견고히 잘 지킴을 포상하였다.' 고 한다. 삼연(三演) 김창흡(金昌翕)이 그 아우를 … 연경에 들여보내며 시(詩)를 읊어 이르길, '천수에 담이 큰 양우춘, 활로 굽은 수염이 난 용안을 쏘니 눈동자에 떨어지도다.'

하였다. … 읊은 바는 마땅히 동쪽의 우리나라에서 전해 내려오는 옛 얘기에서 나온 것이리라. …그러나, 《당서(唐書)》와 사마광의 《자치통감(資治通鑑)》에는 모두 기록을 볼 수 없으니, 그런즉 그들이 중국을 위해 이 사실을 숨기지 않았나 의심스럽다.' 17)

고 하였다.

안시성 성주가 당 태종에게 화살로 상처를 입혔는지 어떠했는지는 비록 단언할 수 없지만, 당 태종이 천하의 병사를 움직여 이 작은 성에서 결국 뜻을 이루지 못하였다는 사실은 당시 고구려인의 항전 정신이 왕성하였다는 것을 엿볼 수 있게 한다. 3년이 지나서 당 태종(太宗)은 이적[李勣, 본명은 서세적(徐世勣)]에게 명하여 병사 3,000명을 거느리고 진격하게 하였는데, 목적은 단지 적을 곤란하고 근심스럽게 하는데 있었기 때문에, 전쟁규모도 크지 않았고 전과(戰果)도 말할 수 없을 정도로 미약하였다.

당 태종을 이어 고종이 황위를 계승하자, 과거의 아픈 전쟁의 경험을 교훈 삼아 전략을 바꿀 필요성을 인식하여 먼저 백제를 평정하여 고구려의 후원을 단절시켜서 고구려를 고립에 빠뜨린 후에 기회를 보아 해결해야 함을 인식하였다. 당 고종 현경(顯慶) 5년(660년)에 당은 신라와 연합군을 형성하여 백제를 진공(進攻)하여 그 국도 사비성을 섬광처럼 빨리 공격하여 함락시키니, 백제의 의자왕과 태자 융(隆) 등이 투항하였다. 그러나 백제왕족 복신(福信)과 승려 도제(道濟) 등이 나머지 세력을 결집하여 주류성(周留城)을 거점으로 삼고, 별도로 왕자 풍장(豊璋)을 세우고 일본으로 사절을 보내어 구원을 요구하였다. 당 고종 용삭(龍朔) 3년(663년)에 일본대군이 백제를 급

17) 又世傳, 安市城主楊遇春, 射帝中目, 帝耀兵城下, 賜絹百匹, 以賞其爲主堅守. 三淵金昌翕,送其弟… 入燕詩曰, 千秋大膽楊遇春, 箭射虯髯落眸子. … 所永, 當出於吾東流傳之舊, … 而唐書及司馬通鑑,皆不見錄, 則疑其爲中國諱之.(《熱河日記》권1)

히 원군 하였는데, 백강[白江: 금강]입구에서 당나라 군대와 만나 전투하였으나 결과는 일본군이 크게 패하였다. 《일본서기(日本書記)》 권27.에 의하면,

> 무신년(648년)에 일본 함대 사령관이 대당(大唐) 함대 사령관과 접전하였으나 일본이 불리하여 퇴각하였고, 대당은 진(陣)을 견고히 하고서 지켰다. 이듬해 기유년(649년)에 일본의 여러 장군이 백제왕과 더불어 대당의 견고한 진영으로 진격하였으나 대당이 좌우에서 협공하니 잠시 후에 관군은 패배를 거듭해 물에 빠져 죽는 자가 많아 함대가 멀리 돌아갈 수 없을 정도였다.[18]

라고 한다.

그런데 중국사에서의 기재는《일본서기》와는 약간 다르다.[19] 일본이 이미 패하자 백제의 전투력은 이에 따라 와해되어 백제는 마침내 멸망하였다. 당이 백제를 평정한 뒤 3년의 휴식을 거치고 나자 고구려에서 갑자기 내분이 발생하니, 당 왕실은 곧 이 기회를 이용하여 일거에 고구려 문제를 해결코자 결심하였다. 막리지 천개소문이 죽은 후, 그의 장자 천남생(泉南生)이 계승하였는데, 하루는 남생이 성을 떠나 순행할 때에 그의 아우 남건(南建)·남산(南產)이 갑자기 반기를 들었다. 남건이 스스로 막리지가 되자 남생은 부득이 당나라에 항복하였다. 당은 남생을 향도(嚮導)로 삼아 대거 진격하였고, 아울러 신라와 약속하여 출병을 하게 되니, 마침내 누차 공격해도 함락되지 않았던 평양성이 함락되었다. 수·당(隋·唐)과 더불어

---

18) 戊申,日本船師與大唐船師合戰, 日本不利而退, 大唐堅陣以守, 己酉, 日本諸將與百濟王進擊大唐堅陣,大唐自左右挾攻, 須臾, 官軍敗績,赴水溺死者衆, 艫舳不得迴旋..(《《日本書紀》》)

19) **《舊唐書》**〈유인궤(劉仁軌)전〉에서, '인궤가 왜병을 백강의 입구에서 만나 네 번 싸워 모두 승리하였다. 그들의 배 400척을 불살라서 연기가 하늘에 가득 찼고 바닷물이 모두 붉은색이 될 정도여서 적의 무리는 크게 붕괴되었다.' 고 되어있다.

6, 70년간의 무력을 두루 날렸던 이 같은 고구려 대왕국은 결국 멸망하였는데, 때는 당 고종 총장(總章) 원년(668년)이었다. 이에 당은 고구려·백제의 옛 땅을 중국 판도로 편입하여 백제에는 5도독부(都督府)를, 고구려에는 9도독부(都督府)를 설치하였다. 안동도호부(安東都護府)를 평양에 설치하고 설인귀(薛仁貴)를 파견하여 안동도호로 삼았다. 이때에 조선반도는 단지 유일한 독립국 신라만이 남았다. 당초 당이 출병한 동기는 본디 신라를 원군하기 위해서였기 때문에 전쟁이 진행되는 중에 신라는 순수한 마음으로 사이좋게 당과 합작하였다. 그러나 당이 막대한 인력과 물력을 소비하여 획득한 전과임에도 최후에는 오히려 신라 혼자서 차지하게 되었다. 원래 조선반도는 300여 년 간 독립의 역사가 있어 민족의식이 점차 깨우쳐졌고, 백제·고구려는 신라와 함께 비록 세세에 원수가 되었을지라도 2국이 이미 멸망하자 그 유민은 오히려 민족부흥의 희망을 가지고 마음을 바꾸어 신라에 기탁(寄託)하였다. 신라의 영도자는 대세를 은밀히 관찰하며 '많이 가지고 있어야만 할 수가 있다' 는 인식을 하여 평양이 함락된 후, 이전에 당과 합작했던 태도를 바꾸어 백제의 옛 땅을 임의로 점령하고, 고구려 유민이 무장하여 당에 대항하도록 선동하였다. 오래지 않아 곧 당군과 정면충돌하였는데, 당군은 누차 싸워 번번이 패배하여 세력이 날로 위축되었다. 당 의봉(儀鳳) 2년(677년)에 안동도호부(安東都護府)는 안으로 압박을 받아 요동(遼東)으로 옮겨갔다. 이에 서쪽으로는 대동강에서 시작해서 동쪽으로는 원산만(元山灣)에 이르는 반도의 가느다란 허리부분 이남의 땅이 완전히 신라의 세력권이 되었다. 반면 신라는 교묘한 외교술을 이용하여 당 제국의 환심을 사서, 唐 玄宗 개원(開元) 22년(735년)에 끝내 대동강 이남의 땅을 신라에게 사여(賜與)함을 공식 선언하였다. 이와 같이 신라는 곧 조선반도에서 전에 없던 통일대업을 완성하였다. 만약 당 왕조가

전력을 다해 간섭을 하지 않았다면, 삼국정립의 국면은 필연적으로 연장되어 최후에 통일을 완성한 것은 아마도 고구려였지 신라가 아니었을 것이다.

당말 오대(唐末 五代)는 중국역사상 일대의 분쟁시기로 어떤 왕조도 해외로 눈 돌릴 여유가 없었다. 이 때문에 조선반도는 일시적으로 중국의 영향으로부터 완전히 벗어날 수 있었다. 이에 원래 당 왕실의 지원을 받았던 신라정권은 점차 쇠퇴하여 새로운 삼국정립의 국면이 재연되었다. 즉, 신라가 구차하게 연명한 이외에 두 개의 새로운 정권이 출현하였는데, 하나는 고구려의 옛 땅에서 홍기한 궁예(弓裔)정권이고, 또 하나는 백제의 옛 땅에서 일어난 견훤(甄萱)정권이다.

새로운 삼국정립은 약 40여년 간 지속하였는데, 최후에는 궁예의 부장(副將) 왕건이 조선반도를 통일하여 고려왕조를 창립하였다(918년). 왕건이 순조롭게 통일을 완성하게 된 것은 바로 많은 역사가들이 지적한 바와 같이 그 주요 원인은 중국의 간섭이 없었기 때문이다.[20] 고려는 후량(後梁) 정명(貞明) 4년(918년)에 건국하여 중국역대의 후당(後唐) · 후진(後晉) · 후한(後漢) · 후주(後周)에게 조공을 단절하지 않았다.

宋 왕실이 홍기하자, 고려는 송 건륭(建隆) 3년(962년)에 사절을 보내 조공을 개시하였다. 이로부터 송의 책봉(冊封)을 받고 송의 연호(年號)를 사용하였다. 고려는 송 황제의 환심을 사고 송 왕실이 사여(賜與)하는 이익을 위해 빈번히 조공사절을 파견하였는데, 송 왕실은 주변국 사람들을 회유하기 위해 고려의 조공사절에 대해 예우를 더하였다. 《문헌통고》 325권, 〈사예고(四裔考)〉2. 에서,

20) 旗田巍, 《朝鮮史》 p.34. 荻山秀雄, 《朝鮮中世史》 p.31.

고려의 신료가 송 조정을 섬김에 대개는 화풍을 흠모하여 세사(歲賜)를 유리하게 하려는 것뿐이다. 중조가 고려를 초빙하여 왕래케 함은 대개는 원근의 족속을 회유함으로써 태평치세를 꾸미고자 한 것뿐이다.

라고 한 것이다. 고려 조공사절의 왕래가 빈번함으로 말미암아 송 왕실의 국고 부담이 증가하자, 예부상서(禮部尙書) 소식(蘇軾)이 말하기를, '고려의 입공(入貢)은 조금도 이익이 없다.' 고 하였고, 어사(御史) 호순척(胡舜陟)이 말하기를, '고려가 (우리)국가를 피폐시킴이 50년이라.' 고 하였다. 그러나 평화적 문화관계는 오히려 더 큰 흡인력이 있어서 고려의 송에 대한 화합은 요 · 금(遼 · 金)에 대한 것과는 같지 않았는데, 이는 하나의 충심에 의한 기쁜 마음에서의 복종이었다. 불행히도 송 왕실이 약세를 면치 못하여 변방에 소원(疏遠)하니, 결과적으로 먼저 요(遼)의 발흥이 있게 되었고, 후에는 금(金)의 궐기가 있었다. 송 왕실은 이미 전후로 요·금에게 괴로움을 당하고 유린되었으며, 고려는 동북에 이웃하다 보니 당연히 같은 운명을 면할 수 없었다.

송이 요를 토벌하기 위한 기구(岐溝)전투(986년)에서 실패한 이후, 요의 세력은 날로 강성해지는 한편, 송에 대해 한 걸음 한 걸음 진격하여 압박하였고, 다른 한편으로는 침략의 예봉(銳鋒)을 고려로 향하였다. 송 순화(淳化) 4년(993년)에 요의 대군이 고려를 침입하자, 고려는 서희(徐熙)를 적 진영에 파견하여 담판한 결과 요는 화약(和約)을 맺고 철군하였는데, 이로부터 고려는 요에 조공하고 요의 정삭(正朔)을 받들었다. 송과 요가 '전연(澶淵)의 맹약(盟約, 1004년)'을 한지 7년 후에 요는 또 핑계 삼아 고려를 대거 침입하여 개경(開京)을 함락하고는 불태우고 노략질하여 텅 비도록 하였고, 이후 수년

간에 요나라 군대는 4차례 침입하여 고려의 수난은 대단히 컸다. 요(遼) 개태(開泰) 9년(1020년)에 고려는 부득이 요를 섬길 의향을 비로소 갖고 요에 대해 번방(藩邦)임을 자처하고 조공을 납부하며 송의 연호사용을 정지하였으나, 한편으로는 몰래 송에 조공하였다. 12세기 초에 여진이 일어나 먼저 고려와 충돌이 발생하였는데, 결과적으로 고려가 승리하여 점령지에 9성(城)을 축조하였다가(1108년), 즉각 여진이 입조(入朝)한다는 조건으로 9성에서 철군하고 그 땅을 여진에 돌려주었다. 여진은 건국하여 금(金)이라 명칭하고 요나라 군대를 대파하니, 송은 금과 연합하여 요를 치고자 하였다. 송 정화(政和) 6년(1116년)에 고려가 이자량(李資諒)을 송에 사신으로 보내오니, 송 휘종(徽宗)은 고려가 송과 금(金)의 연맹을 알선토록 부탁하자, 고려의 사자는 그것이 위험하다고 인식하여 힘을 길러 저지할 것을 권하였다. 즉, 《동국통감》 권20, 〈고려예종〉 12년 조에 이르기를,

> 이자량(李資諒)이 송으로부터 돌아왔다. 자량이 변경(卞京)에 이르니, 제(帝)가 예모전(睿謨殿)에 행차하여 일행을 모두 불러 연회를 베풀었다. … 돌아올 즈음에 제(帝)가 은밀히 말하기를, '당신네 나라와 여진이 국경을 접하고 있다고 들었다. 다음 해에 내조할 때에는 그들 몇 사람을 불러 이끌고 함께 오지 않겠는가?' 라 하자, 자양이 아뢰기를, '여진은 인면수심(人面獸心)이요, 오랑캐 중에 가장 탐욕스럽고 추하니, 교통할 수 없습니다.' 라고 하였다.

라 했는데, 애석하게도 송 휘종은 고려 사자의 충언을 받아들이지 않고, 다음 해에 사절을 보내 금(金)과 교통하여 요 나라를 협공할 것을 맹약하여 종국적으로 이리를 집안으로 맞아들여 스스로 나쁜 열매를 먹는 격이 되었다. 금나라 병사가 변경을 함락했던 동년

(1126년)에 고려는 금에게 번방(藩邦)임을 칭하고 조공을 납부하였으며, 금의 책봉(册封)을 받았다. 송이 남쪽으로 옮겨간 후, 고려는 금의 연호(年號)로 고쳐 쓰고, 오직 바닷길을 통해서만 송과 교통하였다. 송 광종(光宗)이후에 고려는 송과의 관계를 처음으로 단절하였다. 금 애종(哀宗) 정대(正大) 원년(1224년)에 이르러 금은 몽고의 압박을 받아 나라의 운명이 위기에 빠졌고, 고려는 겨우 금의 연호 사용을 정지하였다.

몽고가 일어나자 고려는 또 새로운 액운에 빠졌다. 징기스칸[(成吉思汗)]이 고려를 도와 경내의 거란의 난을 평정한 후부터 고려는 몽고에 대해 신하로써 복종하고 조공을 시작하였는데(1218년), 후에 몽고의 징공사(徵貢使)가 해침을 당함으로 인하여 국교가 중단되었다. 元 태종[太宗: 오고타이]가 즉위하자 군사를 일으켜 이를 문책하기로 결정하였다. 고려 고종 18년(1231년)에 몽고의 대장 살리타[(撒禮塔)]가 병사를 이끌고 침입하여 고려의 요지를 계속 공략하고 내친 길로 관민(官民)을 살육하여, 민가를 다 불태우고 닭과 개를 모두 잡아가자, 고려가 부득이 항복하니, 몽고는 곧, 각지에 다루가치(達魯花赤) 72인을 설치하여 행정을 감독하게 하고 군사를 이끌고 돌아갔다. 고려는 본래 이들과의 관계를 통해 서로 화평을 꾀하였으나, 어찌할 수 없을 정도로 다루가치의 발호와 횡포·압박이 미치지 않는 곳이 없게 되자, 오래지 않아 관계는 다시 무너졌다. 고려는 몽고군의 약점이 수전(水戰)에서 불리하다는 점을 간파하고, 이에 강화도로 천도하여 장기적 항전의 준비를 하였다. 오고타이는 이 사실을 듣고, 또 살리타를 파견하여 2차로 진격하였다(1232년). 살리타가 전사하자, 다시 당고(唐古)에게 명하여 병사를 통솔하여 진격토록 하였다. 3년간에 몽고군은 자(慈) · 삭(朔) · 귀(龜) · 황(黃) · 신(信) · 안(安) 등의 여러 주(州)를 연속 함락하고, 더욱 남으로 아산(牙山) · 죽산(竹山)을 점령하고, 전주를 약탈하였고 아울러 경주에 침입하여 황룡사탑을 불태워, 고려 8도는 몽고의 발굽에 거의 유린되었다. 고려가 항복을 청하자 몽고는 고려왕의 친조(親朝)를 명하고 마침내 철군하였는데, 그 후 고려는 결코 조건을 이행하지 않았다. 원나라 헌종(憲宗) 몽케(蒙哥) 때에 이르러 다시 고려국왕의 친조를 촉구하였지만 불응하니, 또 여러 차례 대규모의 진공을 발동하여 불태우고 죽이고 약탈을 당한 곳은 모두 폐허가 되었는데, 더욱이 차라대(車羅大) 부대의 살육과 약탈이 가장 참혹하였다. 《고려사》 권24, 〈고종세가〉 41년(1254년) 조에 이르기를,

> 이 해에 몽고병사가 포로로 삼은 바는 남녀 가리지 않고 20만 6천 8백인이고, 살육된 자는 다 셀 수 없으며, 그들이 지나간 주군(州郡)은 모두 방화되어 몽고의 병란이 있은 후, 아직 이때보다 심한 적이 없었다.

라고 하였다.

당시 몽고의 목적은 고려를 압박하여 환도(還都)하게 하고 국왕의 친조(親朝)를 하게 하기 위하여 전면적으로 제압하는 것이었다. 고려는 비록 한 두 번 철군해줄 것을 요청하기는 했지만, 이 같은 조건을 받아들일 수는 없었다. 전쟁의 피해는 계속되어 한해가 지나고도 다시 일 년이 되었다. 고려 고종 45년(1258년)에 몽고군은 또 여진지역을 통해 고려의 동북경내를 침입하여 화주(和州)에 쌍성총관부(雙城總管府)를 설치하고 고려인 조휘(趙暉)를 총관(總管)으로 삼았다. 이즈음에 고려의 국토는 이미 절반이 상실되었다. 다음 해에 귀순(歸順)의 성의를 표시하기 위하여 태자 전(倎)을 인질로 원에 들여보냈다. 원은 세조(世祖) 즉위년(1260년)에 이르러 고려가 일본과 남

송에 대해 갖고 있는 전략적 위치를 이용하고자하여 비로소 고려 억압정책을 바꿔 유화정책을 썼다. 마침 고려왕이 죽자, 즉시 태자 전(倎)을 호송하여 귀국시켜 즉위토록 하니, 이가 고려 원종(元宗)이다. 이로부터 일심으로 명령을 좇아서 원 왕실에 충성을 계속하였다. 후에 원 세조는 세자 거(昛)에게 황녀(皇女)를 출가시켰는데, 그 세자가 왕위를 계승하니(1275년), 이가 충렬왕(忠烈王)이다. 이후 고려국왕은 모두 몽고의 공주를 받들어 결혼하여 두 나라는 사위와 장인관계의 나라가 되었다. 원 왕실은 고려의 국정을 조종하여 마치 집안일을 처리하는 것과 마찬가지로 하여 고려는 이름만 독립이었지, 실제는 속령(屬領)과 다름이 없었다. 충렬왕(昛) · 충선왕(璋) · 충숙왕(燾) · 충혜왕(禎)은 모두 원 왕실이 좋아하느냐 아니냐에 따라 홀연히 세워졌다가 갑자기 폐위되었는데, 그 중에 충선왕은 토번(吐蕃)으로 유배되었고, 충혜왕은 세 번 왕위에 올랐다가 세 번 폐위되었고, 끝내는 죽음을 맞았다. 당시 고려의 귀족은 봉록(俸祿)과 관위(官位)를 보전하기 위해서 모두 경쟁하듯이 몽고와 통혼하였고, 풍속과 관습도 몽고화하여 국왕과 귀족은 모두 몽고식 이름을 채용하였다.

공민왕 때에 이르러 원 왕실의 세력이 쇠약해지자, 비로소 원의 압제에서 벗어나고자 암암리에 시도하였다. 공민왕 8년(1359년)에 유복통(劉福通)의 별부(別部) 모거경[毛居敬: 홍건적(紅巾賊)]이 무리를 이끌고 고려를 침입하여 서경과 개경을 함락하였으나 바로 격퇴되어 궤멸하였다. 공민왕 17년(1367년)에 명나라 태조 주원장 (朱元璋)군대가 대도(大都)를 점령하여 원 순제(順帝)가 북으로 도망가자 고려는 비로소 원의 연호 사용을 정지하였다. 그러나 고려의 궁정(宮廷)은 여전히 친원파(親元派)의 기반이 되어 고려말년까지 계속되었다.

명 태조(太祖)가 즉위하고 즉시 사신을 보내어 고려를 밝게 깨우치고 옥새(玉璽)를 내렸다. 공민왕 18년(1369년)에 사은사(謝恩使)를 파견하여 금릉(金陵)에 이르러 하례(賀禮)를 올리고 책봉(册封)을 청하니, 명 태조는 금으로 인쇄한 유시문(諭示文)을 내려 고려국왕으로 봉하였다. 다음 해에 고려는 명 홍무(洪武) 연호로 고쳐 사용하였다. 4년이 지나, 공민왕이 시해되고 이인임(李仁任)이 어린 군주인 신우(辛禑)를 옹립하고 국정을 장악하니, 친원파가 득세하여 오히려 친원소명(親元疏明)정책을 채택하고, 아울러 명나라 사신을 죽여 명에 소문이 누설되지 않도록 막았다. 《고려사》 권126, 〈이인임전(李仁任傳)〉편에 이르기를,

> 혹자가 인임에게 말하기를, '자고로 나라의 임금이 시해되면 재상(宰相)된 자가 먼저 그 죄를 받는 법이다. 명나라 황제가 만약 선왕의 유고(有故)를 듣고 군사를 일으켜 죄를 물으면 공(公)은 반드시 죄를 면치 못할 것이니, 원과 화친함만 못하다.' 라고 하니, 인임이 그렇다고 여기었다. 황제의 사신 채빈(蔡斌) 등이 돌아감에 있어, 인임은 찬성사(贊成事) 안사기(安師琦)를 보내어 거짓으로 허풍을 떨고 선물을 주도록 하고 김의(金義)에게 몰래 말하여 도중에 빈(斌)을 죽여 입을 막게 하니, 의(義)가 마침내 빈을 죽이고 북원(北元)으로 달아났다. 이로부터 인임은 명에서 이 사실을 알까 두려워하여 (명) 조정에 감히 통사(通使)하지 못하였다.

라고 하였다.

고려가 명나라 사신을 죽임으로 인해서 양국관계는 더욱 소원하게 되었다. 신우(辛禑) 3년(1377년)에 고려는 사신을 보내 북원(北元)과 교통하고, 다시 북원의 선광(宣光) 연호를 사용하였다. 그러나 당시 명의 국운은 빛나는 해가 하늘에 떠오르는 듯 기세를 가졌으나 원은 오히려 땅이 꺼져 와해되는 중에 있어서 고려의 군신(君臣) 또한 명

나라를 배신한 실책을 점점 깨달아, 이듬해에 또 북원의 연호를 폐지하고 다시 명의 연호를 채용하였다. 고려는 명 황제의 견책을 심히 두려워하여 누차 사신을 명에 파견하여 입공(入貢)하고 아울러 다른 마음이 없음을 변명하였으나, 명 왕실은 고려가 이랬다저랬다 함으로 인하여 끝내 양지(諒知)함을 보이지 않았다.

신우(辛禑) 14년(1388년)에 친원파는 명에 대해 보복을 하기 위해 요동을 진공(進攻)할 것을 모의하였다. 이성계는 대세를 통찰하여, 대명(大明)신흥세력을 이용하여 그의 야심을 실현코자 결심하고, 곧 왕명을 받들어 요동을 공략하던 도중에 돌연히 개경으로 회군하여 친원반명(親元反明)의 대신들을 체포하고 신우를 유폐 추방하니, 친원파는 마침내 세력을 잃고 말았다.

얼마 후에 고려는 곧 조선으로 교체되었다. 이성계(李成桂)가 친명(親明)을 구호로 삼고 정권을 차지하고 즉위한 후에, 사신을 명에 보내어 책봉을 구하고, '조선(朝鮮)' 과 '화령(和寧)' 두 가지 이름 중 택일하여 국호로 삼아줄 것을 청하였다. '화령' 은 이성계의 발상지이고, '조선' 은 즉 오랫동안의 역사적 의의를 간직하고 있는 것이어서, 명 태조는 '조선(朝鮮)' 으로 이름을 정하여 조서(詔書)를 내려 이르기를,

> 동이(東夷)의 국호는 다만 조선이라는 칭호가 아름답고 또 그 유래가 오래되었으니, 그 명칭을 근본으로 삼아서 하늘의 뜻을 본받고 백성을 잘 다스려서 후사(後嗣)를 영구히 번성하게 하시오.[21]

라고 하였는데, 당시 조선의 군신(君臣)은 조선국호의 수여에 대해

21) 《太祖實錄》 권3, 3년 2월조

모두 대단히 홍분을 표시하였다. 정도전(鄭道傳)이 상주(上表)하여 이르기를,

> 생각건대 주(周) 무왕이 기자에게 명한 것을 가지고 다시 전하에게 명한 것은 전하의 언행이 정당하고 도리에 알맞기 때문이며, … 이제 이미 조선이라는 아름다운 이름을 이어서 쓰게 되었으니, 기자와 같은 선정(善政)이 또한 강구되어야 합니다.[22]

라고 하였다.

이로부터 조선은 사대주의(事大主義)를 따르고 받들어 명에 대해 시종 일편단심으로 충성하였다. 명 왕실의 조선에 대한 태도 또한 대단히 관대하였는데, 예를 들어 명 태조는 예신(禮臣)에게 유시(諭示)하기를, '고려가 누차 약속을 청하니, … 따라서 세공(歲貢)물을 살펴 그 진실됨과 거짓됨을 시험한 것이었지, 이것으로 부(富)를 삼고자 함이 아니다.' 고 하였고, 명 선종(宣宗)은 조선국왕에게 유시(諭示)하기를, '금과 옥으로 만든 기구(器具)는 당신네 나라의 산물이 아니면 당연히 이를 세공(歲貢)으로 바치는 것을 삼가하고 토산물로 정성을 다하면 그것으로 된다.' 고 하여, 명은 원과는 달리 세공물을 뒤지고 살펴서 이를 착취수단으로 삼지 않을 것임을 표시하였다. 특히 조선으로 하여금 감은(感恩)의 표시를 이루 다할 수 없게 한 것은 임진왜란 때(1592년)에, 명 신종(神宗) 만력(萬曆) 연간에 조선을 위해 일본의 침략을 방어한 것인데, 이 7년을 거치면서 끝내 조선을 망국의 위기에서 면하게 하였다. 조선의《숙종실록》권1, 을묘 원년 정월 기사일 조에 이르기를,

---

22) 《朝鮮經國大典》 권1

임진왜란에 만력 황제(萬曆皇帝)가 천하의 군사를 움직여 대부(大府)의 수백만 금을 버리고, 문무(文武) 장사(將士)가 죽음을 피하지 않고 전쟁에 몸을 던져서, 마침내 수화(水火) 속에서 빼내어 요 위에 놓았으니, 사라지는 것을 일으키고 거꾸러지는 것을 붙잡아 세운 덕은 하늘처럼 그지없습니다.

라고 하였다.

그러므로 명 왕실이 비록 망했다하더라도 조선은 여전히 추모함을 그치지 않았다. 예를 들어, 숙종은 금원(禁苑)에 대보단(大報壇)을 축조하여 명 태조·신종·의종 3황제를 제사하였고, 정조는 《존주휘편(尊周彙編)》을 칙령으로 편찬하여 명을 존중하는 성의를 표하였으며, 심지어 만청(滿淸)에게 항복한 후에도 조선은 국내에 대해 여전히 숭정(崇禎) 연호를 사용한 것이 100년 이상이나 되었다.

만주족이 동북지역에서 흥기하였다. 조선인은 평소에 그들을 '야인(野人)', '노이(虜夷)'로 여기고 멸시하였는데, 만주족이 명 왕실과 적이 되면서부터 조선은 명 왕실에 충성을 하였기 때문에 더욱 만주족에 대해 적의(敵意)가 충만하였다. 광해군 8년(1616년)에 누루하치[努爾哈赤]가 건국하고 후금(後金)이라 호칭하였다. 4년이 지나 명나라 군대를 살리호산(薩爾滸山)에서 대파하였다. 명이 조선에 병사를 요청하자 광해군은 강홍립(姜弘立)을 파견하여 병사 2만 명을 거느리고 빨리 원군토록 하였으나, 결과는 불행히도 패전하였다. 누루하치는 조선의 포로군들을 석방하면서 광해군에게 글을 띄워 이르기를,

옛날 당신의 나라가 왜란을 만났을 때 명이 군사로 당신네를 구원하였던 까닭에 당신의 나라가 역시 군사로 명을 구원하는 것은 형세가 부득이함이지 우리와 원한이 있어서가 아닐 것이오. 이제

포로가 된 장리(將吏)는 왕의 그런 연고로서 모두 석방하여 환국시키니, 거취(去就)의 기회는 왕 그대가 살펴 택할 바이오.[23]

라고 하였다.

누루하치가 비록 화해의 태도를 보였지만 조선의 적의는 오히려 줄어들지 않아서 몰래 피도(皮島)로 물러나 있는 명군을 도와 누차 후금의 연해(沿海) 성채(城寨)를 습격하였다. 인조 5년(1727년)에 황태극(皇太極)이 대군을 파견하여 평양을 함락시키고 수도 한성(漢城)을 압박하니, 인조는 강화도로 도망하였다. 조선은 사신을 파견하여 강화(講和)를 요청하였고, 그 결과로 형제지국(兄弟之國)을 약속하고 왕제(王弟)를 인질로 삼고 봄과 가을로 세폐(歲幣)를 내기로 약속하고서야 전쟁은 겨우 끝을 고했다. 인조 14년(1636년)에 황태극이 황제를 칭하고 국호를 고쳐 청(淸)이라 하니, 조선은 사절을 파견하여 황제를 알현하고 하례는 하였으나, 삼배구고(三拜九叩)의 예를 거부하고 질자(質子)를 돌려보내도록 명하였으며, 다시 인질을 두는 것은 이치에 맞지 않는다고 저항하였다. 청 황제가 크게 분노하여 친히 대군 10만을 이끌고 진격하였다. 청군의 세력은 파죽지세여서 2개월도 안되어 수도와 강화도를 함락시키고 왕비와 왕자를 포로로 잡았다. 조선은 부득이 성하지맹[城下之盟: 즉, 삼전도의 치욕]을 당하고 다음과 같이 약정(約定)하였다. 즉, 조선은 청에 대해 영원히 군신(君臣)의 예로 섬기며, 명의 연호를 버리고 대청국의 정삭(正朔)을 받들고, 만수절(萬壽節)·동지(冬至)·원단(元旦) 및 경조(慶弔) 등의 국사(國事)에 공헌례(貢獻禮)를 함께 행한다는 등의 것이었다. 이로부터 조선은 정식으로 청의 번속(蕃屬)이 되었는데, 이는 대명의 망국 7년 전의 일이다. 사실 조선이 청에 대해 완고한 적대적인 태도를

23) 《청사고(清史稿)》〈朝鮮傳〉

가졌던 것은 단지 대명의 은덕에 감사하게 기념하기 위해서이지 결코 조선이 청과 어떤 해결하지 못하는 원한이 있어서는 아니었다. 바로 인조가 청 황제에게 상서하여 말하기를,

> 소방[小邦: 저의 나라: 조선]은 바다 한쪽 구석에 위치하여 오직 시·서(詩書)만을 일삼고 병혁[兵革: 군사를 동원한 전쟁]은 일삼지 않았습니다. 약한 나라가 강한 나라에 복종하고 작은 나라가 큰 나라를 섬기는 것이야말로 당연한 이치인데, 어찌 감히 대국과 서로 견주겠습니까. 다만 명나라와는 대대로 두터운 은혜를 받아 명분(名分)이 본래 정해졌습니다. 일찍이 임진년의 환란에 소방(小邦)이 조석(朝夕)으로 망하게 될 운명이었는데, 신종 황제(神宗皇帝)께서 천하의 군사를 동원하여 수화(水火) 가운데 빠진 백성들을 건져내고 구제하셨으므로, 소방의 백성들이 지금까지도 그 은혜를 마음과 뼈에 새기고 있습니다. 그리하여 차라리 대국(즉 청나라)에게 잘못 보이는 한이 있더라도 차마 명나라를 저버릴 수는 없었으니, 이것은 다름이 아니라 은혜를 베푼 것이 두터워 사람을 깊이 감동시켰기 때문입니다.24)

라고 하였다.

다만, 만청(滿淸)은 통치가 공고해짐에 따라 점차 중국전통문화의 계승자가 되었고, 문화와 경제의 교류로 말미암아 양국의 관계는 날로 긴밀해져 이로 인하여 조선이 청을 섬김에 있어서 또한, 점차 명을 섬겼던 것과 마찬가지로 공순하고 충성하였다. 청 왕실이 쇠약해지면서 누차 열강과 싸워 패배하였고, 조선 또한 바람막이를 잃은 격이 되어 역시 강제적으로 문호를 개방하게 되면서 열강의 각축장

---

24) 《인조실록》 권43, 15년 정월 신해조

이 되었다. 최후에 청 왕실 또한 명 왕실과 마찬가지로 조선을 보호하기 위하여 애석하게도 국운을 걸고 일본과 일전을 하였는데, 결과는 불행하게도 실패하였다. 종국에는 조선이 일본에 의해 합병된 다음해에 청조도 멸망하였다.

제12장 정치제도(政治制度)

1. 중국의 정치제도

중국은 동아시아에서 먼저 손가락을 꼽을 수 있는 문명국이어서, 동아시아 각 민족이 아직 미개적인 부락생활을 하고 있을 당시에 중국은 문물제도를 찬연히 크게 갖춘 국가를 이루었다.

주나라 왕조가《주례(周禮)》에 기재된 바와 같은 모든 관제(官制)를 실시했는지 어떠했는지는 비록 단정할 수 없지만, 다만 당시에 이미 상당히 정밀한 예제(禮制)가 있었다는 것은 실로 의심할 수 없다. 진(秦)나라 왕조는 대통일의 규모를 창업하였고, 한(漢)나라 왕조는 그 통일의 단서를 계승하여 삼공구경(三公九卿)을 설치하고, 오수전(五銖錢)을 주조하여 개국의 기상을 충만하게 하였다. 이후 당나라는 진일보한 조정(調整)을 이루어 삼성(三省)·육부(六部)·구시(九寺)·오감(五監)과 어사대(御史臺)를 설치하고,《당육전(唐六典)》을 편찬하고, 균전제(均田制)·조용조(租庸調)법을 정하고, 육학(六學)을 세우고 과거제도를 실시하여, 이에 중국의 국가성격을 대체로 확정하였다.

2. 한국의 정치제도

한·중 양국의 역사관계는 멀리 은·주(殷·周)시대의 시점까지 소급할 수 있다.《한서》〈지리지〉에 의하면,

> 은나라 도(道)가 쇠퇴하자 기자(箕子)는 조선으로 건너가서 그 백성에게 예의(禮儀)·전잠(田蠶)·직작(織作)에 대해 가르쳤다. 낙

> 랑(樂浪) 조선민의 범금팔조[犯禁八條: 즉 팔조법금]에, 다른 사람을 죽인 자는 그 자리에서 죽이고, 남을 다치게 한 자는 곡물로 배상하게 하며, 남의 것을 도둑질한 자는 남자의 경우에는 적몰(籍沒)하여 그 집의 노(奴)로 삼고, 여자는 비(婢)로 삼는다. 스스로 속죄(贖罪)하고자 하는 자는 사람 당 50만전을 내야한다. 비록 면죄되어 상민(常民)이 되어도 세속에서는 오히려 수치로 여겼다. 혼인은 원수 된 바가 없어야 하였다. 이로써 그 나라 백성은 끝내 서로 도둑질하지 않았고 대문을 닫는 일이 없었다.

라고 하였다.

이것은 기자가 조선에서 실시한 정치를 말하는 것인데, 사안의 자료가 망실되고 애매하여 고찰하기가 사실 어렵다. 한 무제 원봉(元封) 3년(B.C.108년)에 위씨조선(衛氏朝鮮)을 멸망시키고, 낙랑(樂浪)·임둔(臨屯)·현토(玄菟)·진번(眞番) 등 4군(郡)을 설치하였다. 이로부터 조선은 중국의 군현이 되어 정교(政敎)의 설치와 시행이 완전히 내지[內地: 중국본토]의 군현과 똑같게 되었다. 고고학자는 평양의 대동강 대안(對岸)의 토성유적지에서 낙랑태수(樂浪太守)와 낙랑군(樂浪郡) 각 현령(縣令)의 봉니(封泥) 및 각종 고폐(古弊), 동기(銅器), 칠기(漆器)를 발견하였는데, 이것이 곧 군현시대가 남긴 직접사료, 즉 일차사료이다.

서진 말년(西晉 末年)에 중국이 조선반도에서 물러나면서, 곧 고구려·백제·신라 삼국이 강성하였다. 고구려와 백제의 전제[典制: 제도와 문물]는 역사기록이 없음으로 해서 이미 상세히 고찰할 수 없다. 《삼국지》〈위지(魏志)〉에 의하면, 고구려 행정은 연노(涓奴)·절노(絶奴)·순노(順奴)·관노(灌奴)·계루(桂樓) 오부(五部)로 나뉘었다. 도엽암길(稻葉岩吉)은 이 같은 5부제가 중국의 오행사상(五行思想)의 영향을 받았을 가능성을 제시하였다.[25] 고구려는 4세기 후반기에 이르러 처음으로 중국을 모방하여 체제를 정비하였다. 소수림왕(小獸林王) 2년(372년)에 태학(太學)을 세워 자제를 교육하였고, 3년에는 율령을 처음으로 반포하였다. 그 율령은 지금 전해지지 않으나, 일본인 화촌미수(花村美樹)는 진율(晉律)에 의거하여 개편하였을 가능성이 있다고 인식하였다.[26] 고구려의 관제(官制)는 한명(漢名)과 토착명(土着名)이 서로 섞여 있어서 두 문화의 접촉·혼합의 자취를 반영하고 있다. 《삼국지》 〈위지동이전(魏志東夷傳)〉에서 이르기를,

> 그 관(官)에는 상가(相加)·대로(對盧)·패자(沛者)·고추가(古趨加)·주부(主簿)·우태(優台)·승(丞)·사자(使者)·조의(皀衣)·선인(先人)이 있으며, 존비(尊卑)에 각기 등급이 있다.

라고 하였다.

그 중에 주부·승·사자·조의·선인 등의 관명은 모두 중국에서 채용하였으며, 주부가 상당한 지위에 위치한 까닭은 마땅히 그가 한문에 통달하여서 문서를 관장한 때문이었을 것이다.

백제에 있어서는 3세기 중엽에 이미 상당히 완비된 관제(官制)가 있었음이 전해진다. 《삼국사기》 권24, 〈백제본기〉제2, 고이왕 조에 의하면,

> (고이왕) 27년(260년) 봄 정월에 내신좌평(內臣佐平)을 두고 선납(宣納)의 일을 관장하게 하고, 내두좌평(內頭佐平)을 두어 고장(庫藏)의 일을 관장하고, 내법좌평(內法佐平)을 두어 예의(禮儀)의 일을 관장하고, 위사좌평(衛士佐平)은 숙위병(宿衛兵)의 일을

25) 稻葉岩吉, 《朝鮮史》 p.35.

26) 花村美樹, 《朝鮮法制史》 p.7.

> 관장하고, 조정좌평(朝廷佐平)은 형옥(刑獄)의 일을 관장하고, 병관좌평(兵官佐平)은 외병마(外兵馬)의 일을 장악하였다. 또, 달솔(達率)·은솔(恩率)·덕솔(德率)·한솔(扞率)·내솔(奈率) 및 장덕(將德)·시덕(施德)·고덕(固德)·계덕(季德)·대덕(對德)·문독(文督)·무독(武督)·좌군(佐軍)·진무(振武)·극우(克虞)를 설치하였다. 육좌평(六佐平)은 똑같이 1품, 달솔(達率)은 2품, 은솔(恩率)은 3품, 덕솔(德率)은 4품, 한솔(扞率)은 5품, 내솔(奈率)은 6품, 장덕(將德)은 7품, 시덕(施德)은 8품, 고덕(固德)은 9품, 계덕(季德)은 10품, 대덕(對德)은 11품, 문독(文督)은 12품, 무독(武督)은 13품, 좌군(佐軍)은 14품, 진무(振武)는 15품, 극우(克虞)는 16품이다.

라고 하였다.

《삼국사기》〈백제본기〉의 기재는 실은 《수서(隋書)》·《당서(唐書)》·《북사(北史)》의 〈백제전〉 기사에서 선별하여 답습한 것이다. 고이왕 27년에 그 사안을 묶었다고는 하지만 확실한 증거는 없는 것 같다. 백제는 근초고왕 때(346~374년)에 국가규모와 국가기틀을 거의 대략 갖추었으며, 위에서 서술한 제도는 역시 근초고왕 이후의 일이다. 그 내용을 살펴보면, 어느 정도 중국의 영향을 받은 것이 확연하다. 또 《북사(北史)》〈백제전〉을 근거하면, 그 외관(外官)으로 사군부(司軍部)·사도부(司徒部)·사공부(司空部)·사구부(司寇部) 등의 명칭이 있는데, 중국을 모방한 것이 더욱 분명해 진다.

신라는 삼국 중에서 흥기가 비교적 늦어 6세기 초 지증왕(智證王) 때에 이르러 마침내 중국문화를 적극 수입하여 건국 작업을 개시하였다. 왕 즉위 4년(503년)에 처음으로 국호를 정하고, 한식존호[漢式尊號: 즉 중국식 왕명]를 채용하였다. 《삼국사기》〈신라본기〉 제4에 의하면,

> 4년(503년) 겨울 10월에 군신(群臣)이 상언(上言)하기를, '시조의 창업 이래 국명(國名)이 아직 정해지지 않아서, 혹은 사라(斯羅)라 하고, 혹은 사로(斯盧)라 칭하고, 혹은 신라(新羅)라고 말합니다. 신 등은 '신(新)' 이란 왕의 덕업(德業)이 날로 새로워진다는 것이고, '라(羅)' 라고 함은 사방에 의(義)를 망라(網羅)한다는 것이니, 그것을 국호로 삼는 것이 의당하다고 생각합니다. 또 보건대 옛날부터 국가가 있는 자는 모두 칭제(稱帝) · 칭왕(稱王)하는데 우리 시조가 입국하신 이후 지금까지 22세(世)에 이르도록 다만 방언(方言)을 칭하고 존호를 아직 바르게 하지 못하였습니다. 이제 군신(君臣)이 같은 마음으로 신라왕국이라 존호할 것을 삼가 상주(上奏)드립니다.' 라고 하니, 왕이 이에 따랐다.

고 하였다.

지증왕 5년에는 상복법(喪服法)을 제정하였으며, 15년에는 시호법(諡號法)을 채용하였다. 법흥왕 7년(520년)에는 율령(律令)을 반포하였고, 23년(536년)에는 중국을 모방하여 처음으로 연호를 세워 건원(建元) 원년이라 칭하였다. 그러나 후일의 한국 사가는《춘추》의 '대일통(大一統)의 의(義)' 를 근거 삼아 독자적으로 연호를 세운 일에 대해 자못 비난하는 평을 가하였다.

진덕여왕(647~654년)때에 이르러 주변나라의 침략에 저항하기 위해 적극적인 친당(親唐)정책을 채택하기 시작하였다. 진덕왕 3년(649년)에는 장복[章服: 구별하기 쉽도록 기호나 무늬를 넣은 옷]을 개량하여 중국 제도를 따랐으며, 4년에는 중국연호를 처음으로 시행하였다. 신라는 이미 당과 연합하여 백제와 고구려를 멸망시켜 전 한국을 통일하고, 더욱 적극적으로 당나라의 체제를 모방하여 시행하였다. 원래 신라의 관호(官號)는 시대에 따라서 개혁되어 그 명칭이 통일되지 않고, 당나라 것에 어긋나 혼잡하였다.

통일 후 당나라를 모방하여 더욱 조정하여 경덕왕(景德王)때(742~765년)에는 각종 제도가 크게 정비되었다. 중앙은 당나라의 상서성(尙書省)을 모방하여 집사성(執事省)을 설치하여 국정을 총리 했는데, 우두머리를 시중(侍中)이라 불렀고, 그 아래에 위화부[位和府: 인사(人事)관장], 창부[倉府: 조세 관장], 예부[禮部: 교육과 예악 관장], 병부[兵部: 군마 관장], 좌우이방부[左右理方部: 율령 관장], 예작부[例作部: 공사 관장]를 설치하였는데, 당나라 상서성(尙書省)의 육부(六部)와 같다. 이외에 또 당의 내시성(內侍省)을 모방하여 내성(內省)을 설치하였고, 어사대(御史臺)를 모방하여 사정부(司正部)를 두었다.

지방제도는 신문왕 5년(685년)에 처음으로 9주(州)를 설치하였다. 그 아래에는 주·군·현(州·郡·縣)을 설치하였다. 경덕왕 때에는 아울러 주군현의 명칭을 한식(漢式)으로 개정하였다. 《동국통감》 권10, 〈신라기〉에 의하면,

> 경덕왕 16년(757년) 12월에 구주(九州)를 설치하고 군현 이름을 개칭하였다. 사벌주(沙伐州)를 상주(尙州)라 하고 삽량주(歃良州)를 양주(良州)로, 청주(菁州)를 강주(康州)로, 한산주(漢山州)를 한주(漢州)로, 자약주(首若州)를 삭주(朔州)로, 하서주(河西州)를 명주(溟州)로, 웅천주(熊川州)를 웅주(熊州)로, 완산주(完山州)를 전주(全州)로, 무진주(武珍州)를 무주(武州)라 하였다.

고 되어 있다.

주·군·현에는 도독(都督)·태수(太守)·현령(縣令)을 두었으며, 신라의 전성기에는 모두 9주·1,217군·293현을 갖추었다. 학제(學制)에 이르러서는 신문왕 2년(682년)에 당나라를 모방하여 국학(國學)을

설치하여 예부에 예속하였고, 경덕왕 6년(747)에는 태학감(太學監)으로 개칭하였다. 대학에는 박사 · 조교 약간 명을 두어 유학과 산학(算學)을 교수하였는데, 유학은《논어》·《효경》을 필수로 삼고,《주역》·《상서》·《모시(毛詩)》·《예기》·《춘추좌씨전》과《문선(文選)》을 선택이수로 삼았으며, 산학은 중국의 산학서적인 구장(九章)·육장(六章)을 교재로 삼았다. 학생의 연령은 15세에서 30세로 정하고, 수업기간은 9년으로 한정하였는데, 오직 특수한 사정이 있는 자만 연장할 수 있었다. 관리의 선발은 처음에는 화랑제(花郞制)를 채용하다가 원성왕 때에 처음으로 당나라의 과거(科擧)를 모방하여 독서출신과(讀書出身科)를 설치하였다.《삼국사기》권10, 〈신라본기〉에 의하면,

> 원성왕 4년(788년) 봄에 처음으로 독서삼품(讀書三品)으로 출신을 정하고,《춘추좌씨전》을 읽고《예기》·《문선》과 같은 것에 그 의(義)를 능통하고, 겸하여《논어》·《효경》에 밝은 자는 상(上)품으로 삼고,《곡례(曲禮)》·《논어》·《효경》을 읽은 자는 중(中)품으로 삼았다.《곡례(曲禮》·《효경(孝經》을 읽은 자는 하(下)품으로 하였다. 만약에 오경(五經) · 삼사(三史) · 제자백가서(諸子百家書)에 넓게 통한 자가 있으면 특별히 발탁하여 채용하였다. 이전에는 단지 궁전(弓箭)으로 사람을 선발하였지만 지금에 이르러 이를 개선하였다.

라고 하였다.

신라가 비록 독서출신과를 설치하였다지만 세관제도(世官制度)의 뿌리가 깊이 박혀 과거(科擧)는 결코 많은 효과를 얻지는 못하였다.

왕건이 고려를 일으키고 중국제도를 더욱 적극적으로 모방하였는

데, 현대 한국의 역사가 이병도(李丙燾)씨는 고려왕조가 독창력이 결핍한 점에 대해 약간의 완곡한 언급(微辭)을 하였다.[27] 고려조의 중앙관제는 처음에는 삼성[三省: 내의(內議) · 광평(廣平) · 내봉(內奉)] · 육상서[(六尙書: 선관(選官) · 병관(兵官) · 민관(民官) · 형관(刑官) · 예관(禮官) · 공관(工官)] · 구시(九寺)를 설치하였는데, 고려 성종 때에 이르러 당송의 제도를 참작하여 관제(官制)를 거듭 정하였다. 중앙에 내사문하성[內史門下省: 모든 관료의 서무총괄] · 상서도성[尙書都省: 백관통솔] · 삼사성[三司省 : 전곡의 출납 관장]을 두고, 아래의 육관(六官)은 육부[六部: 이 · 병 · 호 · 형 · 예 · 공부]로 개정하고 아울러 중추원[中樞院: 숙위군기(宿衛軍機)관장] · 어사대[御史臺 : 규찰탄핵 관장] · 국자감[國子監: 유학교육 관장] 그리고 예빈사(禮賓司) · 대리시(大理寺) · 전의사(典醫司) · 예문관(禮文館) 등의 기구를 두었다.

지방제도는 처음에 전국을 나누어 12주(州)로 만들고, 각 주에 목(牧)을 두었는데, 성종 14년(995년)에 전국을 10도로 나누고, 각 도에 절도사(節度使)를 두었다.

병제에 관하여서는 처음에 당나라 제도를 참작하여 육위(六衛)를 설치했다가 후에 응양(鷹揚) · 용호(龍虎) 2군을 6위의 윗자리에 두었다. 공양왕 때에는 이군육위(二軍六衛)를 총칭하여 팔위(八衛)라 하였다.

형법에 관하여는 역시 당률(唐律)을 채용하였고, 말기에는 원 · 명의 제도를 대략 채용하였다. 《고려사》 권84, 〈형법지(刑法志)〉1 에 의하면,

> 고려의 제도는 대저 모두 당나라에서 모방하였는데, 형법에 있어서도 역시 당률을 채택하고 시의(時宜)를 참작하여 인용하였다. 형법은 옥관령(獄官令) 2조, 명례(名例) 12조, 위금(衛禁) 4조, 직제

---

27) 李丙燾, 中譯本《韓國史大觀》p.149.

(職制) 14조, 호혼(戶婚) 4조, 구고(廏庫) 3조, 천흥(擅興) 3조, 도적(盜賊) 6조, 투송(鬪訟) 7조, 사위(詐僞) 2조, 잡률(雜律) 2조, 포망(捕亡) 8조, 단옥(斷獄) 4조로 총 71조인데, 번잡함을 줄여 한때에 시행했다는 것 또한 근거가 없다고 말할 수는 없다. 그러나 그 폐단은 금망(禁網)이 전체를 포괄하지 못하고 형(刑)을 완화하여 수시로 사면하는 것이어서 간흉(奸凶)의 무리가 법망을 벗어나 멋대로 하여도 금하여 막지 못하였으며, 그 말세에 이르러서는 그 폐단이 극심하였다. 이에 원나라의 《의형이람(議刑易覽)》·《대명률(大明律)》을 잡용(雜用)하여 시행할 것을 건의한 자가 있었으며, 또 《지정조격언행사의성서(至正條格言行事宜成書)》를 함께 채용하여 진행할 것을 건의한 자가 있었는데, 이는 비록 시폐(時弊)를 구하는 데는 절실하지만, 대강(大綱)이 이미 흔들리고 국세가 이미 기울은 것 같으니, 어찌하리오!

라고 하였다.

고려조의 이른바 전시과(田柴科)는 대체로 당나라 때의 반전제[班田制 : 균전제(均田制)]를 모방한 것이다. 《고려사》 권78, 〈식화지(食貨志)〉1, 전제(田制)에서,

고려의 전제(田制)는 대저 당나라 제도를 모방하였으며, 간전(墾田)을 묶어 기름짐과 거칠음으로 분류하고, 문무백관에서 부병한인(府兵閑人)에 이르기까지 과(科)에 따라서 나누어주었다. 또 과(科)에 따라서 초채지(樵採地 : 땔나무를 구할 수 있는 땅)를 지급하였는데, 이를 전시과(田柴科)라 한다. 몸이 죽으면 관공(官公)에 반납하였고, 오직 부병(府兵)의 나이가 만 20세가 되어야 비로소 받고, 60세에 반환하였는데, 자손친척(子孫親戚)이 있으면 정남(丁男)에게 그 토지를 계속하여 주었고, 친척자손이 없는 경우에는 감문위

(監門衛)에 그 토지의 적(籍)을 두었다. 70세 이후에는 구분전(口分田)을 지급하고 나머지 토지(구분전은 전시과에서 받은 토지의 약 20% 정도임)를 회수한다. 후손 없이 죽은 자 및 전사(戰死)한 자의 미망인에게는 역시 모두 구분전(口分田)을 지급하였다.

라고 하였다.

그러나 전시과와 당나라의 반전제(班田制)는 서로 똑같지는 않았다. 당나라 제도는 토지를 구분하여 영업전(營業田) · 구분전(口分田)의 2종으로 삼고, 정남[丁男: 20세에서 60까지의 남자]수를 헤아려 지급하였는데, 고려는 오히려 단지 부병[府兵: 병역의무를 진 사람]이 있어야만 구분전(口分田)의 제도를 적용하였다. 뿐만 아니라 소위 '부병' 이란 다만 중앙정부 숙위(宿衛)의 군사를 가리키는 것이지 결코 전국의 민정(民丁)을 포괄하는 것이 아니다. 당나라의 제도는 토지국유의 원칙을 유지하였으나, 고려는 오히려 여전히 사전(私田)을 승인하였는데, 소위 '공음전시(功蔭田柴)', '공해전시(公廨田柴)'가 있었으며, 일반관리들에게 기현[畿縣 : 중앙에 소속된 현]의 녹과전(祿科田)을 아울러 지급하였다. 그래서 결과적으로 파탄(破綻)이 백출(百出)하였고, 종국에는 토지의 과도집중으로 망국을 초래하였다.

화폐제도에 있어서도 완전히 중국을 모방하였다. 고려 성종15년(996년)에, 송나라 제도를 모방하여 철전[鐵錢 : 건원중보]을 주조하였으나 통행하지 못했다. 고려 숙종 2년(1097년)에, 또 주전관(鑄錢官)을 세우고 동전(銅錢)을 주조하였는데, 돈에 쓰여있는 글자는 삼한통보(三韓通寶) · 삼한중보(三韓重寶) · 해동통보(海東通寶) · 해동중보(海東重寶) · 동국통보(東國通寶) · 동국중보(東國重寶) 등이 있었으며, 당시의 유물은 고려의 고도(古都)인 개성의 고분(古墳)에서 많이 출토되었다. 그러나 당시 민간에서는 여전히 물물교환이 유행하여 동전(銅錢)을 신용하지 않았다. 이로 인하여 한 때는 은병(銀甁)을 겸용하여 화폐로 삼았는데, 그 제도는 은(銀) 일편(一片)으로 만들었으며 세속에서는 '활구(濶口)' 라고 하였는데, 중국의 마체은(馬蹄銀)과 유사하다. 고려 예종 때에 조정의 신하 대다수가 선조(先朝)때 쓰던 돈이 불편하다고 말하였으며, 아울러 중국제도에 그 허물을 돌렸다.

고려의 교육과 선거(選擧) 또한 완전히 중국을 모방하였다. 고려 태조 13년(930년)에 서경[西京: 지금의 평양]을 순행(巡幸)하고 그곳에 학교를 창건하여 수재(秀才)와 조정의 빼어난 사람을 임명하여 서학박사(書學博士)로 삼고, 또 학원을 별도로 창설하여 육부(六部)의 생도를 모아 교육을 시행하였다. 고려 성종 11년(992년)에 국자감(國子監)을 창립하고 아울러 전장(田庄)과 노비를 지급하였다. 당나라의 국자감은 육학(六學), 즉 국자학(國子學) · 태학(太學) · 사문학(四門學) · 율학(律學) · 서학(書學) · 산학(算學) 등을 설치하였는데, 고려도 당연히 6학을 모두 갖추었다. 고려 인종 때, 식목도감(拭目都監)이 설정한 학식(學式)에 의하면, 국자학 · 태학 · 사문학에는 모두 박사와 조교를 두었고, 학생정원은 각각 300명인데, 모름지기 7품 이상의 귀족관료의 자제여야만 겨우 입학할 수 있었다. 오직 율학 · 산학 · 서학 및 주현 학교는 8품 이하의 자제와 서인(庶人)에게도 입학이 허락되었다. 충렬왕 때에 국자감을 개편하여 국학(國學)이라 하였다. 충선왕 때에 또 다시 성균관(成均館)으로 개명하였는데, 이 명칭은 곧, 《주례》의 '대사악(大司樂)은 성균(成均)의 법을 장악하여서 건국의 학정(學政)을 감독하고 국가의 자제(子弟)를 불러 모은다.' 라는 것에서 근본한 것이다. 이로부터 성균관의 명칭은 계속 사용되어 조선말년에까지 이르렀다. 고려 광종 9년(958년)에 후주(後周)의 사신 쌍기(雙冀)의 건의를 받아들여 과거(科擧)를 실시하기 시작하고 제술

(製述) · 명경(明經) 2과를 설치하였는데, 전자는 당나라의 진사과(進士科)로써 책론(策論)과 시문(詩文)을 시험하였고, 후자는 첩경[帖經: 경서 중에서 문제가 되는 문구의 끝에 종이를 바르고 응시자에게 그 전체문장을 대답하게 하는 시험방법]과 묵의[墨義: 경서의 뜻을 묻는 필답시험]를 시험하였다. 이외에도 의(醫) · 복(卜) · 지리(地理) · 율(律) · 서(書) · 산(算) 등의 잡과(雜科)가 있었다. 《고려사》 권73, 〈선거지(選擧志)〉1.에서 이르기를,

> 삼국이전에는 아직 과거시험이 없었으며, 고려 태조가 먼저 학교를 세웠으나, 과거시험을 통해 취사(取士)하기에는 아직 겨를이 없었다. 광종이 쌍기(雙冀)의 말을 듣고, 과거로 사(士)를 선발하니, 이로부터 문풍(文風)이 비로소 일어났다. 대체로 그 법은 자못 당나라 제도를 적용하였다. 그 학교에는 국자학·태학·사문학이 있고, 또 구재학당(九齋學堂)이 있는데, 율 · 서 · 산학은 모두 국자감에서 익혔다. 과거시험에는 제술과와 명경과 그리고 의 · 복 · 지리 · 율 · 서 · 산 · 삼례(三禮) · 삼전(三傳) · 하론(何論) 등의 잡과가 있는데 각기 그 학업내용을 시험 보아 벼슬을 하사하였다. 그 국자(감)의 승보시(升補試)는 역시 후학(後學)이 학문에 정진하는 이유가 되었다. 비록 경대부[卿大夫: 귀족을 가리키는 말]라 명칭 되더라도 반드시 과목시험으로 진출하지 않으면 아니 되었으나, 과목시험 외에도 또 은사(隱士)의 천거(薦擧) · 문음[門蔭: 지체 높은 가문. 일반적으로 5품 이상의 관리 후손]에 의한 추서(推敍) · 성중애마(成衆愛馬)의 선보(選補) · 남반[南班: 궁중에서 잡일을 맡아하는 하급관리]로의 승전(陞轉)이 있어서, 관리로 진출하는 길은 하나가 아니었다.

라고 하였다.

벼슬로 나아가는 경로가 많음으로써 반드시 과거를 경유하지 않아

도 되었고, 과거는 또 왕왕 권세 혹은 재화에 좌우되기도 하여 고려조의 과거제도는 결국 그 고유한 의의를 상실하게 되었다.

조선 500년간에 위로는 조정법도(朝廷法度)에서부터 아래로는 민간의 예속(禮俗)에 이르기까지 모두 중국을 모방하는 것으로써 능사(能事)를 삼았다. 조선의 태조는 개국하고 곧 정도전(鄭道傳)에게 명하여,《주례》의 육관편(六官篇)을 참작하여《경국대전(經國大典)》[《조선경국전》의 오류]을 편찬토록 하였다. 태종 때에는 하륜(河崙)에게 명하여 수정(修訂)하게 하고《경국육전(經國六典)》[《경제육전》의 오류]이라 이름을 정하였다. 세종 때에는 위에서 말한 이전(二典)을 참조하여《육전등록(六典謄錄)》을 편찬하였다. 세조 때에는 최항(崔恒) · 서거정(徐居正) 등에게 명하여 육전개정의 손익을 따져 보도록 하여, 먼저 형전(刑典)과 호전(戶典)을 완성하고(1460년), 9년이 지나서 이(吏) · 예(禮) · 병(兵) · 공(工) 등 4전을 다시 완성하여, 성종 때(1471년)에《경국대전(經國大典)》을 간행하여 반포(頒布)하였다.《경국대전》은 조선법제의 근본으로, 그 중에서 정한 관제(官制)는 주나라 제도와 명나라 제도를 절충한 것이라 말할 수 있다.

중앙정치조직은 처음에 도평의사사(都評議使司)를 설치하여 최고평의기관(評議機關)으로 삼고, 문하성(門下省)을 최고의 집행기관으로 하였다가 얼마 후 도평의사사를 의정부(議政府)로 개편하였다. 아울러 문하성을 의정부에 병합하고, 영의정(領議政) · 좌의정(左議政) · 우의정(右議政) 세 사람이 합의하게 함으로써 이들을 삼공(三公)이라 호칭하였다. 일반 정무는 육조[六曹 : 이(吏) · 호(戶) · 예(禮) · 병(兵) · 형(刑) · 공(工)조]로 나누어 관장토록 하였다. 이외에 의금부[義禁府 : 왕명을 받들어 추국(推鞫)을 장악] · 사헌부[司憲府 : 시정(時政)을 논하고, 백관을 규찰하고 풍속을 바르게 함] · 승정원(承政院 : 왕명출납을 장악) · 사간원[司諫院 : 간쟁(諫爭)과 논박(論駁)장악] · 홍문관[弘文

館 : 내부(內府)의 경적(經籍)을 장악하고, 문한(文翰)을 처리하며, 왕의 고문(顧問)에 대비함] 등의 기구가 있었다.

지방의 행정조직은 처음에는 5도로 나누었는데, 태종 13년(1413년)에 8도로 개편하고, 도 아래에 목(牧) · 부(府) · 군(郡) · 현(縣)을 설치하여 관찰사(觀察使) · 목사(牧使) · 부윤(府尹) · 군수(郡守) · 현령(縣令) 등의 관직을 두었다. 또 암행어사(暗行御史)가 있었는데, 당하 시종관(堂下 侍從官)으로 충임(充任)하여 지방의 정치 상황을 살피기 위해 민간에 잠입하여 탐방하였는데, 이는 중국 원대의 행대(行臺), 혹은 분대(分臺)를 모방하여 만든 것이다.

병제(兵制)는 처음에는 삼군십위(三軍十衛)를 두었다가 후에 오위(五衛)로 개편하였고(1451년), 위(衛) 아래에는 부(部) · 통(統) · 여(旅) · 대(隊) · 오(伍)가 있는데, 이는 《주례》의 사 · 여 · 졸 · 양 · 오(師 · 旅 · 卒 · 兩 · 伍)의 제도를 모방한 것이다.

형법에 있어서는 완전히 명률(明律)을 준칙으로 삼았는데, 예를 들어, 《경국대전》〈형전〉은 율조(律條)의 아래에 '대명률(大明律)을 이용하였다' 고 주(注)에서 분명히 말하였다. 대명률은 예률(例律)·이률(吏律) · 호률(戶律) · 예률(禮律) · 병률(兵律) · 형률(刑律) · 공률(工律)의 7부로 분별하였는데, 조선의 형법은 거의 이것에 비추어 초록(抄錄)하였다.

조선의 토지제도는 고려말년의 토지개혁을 계승하였다. 고려말년에 토지는 소수 귀족의 손아귀에 집중되어 엄중한 사회문제를 야기시켰다. 이성계가 궐기하면서 조준(趙浚) 등의 건의를 받아들여 전제개혁을 단행하였는데, 바로 구귀족의 맹렬한 반대에 부딪치자, 신창(辛昌)을 폐위하고 공양왕을 세워 그 주장을 관철토록 하였다. 공양왕 2년(1390년)에 공사전(公私田) 문서를 모두 불태우고, 구귀족이 소유한 사전(私田)을 몰수하였다. 다음 해에 과전법(科田法)을 제정하여 토지의 공유(公有)를 원칙으로 하여 국가가 수조권(收租權)을 장악하였다. 전국의 토지를 공전(公田)과 사전(私田) 2종으로 나누었는데, 공전은 지방의 모든 도에 분포하였고, 사전은 단지 경기(京畿)에 한정하여 관료귀족에게 지급하였다. 그러나 중엽 이후 다시 사전이 전국으로 확대되었다.

조선의 학제(學制)는 고려말기의 제도를 답습하여 중앙에 최고 교육기구를 세워 여전히 '성균관(成均館)' 이라 지칭하였고, 예조(禮曹)에 직속시켰다. 성균관에는 대사성(大司成) 1인, 좨주(祭酒)·직강(直講)·박사(博士)·학정(學正)·학유(學諭) 각기 약간 명을 두었다. 성균관 아래에는 오부학당(五部學堂)을 설치하였는데, 즉 경성(京城)내를 동서중남북(東西中南北) 5부로 나누어 각기 학교 한 곳을 설치하여 이름을 붙인 것이다. 이것은 분명히 유가에서 전하여 말하는 주왕조의 오학[五學 : 벽옹(僻雍)·성균(成均)·상상(上庠)·동서(東序)·고종(瞽宗)]의 제도를 모방하여 만든 것이다. 정종 때에 북부학당을 폐지하고, 단지 동서중남 4부 학당만이 남아 보통 사학(四學)이라 칭하였다. 4학은 학교마다 교수·훈도 각 2인을 두었는데, 모두 성균관 직원이 겸임하였으며, 학생정원은 학교마다 100명이었다가 이후 약간의 증감이 있었다. 그러나 중기이후 4학은 점차 유명무실하게 되었다.

지방학교에 있어서는 목·부·군·현에 각기 향교(鄕校)가 있었다. 오직 학교규모만 같지 않을 뿐 향교마다 교수·훈도 각 1인을 두었는데, 다만 작은 곳에는 훈도만 두었으며, 유생의 정원은 90인에서 30인에 이르렀다. 사대부의 자제는 7, 8세에 사숙[私塾 : 서당(書堂)]에 입학하여 한문과 문자를 학습하고, 15세에 향교 혹은 4학에 입학하여 수년간 공부하였으며, 제 1차 과거에 합격한 자는 생원(生員)·진사(進士)의 칭호를 취득하고, 성균관으로 승입(升入)하였다. 성균관에 입학한 후, 문과고시(文科考試)에 급제한 자가 비로소 고급관직에 나아갈 자격을 갖게 된다. 그러나 이 같은 과거는 단지 `양반(兩班)`계급에만 한정되었다. '중인(中人)' 의 과거에 있어서는 양반의 문과(文科)와는 달리 실학(實學)을 위주로 하였다. 소위 실학은 역학[譯學 : 한학(漢學) · 몽학(蒙學) · 왜학(倭學) · 여진학(女眞學)] · 율학(律學) · 산학(算學)을 모두 포괄하며, 모두 정부실무를 처리하는데 필수적인 것이었다. '중인' 은 과거 시험을 거쳐 중하급의 관리에 임용되기는 하나 양반의 문과고시에는 참가할 수 없었다. 전자(중인 과거)가 `취재(取才)` 이고, 후자(양반의 문과시험)가 `취사(取士)` 이다. 이것이 조선의 과거제가 중국의 것과 다른 점이다.

제 4 편
産 業

제 4편 : 산업(產業) 영향

제13장 농업문화(農業文化)

1. 중국의 농업문화

중국은 동방에서 으뜸으로 손꼽히는 농업선진국이다. 중국 농업문화는 몇 가지 특색이 있다 :

가. 중국민족은 아주 일찍부터 수도재배법(水稻栽培法)을 발명하였다. 고고학자는 대륙남북신석기유적지에서 누차 도곡입자(稻穀粒子)를 발견하였음을 보고하였다.[28] 서한(西漢, 前漢) 역사가 사마천 역시 대우(大禹)가 치수(治水) 후, '익(益)에게 명령하여 서민들에게 벼를 나누어주고 낮고 습진 땅에 심도록 하였다'[29]고 했는데, 이는 족히 중국이 수도(水稻)를 재배함이 아주 오래되었다는 확증이 된다.

나. 중국민족은 누적된 농업경험에 기초하여 일찍이 각종 진보된 농업기술을 취득하여 이익을 본듯하다. 《시경》〈소아보전(小雅甫田)〉편에 '혹은 김매고 혹은 북돋아 가꾼다.'는 구절이 있고,《주례》에서 초인(草人)이 토양의 개화법(改化法)을 담론하였다 함은 중국고대에 일찍이 밭에서 김을 매거나 시비(施肥)하는 방법을 강구하였음을 증명하는 것이다. 공자께서 이미 대우(大禹)가 '구혁(溝洫)에서 힘을 다 쏟았다.'고 칭송한 것과, 갑골문에 '견(甽=畎)字가 있어 농토에

---

28) Anderson은 仰韶村 彩陶 殘片에서 곡각(穀殼)의 인흔(印痕)을 발견하였고, 그것은 스페인 식물학자의 고증을 거쳐 인공재재의 도곡외각(稻穀外殼)임이 단정되었다.(J.G.Anderson, Children of the Yellow Earth, Study in Prehistotie China.pp.335-336.)

29) 《史記》〈夏本紀〉: 令益予衆庶稻可種卑濕.

물[水]를 이끌어 관개하는 형상을 나타낸 것’[30]은, 중국의 선민(先民)이 일찍이 수리(水利)의 중요성을 인식하였다는 점을 알게 한다. 마균(馬鈞)은 수차(水車)를 발명함으로[31] 인류로 하여금 자연을 정복하는데 한 발걸음 더 매진(邁進)하게 하였다. 이 외에도 농기구의 제작,[32] 우경(牛耕)의 발명,[33] 농서(農書)의 간행과 같은[34] 것들은 인류문화에 대해 중대한 공헌을 하였다.

다. 중국은 농업국가로 명칭되었기 때문에 계속해서 중농정책을 채택하였다. 예건대 역대 제왕은 친히 적전(籍田)을 경작하며 社稷에 제사하고 기도로 비내리기를 간구하였고, 권농령(勸農令)을 하달하였다. 그리고 이것은 모두 史家가 기술하였다. 이처럼 진·한이후 중본경말(重本輕末) 사상이 유행했음은 주의할 가치가 있는 사실이다. 한국은 중국의 이웃 나라로서 자고로 중국문화권에서 성장하여 일체의 문물제도가 중국의 깊은 영향을 받지 않을 수 없었고, 국계민생(國計民生)과 중대한 관계가 있는 농업은 당연히 예외가 아니었다.

---

30) 林泰輔, 《龜甲獸骨文字》 권2. 참조.

31) 宋 高丞, 《事物紀原》 〈農業陶語部〉,水車條: 《魏略》에 이르길, ‘馬鈞이 京都에 거주함에, 성내에 토지가 있어 화원을 만들 수 있으나 물로 灌漑할 수 없어, 이에 번차(翻車)를 제작하고 아동에게 이를 반복시켜 물을 이끌어대도록 하였다. 지금 農家[田家]에는 水車가 있어 한발(旱魃) 시에 물을 전답에 이끌어대는 것인데, 즉 이 기기(器機)이다.’라고 하다.

32) 고고학자의 보고에 의하면, 仰韶文化期의 각 기지에서 석부(石斧)·석산(石鏟)·석도(石刀) 등 農具가 출토되었고, 龍山文化期에는 석포도(石庖刀)·석겸(石鎌)·방산(蚌鏟)·골산(骨鏟) 등 농구가 출토되었으며, 殷商晚期 遺址 安陽大司公村에서 靑銅鏟 한 개의 출토가 있었고, 춘추말기 長沙楚墓에서 작은 철서(鐵鋤)의 출토가 있었으며, 戰國中晚期 칠웅의 전 지역에서 수많은 철제농구가 출토되었고, 河北興隆燕國의 遺址에서 철제농구[鋤및 鎌]의 鑄型 수십 개가 출토되었다.

33) 중국에서 牛耕이 아주 일찍 발명되었는데, 어떤 자는 殷人은 이미 잘 순화된 물소를 이용하여 쟁기를 끌어당길 줄을 알았다고 주장하였다(胡厚宜가 편찬한 《卜辭》에서 보이는 殷代농업은 《甲骨學商史論叢》 제2집81쪽). 여하튼 춘추시기는 우경이 확실히 유행하였는데, 예건대 공자께서는 제자 冉伯牛의 字가 ‘牛耕’이고, 司馬耕의 字가 ‘子牛’였으며, 晋國의 유력학자 이름이 ‘牛子耕’이었는데, 곧 이를 증명하는 것이다.

34) 역대농서에서 비교적 중요한 것은 秦의 呂不爲 문객이 찬수한 《呂氏春秋》가 있다(그 중에는 上農·任地·辨士·審時 등편이 있음). 한대 氾勝이 찬수한 《農書》,북위의 賈思勰이 편찬한 《齊民要術》, 당대 한씨가 찬한 《四時찬要》, 송대 陳旉가 찬한 《農書》,원대 司農이 편찬한 《農商輯要》,명대 徐光啓가 편찬한 《農政全書》 등이 있는데, 그중 《齊民要術》 한권의 영향이 가장 크다.

2. 한국의 농업문화

한국은 중국과 인접하여 중국의 농업문화를 매우 오래 전부터 접촉해 왔다. 《한서》〈지리지(地理志)〉 하편에 의하면,

> 기자가 중국을 떠나 조선으로 가서 그 백성에게 예의(禮義)와 전잠(田蠶) · 직작(織作)을 가르쳤다.

고 하였는데, 이것에 의거하면, 기원전 12세기에 기자는 이미 농업 경험을 가지고 조선에 이른 셈이 된다. 이로부터 오랜 시간이 지나 평양의 남문 밖에서 소위 '기전(箕田)' 이라는 유적이 발견되었다. 조선시대 이율곡이 편찬한《기자지(箕子志)》에는 기전의 상세한 그림이 실려 있으며, 한백겸이 찬한《기전유제설(箕田遺制說)》에서는 기전의 대체적인 것이 은(殷)나라의 유제(遺制)임을 고증하고 있다. 일본의 길전동오(吉田東伍)가 찬한《일한고사단(日韓古史斷)》에서도 이러한 정전(井田)은 기자의 자손이 조법(祖法)을 그대로 지켜 후세에 남겨 전한 것으로 인식하고 있는데, 이러한 것들은 모두 억측해서 한 말이라 하겠다. 그런데 고고학상의 사실 또한 조선반도는 기원전 수세기에 확실히 이미 중국농업문화의 영향을 받았음을 증명하고 있다.

석기시대의 유적은 해안 · 하구 및 구릉·대지(臺地)에 이르기까지 모두 발견되며, 더욱이 대동강 · 한강 · 낙동강 등 큰 강의 중·하류 유역이 가장 많다. 기술(技術)이 초보단계의 시기에는 단지 하천의 범람한 저습(低濕) 지구를 이용하여 작물을 재배하였는데, 토양이 부드러웠기 때문에 원시적인 석기농구로도 가능하였다. 이 석기 농기구로는 돌도끼[石斧] · 돌칼[石庖刀]가 가장 보편적이었으며, 돌도끼는 땅을 개간하는 용도로 사용하였고, 반달모양의 돌칼은 벼를 베는 용도

로 사용되었다.[35)]

중국정치세력이 들어옴에 따라 금속문화 또한 조선반도에 들어왔다. 평안북도의 각지에서 명도전(明刀錢)과 철제의 도끼·가래·호미·낫 등 한식(漢式)의 농기구가 하나같이 출토되며, 남한의 경주 김해 패총에서는 왕망(王莽)시대의 화폐와 철제 칼과 탄소(炭素)로 변한 미립(米粒)덩어리가 발견되었다. 이것은 1세기 초 조선남부는 확실하게 이미 수도(水稻) 재배의 사실이 있음을 증명하는 것이다.

《삼국사기》〈백제본기〉에 의하면 온조왕(溫祚王) 14년(B.C. 5년)과 38년(20년)에 사신을 보내어 농상(農桑)의 방법을 배웠고, 다루왕(多婁王) 6년(33년)에는 처음으로 땅에 벼를 경작하였다고 하는데, 조선의 임상덕(林象德)이 찬한《동사회강(東史會綱)》권1에서 또한 기재하기를,

> 백제 다루왕 6년 2월, 백제는 비로소 백성에게 벼농사를 가르쳐 먼저 나라의 남쪽 주현에서부터 시작하였다.

고 하였다.

이것은 백제가 벼농사를 하였다는 최초의 기록이다. 그런데 특별히 '처음으로 백성을 가르쳐' 라고 표현한 까닭은 바로 중국에서 전래한 수도재배(水稻栽培)를 표시한 것으로, 당시에는 여전히 일종의 신흥 사업이었던 것이다. 고이왕(古爾王) 9년(242년)에는 또 '나라 사람에게 명하여 남쪽의 습지대에 벼농사를 하도록 했다.' 는 기록이 있는데, 이것은 수도재배가 점차 확대되는 사례라 하겠다. 수도재배와 수리(水利)는 불가분의 관계이기 때문에 구수왕(仇首王) 9년(222년)과 무녕왕(武寧王) 10년(510년)에는 한 두 차례 제방과 둑을

35) 李丙燾《한국사》〈고대편〉제 1편: 사전(史前)시대

수리한 사실이 있다.

신라는 1세기 이후부터 농업에 관계된 기사가 사서(史書)에 끊이지 않고 있다. 예를 들어 유리왕(儒理王) 5년(28년)에는 '처음으로 쟁기와 보습을 제작하였다.' 고 했으며, 파사왕(婆娑王) 3년(82년) 정월에는 '유사(有司)에게 명하여 농상에 힘쓰게 하였다.' 고 했고, 일성왕(逸聖王) 11년(144) 2월에는 '주현에 명을 내려 전야(田野)를 정비하고 농상에 힘써 책임을 다하도록 했다.' 고 했으며, 벌휴왕(伐休王) 4년(187년) 3월에는 '주군에서 토목공사를 일으켜 백성의 농사지을 시기를 뺏는 것을 금하였다.' 고 했다.[36] 흘해왕(訖解王) 21년(330년)에는 '처음으로 벽골지(碧骨池)를 개척하였는데, 언덕의 길이가 일천 팔백 보(步)이었다' 고 했고, 눌지왕(訥祗왕) 13년(429년)에는 '시제(矢堤)를 쌓았는데, 길이가 이천 일백 칠십 보였다' 고 했다.[37] 더욱 주의를 기울일 가치가 있는 것은 중국 우경법(牛耕法)의 도입이다. 서진(西晉)때에 진수(陳壽)가 찬한 《삼국지》에서는 마한을 일러 '우마 타고 다루는 법을 알지 못하여 우마는 모두 보내지는 도중에 죽었다' 라고 했으며, 진한에서는 '우마에 안장을 얹어 탔다' 고 했으니, 조선반도 남부에서는 고대에 단지 소를 운송에만 이용하는 법을 알았으며, 우경법은 알지 못하였다.

《삼국사기》 권4, 〈신라본기〉 제4. 에는,

> 지증왕(智證王) 3년(502년) 봄 3월에 주군(州郡)마다에 명하여 권농에 주력하게 하고, 처음으로 우경을 하도록 했다.

고 했다.

---

36) 이상의 각 조항은 《增補文獻備考》 권147, 무농(務農)에 고루 보임.

37) 《增補文獻備考》 권146, 제언(堤堰) 참조

이것은 한국에서 우경이 기록에 보이는 최초이며, 우경의 전입은 당연히 농업생산력의 제고에 크게 도움을 주었다. 7세기 중엽에 이르러 신라는 唐과 연합하여 백제 · 고구려를 멸하고, 이때부터 더욱 적극적으로 唐문화를 수입하였는데, 중국 농업방면에서 받은 영향은 더욱 깊고 폭넓었다. 예를 들어 선덕왕 4년(783년)에는 처음으로 사직단(社稷壇)을 세웠으니,[38] 이것이 한 예이다. 또 하나의 주목할 것은 차(茶)의 수입이다. 흥덕왕 3년(828년)에 김대렴(金大廉)이 당에서 차 종자를 휴대하고 돌아온 때부터 한국에서는 차를 재배하는 것이 점점 성하였다. 《삼국사기》 〈신라본기〉 제10. 에서 이르기를,

> 흥덕왕 3년 겨울 12월에, 사신을 보내 唐에 들어가서 조공(朝貢)하게 하니, 文宗이 그를 불러 인덕전(麟德殿)에서 마주 대하고 잔치를 열어 주었다. 당에서 돌아온 김대렴이 차 종자를 가지고 오자, 왕은 그에게 차 종자를 지리산에 심게 하였다. 차는 선덕왕 때부터 있었으나 이때에 이르러 성하였다.

고 하였다.

《수서(隋書)》 〈신라전〉에 이르기를, '신라는 토양이 매우 비옥하고 수륙을 겸비하여 심는 씨앗과 5곡 · 과일 · 채소 · 새 · 짐승 등의 산물이 대략 중국과 같다.' 고 했는데, 이것은 바로 중국농업문화를 접촉한 결과였다.

고려가 건국되면서(918) 처음부터 권농정책을 채택하였다. 더욱이 고려 成宗은 적극적으로 농업을 장려하여, 솔선하여 신농(神農) · 후직(后稷)에게 제사하고, 기곡[祈穀: 풍년을 기원하는 기도] 과 적전[籍

---

38) 《三國史記》 권9. 〈신라본기〉9.

田: 왕이 직접 농사짓는 땅]의 예를 거행하였다. 《고려사》 권3 〈성종세가〉에,

> 2년(983년) 봄 정월 신미에 왕이 환구(圜丘)에서 기곡을 하고 태조를 배향(配享)하였다. 을해(乙亥)에는 몸소 적전을 경작하였으며, 신농에게 제사하고, 후직을 배향하였다. 기곡·적전의 예가 여기에서 시작되었다.

고 했다.

5년 후에는 또 《주례(周禮)》에 의거하여 왕후가 친히 헌종[獻種: 왕비가 볍씨를 생산하여 왕에게 바침]을 행하였다. 《증보문헌비고》 권62, 예고(禮考)9 선농조(先農條)에,

> (고려 성종) 7년, 좌보궐(左補闕) 이양(李陽)이 말하기를, '《주례》에서 이르기를, 상춘(上春)에 왕후에게 조서를 내려 육궁(六宮)의 사람을 거느리고 올벼 종자를 생산하여 왕에게 바치게 하며, 왕이 거행하는 것은 후(后)가 반드시 도와야 한다고 하였는데, 바야흐로 지금 상춘에 상제(上帝)에게 기곡(祈穀)하고 길일(吉日)에 동교(東郊)에서 적전을 경작함에, 임금은 비록 적전에서 일하고 있으나 후(后)는 헌종(獻種)하는 의례를 하지 않고 있으니, 원하건대, 《주례》에 의거 하십시오.' 라고 하였다. 왕이 하교하여 이르기를, '헌종의 일은 예관에게 명하여 의정(議定)토록 하라.' 고 하였고, 상주된 것처럼 적전 중에 길일을 택해 왕후가 친행(親行)하는 것을 취해 처음으로 금년부터 통규(通規)로 삼았다.

고 하였다.

고려 현종(顯宗)3년(1012년), '홍범(洪範) 팔정(八政)에, 먹는 것으

로 우선을 삼는다' 는 것을 거울삼아 특히 엄하게 '근본을 버리고 말단을 쫓음' 을 금하였다. 즉 하교하여 이르기를,

홍범 팔정은 먹는 것[食]을 우선으로 삼고 있으니, 이것은 진실로 부국강병의 도이다. 근자에 사람이 허황되고 화려한 것을 익혀 근본을 버리고 말단을 좇아서 농사짓는 것을 모르니, 그 모든 비단옷, 여러 무늬 있는 옷감을 짜는 수공업자를 인도하고 그 수를 줄여 농업에 종사하도록 하라.

고 하였다.[39] 북송 말년 서긍(徐兢)이 지은《선화봉사고려도경》에 이르기를,

그 땅(고려)에는 메조[黃粱]·옻기장[黑黍]·조[寒粟]·깨[胡麻]·· 겉보리[二麥]·쌀보리[米麥]을 심기에 적당하며, 쌀은 메벼만 있고 찰벼는 없는데, 입자가 매우 크고 맛이 달다. 소를 이용한 농기구는 宋과 대동소이(大同小異)하다.

고 하였는데,[40] '소를 이용한 농기구는 대동소이하다' 는 것은 분명히 중국의 영향에서 연유한 것이다.

그런데 당시 고려에는 수차(水車)가 없다가 충숙왕(忠肅王) 때에 이르러서야 어떤 사람이 상소하여 중국 양자강과 회수[강·회(江·淮)]의 백성이 만든 水車를 모방하여 가뭄에 대비하자고 하였다. 즉《고려사》권79 〈식화지〉2. 농상조(農商條)에서 이르기를,

충숙왕 11년(1324년)에 밀직제학(密直提學) 백문보(白文寶)가

---

39)《高麗史》권79,〈식화지〉2. 농상(農桑)

40)《선화봉사고려도경》권23, 종예(種藝)

차자[箚子: 신하가 임금에게 아뢰는 문서의 한 체]를 올려 이르기를, '중국의 楊子江과 淮水의 백성은 농사를 짓는데 가뭄을 근심하지 않는 것은 수차의 힘입니다. 우리 동방인은 농토에 물을 대기 위해서는 반드시 봇도랑으로 끌어대어 수차의 쉽게 물대는 것을 이해하지 못하였기 때문에 농토 아래에 깊은 도랑물이 있어도 그저 내려다만 볼 뿐, 퍼 올리지 못하여서 황무지가 되는 농토가 열에 여덟 혹은 아홉이나 되니, 마땅히 계수관(界首官)에게 명하여 수차를 만들도록 하고 수공업자가 이 모양을 본떠 민간에 전하게 할 수 있으니, 이것이 가뭄에 대비하고 황무지를 개간하는 제일의 방책입니다.'

라고 하였다. 그러나 고려가 끝나도록 水車의 제조에 대한 논의는 실현되지 않았다.

조선은 사대주의를 실행하여 각종의 정치 조치와 시행은 대체로 중국을 모범으로 하였으며, 농업정책도 당연히 예외가 아니었다. 예를 들어, 태종은 일찍이 《주례》의 〈도인(稻人)〉편을 인용하여 신민(臣民)을 깨우쳐 가뭄을 막도록 하였다. 즉 왕이 하교하여 이르기를,

농업은 나라의 근본으로 정책이 당연히 우선해야 할 바이다. 《주례》의 <稻人>편에서는 '제방을 쌓아 물 흐름을 멈추고 도랑을 파서 물이 고루 퍼지게 하는 것은 수리(水利)를 일으켜서 민생을 넉넉하게 하기 위함이다.'라고 하였는데, 내(왕)가 이른 아침부터 밤까지 염려하는 것은 매년 가뭄을 당하는 것이며, 더욱 빨리 가뭄을 해결하는데 힘쓰고 싶은 마음이 커진다.[41]

---

41) 《增補文獻備考》 권146, 〈전부(田賦)〉6

라고 하였다.

세종은 일찍이 중국역대 제왕이 농업을 중시한 사실(史實) 및 역대의 훌륭한 관리가 권농에 힘쓴 고사를 인용하여, 간곡하게 관민을 깨우치고 경계하고 있다. 《세종실록》 권105에 이르기를,

> 26년(1444년) 윤 7월 임인에 하교(下敎)하기를, 나라는 백성으로 근본을 삼고, 백성은 먹는 것으로 하늘을 삼는 것인데, 농사(農事)하는 것은 옷과 먹는 것의 근원으로서 왕자(王者)의 정치에서 먼저 힘써야 할 것이다. 오직 그것은 백성을 살리는 천명에 관계되는 까닭에, 천하의 지극한 노고(勞苦)를 복무(服務)하게 하는 것이다. 위에 있는 사람이 성심(誠心)으로 지도하여 거느리지 않는다면 어떻게 백성들로 하여금 부지런히 힘써서 농사에 종사하여 그 생생지락(生生之樂)을 완수(完遂)하게 할 수 있겠는가! 저 옛날 신농씨(神農氏) 같은 이는 처음으로 쟁기와 보습을 만들어서 천하를 이롭게 하였고, 소호씨(少昊氏)는 구호(九扈)에게 명령하여 농사를 맡게 하였다. 이것은 고대(古代)의 성군(聖君)이 하늘의 뜻을 이어 지극히 바른 도(道)를 세워 모든 백성들을 위하여 천명을 수행한 것이다. 요(堯)임금은 희씨(羲氏)와 화씨(和氏)에게 명령하여 공경하여 백성에게 농사짓는 때를 주게 하였으며, 순(舜)임금은 십이목(十二牧)에게 의논하기를, '먹는 것은 오직 농사의 때를 지키는 데에 있다.' 고 하였다. 하후씨(夏后氏)는 구혁[溝洫: 전답사이의 용수로 즉 봇도랑]에 진력(盡力)하였고, 상(商)나라의 조상은 세민(細民)의 의지하는 바를 알았었다. 주(周)나라에 이르러서는 농사로써 나라를 개척하였으니 《시경(詩經)》의 <빈풍편(豳風篇)>의 시구(詩句)에서나, 《서경(書經)》의 <무일편(無逸篇)>의 저작에 있어서 농사의 힘들고 어려움을 정성껏 마음에 지니지 않은 것이 없어서 깊이 다스리고 오래도록 편안한 왕업(王業)을 이루었다. 훌륭하

게도 한(漢)나라의 문제(文帝)는 자주 조서(詔書)를 내려서 해마다 나무 심기를 권하고 조세를 감하며 농경지를 주니, 나라 안이 넉넉하였으며, 당(唐)나라의 고조(高祖)는 목재(牧宰)에게 조서를 내려 힘써서 간편하고 고요한 행정을 하여 백성들로 하여금 농시(農時)를 잃지 않게 하였고, 태종(太宗)은 매양 여러 신하들에게 말하기를, '입을 것과 먹을 것을 영위(營爲)하는 데에는 농사의 때를 잃지 않는 것이 근본이 된다.' 고 하였으니, 그가 쌀 한 말에 3전(錢)하는 실적(實績)을 이루게 한 것이 어찌 그 인유(因由)한 바가 없었겠는가! 송(宋)나라의 제도에는 권농사(勸農司)를 두고, 연말에 그 성적에 따라 상벌(賞罰)을 시행하였으며, 또 주·현(州·縣)으로 하여금 매년 술을 준비해 가지고 들에 나가서 부로(父老)들을 맞이하여 보고 농사에 힘을 다하라는 뜻을 타이르게 한 것은, 아마 또한 여기에서 본받은 바 있었기 때문일 것이다. … 일찍이 옛날의 어진 수령들을 살펴보건대, 한편에서 이(利)로운 일을 일으켰을 때에 백성이 실제의 혜택을 받은 것은, 부지런히 노력(勞力)하여 이루지 않는 것이 없기 때문이다. 공수(龔遂)가 발해(渤海)의 수령이 되어서 농사짓고 누에치는 일을 힘써 권장하였는데, 백성들이 도검(刀劍)을 차고 다니는 자가 있으면 그것을 팔아서 소와 송아지를 사게 하였으며, 봄에는 밭에 나가 일하기를 권하고 겨울에는 곡식들을 거두어 모으게 하니, 백성들이 다 부유하고 충실하게 되었다. 소신신(召信臣)은 남양(南陽)의 수령이 되었을 때에 백성을 위하여 이(利)되는 일을 하기를 좋아하여 몸소 경농(耕農)을 권장(勸奬)하느라고 들에 나다니면서 편안히 앉아 있는 때가 적었다. 가다가 물이나 샘을 보면 도랑을 만들어 관개(灌漑)를 넓히니, 백성들이 그 이(利)를 얻어서 농사에 힘쓰지 않는 사람이 없었던 것이다. 임연(任延)이 구진(九眞)의 수령이 되니, 그곳의 풍속은 사냥을 생업(生業)으로 하고 소를 부려 농경(農耕)하는 것을 알지 못하여 번번이 곤핍(困乏)하게 되므로, 이에 농기구(農機具)를 주조(鑄造)하여 개간(開墾)을 가르치고, 해마다 개간을 넓히니 백성들이 자족자급(自足自給)하게 되었다. 신찬(辛纂)은 하남(河南)의 수령이 되어서 농상(農桑)을 독려하고 권장하되, 친히 스스로 살펴보고 부지런한 자에게는 포백(布帛)과 물화(物貨)를 주어 돕고, 게으른 자에게는 죄를 주었으며, 주문공(朱文公)은 남강(南康)의 수령이 되었을 때에, 게시문(揭示文)을 인쇄하여 백성에게 농사를 권장하였는데, 그 게시문에는 갈아엎고, 시비(施肥)하고 씨를 뿌리며, 제초(除草)하는 절차에서부터 삼과 콩을 심는 법과 제방과 못을 수리하는 일에 이르기까지 자세히 기술하지 않은 것이 없어서 순순(諄諄)히 타이르며, 때로는 친히 들판을 순시(巡視)하고 가르친 대로하지 않은 자는 처벌하였다. 모든 이런 일들이 어찌 그렇게 해야 할 이유 없이 번거롭고 소요(騷擾)함을 좋아서 하였겠는가! 대체로 보통 사람들의 심정은 그것을 거느리면 스스로 힘쓰고, 놓아두면 게을러지는 것이다. 선철(先哲)이 말하였기를, '일명(一命)의 벼슬을 받는 선비라도 진실로 남을 사랑하는 데에 마음을 두면, 남에게 반드시 구제함이 있다.' 고 하였다. 하물며 지금의 감사와 수령의 책임을 맡는 자는 다 할 수 있는 권한(權限)을 잡고 있어서 한 지방의 기쁨과 슬픔이 그 한 몸에 달려 있음이겠는가! 만약 성심으로 어루만지고 불쌍히 여긴다면 어찌 옛 사람에게 미치지 못하겠는가! 대체로 말해서, 농가(農家)의 일이란 것은 농사의 시기를 일찍 시작한 자는 수확도 또한 이르고, 힘을 많이 들인 자는 수확도 또한 많은 것이다. 그러므로 농정(農政)에 있어서 소중한 것은 오직 그 적절한 시기를 어기지 않고, 그 농사에 바칠 힘을 빼앗지 않는 데에 있을 뿐이다. 온갖 곡식은 심고 씨를 뿌리는 것이 각각 그 때가 있는 것이니, 적어도 때를 한번 잃어버리면 해가 다하도록 다시는 따라갈 수 없다. 백성의 몸은 이미 하나이니 힘을 둘로 나눌 수는 없는 것이며, 그것을

> 빼앗는 일이 관(官)에 있다면 어찌 농사에 힘쓰라고 요구할 수 있겠는가! 진실로 인사(人事)를 이미 다하였다면, 비록 천운(天運)이 동반(同伴)되지 않더라도 또한 그 재해를 막을 수 있는 것이다. 이윤(伊尹)의 구전제도(區田制度)가 바로 그것이다. 근일에 경험한 일을 가지고 말한다면, 丁巳년에 후원(後苑)에 농사짓는 것을 시험하여 사람의 힘을 더 할 수 없이 다 하였더니 과연 가뭄을 만나도 한재(旱災)를 일으키지 않고 벼가 매우 잘되었었다. 이것은 우연히 천재를 만나더라도 사람의 힘으로 구제할 수 있음이 분명한 것이다. 전(傳)에 말하기를, '백성의 살아가는 길은 부지런한 데 있고, 부지런하면 빈핍(貧乏)하지 않는다.' 고 하였으며, 《서경(書經)》에는 말하기를, '게으른 농부가 스스로 편안하여 힘써 수고로움을 짓지 아니하고 밭이랑에서 일하지 아니하면, 피와 기장을 가리지 못하리라.' 고 하였다. 비로소 차라리 근로(勤勞)에 지나칠지언정, 게으른 데 빠져서는 안 된다는 것을 알 것이다. …

고 하였다.

성종은 농업을 장려하여 특히 남는 힘을 남겨두지 않았다. 3년(1472년)에는 거듭하여 상공·수공업을 쫓는 것을 금지하였다.42) 6년(1475년)에는 몸소 적전을 경작하였다.43) 아울러 송의 제도에 의거

---

42) 《증보문헌비고》 권147, 전부(田賦)7 무농(務農)조에 보면,(성종) 3년에 하교하기를, '재물을 생산하는 것은 근본에 힘쓰는데 있다. 엄하게 말단을 쫓는 것을 금하고, 민을 부역하는 법을 정하여 힘을 다해 농업과 잠업에 힘쓰게 하고 나태하지 않도록 하라.' 고 하였다.

43) 《성종실록》 권50, 6년 정월조에,
임금이 친히 동교(東郊)의 단(壇)에서 선농제(先農祭)를 지내니, 백관(百官)이 배제(陪祭)하기를 의식과 같이 하였다. 일출(日出)할 때에 임금이 적전(籍田)을 몸소 갈면서 5퇴[推 : 밀다 는 뜻으로 쟁기를 이용하여 농토를 갈아엎을 때의 단위]를 하고는 드디어 관경대(觀耕臺)에 나아가니, 종친(宗親)·재신(宰臣)이 7퇴(推)를 하고, 다음은 여러 판서(判書)·대사헌(大司憲)·대사간(大司諫)이 9퇴(推)를 하였다. 다음은 서인(庶人) 1백여 명이 1백 묘(畝)를 다 갈았는데, 임금이 기민(耆民)을 위로하기를 모두 의식과 같이 하였다. 예(禮)를 필(畢)하고 거가(車駕)를 돌리니, 노인(老人)·유생(儒生)·여기(女妓) 등이 가요(歌謠)를 올리었다. 그 유생(儒生)의 가요(歌謠)에 이르기를, 성균생원(成均生員) 신(臣) 조한주(趙漢柱) 등은 엎드려 주상 전하(主上殿下)께서 비로소 은례(殷禮)라 일컬으시며, 친히 선농제(先農祭)를 지내시고 몸소 적전(籍田) 가시는 것을 보았습니다. 신 등이 생각하건대, 적전(籍田)의 의의(意義)는 큽니다. 수고로운 제사를 근심하고 풍년(豊年)을 비는 것은 어려움을 백성에게

하여 가까운 마을에 사는 백성을 두루 찾아 깨우쳐 주었다. 《성종실록》 권51에 의하면,

> 6년 정월에 예조(禮曹)에서 아뢰기를, 삼가《문헌통고(文獻通考)》를 살펴보니, 송(宋)나라 인종(仁宗) 2년(1024년)에 대례사(大禮使)가 말하기를, '적전례(籍田禮)는 이 세상에 드물어진 지 오래 되었습니다. 근자에 이를 수거(修擧)한다는 것을 듣고 내외(內外)에서 복속(服屬)하기를 바라는데, 더구나 친히 만승(萬乘)을 굽히어 농업에 힘쓰는 근본을 힘써 권하신다 하니, 엎드려 청하건대, 유사(有司)에 내리어 아주 가까운 마을의 취후(聚候)에게 두루 유시하여 경적(耕籍)하는 날에 왕을 모시게 하고, 특히 부로(父老)와 향민(鄕民)에게 성례(盛禮)를 바라보도록 허락하고 가지[呵止 : 꾸짖어 못하게 함]하지 말게 하소서.' 라 하였습니다. 이제 적전(籍田)을 친경(親耕)하심은 진실로 세상에 드문 성례(盛禮)이니, 청컨대 송나라의 제도에 의하여 한성부(漢城府)로 하여금 가까운 마을에 거주하는 백성에게 두루 유시(諭示)하여 성례(聖禮)를 보도록 하여, 성상(聖上)이 몸소 거느리는 뜻을 알게 하소서. 라고 하니, 그대로 따랐다.

고 하였다.

영조 23년(1747년)에는 또 명나라 선종(宣宗)의 고사를 본받아 관예동적례(觀刈東籍禮)를 처음으로 시행하였다.《영조실록》 권65에 의하면,

> 23년 5월에, … 임금이 말하기를, 내가 친경(親耕)함은《대학연

보이고 자성(粢盛)을 종묘(宗廟)에 받드는 까닭입니다. 이러므로 기곡(祈穀)의 제도는《예경(禮經)》에 나타나 있고, 궁경(躬耕)하는 글은 한사(漢史)에 기재되어 있으니, 진실로 백왕(百王)의 좋은 법입니다.… 라고 하였다.

> 의(大學衍義)》를 보고 한 것이고, 관예[觀刈 : 왕이 곡식의 추수를 보러 행차함]함은 의리를 상기시켜 한 것이었는데, 마침 명(明)나라 조정의 고사(故事)와 서로 부합이 되니, 더욱 서글픈 마음 간절하다.

고 하였다. 이를 통해서 조선의 중농정책의 일단을 알 수 있다.

조선 오백년간의 농업기술 또한 중국에게서 광범한 영향을 받았다. 태종은 일찍이 유신(儒臣)에게 명하여 방언(方言)으로 원나라의 농서, 즉《농상집요(農桑輯要)》를 번역하게 하였고, 세종은《농가집성(農家集成)》을 간행하였으며, 이후 정초(鄭招)는《농사직설(農事直說)》을 지었으며, 강희맹(姜希孟)은《사시찬요(四時纂要)》를, 박지원(朴趾源)은《과농소초(課農小抄)》를 지었는데, 대부분이 중국농업기술 지식의 소개 혹은 제창에 지나지 않았다. 중국 수차(水車)의 제작에 관해서 일찍이 조선에서는 장기적으로 주의를 기울여 추진·시행하고자 노력하였다. 성종 때에 최부(崔溥)는 가장 먼저 소홍(紹興)에서 제작방법을 배워 귀국하였다.《증보문헌비고》권146, 〈전부고(田賦考)〉6. 에서 이르기를,

> 성종 때에 최부는 바다에 표류하여 중국 소흥부(紹興府)를 지나다가 어떤 사람이 호수의 언덕에서 수차를 운전하여 논에 물을 대고 있는 것을 보았는데, 힘을 적게 쓰나 위로 올라오는 물이 많아 가뭄을 당한 농가에 도움이 될 수 있을 것 같았다. 그 지역의 천호(千戶)인 부영(傅榮)에게 말하여 그 제작법을 배우기를 원했다. 부영이 기계 형체의 제작과 운용의 방법을 대략 말하였다. 최부가 말하기를, 나는 발로 굴리는 것을 보았는데, 이것은 손으로 굴리니 어찌된 일인가? 라고 하니, 부영이 이르기를, '당신이 본 것은 분명 도차(蹈車)이며, 이것의 편리함만 같지 못하다. 이것은 한 사람으로

도 운전할 수가 있다. 소나무는 가벼워서 만들 수가 없다. 이 기계는 통으로 상하에 삼나무를 쓰며, 살은 느릅나무로 하고, 판은 녹나무로 하며, 차의 살은 대나무 편으로 묶는다. 전후의 네 기둥은 커야 하며, 가운데 기둥은 약간 작아 그 차바퀴, 복판(腹板)의 장단(長短), 광협(廣狹)은 이와 같다. 만약 삼나무 · 느릅나무 · 녹나무를 구할 수 없으면 나무가 굳고 질긴 것을 쓰면 가능하다.' 고 하다.

라고 하였다.

최부가 이미 수차의 제조법을 전입하자, 성종은 곧 공장(工匠)에게 명하여 모방하여 만들게 하였으나[44] 큰 성과는 없었다. 효종 때에 이르러 '관개의 용도에는 수차만한 것이 없다.' 는 것을 거울삼아 또 수차 열 개를 모방하여 만들어 각지에 나누어 보내서 시험 작동하도록 하였다. 《효종실록》 권4. 에서 이르기를,

> 1년(1651년) 5월 정묘에 상(上)이 안에서 장인(匠人)을 불러 수차(水車) 한 채를 만들게 한 뒤 비국[備局: 비변사(備邊司)]에 내주며 하교하기를, 과거 연경(燕京)과 심양(瀋陽)으로 통하는 길을 가다가 논농사에 쓰이는 기구를 자세히 관찰하였는데, 관개용(灌漑用)으로는 수차가 제일이었다. 그런데 우리나라는 이 방법을 전혀 모른 나머지, 바로 옆에 콸콸 흐르는 물이 있어도 지세가 조금 높기만 하면 그저 말라죽어 가는 것만 바라볼 뿐 어찌할 줄을 모르니, 정말 개탄할 일이다. 농사는 바로 국가의 대본(大本)인데 그 도구를 또 이렇듯 이용할 줄을 모르니 참으로 걱정스럽다. 이제 공장(工匠)으로 하여금 그 제도대로 만들어 내게 하였는데, 묘당

44) 《성종실록》 권217, 무신 19년(1488) 6월조에,
乙卯에 전라도 관찰사 이집(李輯)에게 글을 내려 이르기를, '듣건대 최부가 중국에 이르러 水車제도를 얻어 보고 왔다 하니, 뛰어난 목공에게 명하여 최부의 지휘내용을 듣고 수차를 제작하여 올려 보내도록 하라.' 고 하였다.

(廟堂)이 편리한지의 여부를 잘 살펴서, 쓸 만하거든 외방(外方)에 전해 알림으로써 조금이라도 권농(勸農)하는 데 도움이 되게 하라고 하니, 답하여 아뢰기를, '… 수차제도가 매우 정교하고 작동하는 것이 귀신같습니다. 참으로 가가호호에 설치할 경우 필시 가뭄을 방지하는 데 적지 않게 도움이 될 것입니다. 속히 유사(有司)로 하여금 그 모양대로 10개를 만들어 팔도 및 개성(開城)과 강도(江都)에 나누어 보내도록 하소서.' 라고 하니, 왕이 이에 따랐다.

고 하였다.

그러나 결과적으로는 여전히 '아직 반포하여 행하지 못하였다.'는 상황이었으며, 다만 민간에서 설계도를 살펴 개인적으로 만드는 자가 있었을 뿐이었다. 正祖 때에 이르러 처음으로 개인적으로 만든 수차를 참조하여 대량으로 모방 제조하여 널리 퍼져 나갔다.[45] 동시에 또 서광계(徐光啓)의 《농정전서(農政全書)》에 실린 도면을 참조하여 용미차(龍尾車) 십여 개를 만들었고 그 사용법을 각 도에 반포하였다. 《영조실록》 권16. 에서 이르기를,

7년(1783년) 7월 계사에, 이조 판서 서호수(徐浩修)가 상소하기를, '… 대저 농사일이 허술하게 된 것은 농구(農具)가 갖추어 지지 않았기 때문이니, 마땅히 이번에 한번 강구(講究)해서 설치하여 이 뒤에도 두고 쓰는 자료가 되게 해야 합니다. 신이 듣건대, 효종(孝宗) 원년(元年)에 수차(水車) 한 구(具)를 비변사(備邊司)에 내려주며 하교하기를, … 그러나 관장(官長)인 사람들은 번거로움을 견디면서 이해하려는 성의가 없었고, 공장(工匠)은 생각을 짜내어 운전이 정교해지게 할 재주가 없어서, 드디어 대성인(大聖人)께서 잘 이용(利用)하여 사람들이 혜택을 입게 하려 하신 굉장한 제작을

45) 《增補文獻備考》 권146,〈전부(田賦)〉6 .

폐기해 버리고 시행하지 않게 되었습니다. 영종(英宗) 16년에 와서는 고(故) 상신(相臣) 유척기(兪拓基)가 비국(備局)에 남아 있는 그 제작을 보고서 이어 시행하기를 요청하자, 영종께서 특별히 다시 만들어서 반포(頒布)하도록 명하게 되었던 것입니다. 대개 수차(水車)의 제작은 또한 허다하게 갖가지 것이 있기도 합니다만, 황명(皇明)의 각신(閣臣) 서광계(徐光啓)의 저술인《농정전서(農政全書)》의 내용에 용미차(龍尾車)의 공용(功用)에 관하여 마침 말하기를, '여러 개를 접속(接屬)해서 올려 가면 산에서도 사용하게 될 수 있으니, 이는 가뭄이 있는 해와 높이 있는 전답이라도 근심할 것 없게 되는 것이고, 밭두둑 쌓아가기는 날짜를 계산해 가며 다하게 되는 것이니, 이는 장마가 심한 해와 낮게 있는 전답일도 근심할 것 없게 되는 일이다. 옛적이나 지금이나 저수(貯水)하고 하수(下水)하는 기구가 이 용미차 처럼 제작이 정묘하고 이익이 많은 것이 없었으니, 비록 재산을 형성하는데 크게 도움이 된다고 말하더라도 또한 지나친 말이 아니다.' 라고 하였습니다. 신(臣)이 양조(兩朝)에 반포했던 수차도 또한 용미차의 제작과 같은 것이었는지 알 수는 없습니다만, 요컨대 공효(功效)와 이익이 많음이 일치(一致)했을 것입니다. 만일 이번에 사고(思考)가 정교한 공장(工匠)을 얻어 한결 같이 농서(農書)의 기록에 의해서 10여 구를 만들어 내도록 하고, 아울러 사용하는 방법도 곁들이어 팔도(八道)와 양도(兩都)에 반포하게 하고, 또한 각 도의 감영(監營)과 병영(兵營)에서 만들어 각 고을에 반포하도록 한다면, 강과 냇가의 광막한 들판이 설사 오랜 가뭄을 만나게 된다 하더라도 즉시 관개(灌漑)해 가게 될 수 있을 것입니다. 국가의 계책과 민생들의 생활이 반드시 이에서 힘입게 되지 않을 수 없을 것이고, 양조(兩朝)에 이미 시작했다가 성취하지 못했던 훌륭한 일을 그야말로 오늘날에 이르러 성취하게 된다면, 어찌 아름다운 일이 아니겠습니까?' 라고 하니 …

왕이 그대로 따랐다. …

고 하였다.

농작물의 신품종에 관해서 또한 중국에서 늘 전래되었으니, 예를 들어 목면(木棉)은 바로 문익점(文益漸)이 고려 공민왕 때에 元나라에 사신으로 갔다가 가지고 돌아왔다. 그의 장인인 정천익(鄭天益)이 시험재배에 성공하여 점차로 번식한 것이다. 《세조실록》 권3에 이르기를,

원년(1456년) 3월 정유에 집현전(集賢殿) 직제학(直提學) 양성지(梁誠之)가 상소하기를, … 우리 동방에는 예전에는 목면종이 없었는데, 전조(前朝)의 문익점이 사신으로 원에 머물다가 비로소 얻어서 씨를 뿌려 마침내 온 나라에 두루 퍼졌습니다. 지금에는 귀천과 남녀할 것 없이 모두 면포(綿布)를 입고 있습니다.

라고 하였다.

마령서[馬鈴薯: 감자]는 헌종 때에 청으로부터 전입하여 처음에는 북관(北關)에 이식하여, 반도북부에서 성행하였으며, 고구마는 일본에서 전입하여 반도남부에서 성행한 까닭에 전자는 '북저(北藷)'로 후자는 '남저(南藷)'로 칭해졌다.[46] 벼의 신품종에 관해서 한국인은 더욱 찾아 구하는 데에 뜻을 두어 항상 중국에서 새로운 것을 발견하였다. 《헌종실록》 권5에서 이르기를,

4년(1838년) 6월 기묘에 대사헌(大司憲) 서유구(徐有榘)가 상소(上疏)하였는데, 대략 이르기를, … 신이 듣건대, 중원(中原) · 통주(通州) 등지에 60일 벼가 있는데, 초가을에 파종(播種)하여 초겨울

46) 이병도, 《국사대관》 중역본, p.387.

에 수확한다고 합니다. 상해(上海)·청포(靑蒲) 등지에는 깊은 물에서 자라는 홍도(紅稻)가 있는데, 6월에 파종하면 9월에 성숙(成熟)한다고 합니다. 그리고 덕안부(德安府)에는 향자만도(香秄晩稻)가 있는데, 밭을 갈고 씨를 뿌린 지 5, 60일이면 그 열매를 먹을 수 있다고 합니다. 이것들은 모두 늦게 모종하여 먹을 수 있는 것들입니다. 신은 생각하건대, 매년 절사(節使)가 갈 때 여러 방면으로 찾고 구하여 사 가지고 와서 팔도(八道)에 전해 주어 심게 한다면, 1, 2년이 지나지 않아서 사람들이 그 이익을 누리게 될 것이니, 그 좋은 종자를 널리 퍼지게 하고 재황(災荒)을 구제하는 데 있어 어찌 작은 보탬이라 하겠습니까? …

라고 하였다.

당시 조선의 재배방법 또한 상당히 낙후하였다. 《목민심서》 호전(戶典) 권농조에 실려 있기를,

우리 동방의 백성은 종자를 가리는데 정밀하지 못하고, 종자를 저장하는데 법칙이 없어서 혹자는 먼저 파종하고 후에 농토를 갈며, 혹자는 갈지 않고 씨앗을 묻어, 기기괴괴(奇奇怪怪)하게도 이미 일반화되고 습관화되어있는 바가 작은 걱정거리가 아니다.

라고 하였다.

이 때문에 조선의 지식 있는 선비는 일찍이 중국의 재배방법을 소개하고 확산시키는데 힘을 다하여 조선농업이 중대한 진전을 얻게 하였는데, 예를 들어 이앙법(移秧法)의 채용과 이랑을 나누어 종자를 심는 방법의 제창은 조선의 '이랑을 넓게 하여 드문드문 씨를 뿌려서 싹이 나와도 줄이 맞지 않는' 상황을 개혁하였으며, '요동(遼東)의 전지(田地)는 모두 좁은 밭두둑을 만들고 기장·피·조·콩은 밭

두둑사이에 끼워서 가꾼다' 는 방법을 모방하여 시행하였으니,[47] 곧 이것이 확실한 사례이다.

결론적으로, 중국의 수도재배는 한국을 비롯한 중국 주변국에게 선로(先路)를 열어주어 각국 인민에게 미곡으로 주식 삼는 결과를 촉진하였다. 중국농업기술전파는 한국 등 각국의 농업화를 가속화하였고, 각국 인민생활의 개선에 도움이 되었다. 또한 중국의 중농주의 정책의 실시는 각국에 투영되어 각국의 경제번영에 대해 무형의 공헌을 하였다.

47) 朴趾源, 《課農小抄》 참조.

제14장 공업기술(工業技術)

1. 중국의 공업기술

명대 말기이래로 중국문화와 서방문화 사이에 불균형의 발전양상이 시작되었다. 서방문화는 나날이 천리의 진보를 가져온 반면, 중국은 오히려 점점 낙후의 형세를 드러내었다. 이로 인하여 중국문화에 대한 평가도 점점 저하되었다. 사실 원대한 관점을 가지고 본다면, 결코 민족을 향한 신뢰심정을 부정적으로 움직일 이유는 없다. 명대 이전에 중국문화는 세계역사상에서 실재 극히 영광스러운 한 페이지를 차지하였고, 과학도, 기술도 훌륭하여 이미 모두 동방세계에 대해 중대한 공헌을 하였기 때문이다.

중국 공예(工藝)상에서 성취한 분야로는 동기(銅器)·도자기(陶瓷器)·칠기(漆器)·사직품(絲織品)을 대표로 들 수 있다. 동기부문을 말한다면, 은허(殷墟)에서는 이미 많은 청동제의 예기(禮器)·용기(用器)·병기(兵器)·장식품(裝飾品) 등이 발굴되었고, 그 문식(紋飾)의 미려함은 3,000년 전의 중국공예가 이미 극히 높은 경지에 도달했음을 엿볼 수 있게 한다. 한·당시대로 내려와 동기제작의 기술은 더욱 세계 최고봉을 구가하였는데, 실례를 들자면 낙랑고분(樂浪古墳)에서 출토된 한나라 동경(銅鏡), 나라(奈良) 정창원(正倉院)에 보관되어 있는 당나라 동경(銅鏡)은 모두 고고학자로 하여금 탄성의 관지(觀止)가 될 정도이다.

도자기 부문을 말하면, 상은(商殷)시대이전의 채도(彩陶)·흑도(黑陶), 그리고 상은(商殷)시대의 백도(白陶)는 모두 중국고대의 도자기 제작기술의 진보를 반영한다. 한조(漢朝)는 또 유약(釉藥)을 발명하였는데, 이로부터 도자기는 더욱 정교함을 추구하게 되었다. 송조(宋朝)의 요업(窯業)은 더욱 융성해져 정요(定窯) · 여요(汝窯) · 가요(哥窯) · 용천요(龍泉窯) · 경덕진요(景德鎭窯) 등의 출품은 국내외로 명예를 떨쳐 마침내 중국으로 하여금 '도자기의 나라[邦]'라는 아호(雅號)를 듣게 하였다.

칠기에 대해 말하자면, 중국 고대의 칠공(漆工)은 실로 그 어느 국가와도 비교할 수 없을 정도로 우수하다. 즉 옻칠을 바르는[휴칠(髹漆)] 기술은 물론하고 아로새겨 옻칠하는[조칠(雕漆)] 기술, 혹은 그림 그리듯 옻칠하는[화칠(畵漆)] 기술 등 모두가 특별히 우수하다. 이는 낙랑고분과 정창원(正倉院)의 유물에서 증명된다.

사직품(絲織品)에 관하여 말하자면, 중국이 발명한 양잠직조(養蠶織造)는 가장 오래되었고, 잠사염색(蠶絲染色)의 발명도 가장 오래되었는데, 진 · 한시대에 이르러서는 문채가 현란한 사주(絲綢)가 유럽[구주(歐洲)]으로 수출되어 이미 서양인의 절대적인 놀라움을 불러 일으켰다. 사주(絲綢)의 염색기술도 나날이 함께 진보하여 사주는 외국인의 안중에서 변함없이 중국문물을 대표하였다.

이외에도 중국은 2세기 초에 제지술(製紙術)을 발명하였을 뿐만 아니라, 11세기 중엽에는 활자(活字) 인쇄술을 발명하였는데, 이 모두는 서방세계에 비해 몇 백 년이 앞선 것들이다.

2. 한국의 공업기술

한국은 지리적 관계 때문에 중국의 기술을 접촉해 온 것이 매우 오래되었다. 《동국사략(東國史略)》 권1. 에 의하면,

> 기자가 중국에서 오천 인을 거느리고 조선으로 옮겨옴에 시(詩) ·

> 서(書)·예악(禮樂)·의무(醫巫)·음양복서(陰陽卜筮)의 부류와 백공기예(百工技藝) 자들이 함께 따라왔다. 언어가 통하지 않아서 통역(번역)하여 알렸다.

고 하였으며, 《한서》〈지리지(하)〉편 에는,

> 기자가 조선으로 가서 그 백성을 예의·전잠·직방(織方)으로써 교화하였다.

고 하였다.

이것은 백공기예(百工技藝)와 양잠직포(養蠶織布)의 방법이 이미 은·주시대에 조선반도에 전입하였음을 설명하는 것이다. 이러한 기록은 일견(一見) 황당무계한 것 같으나 현대 고고학자의 발굴에 의해 증거가 나왔다. 멀리 석기시대에 조선반도와 화북은 이미 문화교류의 사실이 있었으니, 예를 들어 조선반도의 각지에서 출토되는 마제석도는 그 형태가 중국 산동반도의 흑도(黑陶)유적지에서 발굴한 조개모양 칼[방도(蚌刀)]과 대단히 유사하며, 조선의 경주부근에서는 또한 일찍이 중국 하남 안양(河南 安陽)의 것과 대단히 유사한 타제 돌화살촉과 마제 돌화살촉이 발견되었다.[48] 조선의 금석병용시대(金石併用時代)의 유적지에서는 더욱 확실한 증거를 제공하였는데, 이것은 김해패총과 몽산포패총이 대표적 증거가 될 수 있다. 김해패총은 경상남도 김해군 회현리 봉암대 아래에 있으며, 대정(大正) 9년(1920년)에 빈전경작(濱田耕作)과 매원말치(梅原末治) 등의 발굴 결과 석포도(石疱刀)파편·석검파편·뼈바늘[骨針]·뼈화살촉[骨鏃] 등과 왕망화천(王莽貨泉) 및 사슴뿔로 손잡이를 만든 철제소도(鐵製小刀)가 함께

48) 石璋如,〈石器時代的慶州與安陽〉(《中韓文化論叢集》1.)참조.

출토되었다. 몽금포 패총은 황해도 장연군 해안면 몽금포 해안에 있는데, 대정 6년(1917년)에 조거용장(鳥居龍藏)이 종사한 고고학적 조사에서 석기·도기(陶器)·각기(角器)와 한식(漢式) 쇠도끼 및 금속을 제조한 유적이 발견되었다. 이를 통해서 당시 조선인민은 여전히 석기를 사용하는 원시생활을 하고 있었으며, 중국으로부터 금속문화가 전래하였음을 알 수 있다. 일반국가에서 청동기시대와 철기시대 사이는 매우 긴 거리가 있게 마련인데, 조선반도에서 동기와 철기가 동시에 출현한 것은 선진적 중국문화가 얼마나 조선의 원시사회를 자극하였으며, 조선이 비약적인 발전을 하도록 하였는가를 설명해 주고 있다.

한(漢) 무제(武帝) 원봉(元封) 3년(B.C. 108년)에 위만조선을 멸하고 낙랑 등 4군을 설치하였다. 이것은 조선이 한화(漢化)하는 일대의 이정표였다. 지금의 평양 남쪽 대동강 대안(大洞江 對岸)의 토성리에서는 일찍이 면적이 약 사방 1리인 토성 유적지가 발견되었는데, 그 서·남·동 세 방향에는 낙랑시대의 고분이 이천 개 이상 남아있다. 대정 2년(1913년)에 조선총독부 고적조사회 위원인 관야정(關野貞)이 조사한 결과 이 토성은 낙랑군의 치소(治所)가 있던 유적지라고 단정하였다. 토성유적지와 고분 중에서 '낙랑예관(樂浪禮官)' · '낙랑부귀(樂浪富貴)' · '대진원강(大晉元康)' 등의 문자가 있는 기와, '낙랑태수(樂浪太守)' 와 낙랑군 소속 25현 중의 22현의 봉니(封泥)·동인(銅印)과 오수전(五銖錢) 등 낙랑시대의 유물임이 증명되는 것이 발견된 것을 제외하고도 허다한 동기·철기·칠기·도기·옥기·사직품(絲織品)이 함께 발견되었다. 동기는 청동제의 용기(容器)·예기(禮器)를 제외하고도 백동제의 날카로운 검(劍)·모(鉾)·도(刀)·과(戈)와 도금 혹은 금은을 입혀 장식한 정교하고 아름다운 동경(銅鏡)도 있었다. 철제품은 허다한 무기·농구·공구를 포괄하며, 어떤 철기는 용광로를 이용하여 조성한 것도 있어 한나라 때에 이미 주철법(鑄鐵法)을 알고 있었음이 증명된다. 그러나 유럽은 15세기에 이르러서야 겨우 주철법이 있었다. 칠기에는 책상·상자·밥상·잔·경대 등이 있으며, 옻칠을 한 후에 다시 옻칠그림을 더하였는데, 대개 홍(紅)칠기에는 흑칠을 하고, 흑칠기에는 홍칠로써 각종의 그림을 그렸으며, 예리한 붓으로 생동감 있게 그려 그 섬세하고 아름다움이 극에 달하였다. 또한 조각을 해 넣은 것도 있었는데, 흑칠위에 정밀한 꽃무늬를 음각한 후에 붉은 색으로 메워 '심주조(沈朱雕)'라 불리는 것을 만들었다. 상자와 경대는 크고 작고 네모지고 둥근 각종의 형식을 구비하였으며, 어떤 것은 덮개의 중심에 금동의 네 잎사귀를 장식하였고, 심(心)자 형태의 유리를 채워 넣기도 하였고, 겉에는 나는 새, 달리는 짐승을 그려 넣고 투시(透視)토록 하였다. 칠기의 밑면 주위에는 대부분 음양각한 글자로 제작지점·공관(工官) 및 양한(兩漢)연호를 명기하였다.[49] 도기에는 항아리·술병·주발·부엌그릇·시루 등이 있는데, 각종의 소소[素燒: 유약을 바르지 않고 구운]도기 외에 표면에 푸른 유약 혹은 황토색 유약을 입힌 도기도 있어, 한 왕조에 이미 유약을 발명했다는 증거가 된다. 옥기의 출토 또한 적지 않아서 죽은 자의 입안에 넣은 것과 죽은 자 배후(背後)의 벽에 놓아둔 것이 있다. 입 속에 넣은 것은 매미의 모양과 같고, 벽에 놓아둔 것은 양면에 속[粟: 좁쌀] 무늬·몸통을 서리고 있는 규룡(虯龍) 무늬를 부조하였는데, 모두 정미(精美)하기가 비길 데가 없다. 또 옥으로 만든 돼지와 수정·마노[석영의 일종]·호박·유리로 만든 양·개 및 기타의

49) 낙랑에서 출토된 칠기는 그 관지(款識)에 의하면, 제조지점은 오늘의 四川이다. 그 중에는 '子同郡'을 운운한 명지(銘識)가 있는데, 子同은 즉 재동(梓橦)으로, 왕망 시기에 개명하였다. 제조시간대는 소제시원(昭帝始元)·성제양삭(成帝陽朔)·영시(永始)·수화(綏和)·평제원시(平帝元始)·왕망거섭(王莽居攝)·始元國 등 연호가 있다. 그 가장 이른 것은 漢四郡을 설치한 시기와 불과 20여년의 거리가 있을 뿐이다. 工官으로는 소공(素工)·휴공(髹工)·上工·동이구황도공(銅耳釦黃塗工)· 화공(畫工)·조공(雕工)·청공(淸工) 등 職分이 있다.

옥 장식품도 있다. 방직품(紡織品)은 고분에서 출토한 동기·칠기 위에 약간 부패된 비단조각과 마포(麻布)가 입혀진 것이 있다. 낙랑시대의 유물은 한조(漢朝)의 공예미술이 얼마나 진보하였는가를 증명하며, 이것은 당시의 조선반도에 대해 반드시 절대적인 계몽작용을 하였을 것이다. 관야정(關野貞)은 《조선미술사》에서 말하기를,

> 낙랑시대의 건축·조각·회화는 지금의 조선에서 이미 그 형태와 흔적을 완전하게 볼 수는 없지만, 토성 혹은 고분 중에서 발견된 유물에 의해 명백하게 당시 공예의 정형을 알 수 있다. 당시의 동기·도기·칠기·기와벽돌 및 기타 각종 공예품은 형태·고안·기술의 각 방면에서 모두 매우 우수한 것이어서 낙랑시대의 예술이 얼마나 고도로 발전했는지를 알 수 있게 해 주며, 이들 예술은 중국본토의 것과 완전히 서로 같다. 대개 조선민족은 한족이 이주하기 이전에 이미 다소의 고유한 예술이 있었는데, 아주 간단하고 유치하여서 새로 수입된 우수한 예술에 압도되어 매우 빠르게 소멸되었다. 금일에 발견된 유물은 완전히 한·진식(漢·晉式)에 속하여 조금도 토착민족의 수법이 섞여 들어가지 않았다. 이들 유물은 아마도 거의 모두 이주한 한족이 제작한 것일 것이며, 그 중에는 또한 토착 민족적인 것에 속하는 것이 있다 하더라도 또한 그들의 고유예술은 이미 소멸하였고, 새로 들어온 중국문화에 동화되어진 것을 표시하는 것이다.

라고 하였다.

중국의 군현통치(郡縣統治)는 4세기 초에 이르러 끝이 났다. 이로부터 조선반도에는 고구려·백제·신라 삼국이 정립(鼎立)하는 국면을 이루었다. 군현시대는 완전히 한문화가 지배한 시대인데 반해, 삼국시대는 예술상 다소 조선민족적인 고유의 특성을 표현해 냈고 여기

에 한·위·남북조(漢·魏·南北朝)의 영향을 더한 때였다.

고구려는 처음에 압록강 유역 즉 지금의 안동성 집안현 통구에 도읍을 세웠다가 5세기 30년대에 이르러 비로소 대동강 하류의 평양으로 천도하였기 때문에 통구와 평양부근에는 지금도 여전히 고구려시대의 무수한 고분이 남아 있다. 고분은 석총(石塚)과 토총(土塚)의 두 종류로 나누어진다. 석총은 통구방면에 비교적 많으며, 그 중 태왕릉[太王陵 : 광개토왕릉]이 비교적 완벽하게 보존 된 것이고, 이외 것들은 이미 거의 완전히 파괴되어 지금은 겨우 돌과 흙더미 중에서 그 형체와 흔적을 추정할 수 있을 뿐이다. 토총은 평양부근에 비교적 많은데, 모두가 원형분 혹은 네모난 기단을 가진 원형분으로, 내부는 흙으로써 정교하게 석실을 쌓았으며, 외부는 봉토를 덮었고, 석실은 두 칸 혹은 세 칸이며, 가운데에는 통로가 있고, 네 벽과 천정에는 모두 벽화가 그려져 있다. 고구려 고분은 이만여 개 정도이며, 비교적 중요한 것에는 삼실총(三室塚)·귀갑총(龜甲塚)·미인총(美人塚)·산연화총(散蓮華塚)·노산리개마총(魯山里鎧馬塚)·호남리사신총(湖南里四神塚)·매산리사신총(梅山里四神塚)·토포리대총(土浦里大冢)·진지동쌍영총(眞池洞雙楹塚)·우현리대묘(遇賢里大墓) 및 호태왕릉(廣開土王陵) 등이 있다. 이들 고분건축과 고분 내의 유물로부터 한·위·남북조의 공예미술이 고구려에 미친 영향을 찾아보는 것은 어렵지 않다. 예를 들어 토포리 대총의 석실 중에서 일찍이 발견된, 채색으로 연화(蓮花)를 그린 회도(灰陶) 파편과 황색 채도(彩陶)의 파편은 곧 고구려가 이미 중국의 도자기 제작기술을 접촉한 증거이다. 또 천추총(千秋塚)에서 출토된 벽돌에는 '태왕릉이 산악처럼 견고하기를 원한다.', '천주만세토록 견고하소서.', '하늘과 땅이 다할 때까지 견고하게 유지되소서.' 라는 명문(銘文)이 조각되어 있는데, 서체가 한나라의 예서(隷書)로 되어 있고, 완전히 한나라의 벽돌을 모방하였다. 일반적으로 고분에서 출토된 기와에는 연화문(蓮花紋)·인동화문(忍冬花紋)·만초문(蔓草紋)·수면문(獸面紋) 등의 여러 종류가 있는데, 대체로 한나라 기와의 꽃무늬를 모방하였다. 평양토총 중의 석실 천정구조는 고고학자의 조사에 의하면 중국 운강(雲崗)·돈황석실(敦惶石室)의 천정구조와 대단히 유사하다고 한다.

백제는 개국 초에 북으로 대방과 접해 있어서 계속적으로 대방군으로부터 한나라 문화를 흡수하였고, 군현통치가 해체되고 나서는 또한 허다한 대방군의 한인(漢人)이 경내로 유입하였다. 또 다른 방면으로 백제는 또 남조와 빈번하게 교통하여 항상 남조로부터 기술인재를 초빙하였으니, 기록에 보이는 것은 양(梁)나라 대동(大同) 7년에 상표(上表)하여 공장(工匠)과 화사(畵師)를 요청한 사실이 있다. 즉《삼국사기》권26,〈백제본기〉제4.에 의하면,

> (성왕) 19년에 왕이 사신을 보내 梁에 들어가 조공하게 하고, 아울러 상표 하여 모시(毛詩)박사·열반(涅槃) 등의 경의(經義)와 공장(工匠)·화사(畵師) 등을 요청하니, 이에 따랐다.

고 하였다.

이러한 원인에 의거해 볼 때, 삼국 중에서 초기에 한(漢) 문화의 접수가 가장 빠른 것은 백제였다. 5세기 중엽부터 6세기말에 이르기까지 백제의 기술인원은 계속해서 일본으로 건너가 남북조의 문화를 전해 주었다. 그 결과 일본 비조(飛鳥)시대의 예술을 만들어 냈다. 백제 당시의 예술작품은 지금은 이미 모두 없어졌는데, 다행스럽게도 일본에는 여전히 아스카[飛鳥]시대의 당탑가람(堂塔伽藍)인 법륭사(法隆寺)와 기타 허다한 예술품이 남아 있다. 백제에 겨우 남아 있는 소수의 유물에서도 역시 남북조문화가 백제에 미친 영향이 얼마나

켰는가를 엿볼 수 있다. 백제의 옛 국도였던 사비성(泗沘城)에서 일찍이 약간의 석탑과 고분이 발견되었는데, 관야정(關野貞)이 '중상총(中上塚)' 이라고 이름을 정한 고분 내에서 금동관(金銅冠)이 발견되었다. 그 관 위의 금속장식물에는 한식(漢式) 구름이 피어오르는 형태의 구멍을 뚫은 꽃무늬가 있는데, 일본 법륭사의 금관무늬, 비조[아스카]시대의 불상에 행한 금속장식물의 구멍 뚫은 꽃무늬와 완전히 같은 모양이어서 백제예술 · 일본비조예술·중국남북조예술 사이의 밀접한 연계를 증명하고 있다. 이외에 백제의 옛 서울인 웅진(熊津)에서는 육조식(六朝式)의 연화문(蓮花紋)과 인동문(忍冬紋)의 벽돌과 회도 파편이 발견되었으며, 부여산성에서는 술단지의 밑부분 파편이 2개 발견되었는데, 모두 중국영향의 흔적을 찾아 볼 수 있다.[50)]

신라는 조선반도의 동남쪽에 치우쳐 있어서 중국문화를 접촉한 것이 고구려와 백제에 비해 늦었으나, 후로 오면서 세력이 커져 삼국 중에서 오히려 신라가 문화상 성취함이 가장 컸다. 신라의 옛 국도였던 경주부근에서는 금관총(金冠塚) · 금령총(金鈴塚) · 식리총(飾履塚) · 서봉총(瑞鳳冢) 같은 허다한 고분이 발견되었다. 고분의 문화가 남겨 놓은 것은 심히 풍부하여 금속제인 복식품 · 무기 · 마구 및 기타 기물을 포괄하고 있다. 복식품에는 보관(寶冠) · 귀고리 · 허리띠 장식 등이 있다. 보관은 순금제 · 은제 · 금동제로 나뉘며, 관의 주위에는 구멍을 뚫은 깃털모양의 금속장식물을 매달았으며, 이러한 장식물의 바깥쪽에는 금선(金線)으로 둥글고 작고 흔들리는 조각을 묶어 달아서 걸어 다닐 때에 번득이는 빛을 발하는 것처럼 보이도록 하였는데, 금관총에서 출토된 금관에는 70여개의 굽어진 옥이 붙어 있다. 귀고리는 금은으로 둥글게 만든 것 이외에도 금선으로 이어 만든 것이 있는데, 대단히 정교하며, 이것은 한조(漢朝)가 서역을 통해 전한 희

50) 關野貞, 《朝鮮美術史》; 藤田亮策, 《朝鮮古代文化》(《岩波講座日本歷史》)

랍(希臘)의 새로운 양식이다. 허리띠 장식에는 속이 빈 형태의 구멍을 뚫은 수식(垂飾)이 붙어 있으며, 일본고분에서도 유사한 것이 발견되었는데, 이 장식물의 내원에 대해 고고학자들은 모두 중국으로 돌리고 있다. 무기는 도(刀)·검(劍)·창(槍)·부(斧) 등을 포괄한다. 刀와 劍의 모양은 모두 둥근 머리[환두(環頭)]가 있고, 둥근 모양의 안에는 구멍을 뚫고 삼엽(三葉)으로 용봉(龍鳳)을 장식한 조각이 있는데, 이것 또한 중국의 영향으로 돌려야 한다. 마구(馬具)에는 안장·재갈·등자·방울 등이 있는데, 이는 그 형태와 제작법이 모두 육조의 방식이다. 이외에도 주발·쇠도끼 등을 포괄하는 각종의 기물이 있는데, 그 중에서 경주의 금관총에서 출토한 초두[鐎斗: 군대에서 쓰는 냄비 비슷한 물건으로 발이 셋이며, 낮에는 식기로, 밤에는 이것을 두드리며 야경을 돌]은 수법이 정교하며, 북위(北魏)의 제품이다. 경주부근에서 출토한 도기는 일반적으로 회흑색을 띠고 있으며, 또한 소수는 황색 유약 혹은 푸른색 유약을 입힌 것도 있는데, 그 굽는 방법과 꽃무늬는 민국 17년 남경에서 출토한 남조 와기 및 민국18년 대동에서 출토한 북위 부옹(缶甕)파편과 서로 같다.

신라의 건축술 또한 중국의 영향을 매우 크게 받았다. 통일 전에는 남북조의 영향을 받았고, 통일 후에는 당조의 영향을 받았다. 원래 당조의 예술은 한편으로는 남북조시대의 양식을 계승하였고, 한편으로는 인도 굽타왕조의 예술과 이란 사산조의 예술적 영향을 받아들여 이를 융합하여 일종의 장려하고 풍미한 새로운 양식을 창출해 내었다. 신라는 이 영향을 받았기 때문에 건축기술은 호방하고 빛났다. 신라통일 전의 사탑(寺塔)은 현재는 몇 개만이 남아 있는데, 그 중에 분황사탑(焚黃寺塔)은 선덕왕 3년((634년)에 만들어진 것으로 조선반도에서 현존하는 가장 오래된 건축 가운데 하나로써 당나라의 벽돌 탑[전탑(塼塔)]을 모방하여 벽돌모양의 작은 돌덩이를 이용하여 만든 것이다. 통일 후 아주 많은 대가람(大伽藍)을 건립하였는데, 그 중 불국사가 가장 저명하다. 불국사는 70여 동(棟) 건축물을 포괄하며, 큰 돌기단위에 가람의 구조와 배치를 배열하였는데, 전적으로 당의 불사건축을 모방한 것이며, 단지 대단히 기교한 돌기단과 돌사다리를 보면 신라 건축가의 장인정신을 찾아볼 수 있을 것 같다. 불국사의 다보탑(多寶塔)과 석가탑(釋迦塔)은 모두 화강암을 써서 지었고 형태가 수려한데, 대체로 중국의 형식을 모방하였으며, 또한 독특한 부분도 있다. 불국사 부근의 석굴암(石窟庵) 또한 당연히 중국의 석굴을 모방한 것인데, 중국의 운강·용문석굴 등은 모두 천연의 암벽을 뚫어 그 내부에 불상을 조각한 것이지만, 다만 신라는 이러한 바위산이 없기 때문에 화강암을 이용하여 석굴구조를 만들고 나서 그 위에 흙을 덮어 천연의 암벽처럼 만든 것이다.

최근 불국사 석가탑 안에서 한역(漢譯)한 무구정광 대다라니경(無垢淨光 大陀羅尼經)이 발견되었는데, 이를 고증하니 당나라 현종 천보(天寶) 10년(751년) 이전에 인쇄된 것으로 밝혀졌다. 이것은 중국에서 또한 세계에서 가장 이른 시기에 간행된 것이니, 조선은 멀리는 8세기 초엽에 이미 중국의 인쇄술을 접촉한 것을 증명하기에 족하다.

고려의 공예는, 한편으로는 신라의 전통을 계승하였고, 다른 한편으로는 중국의 새로운 영향을 받았다. 신라시대에 접수한 것은 남북조와 당의 영향이며, 고려시대에 접수한 것은 송·원(宋·元)의 영향이다. 고려의 공예는 도자가 가장 중요하다. 당시의 도자는 토대·유약의 색깔·수법의 차이에 따라 다음과 같이 몇 종류로 나눌 수 있다.

가. 청자(青瓷)

송의 월요(越窯), 여요(汝窯)의 영향을 받았으며, 그릇 표면에 담청 혹은 연녹색의 유약을 입혔고 연화(蓮花)·교룡(蛟龍)·도철[饕餮: 나쁜 짐승의 이름인데, 탐욕이 많고 사람을 잡아먹는다고 함]·파도와 같은 꽃무늬 등을 부조(浮雕)하였고, 색이 윤기 있고 빛나며, 정미하기가 비길 것이 없다. 또 '양감청자(鑲嵌青瓷)' 가 있는데, 그 제조법은 먼저 태토 표면에 꽃무늬를 음각하고 다시 백토·흑토 혹은 모래입자를 상감해 넣고 난 후에 유약을 발라 구워서 완성하는데, 이것은 중국에는 없는 것으로 완전히 한국인의 장인정신이 만들어 낸 것이다.

나. 백자(白瓷)

송의 정요(定窯)를 모방하였으며, 기물의 형태와 수법은 정요에서 만든 것과 거의 구별이 안 된다.

다. 회고려(繪高麗) 자기

송·원 자주요(磁州窯)의 영향을 받았으며, 약간은 독특한 수법을 사용한다. 중국은 일반적으로 하얀 유약을 입힌 후에 다시 검은 유약을 사용하여 꽃무늬를 그리거나 검은 유약을 입힌 후에 다시 하얀 유약을 사용하여 꽃무늬를 그렸는데, 고려에서는 다른 방법을 써서 태토 위에 철 유약으로 검은색의 꽃무늬를 그린 후에 청자의 유약을 입혀서 독특한 맛을 풍기고 있다.

라. 천목유(天目釉) 자기

송·원의 건주요(建州窯)를 모방하였으며, 이 같은 종류의 출토물 중에는 적지 않은 건주요의 수입품이 섞여 있다. 태토(胎土)가 매우 두터우며, 회백색을 나타내고, 흑색 혹은 흑갈색의 유약을 입힌다.

상술한 각종 도자는 실은 청자를 최고의 색으로 친다. 서긍(徐兢)의 《선화봉사고려도경》에 이르기를,

도기의 색이 푸른 것을 고려인은 비취색이라 부른다. 근년 이래 제작이 공교(工巧)하고 색이 더욱 아름답다. 술그릇의 모양은 호박처럼 생겼는데, 위에는 작은 덮개가 있고 연꽃이 오리를 안고 있는 형상을 하고 있다. 주발·접시·잔·화병·얕은 탕 그릇을 만들었는데, 모두 내 생각에는 정해진 그릇의 모양을 모방한 것이기 때문에 그림으로 그리는 것은 생략한다. 이 술그릇은 다른 그릇과는 달리 특히 두드러진다. 질그릇 향로 산예[狻猊: 사자의 일종]는 향기가 나며, 또한 비색이다. 위에는 짐승이 쭈그리고 앉아 있고, 아래는 연꽃이 이를 잇는데, 모든 그릇 중에서 오직 이 물건이 가장 정교하고 으뜸이다. 그 나머지는 월주(越州)의 옛 비색이고 여주(汝州)의 새로운 그릇은 대개가 서로 같은 종류이다.

라고 하였다.

당시 고려청자는 송나라 사람이 대단히 좋아하여, 송나라 사람은 그것을 단주(端州)의 벼루, 휘주(徽州)의 먹, 낙양(洛陽)의 꽃, 건주(建州)의 차, 촉(蜀)의 비단, 정주(定州)의 자기와 병론(竝論)해서 모두 천하제일로 인식하였다. 고려의 금속공예 또한 매우 발달하였다. 동기(銅器)로 남아있는 물건에는 동종·동향로·동경 등이 있다. 동종·동향로는 지금까지 남아있는 것이 거의 없으나 대체로 중국의 양식을 모방하였다. 동경으로 남아있는 것은 매우 풍부하고, 도안이 다종다양한데, 거의 전부가 중국거울을 모방하여, 크게 한나라식, 당나라식, 송·금·원나라식의 3종으로 나눌 수 있다. 한나라식 거울에는 사유방격경(四乳方格鏡)·사유일광경(四乳日光鏡)·청개용호경(靑蓋龍虎鏡)·반원방격경(半圓方格鏡) 등이 있는데, 충실히 한나라 식의 꽃무늬를 모방하지 않은 것은 하나도 없다. 당나라식 거울에는 수하탄금경(樹下彈琴鏡)·서수포도경(瑞獸葡萄鏡)·선인무봉경(仙人舞鳳鏡)·보상화경(寶相花鏡) 등이 있는데, 형태와 제조법, 꽃무늬 모두 당나라의 거울을 모방하였으나 당나라의 거울과 같은 세련미는 없다. 송·금·원경(宋·金·元鏡)의 수법은 퇴화하여 실로 한경(漢鏡)·당경(唐鏡)에는 비길 바가 못 되나, 고려시대가 송·금·원시대에 해당하기 때문에 대량으로 모방하여 제조하였는데, 거울의 형식은 원형·방형·네마름·여섯마름·여덟마름·오화(五花)·팔화(八花)·잎사귀형·종형을 제외하고도 자루 달린 거울·걸어놓는 거울이 있다. 거울 뒷면에는 송·원식의 꽃무늬를 조각하였는데, 목단·연꽃 등의 식물무늬와 비룡·서수(瑞獸)·봉황·원앙 등의 동물무늬는 물론 허유(許由)·영척(寧戚)고사(故事)에 관한 것 및 무악(舞樂)·엽호(獵虎) 등의 회화(繪畵)를 포괄한다.

고려의 출판사업은 송·요의 자극을 받아 상당히 발달하였다. 허다한 고려 각본은 직접 송본·요본을 이용하여 조각한 것이어서 '고려복간송본' 혹은 '고려복간요본'이라 불렀는데, 이 판본은 판본가가 또한 매우 쉽게 진정한 송본 혹은 요본으로 인식할 정도였다. 고려 고종 때에 송에서 활자 인쇄술을 전입하기 시작하여 최우(崔瑀)가 활자를 주조하여 《궁예문상정(古今禮文詳定)》 50권을 인쇄하였는데, 이것이 한국 활자판의 효시이다.

고려의 건축은 송·원의 영향을 받았다. 영주 부석사의 대전 같은 것은 처마가 깊고 멀리 나왔으며, 두공(斗栱)이 웅대하고, 넓은 백방(柏方)이 없으며, 내외에는 주심포(柱心包) 기둥을 사용하였으니, 곧 宋나라식 건축의 전형이다. 송의 조탑(造塔)양식은 당나라 이래의 방형(方形)에서 일변하여 팔각형으로 바뀌었는데, 고려 또한 허다한 팔각탑을 모방하여 만들었다. 평양 영명사(永明寺)의 5층석탑 같은 것이 곧 그것이다. 고려말기에는 또 원나라로부터 라마양식의 건축이 전입하였으니, 부소산 경천사의 대리석 다층(10층)탑 같은 것이 곧

라마 특유의 수법이다. 노사신(盧思愼)이 지은 《동국여지승람》 경천사조(敬天寺條)에 의하면,

속언(俗諺)에 전하기를, 원나라의 탈탈승상(脫脫丞相)이 (경천사를) 원찰(願刹)로 삼으니, 진녕군(晉寧君) 강융(姜融)이 원(元)의 공장(工匠)을 모집하여 이 탑을 만들었다고 하는데, 지금까지 탈탈과 강융의 화상이 있다.

고 하였다. 당시 고려는 元의 사위나라여서 고려는 매번 공사가 있을 때마다 원에 공장(工匠)을 요청하였다. 《동국통감》 권37. 에 의하면,

고려 충렬왕 2년(1276년) 12월 (원의)공주(즉 왕비)가 궁실을 개수하려고 하여 원에 공장을 요청하고, 모든 도의 인부를 징발하여 목재를 벌채하여 경성으로 옮겼다.

고 하였다.

이 외에 중국의 화포(火砲)제조법 또한 고려말기에 전입하였다. 《세조실록》 권3. 에 의하면,

원년(1456년) 3월 정유에 집현전 직제학 양성지(梁誠之)가 상소하기를, … 또 신라 때부터 단지 돌쇠뇌 화살만이 있고 화살을 사용하는 방법은 없었는데, 고려 말에 최무선(崔茂宣)이 화포의 사용법을 처음으로 원에서 배워 돌아와 그 기술을 전하여 지금까지 군진(軍鎭)에서 사용하고 있으니, 그 이익은 말로 다할 수가 없다.

고 하였다.

조선시대는 명·청 나라와 번속(藩屬)관계에 있다보니, 각종 공업기술 또한 중국과 불가분의 관계가 있다. 도자공예 방면에서 당초에는 고려청자계통을 계승하다가 오래지 않아 백자가 이를 대신하여 생겨났다. 세조 때에는 처음으로 채색자기를 만들기 시작하였다. 중국에서 '회회청(回回青)' (Cobalt blue)을 구해 채색자기에 사용하였는데, 이를 '청화백자(青畵白瓷)' 라고 칭하였다. 그러나 본국에서 안료(顏料)가 생산되지 않았기 때문에 '청화백자' 의 제조도 오래 지속되지 못하였다. 조선후기 백자에는 보편적으로 그림을 그렸는데, 산수·화조·어룡·초목·사군자(山水·花鳥·魚龍·草木·四君子) 등을 주로 그려 대부분 중국문인화의 우아한 풍미를 잃지 않았다. 칠기공예방면에서는 주칠(朱漆)·흑칠(黑漆)·부조(浮彫)·나전(螺鈿) 등의 수법을 썼다. 특히 나전은 조선칠기의 현저한 특색인데, 이것은 당시 명나라의 기술과 실로 밀접한 연관이 있다.

인쇄방면은 성취함이 더욱 컸다. 중국활자판이 비록 이미 고려 고종 때에 전해졌으나 중국에서 사용하는 것은 목활자였는데, 조선은 태종 때에 이르러 동활자를 창조하였다. 태종 13년(1403년) 2월 하교하여 이르기를,

> 통치를 하는 데는 널리 고전을 보는 것이 필수적인데, 우리나라는 해외에 있어서 중국의 서적이 드물게 이르고 있으며, 판각은 쉽게 닳아버려서 천하의 책을 모두 간행하기 어렵다. 나는 동활자를 주조해서 수시로 책을 인쇄하여 그 전하는 뜻을 넓게 하여 무궁한 이익을 삼고자 한다.[51]

고 하였다.

51) 《增補文獻備考》 권241.〈예문고(禮文考)〉1.역대서적(歷代書籍)

이에 주자소(鑄字所)를 설치하여 동활자(銅活字) 수십만 개를 주조해서 대규모로 책을 인쇄하였다. 중국이 동활자로 책을 인쇄한 것은 명나라 홍치(弘治)연간(1488~1505년)에 시작하였으니, 이미 조선보다 8, 90년이나 늦다. 동활자는 중국 목활자를 뛰어넘어 마침내 한국인에 의해 창작되었다. 따라서 《조선본간재집(朝鮮本簡齋集)》 발문(跋文)에 이르기를,

> 활판법은 심괄(沈括)에게서 시작되어 양충(楊充)에게서 성하였다. 그러나 그 글자는 거의 모두가 나무를 태워서 만들기 때문에 마모되고 일그러지기 쉬워서 오래가지 못한다. 백여 년이 지나서 신기의 지혜를 만나 동활자를 주조하여 후세에 영원히 주게 된 것은 우리나라에서 비롯되었다.

고 하였다.

조선의 제지공업 또한 상당히 발달하여 '취지(翠紙)', '백면지(白綿紙)' 같은 부류는 모두 중국에 수입되어 각광을 받았다. 그러나 그 제지기술의 진보는 또한 중국과 무관하지 않다. 기록에 보이는 제지공 박비(朴非) 같은 이는 일찍이 북경에 가서 상용되는 마지(麻紙)·주본지(奏本紙)·책지(册紙) 등의 제조법을 학습하였다. 《성종실록》 권51, 을미 6년(1475년) 정월 기사조에 이르기를,

> 지장(紙匠) 박비(朴非)는 일찍이 사은사(謝恩使)를 따라 북경(北京)에 가서 조지법(造紙法)을 배웠다. 그 하나는 북경(北京)의 합대문(哈大門) 밖 25리(里) 지점에 종이를 제조하는 곳이 있는데, 모두 마지(麻紙)를 상용(常用)하였다. 그 제조법은 생마(生麻)를 써서 가늘게 끊어 물에 담갔다가 석회(石灰)에다 무르녹게 쪄서 전대에 담고, 뒤치고 비비어 정결하게 씻어 석회를 제거하고, 맷돌로

써 곱게 간 뒤에, 치밀하게 엮은 대광주리에 담고, 다시 깨끗하게 씻어서 건져내어 나무통에 두었다가 청수(淸水)에 화합하여 제조하되 아교를 쓰지 않는다. 주본지(奏本紙)의 제조법을 물었더니, 대답하기를, 남방(南方) 사람은 죽순(竹筍)이 소뿔만큼 크기를 기다려 베어서 연피(連皮)째로 취하여 마디마디 잘라서 물에 씻어 석회(石灰)에 섞어서 통(桶)속에 넣었다가 5, 6일이 경과한 뒤에, 삶아서 광주리에 담아 깨끗하게 씻어 석회를 제거하고, 무르녹게 찧어 가는 포대에 담아 다시 씻은 뒤에 활조수(滑條水)에 섞어서 이를 제조한다고 했다. 활조(滑條)는 풀이름이며, 뿌리와 줄기를 써서 방망이로 부수어서 물에 담갔다가 그 물로써 아교를 만든다. 책지(冊紙)의 제조법을 물었더니, 대답하기를, 또한 위와 같으나, 다만 볏짚 고갱이를 섞어 제조하며, 그 익히는 것은 보통과 같다고 하였다. 또 하나는 정양문(正陽門) 밖 20里 남짓한 데에 종이를 제조하는 곳이 있는데, 생마(生麻)를 사용하며, 가늘게 끊어 물에 씻고 석회(石灰)와 섞어 삶아 익혀서 대광주리에 담았다가 깨끗이 씻어 껍질을 제거하여 돌 맷돌로써 곱게 갈아 다시 치밀하게 엮은 대광주리에 담고, 깨끗이 씻어 건져내어 제조한다. 책지(冊紙)의 제조법을 물었더니, 죽순(竹筍)이 소뿔만한 때에 베어서 연피(連皮)째로 취하여 마디마디 자르며, 볏짚 고갱이도 또한 위와 같이 끊어 서로 섞어서 물에다 씻어, 석회에 섞어 물통에 두었다가 5, 6일을 경과하여 삶아 익힌 다음, 일고 씻어 석회를 제거하여 무르녹게 찧어 다시 포대에 담고, 다시 깨끗이 건져내어 청수(淸水)에 섞어 제조한다고 하고, 주본지(奏本紙)의 제조법을 물은 즉, 볏짚 고갱이를 조금 섞어 약 1천 장(丈)에 분(粉) 1근(斤)을 써서 섞어 제조하면, 빛깔이 희어서 좋다고 하였다. 또 하나는 요동(遼東)의 동문(東門) 밖 태자하(太子河) 강가에 종이를 제조하는 곳이 있는데, 생마(生麻)와 상피(桑皮)·진목회(眞木灰)·수석회(水石灰)를 써서 서로 섞

> 어 삶아 햇빛에 말리어 목퇴(木椎)로 쳐서 조피(粗皮)와 석회를 제거하여 가늘게 잘라 대광주리에 담고, 깨끗이 씻어 곱게 갈며, 또 깨끗이 씻어 활조수(滑條水)와 섞어서 제조하는데, 이것은 책지(冊紙)에 상용(常用)하였다.

고 하였다.

조선의 건축은 일면으로는 고려의 전통을 계승하였고, 일면으로는 명·청(明·淸)의 영향을 약간 받았다. 조선의 크고 작은 도읍에는 모두 석축 혹은 토축의 성곽이 있는데, 성곽형식에는 두 종류가 있다. 하나는 이른바 평산성(平山城)인데, 일면은 평지의 시가를 둘러싸고, 일면은 성의 담장을 연장하여 배후의 산정(山頂)에 이르도록 하는 것으로 경성·평양 등의 성이 이것이며, 조선 고유의 형식이다. 또 하나는 중국식으로 평지에 쌓아서 성의 담장이 주위를 둥글게 잇고 네 방면에 성문을 만든 것으로 대구·경주 등의 성이 이것이다. 그 축성법은 중국의 성을 참고한 점이 매우 많은데, 예를 들어 중국의 풀을 태워 벽돌을 굽는 법을 모방한 것이 바로 한 예이다. 《성종실록》 권239, 경술 21년(1490년) 4월 을미조에 의하면,

> … 특진관(特進官) 윤효손(尹孝孫)이 아뢰기를, '신이 지난번 성절사(聖節使)로 북경(北京)에 갔다가 … 신이 중국 사람들을 보니, 풀을 태워 벽돌을 구워서 성(城)을 쌓는 데에 쓰는데, 석회(石灰)로 그 틈을 바릅니다. 장성(長城)이라고 말하는 것들은 모두 벽돌을 써서 쌓았습니다. 신의 의견에, 의주(義州)는 요동(遼東)에 잇닿아 있어 그다지 멀지 않으며, 토성(土性)이 또한 어찌 별다르겠습니까? 만일 중국 사람들처럼 벽돌을 구워서 쌓는다면 공(功)은 줄어들고 일은 쉽게 이루어질 수 있을 것입니다. 더구나 석회(石灰)는 본주(本州)에서 생산되므로 또한 쉽게 갖출 수 있습니다.' 라고

하였다.…

라 쓰여 있다.

조선의 궁전건축은 대체로 중국궁전양식을 모방하였다. 이 외에 서울·대구·경주·개성 등지의 문묘(文廟)와 남원·성주·안동·개성 등지의 관왕묘(關王廟) 또한 모두 중국건축양식을 채용하였다.

제15장 상업 활동(商業 活動)

1. 중국의 상업 활동

중국은 전통시대에 동아(東亞)에서 첫째가는 산업 선진국이었다. 중국은 근대이전까지 동아 각 국가 중에 농업과 공업 분야에서 선도적 역할을 하였을 뿐만 아니라, 곧 상업분야에서도 예외가 아니었다.

중국의 상업 기원은 그 유래가 아주 옛적부터이다. 《주역》〈계사〉 하편에 이르길: '(포희씨(包犧氏)가 몰(沒)하고 신농씨가 작(作)함에, … 한 낮에 시장을 형성하여 천하의 인민을 도래하고 천하의 화물을 취집(聚集)하여 서로 바꾸고 퇴장케 하니, 각자는 얻고자 한 바를 얻게 되었다.' 고 한다. 농업이 크게 일어남에 따라서 교역행위가 개시되었는데, 이것은 상상하기 어렵지 않다. 원고시대의 상황은 말하기 어렵지만, 적어도 은상(殷商)시대는 확실히 상당한 규모의 교역이 형성되었다고 본다. 은허(殷墟)에서 출토된 유물 중에는 황하유역에서 생산하지 않은 산품(産品)이 많이 있는데, 예를 들면, 옥기원료(玉器原料) · 송록석(松綠石) · 귀갑(龜甲) · 해패(海貝) 등은 모두 먼 지역에서 나온 것으로 응당 상업관계를 통해서 들여온 것들이다. 뿐만 아니라 패류(貝類)를 가지고 화폐로 삼은 것은 은상(殷商)시대에 이미 물물교역으로부터 진보하여 화폐사용이 있었음을 증명하는 것이다. 그래서 어떤 사람은 장사[상고(商賈)]의 명칭이 은상(殷商)에서 기원한다고 주장하였는데,[52] 이는 분명한 사실인 것 같다.

주대에 이르러 상업은 더욱 중대한 진전이 있었는데, 《관자》〈경

52) 徐中舒는 〈古書에서 추측한 商殷民族〉에서 '商賈의 명칭은 의혹컨대, 殷民으로부터 기원한다.' 고 말하고, 姜蘊剛은 중국고대사회사에서 역시 '商민족은 단정적으로 말하면 일종의 가장 오래된 상업인이다.' 라고 한다.

중〉편과 《사기》 〈화식열전〉에서 열거한 관중(管仲) · 계연(計然) · 범려(范蠡) · 백규(白圭) · 의돈(猗頓) 등 여러 사람들의 학설 및 사적을 통해서 동주시대 상업의 발달상황을 추정하여 알 수 있다. 상앙(商鞅)의 변법(變法) 시기에 이르러 억상(抑商)정책을 채택함에, 이로부터 역대정부의 시정(施政)은 중농경상(重農輕商)하지 않을 수 없었다. 그러나 설령 역대정부가 상업을 경시했다하더라도 결국 자연스런 사회경제의 발전은 막을 수 없었다. 진 시황제와 한 무제 전후시기부터 중국변방을 개척하고 경영함에 따른 국가의 명성과 권위로 영역밖의 여러 국가들이 다투어 조공(朝貢)하여 왔는데, 사실 조공이라는 것도 결국 일종의 변형된 교역이다. 육조시대이후 해상교통이 크게 열렸는데, 특히 당대(唐代) 사람들은 해외경영에 주의를 기울였고 동시에 아랍인들과 페르시아인들(Persians)이 동쪽으로 와서 크게 활동하였다. 이로 인하여 시박사(市舶使; 市舶司)를 처음으로 설치하고 해외무역을 장악하여 관리하였다.

송대는 국내외의 새로운 정세변화에 적응하면서 보다 더욱 호시(互市)를 장려하였고, 시박사(市舶司)를 광주(廣州) · 항주(杭州) · 명주(明州) · 천주(泉州) 등 지역에 설치하였는데, 송대 상인의 발자국은 동아각국에 두루 분포하였고, 중국 화폐는 일시에 동방의 국제통화가 되었다. 元代에 시박사제도는 폐지되었지만, 국인으로 출국하여 상거래(商去來)를 행하는 자는 여전히 끊이지 않고 이어졌다. 明代 초에는 일찍이 폐관(閉關)정책을 채용하였으나, 성조(聖祖) 시에 이르러 해금(海禁)이 이완되었고, 더욱이 정화(鄭和)가 서양으로 항해한 일은 국인의 해외 개척과 이식사업에 대한 공헌이 지대하였다. 淸代 초기엔 다시 폐관정책을 시행하였으나, 다만 국인이 해외통상에 종사함에 따라서 이미 없앨 수 없는 교역의 뿌리를 갖게 되었으므로 해외통상은 압제의 틈바구니 속에서도 계속해서 발전하게 되었다.

2. 한국의 상업 활동

조선반도는 중국과 연결되어 있어서 수륙교통이 모두 편리하였기 때문에 양국 간에는 상업관계가 매우 오래 전부터 발생하였다. 《후한서(後漢書)》를 편찬한 범엽(范曄)은 기자조선(箕子朝鮮)을 논하여 말하기를,

> 옛적에 기자가 殷나라의 쇠한 운명을 거슬려서 조선으로 피하여 갔는데, 처음에 그 나라의 풍속은 이렇다 할 것이 없었다. 8조의 약법(約法)을 시행함에 이르러 사람으로 하여금 금(禁)하는 것을 알게 함에 따라, 마침내 읍에는 도둑이 없어져 대문은 밤에도 잠그지 않게 되었다.… 그 후에 드디어 상인이 교통하여 점차 중국과 교류하였다.[53]

고 했다.

범엽(范曄)은 조선이 중국과 교통한 것이 상인의 접촉에 의해 시작되었다고 인식하였는데, 필자는 이것이 실정에 맞는 시각이라고 본다. 그런데 상업의 왕래는 사인(私人) 사이에 진행된 것이어서 사관(史官)의 주의를 끌기는 어려웠고, 따라서 기록으로 전해 내려오지는 않는다. 다만 알 수 있는 것은 춘추시대에 산동반도의 제(齊)나라에서는 조선에서 제조한 문피(文皮: 무늬가 아름다운 가죽)가 매우 환영받았다는 것이다. 《관자(管子)》〈경중(輕重)〉편 13.에 이르기를,

> 관자가 대답하여 이르기를, 공격을 하여도 조선은 조공하지 않으니, 청컨대 차라리 문피와 털옷을 청하여 경제적 이익으로 삼는 것이 낫지 않겠는가? … 표범 한 마리의 가죽은 돈을 주고 사도 이익

53) 《後漢書》〈동이전(東夷傳)〉 참조.

이 남는다. 그런 후에 8천리의 군사를 동원하여 조선을 공격하면 조공을 받을 수 있다.

고 하였다.

당시의 제(齊)나라 사람이 '양호한 장사는 이익을 추구함'[54] 에 있으므로 그 생산품을 서로 아주 가까운 지역에 있는 조선과 문피(文皮)로 교환하는 것이라 생각한 것은 매우 자연적인 사정이다. 제나라와 조선의 교통은 당연히 해로(海路)를 경유하였고, 연(燕) 나라와 조선의 교통은 육로(陸路)를 경유하였다. 《사기》 〈화식열전(貨殖列傳)〉 에서는 연나라의 형세를 '동으로는 예맥(濊貊) · 조선(朝鮮)과 연결된 이로움' 이 있다는 말로 서술하였는데, 연과 조선 사이에 일찍이 밀접한 상업관계가 발생했음을 증명하기에 족하다. 지금의 조선 서북일대에서는 연나라의 화폐인 명도전(明刀錢)이 허다하게 출토되었는데, 이것이 바로 유력한 증거이다. 일본의 고고학자는 조선의 평안남도 영원군(寧遠郡) 온화면(溫和面) 온양리(溫陽里), 평안북도 영변군(寧邊郡) 남신현면(南薪峴面) 도관동(都館洞), 같은 郡의 오리면(梧里面) 세죽리(細竹里), 창역군(昌域郡) 동창면(東倉面) 이천동(梨川洞), 위원군(渭原郡) 숭정면(崇正面) 용연동(龍淵洞), 강계읍(江界邑) 전천면(前川面) 중암동(仲岩洞), 강계읍(江界邑) 화경면(化京面) 길다동(吉多洞) 등 지역에서 명도전(明刀錢) 수 천매를 발굴하였다.[55] 이러한 연나라 화폐의 분포가 하북성 북평(北平) · 하간(河間) · 역현(易縣)에서부터 요동반도의 대석교(大石橋) · 와방점(瓦房店) · 비자와(貔子窩) · 금주(金州) · 여순(旅順) · 영성자(營城子)를 경유하여 곧바로 조선북부에 이르기까지 이어져 있는 점으로 볼 때, 연나라 상인은 대

---

54) 《史記》 〈화식열전(貨殖列傳)〉 참조.

55) 藤田亮策, 〈朝鮮發見の明刀錢とその遺蹟〉(《京城帝國大學文學會論叢》 7輯)

부분 육로를 택하여 요서 · 요동을 거쳐서 조선에 이른 것을 알 수 있다.

진(秦)이 연(燕)을 멸망시키자, 진나라 사람은 연나라가 조선에서 가졌던 지위를 대신하였다. 평양 대동강 대안(對岸)의 토성 유적지에서 진의 반량전(半兩錢)이 출토된 것은 진의 상인이 또한 한 때나마 활약했음을 입증하고 있다. 진나라 말기 중원(中原)이 크게 혼란하여 燕 · 齊 · 趙나라 사람들은 조선으로 수 만 명이 피난하였는데,[56] 그들은 살아가기 위하여 당연히 적지 않은 사람이 상업에 종사하였다. 그 중에는 반도의 남쪽에까지 옮겨가서 정착하여 거주한 자도 있었는데, 전해오기를 '진한(辰韓)은 도망해온 진(秦)나라 사람이 세운 나라' 라고도 한다. 《후한서》〈동이전(東夷傳)〉에 이르기를,

> 진한(辰韓)의 노인들은 스스로 말하기를, 진(秦)의 망인(亡人)이 고역(苦役)을 피해 한국으로 옮겨오니, 마한이 동쪽 경계의 땅을 떼어 이들에게 주었으며,… 이 나라에서는 철이 출토되어 예(濊) · 왜(倭) · 마한(馬韓) 등이 시장을 열어 무역을 하였으며, 모두 철로 화폐를 삼았다.

고 하였으니, 秦나라 사람이 조선의 교환경제발전에 중대한 공헌을 하였음을 알 수 있다.

한조 초기에 연나라 사람 위만(衛滿)이 도망하여 조선에 들어와 끝내 기자를 멸하고 나라를 차지하였다. 한 무제 때에 이르러 위만의 손자 우거(右渠)가 점차 漢과 충돌하였다. 한(漢) 무제 원삭(元朔) 원년(B.C. 128년)에 조선의 동북경계에 있는 예국(濊國)이 우거를 배반하고 한나라에 귀순하니, 한은 그 땅에 창해군(滄海郡)을 설치하였

---

56) 《三國志》〈魏志.東夷傳〉 참조.

다. 사적(史籍)에 기록된 바에 의하면, 이것은 상인 팽오(彭吳)의 활동결과에 의한 것이라 한다. 《사기》 〈평준서(平準書)〉 에 이르기를,

> 팽오(彭吳)라는 상인이 조선을 멸하고[(滅朝鮮)], 창해군(滄海郡)을 설치하였다.

고 했으며, 사마정(司馬貞)은 《사기색은(史記索隱)》 에서 이르기를,

> 팽오(彭吳)는 장사꾼의 이름이며, 조선을 멸하였다는 것은 팽오가 처음으로 그 길(조선과의 통상로)을 열어서 조선을 멸하였다는 것이다.

라고 했으며, 전대흔(錢大昕)은 《이십이사고이(二十二史考異)》 권3.에서 이르기를,

> 《한서》 <무제기(武帝紀)>를 보면, 원삭(元朔) 원년에 동이(東夷)의 예군(濊君) 남여(南閭) 등 28만 명이 항복해 와서 이곳을 창해군으로 삼았으며, 3년 봄에 창해군을 파(罷)하고, 원봉 3년에 이르러 조선을 멸했다고는 하나, 서로간의 거리가 20년이므로 하나의 사안이 될 수는 없다. 또 조선을 멸한 사람은 순체(荀彘)·양복(楊僕)이며, 팽오라는 장사꾼은 없다. 그러나 《한서》 <식화지>에 이르기를, '팽오가 예·맥·조선에 이르는 길을 뚫어 창해군을 두었다.' 고 했는데, 《사기》와 비교해 볼 때 확실하다. 내 생각에는 '멸(滅)'은 당연히 '예(濊)'자의 잘못일 것이며, 예(濊)는 예(薉)·예(穢)와 같으며, 고(賈)는 상고(商賈)의 고(賈)로 읽게 되니, 팽오가 濊·조선과 무역을 하였기 때문에 장사의 길을 열고 郡을 두게 되었던 것 같다. 사마정이 '팽오가 처음으로 그 길을 열어서 조선을 멸

했다' 는 것은 옳지 않다.

고 하였다.

전대흔씨가 《사기》 에서 말한 '팽오라는 상인이 조선을 멸했다.' 에서의 '멸(滅)' 은 '예(濊)의 잘못으로 보아 '팽오가 예·조선과 무역을 했다.' 로 번역한 것은 확실히 아주 일리가 있다. 그런데 전씨가 '창해군의 설치와 '멸조선(滅朝鮮)' 과는 서로 거리가 20년이어서 한 사안이 될 수 없다.' 고 주장한 것은 토론의 여지가 있다. 무제는 이미 팽오가 예인(濊人)과 통상함을 계기로 삼아 창해군을 설치하였는데, 그렇다면 또 어찌 무제는 팽오가 통상을 진전함에 따라 조선에서의 경제적 이익에 주의를 끌지 않았겠는가? 이 때문에 (무제가) 조선을 차지할 정책결정을 한 것은 아닐까? 여하튼간에, 무제가 조선을 멸하고 군현을 설치한 후에 한·중간의 상업은 당연히 중대한 진전이 있었으며, 더욱이 그 당시 한반도의 정치 중심지인 낙랑에서는 상업이 특별히 발달하였을 것이다. 일본의 고고학자가 낙랑군 유적지의 고분 중에서 허다한 한나라 때의 유물을 발굴하였는데, 각종의 정교하고 아름다운 칠기·동기·도기는 물론 사직품(絲織品)·철제농기구·공구 등을 포괄한다. 칠기(漆器)는 모두 사천(四川)제품이며, 어떤 것은 칠기 위에 자동군(子同郡)字 모양의 명문(銘文)이 있는데, 자동(子同)은 곧 사천의 재동(梓橦)이니, 멀리 사천의 화물(貨物)이 조선에 운송되어 판매되었음을 보여주는 것이다. 또 황해도 장산곶 부근 몽금포 유적지 중에서는 한식 철 도끼와 야철 유적지(冶鐵 遺蹟址)가 출토되었다. 일본의 고고학자 조거용장(鳥居龍藏)은 몽금포는 고대 한·중 상업상에서 중요한 지위를 갖는다고 지적하여 이르기를,

'몽금포 부근에는 목재가 많이 생산되어 漢人이 산동의 소금을 운반해 와서 목재와 교역하여 큰 이익을 얻어서 이곳은 이 때문에 번

영하여 술집이 곳곳에 세워져 상인은 이곳을 찾아 즐겨 돈을 흙처럼 써서 왕왕 배로 돌아갈 때는 이미 한 푼도 없게 되어 마치 황금의 꿈을 꾼 것 같게 되었으니, 이것에서 '몽금포(夢金浦)' 라는 명칭이 유래하였다.' 고 했다. 한나라 상인이 조선반도에서 활동한 것은 한사군의 내에 한정하지 않고 멀리는 반도 동남부인 경상남도에까지도 그들의 족적이 있다. 예를 들어 경상남도 김해패총에서 왕망(王莽) 원봉(元鳳) 원년에 주조한 화폐인 '화천(貨泉)'이 출토되었는데, 이것이 과학적인 증거이다. 상업의 발전에 따라 세상의 인심도 자연 영향을 받지 않을 수 없었다. 《동국통감》 〈외기(外紀)〉 사군조(四郡條)에 이르기를,

> 관리(官吏)가 보기에 민(民)은 잠그고 감추는 것이 없었는데, 상인이 이전에 밤에 도적질을 한 적이 있게 되자, 풍속은 점차 더욱 각박해지고 범죄로 금하는 것이 점차 많아져 60여조에 이르게 되면서 인현(仁賢)의 교화가 변하게 되었다.

고 했는데, 그 가운데 마지막 구절을 제외하고는 모두 《한서》 〈지리지. 연지조(燕志條)〉에 기록되어 있다. 일반적으로 '상인이 이전에 밤에 도적질을 한 적이 있게 되자' 라고 생각하는데, 일본 출운사(出雲寺) 판본 《동국통감》 (명치 16년 간)에서는 '이(吏)가 보기에 … 상인으로 온 자가 밤에는 도적질을 하였다.' 라는 뜻으로 변해 있다. 이 몇 구절의 문장은 어떻게 읽던 간에 모두 그다지 잘 통하지 않는다. 그러나 상업은 일반인의 물질욕망을 자극하여 결과적으로 범죄를 증가시켰다는 한 가지 사실만은 설명해 주고 있는데, 이것이 바로 진 · 한(秦 · 漢)이래 중농경상(重農輕商)정책을 채택한 이론적 근거이다.

서진(西晉) 말년에 중원은 '오호(五胡)의 난'이 시작되면서 중국의 군현 통치는 조선반도에서 퇴출되었다. 이 후 2백 수십 년간 중국과 조선반도의 국면과 형세는 모두 매우 혼란하여 중국은 남북으로 나누어지는 국면이었고, 조선반도는 고구려·백제·신라의 3국이 정립하는 국면이었다. 이 분열의 기간에도 한·중간의 민간에서는 여전히 밀접한 관계를 유지하였는데, 북방의 漢人은 국내가 크게 혼란함에 따라 대량으로 조선으로 옮겨갔기 때문에 그 가운데에는 자연히 적지 않은 사람이 상업 활동에 종사하였다. 당시 삼국의 각 도시에는 아마도 모두 이러한 상인의 족적이 있을 것이다. 고구려의 고분 중에서 황록채유(黃綠彩釉)의 도기파편이 발견되었고, 백제의 고분 중에서는 일종의 금관 장식품이 발견되었는데, 금관 표면에는 육조방식의 구름이 피어오르는 것과 같은 구멍 뚫은 꽃무늬가 있다. 이러한 정교하고 아름다운 공예품은 아마도 모두 백제에서는 만들 수 없는 제품으로 중국 상인의 손에 의해 전래된 것일 것이다. 신라는 소지왕(炤知王) 12년(490년)에 처음으로 경사시(京師市)가 열려 사방의 화폐가 유통되었는데,[57] 아마도 이 또한 한나라 상인의 활동 결과일 것이다. 신라의 옛 서울인 경주의 고분 중에서는 출토된 유물이 매우 많아 말안장·재갈·등자·방울 등 동제(銅製) 마구(馬具)가 있는데, 형태와 제조법이 대개 육조의 방식이다. 허다한 도기의 소성법(燒成法)과 꽃무늬[화문(花紋)]은 민국(民國) 17년 남경에서 출토한 남조의 와기(瓦器) 및 18년 大同에서 출토한 북위(北魏)의 부옹(缶甕) 파편과 서로 같다. 또 약간의 유리(琉璃) 기구가 있는데, 또한 신라의 제품은 아니니, 이러한 제품의 내원(來原)은 모두 한나라 상인의 활동과 유관하다고 볼 수 있다. 그런데 육조시대의 중·한 교역은 사신간의 교역을 위주로 한 것이며, 양쪽의 민간간의 활발한

---

57) 《三國史記》 권3,〈新羅本紀〉 제3 참조.

상업 활동은 사실 唐代 이후의 일이다.

신라에 관련하여, 당조(唐朝)는 백제와 고구려를 멸하고 신라의 조선반도 통일을 원조하였다. 신라는 통일 후에 안정되어 경제는 날로 번영하였고, 이 때문에 중·한 사이의 경제관계 또한 날로 긴밀해져 빈번한 조공방식의 관방교역(官方交易)을 제외하고도 양국 민간의 교역 또한 중대한 진전이 있었다. 당나라 상인은 항상 신라를 내왕하여 상호간에 필요한 것을 무역하였다. 《당서(唐書)》〈백거이(白居易)전〉에 의하면,

> 거이는 문장에 밝았는데 공교한 詩가 최고였다.… 당시의 신라 사인(士人)이 전해온 것을 서로 다투니, 신라에 왕래하는 상인이 그것을 국상(國相)에게 팔았는데, 편당 일금(一金)과 바꾸었다.

고 하여, 당의 상인은 시문조차도 상품으로 삼아 신라에 와서 판매하였음을 알 수 있다. 한편 신라상인 또한 중국에 와서 크게 활동하였다. 지금의 산동성과 강소성 연안의 각 주현에는 도처에 '신라방(新羅坊)' 이 있으며, 신라교민이 비교적 많은 거류지에 '구당신라소(勾當新羅所)' 를 설치해 두어 신라의 무역관원과 상인을 접대하는데 사용하였으며, 소(所)의 안에는 통사(通事)를 설치하고 번역 업무를 전담하였다. 당시 신라에서 당에 수출한 화물에는 구리·은·릉[綾: 무늬 있는 비단]·비단·인삼·솔방울 등이 있는데, 그 중 구리[동(銅)]이 대종을 이루었다. 《책부원귀(册府元龜)》 권999, 〈외신부(外臣部)·호시조(互市條)〉에 의하면,

> 개성(開成) 원년(836년) 6월에 치청(淄靑)절도사가 상주하기를, 신라·발해가 구리를 가지고 오겠다고 하는데 금하지 않기를 청한다

고 하였다. 이 달에 경조부(京兆府)가 상주하자 허락하였다.

고 하였다.

산동의 문등(文登) 적산촌(赤山村)에는 신라 청해진 대사(淸海鎭大使) 장보고(張寶高)가 세운 법화원(法華院)이 있는데, 일본 승려 원인(圓仁)이 이곳에 거류하고 있을 때에 장보고가 그의 부하인 '대당매물사 최병마사(大唐賣物使 崔兵馬使)'를 파견하여 먼저 가서 방문하게 하였다. 장보고는 원래 청해진을 근거지로 한 거상(巨商)으로 많은 상선을 가지고 중·한국 사이를 왕래하며 장사를 하여 치부하여 마침내 정치무대에 세력을 키웠다. 이를 통해 당나라 때 중·한 민간의 교역이 얼마나 발달했는가를 알 수 있다.

10세기 초 후량(後梁)이 당나라를 대신하여 개국하였다(907년). 한편 조선에서는 양(梁) 정명(貞明) 4년(918년)에 왕건(王建)이 왕으로 자립하였는데, 이가 고려 태조이다(918년). 이보다 앞서 당의 상객(商客) 왕창근(王昌瑾)이 자칭하기를, '한 신인(神人)이 나에게 오래된 거울을 주었는데, 거울 위에 참언(讖言)이 숨어있는 것이 보인다.' 고 하고 당국에 바치니, 기장(騎將) 홍유(洪儒) 등이 상서롭게 생각하여 마침내 왕건을 옹립하여 즉위케 했다고 한다.[58] 이로 볼 때 당나라 상인과 조선반도의 상류층은 늘 밀접한 접촉을 유지했으며, 그 일거일동이 모두 중시되었음을 알 수 있다. 고려와 오대(五代)의 여러 나라인 오월(吳越) · 후량(梁) · 후당(唐) · 후진(晉) · 후주(周) 등은 모두 사신간의 교역을 진행하였는데, 후주(後周)가 그 예가 된다. 예를 들어 고려 광종 9년(958년)에 후주는 사신을 파견하여 명주(明紬) 수천 필을 가지고 와서 구리를 사갔으며, 다음해에 고려는 후주에 사신을 보내 명마(名馬) · 사직품(絲織品) · 궁검(弓劍) 등

---

58) 《高麗史》 권1,〈太祖世家〉편 1.

을 주었으며, 같은 해 겨울에는 구리 오만 근과 자백수정(紫白水晶) 각 이천 알[과(顆)]를 주었다. 이 외에 각국의 상선 또한 여러 차례 고려를 방문하였다.

송조가 흥기하면서 중·한 사이의 무역은 이전에 없던 성황을 이루었다. 고려 광종 13년(962년)에 처음으로 송에 사신을 보내 공물(貢物)을 바쳤는데, 이 후로부터 양국의 무역관계는 날로 밀접해 졌다. 성종 9년(982년)에 이르러 '사신 무역(使臣 貿易)이 자주 이루어져 중국이 천히 여길까 염려되어', 또한 '초빙된 사신이 무역을 겸하여 행하게 될까싶어, 때가 아닌 때에 매매하는 것은 하나같이 모두 금하였다.'[59]하였고, 현종 때에 이르러서는 남방의 민절(閩浙) 상인이 돌연 활약하기 시작하였다. 《고려사》〈현종세가〉편에 보면, 송상(宋商)과 관련한 기사(記事)가 있다. 즉,

(현종) 9년(1018년) 윤(閏) 4월 계묘에 宋의 강남상인 왕숙자(王肅子) 등 24인이 와서 방물(方物: 지역특산물)을 바쳤다.(《고려사》 권4.)

10년(1019년) 가을 7월 기사에 송의 천주(泉州)의 진문궤(陳文軌) 등 100인이 와서 토산물을 바쳤다.(권 4.)

17년(1028년) 8월 임오에 송의 광남인(廣南人) 이문통(李文通) 등 3인이 와서 방물을 바쳤다.(권 5.)

18년(1027년) 8월 정해에 송의 강남인(江南人) 이문통 등이 와서 서책 597권을 바쳤다.(권 5.)

---

59) 《東國通鑑》 권14, 성종 원년조.

21년(1030년) 가을 7월 기사에 송의 천주인(泉州人) 노준(盧遵) 등이 와서 방물을 바쳤다.(권 5.)

22년(1031년) 6월 을유에 송의 태주상객(台州商客) 진유지(陳惟志) 등 64인이 왔다.(권 5.)

고 했으며, 같은 책 〈문종세가〉편에 의하면,

3년(1049년) 8월 기사에 송의 대주상(台州商) 서찬(徐贊) 등 71인이 와서 방물을 바쳤다. 신사에 송의 천주상인 왕역종(王易從) 등 62인이 와서 진귀한 보물을 바쳤다.(권 7.)

6년(1052년) 8월 을유에 송의 상인 임흥(林興) 등 35인이 와서 방물을 바쳤다. 9월 계축에 송의 상인 조수(趙受) 등 26인이 와서 토산물을 바쳤다. 임자에 숙종명(肅宗明) 등 40인이 와서 토산물을 바쳤다.(권 7.)

8년(1054년) 경오에 송의 상인 황조(黃助) 등48인이 왔다.(권 7.)

10년(1056년) 11월 신사에 송의 상인 황증(黃拯) 등 29인이 와서 방물을 바쳤다.(권 7.)

11년(1057년) 8월 정미에 송의 상인 엽덕총(葉德寵) 등 25인이 와서 토물을 바쳤다. 정묘에 송의 상인 곽만(郭滿) 등 23인이 와서 토물을 바쳤다.(권 8.)

12년(1058년) 8월 을사에 송의 상인 황문경(黃文景) 등이 와서 토물을 바쳤다.(권 8.)

13년(1059년) 가을 8월 을유에 송의 상인 부남(傅南) 등이 와서 방물을 바쳤다.(권 8.)

14년(1060년) 가을 7월 을사에 송의 상인 황조(黃助) 등 36인이 와서 토물을 바쳤다. 8월 계해에 송의 상인 서의(徐意) 등 39인이 와서 방물을 바쳤다. 을해에 송의 상인 황원재(黃元載) 등 49인이 와서 토물을 바쳤다.(권 8.)

17년(1063년) 9월 임인에 송의 상인 곽만(郭滿) 등이 와서 방물을 바쳤다. 겨울 10월 경오에 송의 상인 임녕(林寧), 황문경(黃文景) 등이 와서 토물을 바쳤다.(권 8.)

18년(1064년) 8월 초하루에 송의 상인 임녕(林寧) 등이 와서 진귀한 보물을 바쳤다.(권 8.)

19년(1065년) 9월 계미에 송의 상인 곽만(郭滿), 황종(黃宗) 등이 와서 토물을 바쳤다.(권 8.)

22년(1068년) 가을 7월 신사에 송의 상인 임녕(林寧) 등이 와서 토물을 바쳤다.(권 8.)

23년(1069년) 6월 임인에 송의 상인 양종성(楊從盛) 등이 와서 토물을 바쳤다. 가을 7월 을축에 송의 상인 왕녕(王寧)이 와서 토물을 바쳤다.(권 8.)

24년(1070년) 8월 을묘에 송의 호남 형호 양절(湖南 荊湖 兩浙)의 발운사(發運使) 나증복(羅拯復)이 황신(黃愼)을 보내왔다.(권 8.)

25년(1071년) 8월 정축에 송의 상인 곽만(郭滿) 등 33인이 와서 토물을 바쳤다. 9월 을유에 송의 상 원적(元積) 등 36인이 와서 토물을 바쳤다. 정유에 송의 상인 왕화(王華) 등 30인이 와서 토물을 바쳤다. 동 10월 을묘에 송의 상인 허만(許滿) 등 61인이 와서 토물을 바쳤다.(권 8.)

이상 11세기 초년부터 80년대에 이르도록 송나라 상인이 고려를 찾은 것은 40여 차례 이상이다.

한편 현종 21년(1030년)부터 문종 25년(1071년)에 이르도록 고려가 송에 조공을 40여 년 중단한 이유는, 요(遼)의 간섭 때문 일 뿐 아니라 宋의 상인이 빈번하게 와서 官方교역이 긴급하지 않은 데에도 원인이 있었다.[60] 송이 남천한 후에도 송나라 상인은 여전히 빈번하게 고려를 찾았는데, 그 중에는 비록 부분적으로는 북방 상인이 있었으나 절대 다수는 모두 강남 상인이었으며, 더욱이 천주(泉州)·명주(明州)·태주(台州) 등지의 상인이 대부분이었다. 이 상인집단은 모두 조직망을 갖추고 공동행동을 꾀하였고, 사람 수는 수십 인에서 일이백 인에 이르기까지 같지 않았으며, 많게는 삼백여 인에 이르는 때도 있었다. 송나라 상인의 항로로, 남로(南路)는 명주 혹은 태주에서 출발하여 북상해서 양자강 입구를 지나 황해를 건너 흑산도 부근에 이른 후에 조선반도의 서안을 따라 북상해서 강화도를 거쳐 예성강[禮成江;벽란도(碧瀾渡)]에 이르렀다. 남로(南路)는 밀주(密州) 판교진(板橋鎭) 혹은 등주(登州)에서 출발하여 황해를 건너 옹진구(甕鎭口)에 이르러 다시 돌아 예성강으로 가는 길이다. 송나라 상선의 내항은 6, 7, 8월이 가장 많았고, 회항은 7월이 가장 많았는데, 대체로

60) 고려 문종 12년(1058)에 왕은 송과의 조공이 오랫동안 중단되었기 때문에 회복을 꾀하려고 하였는데. 내사문하성이 '장사배가 계속 이어져 진귀한 보배가 날로 이르니 중국 안에는 실로 필요한 바가 없으며' 거란(요)을 거역할까 염려된다고 하여 조공의 회복을 막았다.(《고려사》〈문종세가〉권8.)

황해의 계절풍을 이용하였다. 당시 개경의 문호인 예성강에는 늘 송상선이 끊임없이 왕래하였으며, 가지고 온 화물은 차·능견[綾絹: 무늬 있는 비단]·나금[羅錦: 얇은 비단]·자기(瓷器)·금박(金箔)·서적·약재·향료·악기·문방구·염료·불구(佛具)·물소뿔·상아·앵무·공작 및 기이한 꽃과 초목 등을 포괄하였다. 고려로부터 들어온 물품은 동·은·금·쌍날칼·인삼·복령·솔방울·모피·황색칠·유황 등 원료와 각종의 능라(비단)·저포·향유·금은동기·나전·화문석·접는 부채·백추지(白硾紙)·서랑모필(鼠狼毛筆)·송연묵(松烟墨) 등 가공품이 있었는데, 그 가운데에서 더욱 인삼·솔방울·화문석·종이·부채 등이 宋나라 사람에게 가장 환영을 받았다.

고려정부는 송과의 무역을 장려하였기 때문에 송나라 상인을 가혹하게 대한 관리에게 항상 엄벌을 가하였다. 예를 들어 감검어사(監檢御史) 안완(安琓)은 금령을 범한 송상(宋商)에게 가혹한 태형(笞刑)을 가했다가 면직되었다. 즉 《고려사》 권21, 〈희종세가〉에 의하면,

> 원년(1205) 8월 송 상선이 예성강을 출발하려 할 때, 감검어사 안완이 승인 없이 가지고 나가는 물건이 있는지를 배에 와서 보았는데, 금령을 어긴 송상 수명을 찾아내어 매우 심하게 태형을 가했다. 최충헌(崔忠獻)은 이 같은 소식을 듣고 안완을 파직하였다. 또, 어사를 잘 선택해서 파견하지 못한 책임을 물어 시어사 박득문(朴得文)을 파직하였다.

고 하였다.

송상이 중시된 까닭은 그들이 고려의 각 방면에 공헌했기 때문이다. 송상은 각종 공예품을 가져와 고려 수공업에 큰 자극을 주었을 뿐 아니라, 어떤 때는 제조방법을 전수하기도 하였는데, 화약제조법

같은 것은 송상 곽원(郭元)이 제일 먼저 전입한 것이다.[61] 宋商은 어떤 때는 외교임무를 겸하기도 하였으니, 도강(都綱) 서덕영(徐德榮) 같은 이는 송 황제의 밀지를 고려왕에게 전하였다. 《고려사》 권28, 〈의종세가〉에 의하면,

> 17년(1163년) 가을 7월 을사에 송 도강 서덕영 등이 와서 공작 및 진귀한 물건을 바쳤다. 덕영은 또 송 황제의 밀지로써 금은합(金銀盒) 2개를 꾸며 침향[沈香: 향료의 일종]을 담아 바쳤다.

고 하였다.

송상은 고려와 송나라 간의 교통에 크게 공헌하여, 당시 양국의 인사(人士)의 내왕은 모두 송나라 상선을 이용하였는데, 저명한 사례로 고려 승려 의천(義天) 같은 이가 송에 들어갈 때,[62] 宋 태학생 호종단(胡宗旦)이 고려에 올 때,[63] 모두 송나라 상선(商船)에 탑승하였는데, 그들은 모두 고려역사에서 거대한 족적을 남겼다. 그리고 宋商이 가지고 온 서적에 대한 기사는 더욱 자주 《고려사》에 보인다.[64] 조선사가 박지원(朴趾源)의 《열하일기》 권26, 〈동란섭필(銅蘭涉筆)〉에 의하면,

> 고려 때에 송의 상선이 해마다 예성강에 정박하였는데, 백화(百貨)가 모두 있었다. 고려왕이 이들을 예로써 대우하였기 때문에 당시 서적이 크게 갖추어졌고, 중국의 기물이 오지 않은 것이 없었다.

---

61) 《宣祖實錄》 권43, 계사 26년 10월 병술 조.

62) 《東國通鑑》 권18, 선종 2년 조 참조.

63) 《東國通鑑》 권20, 예종 6년 8월조.

64) 《고려사》 권5, 현종세가2 에 의하면, '18년 8월 정해에 강남상인 이문통 등이 와서 서책을 바쳤는데, 모두 597권이었다.' 고 했고, 권20, 명종세가2 에는 '22년 8월 계해에 송상이 와서 《태평어람》 을 바치니, 백금 60근을 하사하고 최선(崔詵)에게 명하여 오류를 교정하게 하였다' 고 했다.

고 하여, 고려 학술의 발달은 송상이 부단히 서적을 실어온 것과 밀접한 관계가 있음을 밝히고 있다.

몽골[蒙古]가 흥기하면서 매우 일찍 고려와 접촉이 있었는데, 고려 고종 5년(1218년)에, 칭기스칸[성길사한(成吉思汗)]이 군대를 보내 고려가 경내의 거란족을 평정하는 것을 도와서, 이에 고려는 몽고에게 조공을 하기 시작하였다. 그 후 元 태종 오고타이[와활대(窩濶臺)] 즉위 3년(1231년)부터 약 30년간 몽고는 출병하여 고려를 7, 8차례 공격하였다. 당시 송상은 여전히 끊임없이 고려에 와서 무역을 하였으나 고려 정국이 혼란하여 항상 조운(漕運)과정에서 횡포와도 같은 침탈을 받았다. 예를 들어 송상 진문광(陳文廣)은 고려관원에게 비단 6천여 필을 값도 치르지 않고 빼앗겼으니, 이것이 한 예이다.[65] 정당한 무역이 막혔기 때문에 송상은 왕왕 제주도 일대에 이르러 사무역(私貿易)을 하고 달아나니, 이 때문에 고려 元宗 원년(1260년)에 특별히 제주도에 방호사(防護使)를 두어 비상시에 대비하였다. 《고려사》 권25,〈원종세가〉편에 의하면,

> 원년 2월 경자에 제주부사 판례빈사(判禮賓事) 나득황(羅得璜)이 방호사를 겸하였다. 조정에서 의논하기를, '제주는 해외의 큰 진(鎭)인데, 송상과 왜가 때도 없이 왕래하니 마땅히 특별히 방호별감(防護別監)을 보내어 비상시에 대비해야 하나, 옛 제도에 의거하여 정 · 부사 뿐이니, 따로 방호사를 두는 것도 불가하다.' 고 하니, 드디어 羅得璜으로 겸하게 하였다.

고 하였다.

---

65) 《고려사》 권25,〈원종세가〉1. 에 이르기를, '원년 겨울 10월 갑인에 송상 진문광 등이 울분을 참지 못하여 대부사 내시원을 침탈하고 김인준을 말로 배척해 말하기를, 네가 값도 치르지 않고 비단 6천여 필을 가져가서 우리는 빈 주머니로 돌아가게 되었다고 하니, 인준 등은 이들을 금지시키지 못하였다.' 고 하였다.

元 세조가 즉위하면서부터 고려에 대해 회유정책으로 바꾸어 이로부터 양국화친은 '장인-사위' 의 나라를 이루었으나 고려가 이어받은 부담은 대단히 컸다. 원군(元軍)이 일본을 정벌하기 전후에 원은 한두 번 관원을 보내 비단을 가지고 고려에 가서 식량과 교역하였다. 《고려사》 권27,〈원종세가〉편에 의하면,

> 15년(1274년) 여름 4월에 元은 여용우사(汝龍于思)를 보내 비단 3만 3천 1백 54필을 주고 군량으로 바꾸어갔다. 왕은 관견도감(官絹都監)을 두어 서울 외곽의 어른 아이 인민에게 나누어 주었는데, 王京에는 4,050 匹을, 충청도에는 4,000 필을, 경상도에는 20,000 필을, 전라도에는 5,000 필을 주어 팔게 하였다. 매 비단 한 필의 가치는 쌀 12두였다.

고 했다. 또 《고려사》 권29, 〈충렬왕세가〉편에 의하면,

> 6년(1280년) 11월 경술에 (원의) 중서성이 회동관사(會同館使) 장헌(張獻)과 이부주사(吏部主事) 야선해아(也先海牙)를 보내 비단 20,000 필을 가지고 와서 쌀과 교역하여 군량에 충당하였다.

고 하였다.

민간무역에서는 여전히 강남상인이 가장 큰 활약을 하였다. 처음에 원 세조는 남송의 상선이 늘 고려에 온다는 말을 들었기 때문에 조서를 내려 고려왕을 질책하여 이르기를,

> 전년(前年)에 어떤 사람이 말하기를, 고려가 남송·일본과 교통한다고 하여 일찍이 그 사실을 경(卿)에게 물었으나 경이 소인의 말에 현혹되어 대책을 세우지 않았다. 금년에도 남송의 상선이 와

서 경(卿)의 땅에서 장사를 하고 있어서 행성(行省)에 일러 힐책했다가 처음으로 행성에 하령(下令)하지 않고 조서로 통지하건대 그러한 행동은 잘못이다.[66]

라고 하였다.

강남상인이 중·한 사이의 무역에 종사한 것은 이미 유구한 역사를 가진 것이어서 반드시 송 왕실과 어떤 관계가 있는 것은 아니었기 때문에 남송이 멸망한 이후에도 강남 상인은 여전히 끊임없이 고려에 와서 무역을 하였는데, 《고려사》에서는 여전히 그들을 송상이라고 칭하였다. 여기에서 시험 삼아 《고려사》〈충렬왕 세가〉편에서 몇 개 조문의 기록을 뽑아본다.

14년(1288년) 7월 무신에 송의 상인 고개(顧愷), 육청(陸淸) 등이 와서 토물을 바쳤다. (《고려사》 권30.)

18년(1292년) 6월 을묘에 송의 상인 서흥조(徐興祚)가 앵무, 공작 각 세 마리를 바쳤다. (권30.)

27년(1301년) 8월 무자에 강남상객이 수강궁(壽康宮)에서 왕께 진헌(進獻)하였다. (권 32.)

원 성종 대덕(大德) 7년(1303년)에 '금해령(禁海令)'이 내려진 후 강남상인이 고려에 이르는 것은 비로소 점차 드물어졌다. 元·明교체기에 강남이 분열되어 군웅이 할거하자, 방국진(方國珍)·장사성(張士誠)이 고려와 임시 교역을 진행하였으니, 《동국통감》 권47, 〈공민왕 세가〉2편에 의하면,

---

66) 《고려사》 권26, 원종 11년조.

> 7년(1358년) 4월에 대주의 방국진(方國珍)이 사람을 보내와 방물을 바쳤다. 가을 7월에 강절행성(江浙行省)의 승상 장사성(張士誠)이 사신을 보내와 침향(沈香) · 산수정(山水精) · 산옥대(山玉帶) · 채대(綵帶) 등의 물건을 바쳤다.
>
> 10년(1361년) 3월에 장사성이 사람을 보내와 채단(綵緞) · 옥잔(玉盞) · 침향(沈香) · 궁시(弓矢)를 바쳤고, 회남성 우승상(右丞相) 왕성(王盛)이 사신을 보내와 비단·침향을 바쳤다.

고 했으며, 《동국통감》 권48, 〈공민왕세가〉 편3. 에 의하면,

> 13년(1364년) 6월 明州의 방국진이 사신을 보내와 침향 · 궁시 및 옥해 등 서책을 바쳤다. 吳王 장사성이 사신을 보내와 옥영(玉纓) · 옥정자(玉頂子) · 채단을 바쳤다.

고 했는데, 방국진 · 장사성이 누차 방물을 바치니, 당연히 고려도 매번 반드시 답례로 주는 물품이 있었을 것이나 사관은 기재하지 않았다.

명 태조가 즉위하였을 때(1368년), 고려는 공민왕 17년이었으며, 고려는 비록 元 연호의 사용을 정지하고 明의 정삭(正朔)을 사용하였으나 국정은 여전히 친원파(親元派)가 장악하고 있어서 명에 대해서는 겉으로만 따를 뿐, 마음에 없는 자세를 가졌다. 이성계(李成桂)는 동아시아 대세를 잠자코 살피다가 반원친명(反元親明)을 내걸고 마침내 고려를 멸하고 조선반도에 군림하니, 명 태조는 국호를 '조선' 이라 지어 주었다. 조선은 사대주의를 표방하여 明나라에 대한 충성은 어떤 번방(藩邦)에도 비길 것이 아니어서 두 나라는 이로부터 사신의 왕래가 끊이지 않았다. 조공은 원래 일종의 변형된 교역

인데, 《명사(明史)》 〈조선전〉에 이르기를,

영락(永樂) 21년 7월, 고려에서 적자 향(珦)을 세자로 할 것을 청하니, 이에 따랐다. 이에 앞서 고려에 조칙을 내려 말[馬] 일만 필을 바치게 하였는데, 이때에 이르러 여러 차례 조공이 이르니, 백금·비단을 하사하였다. 선덕(宣德) 2년 3월에 中官을 보내어 백금·비단[기견(綺絹)]을 하사하고, 따로 勅令에 의거하여 말 오천 필을 진상하게 하여 변경의 방어에 사용하였다.

고 했는데, 이것이 조공(朝貢)과 하사(下賜) 호혜(互惠)의 한 예이다. 뿐만 아니라 조선의 조공사신은 이때로부터 외교업무 외에도 무역을 겸하여 맡았는데, 무역의 범위는 매우 넓어서 약재·자기 등등을 포괄하였다. 예를 들어 《세종실록》 권20.에 따르면,

(세종)5년(1423년) 4월 병진에 호조에서 전의감(典醫監)·혜민국(惠民局)·제생원(濟生院)의 정장(呈狀)에 의하여 상계(上啓)하기를, '이제 사은사(謝恩使)의 행차에 흑마포(黑麻布) 5필을 들여보내 당약재(唐藥材)와 무역하게 하고, 이제부터 명나라 조정에 들어가는 행차 때의 항식(恒式)으로 하소서.' 라고 하니, 그대로 따랐다.

고 했고, 《세종실록》 권119.에서는,

30년(1448년) 3월 무자에 예조(禮曹)에 교지를 전하기를, '듣건대 중국에서 청화자기(靑花磁器)를 금하여 외국 사신에게 팔거나 주면 죄가 죽음에 이른다고 하니, 이후로는 북경과 요동에 가는 행차에 자기(磁器)를 무역하는 것을 일체 금단(禁斷)하라.' 고 하다.

라고 하였다.

조공사신은 무역을 겸하여 맡았을 뿐 아니라 사적으로 많은 화물을 휴대하였는데, 비록 법령으로 금지하더라도 여전하였다. 이 때문에 중종 때에 의정부가 건의하기를, 금하는 절목을 엄격히 더하여 일체를 실사하여 잡아내서 사적으로 상행위를 하여 돈을 번 자는 응분의 죄에 처하는 것 외에도 그 화물을 몰수하자고 하였다. 즉,《중종실록》권93.에 따르면,

> (중종) 35년 7월 병진에 의정부와 예조의 당상(堂上)이 함께 의논하여 아뢰기를, '경국대전(經國大典) 금제조(禁制條)에, 북경에 가는 사람 중에 금물(禁物)을 몰래 가지고 가는 자는 최고는 사형까지 처하도록 되어 있으니, 법이 엄하지 않는 것이 아닌데도 일찍이 죄를 적발하여 다스린 적이 없었기에, 일행이나 하인 등이 이익을 중히 여기고 법을 업신여겨 물건을 많이 싸가지고 갑니다. 게다가 근래에는 왜은(倭銀)이 유포되어 금법(禁法)을 어기고 가지고 가서 북경에 파는 자가 지난날보다 훨씬 많아서 실로 작은 걱정거리가 아닙니다. 그에 대한 방금절목(防禁節目)이 … 이제 다시 마련하여 뒤에다 함께 기록하여 거행하는 것이 어떻겠습니까? 하나는, 장사치가 사사로이 물화(物貨)를 주어 중국 물품을 무역하도록 부탁하는 자와 부탁을 들어주는 자는 장 일백(杖 一百)에 전가사변(全家徙邊: 모든 가족을 변경으로 강제 이주시킴)에 처하며, 물화가 30관 미만일 경우는 한 등급을 감하고, 검거하지 못한 서장관(書狀官)과 의주(義州)의 관리, 단련사(團練使), 그리고 사신 일행이 지나는 각 역(驛)의 찰방(察訪) 등은 모두 문서를 제작하여 법률을 위반함이 있다는 근거로 논죄합시다. 또 하나는 … 사신 일행이 원래 가져가게 된 물건과 중국 조정에서 내려준 물건이나 사온 물건의 수를 점검토록 하여 해당 물품 이외의 물건을 모두 관에서 몰수

하고 죄를 다스려 이익이 없게 한다면, 중죄로 다스리지 않더라도 지나칠 정도까지는 이르지 않을 것입니다. …등등…

라고 하였다.

또한 어떤 사람은 인식하기를, 사신이 끼워서 가져온 사적인 화물은 공무역를 이용하여 흘러나오니, 만약 끼워서 가져온 사적인 화물을 금절하려면 단지 공무역(公貿易)을 폐지하는 방법 밖에는 없다고 하였다. 《중종실록》 권93에 이어 기재하기를,

> 김린(金麟)·손사(孫事)가 또 上啓하기를, '북경으로 가는 譯官이 은을 많이 가지고 가서 금법(禁法)을 어기고 사사로이 장사를 함으로써 일로(一路)에 폐해를 끼쳐 비웃음을 사고 나라를 욕되게 하여 끝내는 화를 국가에 전가하는 일은 모두 공무역을 빙자하는 데에 있습니다. 그러므로 신들이 아뢰어, 공무역을 없애서 폐단의 근본을 제거하자고 청하였는데, 곧바로 윤허를 하셨으니 고질이 된 폐단을 제거할 수 있을 것입니다. 승전(承傳)안에 '급공무(及公貿)' 라는 세 글자가 있었습니다. 장복(章服)·약재·궁각(弓角) 같은 물건을 사오는 것은 폐할 수 없겠으나 그 나머지의 공무역은 하지 않더라도 국가에 손해됨이 없을 것입니다. 만약 공무역을 폐하지 않는다면 폐단을 고치는 것은 다른 방법이 없을 것입니다. '及公務' 세 글자를 제거하여 국가 만세의 화를 막으소서.'

라 하고 있다.

그러나 결과적으로 이제까지 실시된 조·종조(祖·宗朝)의 법도를 고칠 수 없었기 때문에 공무역은 끝내 폐지되지 않았다. 오히려 공무역은 시간이 갈수록 더욱 가열되어 마침내 明 조정은 부득불 조선 사신을 엄히 막아 옥에 가둘 정도의 범죄 같은 것이 있었다. 《명종

실록》 권13. 에 의하면,

> (명종)7년(1552년) 4월 계유에 영의정 심연원(沈連源) · 좌의정 상진(尙震) · 우의정 윤개(尹漑)가 상계(上啓)하기를, '북경으로 가는 우리 나라 사신이 옥하관(玉河館)에 이르면 문금(門禁)이 매우 심합니다. 이는 조종조 이래로 듣지 못하던 일입니다. 일체 산해관(山海關)에서처럼 조패(早牌) · 만패(晩牌)로 진시(辰時) · 신시(申時) 두 차례만 출입하게 할 뿐 아니라 심지어는 달자[韃子: 죄인]을 가두듯이 담장 위에 가시를 둘러치기까지 합니다. 이것은 다름 아니라 문패관부(門牌館夫)들이 물화(物貨)를 남몰래 서로 무역하기 때문에 아자(牙子)들이 이득을 독점할 수 없게 되자 드디어 제독주사(提督主事)에게 '문금(門禁)을 엄히 하지 않으면 조선인이 멋대로 출입하게 될 것이다. ….' … 문금이 시작된 것은 우리나라에서 物貨를 가지고 가서 통무(通貿)하였기 때문입니다. 금후부터는 절대로 하지 말게 하소서.' 라 하니, 고한대로 하라고 전교하였다.

고 하였다.

한편 양국 민간무역은 여전히 계속 진행되었다. 그런데 명조가 엄격하게 '해금(海禁)' 을 했기 때문에 정상적인 해상무역은 제한을 받았다. 따라서 민절(閩浙)연안에는 많은 사적(私的) 판매집단이 출현하였다. 이 사적인 판매집단은 또한 조선연해의 각지에 이르러 불법적인 매매에 종사하였다. 《명사(明史)》 〈조선전〉 에 이르기를,

> 가정(嘉靖) 26년 정월에 환자(峘咨)가 이르기를, 복건인(福建人)이 넓지 않은 바다로부터 본국에 이른 자는, 그 중 일본으로 가서 교역을 하였기 때문에 바람에 표류해서 모두 천명 이상이 붙잡혔는데, 모두가 군사무기를 화물로 가지고 있었다. 결과적으로 중국의

화포까지도 왜가 소유하게 되니, 왜에게 전쟁을 일으킬 단서를 주게 될까 염려된다. 조서로 근년에 연해백성의 범죄를 금하였으나, 복건이 더욱 심하여 가끔은 외국에 포획되어 국가체면에 손상을 주게 되니, 해도관원(海道官員)은 순안어사(巡按御史)로 하여금 헤아려 살피게 하라고 했다.

라고 하였다.

민간의 육상무역은 양국 국경에서 성행하였다. 그런데 여러 제한이 있었기 때문에 양국간의 사적 판매가 또한 창궐하였다. 《중종실록》 권45 에 의하면,

(중종)17년(1522년) 8월 계묘에 승정원에 전교하기를, '평안감사 장계(狀啓)에 의하면 '서울 장사치와 안악(安岳) 사람 등 13명이 유기(鍮器)와 인삼(人蔘)을 몰래 가지고 나가 요동(遼東) 지방에서 팔고 돌아오다가 선천(宣川)에서 붙잡혔다.' 고 한다. 상국(上國) 지경(地境)을 마음대로 들어가는 것은 이미 큰 죄인데, 하물며 수로로 통행이겠는가? 더욱 놀랄 일이다. 그들을 잡아와야 될지 공문을 보내서 추고해야 될지…

라 하였다.

풍신수길(豊臣秀吉)이 출병하여 한국을 침략한 당시에 명은 특별히 조선의 요구를 받아들여 의주(義州)부근의 중강대(中江臺)에 시장을 열어 마필, 식량 및 각종 화물을 교역하였다. 후에 중강은 또한 사무역의 장소로 변하여 심지어는 화약을 훔쳐 운반하여 비밀리에 매매되었으니, 《선조실록》 권 173. 에 의하면,

(선조)39년(1606년) 7월 계미에 평안도 관찰사 박동량(朴東亮)

이 장계(狀啓)하기를, '신이 요즈음 보건대 중앙과 지방의 사람들이 대부분 의주(義州)의 중강(中江)에서 화약을 무역하고 있는데, 그 값이 또한 비싸지 않다고 합니다. 신이 중국 사신을 영접하려고 의주에 이르러 그 자세한 실정을 알아냈습니다. 이른바 화약을 파는 중국인들은 무뢰배들로 요양(遼陽)에서 진강(鎭江)에 이르기까지 그 사이의 많은 진보(鎭堡) 관아의 화약을 암암리에 5~6백 근이나 1천여 근씩 훔쳐내어 본국의 거래하는 사람에게 밤을 틈타 비밀리에 팔아넘긴다고 합니다. 이 때문에 그 값이 비록 헐하지만 훔쳐내는 것은 더욱 많아져 …'.

라 하였다. 그런데 명과 조선의 중강(中江)무역은 천계(天啓) 연간 이후 형체도 없이 정지되었다.

청조는 흥기하고서 먼저 조선과 상업관계를 만들었다. 천총(天聰) 2년(1628년)에 중강무역을 시작하였고, 숭덕(崇德) 2년(1637년)에는 상호교역조약을 맺었으니, 《청사고(淸史稿)》 〈조선전〉에 의하면,

봉황성(鳳凰省) 모든 곳의 관원 사람으로 義州에 가서 교역을 하는 것은 매년 두 차례, 즉 봄 2월, 가을 8월로 한정한다. 영고탑(寧古塔)사람으로 회령(會寧)에 가서 교역을 하는 것은 매년 한 차례로 한정한다. 고이탑(庫爾塔)사람으로 경원(慶源)에 가서 교역하는 것은 2년마다 한 차례로 한정한다. 유부차(由部差) 조선통사관 2인, 영고탑관청의 기교필첩식(騎校筆帖式) 각 1인이 먼저 가서 감시하고 교역개시 20일 후에는 돌아온다.

고 했다.

상호교역 지점인 회령과 경원은 모두 도문강(圖們江) 연안에 있으며, 전자는 단시(單市), 후자는 쌍시(雙市)라 칭하였다. 매번 교역기

간이 되면 한국인은 함경도 각지에서 마포·물고기·사향·웅담·감초·소금·암소·숫소를 운반해 와서 중국 동북의 각종 산품으로 교환하였다. 의주시장은 압록강의 중주(中州)에서 거행되는데, 세속에서는 중강마시(中江馬市)라 칭하였다. 당초에는 마필과 식량의 교역이 위주였는데, 淸이 중원의 주인이 된 후 교역규모가 점차 확대되어 매번 세시(歲市)에는 산동·북경의 상인이 구름처럼 모여 중국 각 성의 화물을 가지고 와서, 의주, 경성상인이 팔러 온 조선의 토산물과 교환하여 중·한 무역의 주요시장이 되었다.[67]

그러나 강희(康熙) 30년 후에 한중국경에는 또 몇 가지 형식의 사무역이 생겨났다. 첫째는 중강후시로 봉황성 혹은 요양의 운수상인인 '난두(欄頭)'가 요동관리에게 뇌물을 주어 그의 묵인 아래에 사사로이 화물을 운반해 내어 한국인과 교역하는 것이다. 둘째는 책문후시로 조선의 조공사신이 봉황성 책문(柵門)을 출입할 때에 고의로 조공사절의 화물차의 행렬을 지체시켜 그 틈을 이용하여 교역을 행하는 것이다. 셋째는 단련사후시(團練使後市)로 당초에는 조선정부가 사신 및 수행원이 사사로이 화물을 가지고 나와 판매하는 것을 막기 위해 특별히 단련사를 설치하여 압송 조사의 책임을 부여했는데, 뜻밖에 이 관원은 후에 오히려 사적 판매의 우두머리가 되어 전적으로 사무역을 하였다. 이 세 가지 가운데 단련사의 사무역 규모가 가장 커서 늘 말 수백 필을 실어 날랐는데, 중국의 모든 화물이 포함되지 않음이 없었다. 김응복(金應福)이 일찍이 글을 올려 그 사실을 통론(痛論)하여 이르기를,

> '신이 연경(燕京)에 갔다가 오는 길에 대강 들은 바가 있습니다. 심양(瀋陽)과 책문(柵門)에 그전에는 개시(開市)하는 일이 없

67) 《增補文獻備考》 권164,〈시적고(市糴考)〉2 중강후시.

었는데, 십 수 년 이래로는 법금(法禁)이 해이해져 매양 사행(使行) 때가 되면 상고(商賈)들이 몰래 은(銀)을 가지고 들어가 서로 매매(賣買)해 놓았다가 단련사(團練使)의 돌아오는 인마(人馬)를 이용하여 복물[卜物: 말이나 소로 실어 나르는 짐]을 운반하고 있는데, 그 폐단이 처음에는 미미하다가 점점 번다해지며 마침내는 팔포(八包)의 규정을 시행하기 시작하여 포흠[逋欠: 미납세]에 이르게 되자, 결국에는 이번에 이자(移咨: 여기서 자(咨)는 공문서의 한가지로써 동급관청 간에 행하는 통첩을 이름)하여 징수를 독촉하는 폐해가 있게 되었습니다. 대개 단련사의 세폐(歲幣)를 운반하는 말이 거의 수백 필이 넘습니다. 당초에는 조가(朝家)에서 잠상(潛商)하는 짓이 있을 것을 염려하여 변장(邊將)을 가려서 보내어 단련사를 삼아 검찰(檢察)하여 거느리고 건너오게 했었습니다. 법을 세운 본뜻이 이러했었는데, 지금은 단련사를 의주(義州)의 비장(裨將)으로 대신하여 도리어 상고들의 영수(領袖)가 되어 있고, 수백 필의 돌아오는 말로도 오히려 다 싣지 못하므로 맞이할 복마(卜馬)를 책문 밖에까지 더 보내게 되었습니다. 이러므로 연경의 화물(貨物)이 폭주(輻輳)하여 한이 없게 되었습니다. 당면한 지금 서울이나 외방(外方)의 사람들이 한 섬의 저축이 없이 살면서도 나설 적에는 비단으로 꾸미는 짓을 하여 사치함이 날로 심해지고 있습니다. 하물며 상고(商賈)들이 잡다하게 강을 건너다니고 있어 우리나라의 사정을 하찮은 것도 통하지 않는 것이 없으므로, 이에 한 가지 일만 있으면 저들이 금방 알게 됩니다. 청컨대 이제부터는 따로 단련사(團練使)를 가리어 영솔(領率)하는 사람과 말을 반드시 공수(空手)로 돌아오게 하도록 하고, 이른바 맞이하는 복마도 또한 수를 헤아려서 들여보낸다면 잠상(潛商)의 폐단을 막을 수 있을 것입니다.'
라고 하였다.68)

---

68) 《英祖實錄》 권11, 丁未 3년 4월 壬寅條.

라 하였다.

위에서 말한 각종 방식의 무역 외에 조선의 조공사신은 또한 구제(舊制)에 의거하여 공무역 임무를 겸하여 지고 있어서 매번 북경을 왕래할 때 모두 대량의 화물을 가지고 가는 것이 관례가 되었다. 무역에서 얻는 이익은 당초에는 왕실과 관료가 독점하였는데, 후에는 경성과 의주의 상인 또한 그 일부의 이윤을 나누어 누렸다. 사신은 늘 대량의 사적 화물을 몰래 가지고 있었으며, 어떤 때는 심지어 법에 위배하는 금지된 상품까지도 몰래 가지고 있었으니, 뇌자관(賫咨官) 이명직(李命稷) 같은 이는 금하는 비단을 몰래 거래하다가 조사를 받았는데, 그것이 하나의 예이다. 《영조실록》 권64, 병인 22년 12월 병자조에 의하면,

> 뇌자관(賫咨官) 이명직이 돌아오는 길에 비단을 사 가지고 오는 것을 평안도사(平安道使) 임집(任集)이 수색하여 내어서 그 비단을 곧장 불태워 버리고 이명직은 순영(巡營)의 감옥에 가둔 다음, 사유를 갖추어 써서 계문하였다. … 조현명(趙顯命)이 말하기를, 금지된 물품을 몰래 사올 경우 법률상 본시 효수(梟首)를 하게 되어 있으므로 정해진 형률이 없다고 할 수는 없습니다. 이번에 제정한 이 금지령은 성덕(聖德)을 빛낼 제도로서, 다만 나라 안에 시행하여 습속을 만회할 기회일 뿐만 아니라, 이미 천하에 알려져 있습니다. 대개 무늬 있는 비단은 연경(燕京)에서 나는 것이 아니고 소주(蘇州)·항주(杭州)에서 짜다가 우리에게 파는 것으로서, 연경의 상인 정세태(鄭世泰)가 새로운 금지령이 내려졌다는 소문을 듣고서 깜짝 놀라며 당장 강남(江南)에 연락하여 직조를 중지시키고 우리 사람들에게 말하기를, '당신네 국왕으로서는 진실로 성덕(聖德)의 일이지만 우리들은 이제부터 살길이 없게 되었다.' 라고 하였다 합니다.

좋은 소문의 영향은 멀리 미치는 것이 아니겠습니까? 지금 이명직을 죽이지 않는다면 진실로 법령이 흐트러져서 먼 곳 사람들의 웃음을 사지 않을까 두렵습니다.' 라고 하였다.

라 했다.

청의 동치(同治)연간(1862~1874년) 이전에는 중·한 무역의 주요부분이 상술한 방식으로 진행되었다. 광서(光緖) 초년부터는 인천·서울이 차례로 개항되어 화인(華人)이 한국에 이르러 장사하는 자가 날로 많아졌는데, 양국 국민간의 오랜 우의(友誼)로 인하여 중국 상인의 사업은 매우 용이하게 발전하였다. 서울·인천에서 수입무역에 종사하는 이른바 8대가(大家)의 대도매상은 국내로부터 강절(江浙)의 비단, 화북의 면화는 물론 매운 산초나무·큰 마늘 등 토산물을 수입하였는데, 수입해 온 수량이 대단히 많았다. 越나라 국적의 상인 담찬생(譚傑生)이 설립한 '동순태(同順泰)' 는 조선의 홍삼을 점차 독점하였는데, 한 때 이 점포에서 발행한 은표(銀票)는 심지어 조선정부가 발행한 지폐보다도 더욱 환영을 받았다. 이를 통해 볼 때, 당시 중국의 상인이 한국에서 경제세력으로써 얼마나 큰 위치를 점했는지를 알 수가 있다.

제 5 편
風 俗

제5편 풍속(風俗) 영향

제16장 의관 문명(衣冠 文明)

1. 중국의 의관문명

중국은 옛날부터 의관에 자긍심을 가진 나라이다. 《서경(書經)》〈무성(武成)〉편에서 이르기를, '중국과 남북 오랑캐, 즉 온 세상이 따르고, 말을 듣지 않는 곳이 없게 되었다.' 라 하였고, 전기(傳記)에서는 '면류관과 예복이 광채가 나서 '화(華)'라 일렀으며, 대국(大國)을 일컬어 하(夏)라 하였다.' 라고 했다. 《춘추좌전(春秋左傳)》 정공(定公) 10년 조에서는 '변방 오랑캐는 하(夏)를 도모해서는 안 되고, 이(夷)는 화(華)를 어지럽게 해서는 안 된다.' 고 했고, 주소(注疏)에서는 '중국은 예의의 대의(大義)가 있는 까닭에 하(夏)라 했고, 장복(章服)의 아름다움이 있어 화(華)라 했다.' 고 풀이하고 있다. 중국이 옛적에 화하(華夏)라 칭해진 것은 그 뜻이 의관이 화려하고 아름다운 나라라는 것임을 알 수 있다. 따라서 의관제도는 실로 중국 전통 문명의 기조(基調)라고 말할 수 있다.

중국이 나라를 처음 세우게 된 것은 황제(黃帝)에서 시작되었다고 의탁(依託)하고, 그래서 전설 중 의관의 발명 또한 황제를 중심으로 삼는다.[69] 전해오기를, 황제는 전면(旃冕: 모직물과 면류(冕旒))을 만들었고, 그의 신하 백여(伯余)가 의상(衣裳)을 만들었으며, 호조(胡

69) 劉歆의 《世經》에 이르길: '黃帝가 처음 의상을 늘어뜨리고, 헌면(軒冕)의 복장을 갖추어 그런고로 천하는 일컬어 '軒轅氏'라 하였다'는 것이다. 《世本》에서는, '황제가 전면(旃冕)을 제작하였다'고 한다. 《說文解字》는, '황제가 처음 면(冕)을 만들다'라고 한다. 《禮記.冠義正義》에는, '황제가 화식전면(火食旃冕)을 만들다'라고 한다. 이상 모두는 旃冕의 발명을 황제본인에게 돌린 것이다.

曹)가 면류관을 만들었고, 어칙(於則)이 문짝과 신발을 만들었다고 한다. 또 전해오기를, 그의 비(妃) 누조(嫘祖)가 백성에게 누에 기르는 법을 가르쳐 명주실을 뽑아서 의복을 짓게 하였다고 한다. 고고학자가 근자에 서음촌(西陰村)에서 인공적으로 베어 자른 누에고치의 반쪽을 발견하였는데, 이 또한 중국 잠사(蠶絲)의 발명으로 그 유래가 매우 오래되었음이 확증되었다.[70] 《역경(易經)》 〈계사전(繫辭傳)〉 하편에서 이르기를,

> 황제(黃帝)·요(堯)·순(舜)이 의상(衣裳)을 늘어뜨리고서 천하를 다스렸다(黃帝·堯·舜垂衣裳而天下治).

고 하였다.

그런데 무슨 이유에서 「의상을 늘어뜨림(垂衣裳)」과 「천하를 다스림(治天下)」이 서로 병론(並論)하여 제기(提起)된 것일까? 의상은 바로 사회질서를 수립하는 가장 좋은 공구(工具)이기 때문이다. 《백호통(白虎通)》 권4. 상편에 이르기를,

> 聖人이 의복을 제정한 까닭은 무엇인가? 갈포 옷으로 몸의 형체를 가려서 德을 드러내고 善을 권하며 尊卑를 구별하기 위해서이다. 이름을 상(裳)으로 한 까닭은 무엇인가? 의(衣)는 숨기는 것이고, 상(裳)은 막는 것이다. 따라서 형체를 숨겨 스스로 막고 가리는 것이다.

고 했고, 《후한서》 〈여복지(輿服志)〉 하편에서는,

---

70) 劉恕의 《通鑑外紀》에서 이르길: '西陵氏의 女息 嫘祖가 黃帝의 元妃가 되어 처음 인민들에게 蠶絲를 교육하였고, 잠사를 조처하여 의복을 공급하였으며, 후세에 先蠶으로 제사하다.' 라고 한다. 李濟은 〈試論中國文化的原始〉에서 '蠶絲業은 중국의 신석기시대에 이미 개시한 흔적이 있는데, 이것은 早期 중국문화의 최대의 특색이다.' 라고 함.

> 상고시대 굴에서 살고 들판에 살고 있으면서 (동물의) 털을 입고 가죽을 쓰개(모자)로 삼았으나, 아직 (의관)제도는 없었다. 후세에 성인이 사마(絲麻)로써 이를 바꾸었다. 날아가는 꿩의 문채(文采)와 풀·나무의 색상을 보고는 비단에 염색을 하여서 이것들을 본떠서 처음으로 오채(五采)를 만들어 의복을 만들었다. 새와 짐승이 벼슬과 뿔 · 구렛나루·턱밑의 살 등의 모습을 가지고 있는 것을 보고 마침내 관면(冠冕) · 갓끈 · 관에 늘어진 장식을 만들어서 머리 장식으로 삼았는데 모두 12장(章)이다.

라 했다.

의관의 작용은 '형체를 숨기고 몸을 가리는' 것뿐만 아니라, 한편으로는 의관의 문채(文采)에 의거하여 德을 드러내고 善을 권하였고, 한편으로는 또한 의관을 이용하여 상형[象形: 법, 법률]을 만들어서[71] 포악하고 탐욕스러움을 징치(懲治)하였다. 따라서 한 무제(漢 武帝)는 모든 유생(儒生)에게 조(詔)를 내려 말하기를, '상고(上古)의 훌륭한 통치시기에는 의관을 구분하고, 장복(章服)을 달리함으로써 백성이 (법을) 범하지 않았다.'[72]고 했다. 의관제도는 존비를 구별하고 상벌을 칭탁한 것이니, 이는 바로 국가체제의 시작인 것이다.

그러나 중원(中原)은 비록 이미 찬연한 문물의 의관을 성립한 나라를 이루었으나, 주위의 낙후 부족은 오히려 여전히 원시적 미개의 상태로 장기간 정체되어 있었다. 《예기(禮記)》 〈왕제(王制)〉 편에 이르기를,

> 동방은 이(夷)라 하는데, 머리를 풀어헤치고 문신(文身)을 했으

71) 《尙書大傳》에 이르길: '唐虞이 象刑함에 인민은 감히 범법하지 않았고, … 上刑은 赭衣不純하고, 中刑은 잡구(雜屨)하며, 下刑은 묵몽(墨幪)하다. 그래가지고서 州里에 거주함에 인민이 그를 수치스럽게 여겼다.' 라고 한다.

72) 《前漢書》 권58.〈公孫弘傳〉

며, 남방은 만(蠻)이라 하는데, 이마에 그림을 그렸으며 옷깃이 발꿈치까지 왔고, 서방은 융(戎)이라 하는데, 머리를 풀어헤치고 (동물) 가죽을 입었으며, 북방은 적(狄)이라 하는데, 새 깃털을 걸쳤으며 동굴에서 살았다.

고 했다. 이것은 고대 중국의 사경(四境)의 낙후부족은 모두 완전히 의복을 어떻게 하는가를 알지 못했음을 설명한다. 유이징(柳貽徵)은 서북 변경인만이 의복이 있었다고 주장하는데 분명히 오해이며,[73] 서북 변경인 또한 단지 모피를 입어 추위를 막았을 뿐으로 중원의 먼 옛날의 모습과 같은 것이며, 사마(絲麻)로 지은 의복은 없었다.[74] 머리 위에 이고 있는 것 또한 법제적인 관(冠)은 아니었고, 단지 추위를 막는 것을 목적으로 하는 것일 뿐이었다. 의관은 이미 중원(中原)만이 가진 것이 되기 때문에 먼 후일에 이르도록 줄곧 의관을 중국 문명의 상징으로 생각하여, 호전(胡銓) 같은 이는 송나라 고종에게 봉사(封事)를 올려 말하기를, '도리어 의관족(衣冠族)을 몰아내고 오랑캐의 옷 입는 법으로 돌아갔다.' 고 했고, 석달개(石達開)는 토만격문(討滿檄文)에서, '상국(上國)의 의관이 이적(夷狄)에게 짓어드는 것을 차마 어쩔 수 없다.' 고 했으니, 곧 모두가 의관의 유무로서 화이(華夷)를 구분하는 표준으로 삼았던 것이다.

중국은 동아시아에서 손꼽히는 문명국으로 주위의 모든 나라는 선진의 중국 문화와 접촉하여 겨우 점차로 몽매(蒙昧)로부터 문명의 단계로 진입하였으며, 중국의 의관제도가 각국의 성장 · 진보에 대해 준 자극은 더욱 특별히 현저하다. '만국(萬國)이 종주[宗主: 중국]를 숭상하고 의관에 의해 면류[冕旒: 천자 · 제후 · 대부 등의 신분질서]를

73) 柳詒徵, 《中國文化史》,p.55.
:王制述四夷,唯西北之人有衣.

74) 《禮記》 제9편, 〈禮運〉편:昔者先王…未有麻絲,衣其羽皮.…後聖有作,然後…治其麻絲,以爲布帛.

하사 받는다.' 는 것이 중국 전통 문명의 이상이다.

2. 한국의 의관문명

조선[한국]은 지리적 관계 때문에 아주 먼 옛날에 이미 중국 문명의 전파가 시작되었다.《한서》〈지리지〉(하)편에 이르기를, '은나라의 치도(治道)가 쇠하자 기자(箕子)가 조선으로 가서 그 백성을 예의(禮義)·전잠(田蠶)·직방(織方)으로써 교화하였다.' 고 했는데, 이것은 중국의 사직포(絲織布)의 제작 방법이 이미 은·주(殷·周)시대에 기자에 의해 조선에 전입되었음을 설명하는 것이고, 이른바 예의로서 교화했다는 것은 의관의 전입 사실을 암시하는 것과도 같다. 그런데 역사적 사실이 결손 된 지가 오래되어 상세한 정형(情形)은 이미 알 수가 없다. (지금에) 알 수 있는 것은 한인(韓人)은 흰색 옷을 즐겨 입었으며, 전해오기를, 이는 은나라 사람의 풍습과 밀접한 관계가 있다고 한다.

원래 은나라 사람은 흰색을 귀하게 여기는 풍습이 있었다. 예를 들어《단궁(檀弓)》에서 이르기를, '은나라 사람은 흰 것을 숭상하였다.' 고 했다.《회남자(淮南子)》〈제속훈(齊俗訓)〉에 이르기를, '은나라 사람은 그 옷이 흰 것을 숭상하였다.' 고 되어있고, 〈풍속편(通俗編)〉 복식(服飾)에서는, '삼대(三代) 중 은나라 사람은 흰색을 숭상하여 그 때의 옷 색깔을 흰색으로 통용되었다고 해도 틀림이 없으며, 주(周)나라는 그렇지 않게 되었다.' 고 했다. 한인(韓人)이 즐겨 흰옷을 입은 것 또한 그 유래가 매우 오래되었다.《수서(隋書)》〈신라전〉에서는, '그 나라의 풍속·형법·의복은 고구려·백제와 대체로 같았으며, 조복(朝服)은 흰색을 숭상하였다.' 고 한다. 송나라 진종(眞宗)때 고려 사절(使節) 곽원(郭元)이 고려의 사정을 보고하여 말하기를, '사녀(士

女)의 옷은 흰색을 숭상한다.' 고 했고, 송 휘종(徽宗) 때에 서긍(徐兢)은 고려에 출사(出使)했다가 귀국하여 보고서를 제출하여 말하기를, '농사에는 빈부의 차가 없고, 장사는 멀고 가까움이 없으며, 그 옷은 모두 흰모시로 도포를 만들어 입었다.' 고 했다. 또한 말하기를, '옛 풍속에 여자의 옷은 흰 웃옷에 누런색 치마로, 위로는 공족귀가(公族貴家)로부터 아래로는 서민 처첩(妻妾)에 이르기까지 하나같이 차이가 없다' 고 했다.

그러나 오행사상(五行思想)에 동방은 푸른색을 숭상하는 설이 있기 때문에 고려는 충렬왕 이후 여러 차례 흰옷을 금지하려는 계획이 있었다. 《고려사》 권85,〈형법지〉2.에,

> 충렬왕 원년(1275년) 6월, 대사국(大司局)이 말하기를, '동방은 목위(木位)로써 색은 당연히 청(靑)을 숭상해야 한다. 그리고 백(白)은 금(金)의 색이다. 나라 사람이 스스로 융복[戎服: 오랑캐의 의복]을 입어 대다수가 흰모시로 베옷을 지어 있으니, 목(木)이 금(金)에 제압당하는 형상이다. 청컨대 흰색 옷을 금하소서.' 라 하니, 왕이 이에 따랐다.

고 했다.

조선의 여러 왕들 또한 여러 차례 흰옷 착용 금령을 내렸다. 《동국문헌비고》 권3,〈육례고(六禮考)〉, 장복조(章服條)에 의하면,

> 국법에는 원래 흰옷 착용을 금하는 법이 있었으며, 명종 을축년(1565년) 이후에 여러 차례 심혈을 기울여 교화하였으나 여전히 흰옷을 입어서 매번 중국인의 웃음거리가 되었다.

고 하였다. 《현종실록》 권19, 신해 12년(1671년) 정월 계축조에서는,

조정의 관원(官員)과 사인(士人)에게 명하여 검은 옷을 입게 하고 흰옷 착용을 금하였다. 동방의 사람은 옛날부터 흰색을 숭상하였다. 국전[國典: 經國大典]에 비록 흰옷 착용을 금하고 있으나 여전히 습관화되어 있어 변경시킬 수가 없었다. 왕이 이것을 바꾸려고 생각하여 마침내 이 제도를 정하였다.

고 했다. 《영조실록》 권10, 병오 2년(1726년) 10월, 병인조에는,

공경(公卿) · 사서(士庶)에게 명하여 길복(吉服)은 모두 청색을 숭상하도록 했다. … 왕이 병조(兵曹)로 하여금 명령을 내리도록 하여 이르기를, 개국 이래로 복색(服色)은 각기 숭상하는 바가 있는데 우리나라는 동쪽 나라이니, 마땅히 청색을 숭상해야 하는데도 사람들이 모두 흰색 옷을 입으니 어찌 좋은 징조인가!

라 하였다.

이처럼 역대로 여러 차례 흰옷을 금하였으나 끝내 무효로 돌아간 까닭은 조선의 민간에서 전해오기를, 기자(箕子)가 조선으로 올 때에 입었던 것이 흰옷이었다는 것에서 연유하였기 때문에 서로 이어 습관을 이루어 개변시킬 방도가 없었던 것이다. 영조는 흰옷 착용을 금하는 것을 관철시키기 위해 아래와 같은 교령(教令)을 내렸다. 즉,

근자(近者)에 왕의 명령으로 흰옷을 금지할 때에 혹자가 말하기를, '기자 성인이 조선으로 옴에 그의 옷 또한 흰색이었으며, 이것은 우리 동방의 풍속이다.' 라고 하였다. 여칙(予則)이 이르기를, '그렇지 않다. 아아! 저 기자 성인은 다른 성인을 만나 홍범(洪範)을 진술 받아 조선에 와서 8조 금법으로 백성을 가르쳐 인성(仁聖)의 교화를 하였는데, 후세 사람이 기자 성인의 가르침을 체득하지

못하고 단지 그의 옷 색만을 사모하니 어찌 잘못이 아니겠는가.' 라 하였다.[75]

기자조선은 한국의 역사가 대다수가 승인한 정통왕조이다. 이를 이어 홍기한 위만조선 또한 중국인이 건립한 정권이다. 한 무제(漢武帝) 원봉(元封) 3년 (108년)에 이르러, 위만조선을 멸하고 사군(四郡)을 두어 조선 반도는 다시 중국의 직접통치로 돌아갔다. 이로부터 조선은 중국의 군현이 되어 400년 동안 계속되었으며, 그 사이에 정교(政教)를 만들어 시행함에 내지[內地: 중국] 군현과 조금도 구별이 없었다. 이에 한인(韓人)은 중국 풍속에 젖어들어 점차 의관을 갖춘 백성이 되었다. 예를 들어 한(漢)나라 때의 고구려 귀족은 항상 현토군에서 접수한 조복(朝服)과 의관·머리싸개를 착용하였다.[76]

서진(西晉)말년에 한사군이 조선에서 물러 나오면서 고구려는 점차 강성하였다. 지금의 안동(安東) 집안현(輯安縣) 통구(通溝)에는 고구려 고분(古墳)이 여태껏 남아 있는데, 그 중 벽화의 여인상 복식(服飾)은 하나같이 육조(六朝)의 것과 같다.

남방의 삼한(三韓) 또한 일찍이 중화(中華)의 풍속에 젖어 있었다. 《삼국지》〈위지(魏志)〉에 의거해 보면, 마한(馬韓)은 '도포를 입었고, 가죽신을 신었다.' 고 했고, 진한(辰韓)은 '누에치는 법을 잘 알아서 합사로 싼 비단을 지었다.' 고 했으며, 변한(弁韓)은 '또한 넓고 좁은 직물을 지었다.' 고 한다.

마한은 후에 변하여 백제가 되었는데,《삼국사기》 권24,〈백제본기〉에는,

---

75)《英祖實錄》권109, 13년 6월 乙未 條.

76)《三國志· 魏志》〈高句麗傳〉참조.

고이왕(古爾王) 28년 2월에 명을 내려, 6품 이상의 관리는 자색(紫色)의 옷을 입고 은화(銀花)로 관을 장식하고, 11품 이상의 관리는 비색(緋色)의 옷을 입고, 16품 이상의 관리는 청색(靑色)의 옷을 입도록 하다.

고 하였으며, 또 이르기를,

춘 정월 초, 길일(吉日)에, 왕은 자색(紫色)의 큰소매 웃옷과 푸른색의 비단 바지를 입고, 금화(金花)로 조라관(烏羅冠)을 장식하고, 흰 가죽띠를 하고, 검은 가죽신을 신고 남당(南堂)에 앉아 국사(國事)를 보았다.

고 했다.

위의 두 기록은 실은《수서(隋書)》와 《구당서(舊唐書)》의 〈백제전(百濟傳)〉의 내용을 뽑아 그대로 답습하고는 그 일을 고이왕 모년(某年)에 끼워 맞춘 것인데, 아마도 사가(史家)의 억측에서 나온 것 같다.[77] 그런데 백제가 수(隋)나라 이전에 이미 중국 의관제도의 영향을 받았다는 것은 당연한 사실이다.

진한(辰韓)은 후에 신라가 되었으며, 경상남도 경주의 신라 고분 중에서 일찍이 발견된 순금제의 보관(寶冠)을 볼 때, 아마도 고신라(古新羅)때 이미 중국 관제(冠制)의 영향을 받은 것 같다. 6세기 초 신라는 건국 사업에 박차를 가했는데, 예를 들어 지증왕(智證王) 5년(504년)에는 상복법(喪服法)을 반포 시행하였고, 법흥왕(法興王) 7년(520년)에는 비로소 백관공복(百官公服)의 주자(朱紫)의 질서를 제정

77) 《삼국사기》 권33, 잡지 제2 색복조에는 '고구려와 백제 의복제도는 얻어 상고할 수가 없다. 지금은 단지 중국의 역대 사서에 기록이 보일 뿐이다'라 한 것에서 삼국사기가 기록한 백제의 의복제도는 백제의 고사료에 의거하여 만든 것이 아님을 알 수 있다.

하였다. 진덕여왕(眞德女王)때에 이르러서는 거듭 구속(舊俗)을 완전히 없애고 중국 장복 제도를 채용하였다. 즉 《삼국사기》 권 23, 〈잡지(雜志)〉 제2.에 의하면,

> 신라 초기, 의복제도는 상고할 수가 없다. 23대 법흥왕 때에 이르러 비로소 6부 관인의 복색을 정하여 존비(尊卑)의 제도를 만들었으나, 이속(夷俗)과 다를 것이 없었다. 진덕여왕 2년(648년)에 김춘추(金春秋)가 당(唐)에 들어가 당의 의례를 따를 것을 청하니, 현종 황제가 조(詔)를 내려 이를 허락하고, 의대(衣帶)를 하사하자 마침내 돌아와서 시행하여 야만적인 습속을 중화(中華)의 것으로 바꾸었다. 문무왕(文武王) 4년(664년)에 또 부인(婦人)의 복식을 개혁하였고, 이후로 의관은 중국과 같아졌다.

고 하였다.

당시 신라 사신은 일본에서 唐나라 복식을 하고 있었기 때문에 마침내는 외교적 분규를 불러 일으켰다. 《일본서기(日本書紀)》 권25, 〈효덕기(孝德紀)〉에 의하면,

> 백치(白雉) 2년(651년)에 신라의 공조사(貢調使) 지만(知萬)·사손(沙飡)등이 당나라 복장을 하고 축자[筑紫: 쓰꾸시강]에서 정박하고 있었다. 조정에서는 (그들 때문에) 풍속이 바뀔 것을 염려하여 꾸짖어 돌려보냈다.

고 하였다. 즉, 일본은 나라의 풍속을 동요케 하여 인민에게 격렬한 반응을 불러올까 염려하여 마침내 부득불 당나라 복식을 한 신라 사신을 국경 밖으로 쫓아내었으니, 당시 신라의 화화정책(華化政策)이 얼마나 급진적이었는가를 족히 증명하는 것으로 일본조차도 낙오

된 감이 든다.

고려는 신라의 전통을 계승하여 중국의 의관제도를 답습하였다. 즉 《고려사》 권72, 〈여복지(輿服志)〉에서 이르기를,

> 우리나라는 삼한시대부터 의장복식(儀章服飾)은 토착적 풍조를 따르다가 신라의 태종 무열왕이 당(唐)의 의례를 따를 것을 청한 이후 관복(冠服)의 제도는 점차 중화(中華)를 모방하였다. 고려 태조는 국사(國事)가 대부분 초창기에 있어서 신라의 옛 것을 사용하였다.

고 하였다.

고려 태조는 죽기 한 달 전에 박술희(朴述熙)를 불러 친히 〈훈요십조(訓要十條)〉를 주었는데, 그 중에서 제 4조가 곧 자손이 중국의 의관제도를 유지 보호하도록 간곡히 부탁한 것이었다. 고려의 모든 왕은 태조의 가르침을 잘 따랐던 것 같다. 예를 들어, 서거정(徐居正)의 《동국통감(東國通鑑)》 권13, 〈고려기〉편에는,

> 광종 7년(956년)에 백관(百官)에게 명하여 의관은 중국의 제도를 따르도록 했다.

고 했고, 같은 책, 권22, 〈고려기〉편에서는,

> 인종 7년(1129년) 4월에 조(詔)를 내려 이르기를, 선왕(先王)의 법에는 관면(冠冕)의 법식과 의복의 제도에 상하의 구별이 있고 존비가 같지 않았다. 덕(德)이 쇠해지고 법(法)이 폐해짐에 이르러 의복에 차이가 없어졌고 사람은 절검하지 않았다. 우리 태조(왕건)가 개국하여 절검과 덕을 회복하고 화하(華夏)의 법을 밝게 행하고,

거란의 습속을 일체 금하였는데, 지금에는 위로는 조정으로부터 아래로는 서민에 이르기까지 화려하고 사치스러운 풍조를 쫓고, 거란의 습속을 따라감을 돌이킬 수 없으니 심히 통탄할 일이다. …

라고 하였다. 당시 고려 사녀(仕女)의 복장은 김부식의《삼국사기》에 의하면,

신(臣)이 세 차례나 상국[上國 : 중국]에 봉사(奉使)하였는데, 일체의 의관이 송(宋)나라와 다름이 없었다. 일찍이 입조(入朝)하여 아직 너무 이른 시간이라서 자신전문(紫宸殿門)에 서 있으니, 한 합문원(閤門員)이 와서 묻기를, '어느 사람이 고려인 사신인가?' 라고 하여, 내가 고려사신이라고 대답하니, 그는 곧 웃으며 가버렸다. 또 송나라 사신 유규(劉逵)와 오식(吳拭)이 와서 객관(客館)에 있었는데, 연회에서 향장창녀[鄕粧倡女 : 우리 옷으로 단장한 여자 광대]를 보고 불러 위 계단으로 오게 하고는 넓은 소매 옷과 색실 띠 · 큰 치마를 가리키며 감탄하기를, '이는 모두 3대[三代 : 중국의 고대]의 의복으로 아직까지 행해지리라고는 생각지도 못하였다' 고 했다. 지금의 부인 예복은 대체로 당나라의 옛 것임을 이것에서 알 수 있지?[78]

라 한데서 상상해 볼 수 있다.

고려는 비록 일찍이 요(遼)와 금(金)에 사대(事大)했으나 한식(漢式) 의관을 그대로 유지하다가 원(元)에 정복되어서야 비로소 몽고 풍속을 따랐다. 원초(元初)에 세자 심(諶)이 연경에서 귀국하자, '고려국 사람이 세자가 변발(辮髮)하고 호복(胡服)을 입은 것을 보고는 모두 탄식하였고 눈물을 흘리는 사람도 있었다.' 고 하였다.[79] 세자

78)《三國史記》권33,〈雜記〉제2.

심이 즉위하여 충렬왕(忠烈王)이 되면서 고려는 몽고의관을 근 백년간 습용하였다. 《동국통감》 권37, 충렬왕 4년 7월조에,

(元 世祖가) 강수형(康守衡)에게 하문하기를, '고려의 복색은 어떠한가?' 하니, 이에 대답하기를, '달단(韃靼)의 의모(衣帽)를 착복하다가, 영조하절일(迎詔賀節日)에 이르러 고려복장을 하고서 행사합니다.' 라고 하니, 황제가 이르길, '사람들은 짐(朕)이 고려복장을 금한다고 하나, 어찌 그러하겠는가? 그대들 나라의 예를 어찌 갑자기 폐(廢)하리오?'

라고 하였다. 원 세조의 말은 단지 둔사(遁辭: 핑게의 말)인 것 같다. 사신(史臣)이 이르길:

원조를 섬긴 이래 체두변발(剃頭辮髮: 앞머리는 깎고 뒷머리는 길게 엮는 머리모양)을 시행하고 호복을 이어받아 입은 지 거의 일백년에, 大明이 천자의 국가가 되니, 문화의 궤도는 같게 되어 군왕에게 면복(冕服)을 사여하였고, 왕비 및 군신에게도 역시 모두 사여함이 있어 의관복식은 하나같이 새롭게 바뀌었고, 우리 동방으로 하여금 오랑캐 원나라의 좌임(左衽) 풍속을 면할 수 있게 하고 다시 예악문물의 빛나는 성세를 보게 되었으니, 진실로 천세(千歲)의 성제(盛際)로고![80]

라고 하였다.

고려를 이어 흥기한 조선은 명·청조(明·清朝)에 대해 사대의 예를

79) 《東國通鑑》 권36, 元宗13년2月條(朝鮮光文會 明治44年)

80) 《東國通鑑》 권49, 恭愍王19년 5월 條.

갖춰 조금도 나태하지 않고 중국풍에 따르고 정성을 다하였다. 《태조실록》 권8.에 의하면,

> 4년(1396년) 7월 경자(庚子)에, 상국 명에 의거하여 제복(祭服)의 등급이 강등하여 정해졌다. 1등 복(服)은 명조의 3등복 7류(旒) 5장(章)과 동급으로 보고 종실이나 재신들이 입고, 2등 복은 명나라의 4등복 5류 3장과 동급으로 보고 따라서 중추(中樞)들이 입으며, 3등 복은 명조의 5등복 5류 1장과 동급으로 삼아 따라서 전서(典書)들이 입고, 4등·5등 복은 명조의 6등·7등복 3류 무장(無章)과 동급으로 여기고 따라서 3·4품이 입으며, 6등·7등복은 명조의 8등·9등복 무류(無旒) 무장(無章)과 같게 여기고, 5품에서 9품까지의 관인이 입는데, 7품 이하는 패수(佩綬: 차는 끈)가 없도록 하고, 8등과 9등은 류(旒)와 장(章)이 없도록 한다.

고 하였다. 《단종실록》 권12.에는,

> 2년(1454년) 12월 병술에, 의정부가 예조의 정문(呈文)에 의뢰하여 아뢰기를, '문무관의 상복(常服)에 문장(文章)이 없을 수 없습니다. 삼가 명(明)나라의 예제(禮制)를 상고하건대, 문무 관원의 상복(常服)의 흉배(胸背)에 꽃무늬(花樣)를 놓는 것이 이미 정식(定式)이 되어 있어서, 잡색저사(雜色紵絲)와 능라사(綾羅絲)로 수(繡)를 놓거나 혹은 직금(織金)을 사용하여 각기 품급(品級)에 따라 꿰매어 붙였으니, 청컨대 이제부터 문무 당상관(文武 堂上官)은 모두 흉배를 붙이게 하고, 그 꽃무늬는 대군(大君)은 기린(麒麟), 도통사(都統使)는 사자(獅子), 제군(諸君)은 백택(白澤)으로 하고, 문관1품은 공작(孔雀), 2품은 운안(雲鴈), 3품은 백한(白鷴), 무관 1, 2품은 호표(虎豹), 3품은 웅표(熊豹), 대사헌(大司憲)은 해치(獬

豸)로 하되, 또 모든 대소인(大小人)은 백립(白笠)을 쓰고는 궐문(闕門) 안에 들어오지 못하게 하소서.' 라 하니, 왕이 그대로 따랐다.

라 하였으며, 《성종실록》 권277. 에는,

성종 24년(1493년) 5월 을해에 당체사모(唐體紗帽)를 도승지(都承旨) 조위(曹偉)에게 내리고 이르기를, '의관(衣冠)은 중국 제도를 따라야 마땅하거니와, 내가 중국 사람의 사모(紗帽)를 보니 매우 좋으므로 특별히 그대에게 내리게 하였는데, 그대가 이것을 쓰면 사람들이 다 보고 본받을 것이다.' 라고 하였다.

《중종실록》 권83. 에는,

중종 32년(1537년) 정월 무술에, 정원에 전교하기를, '우리나라 사람들의 상하 의복 제도는 길이가 지나치게 길고 소매가 지나치게 넓어서 중국 제도와 다르므로, 얼마 전에 예조가 대신들과 의논하여 모든 의복 제도를 한결같이 《대명회전(大明會典)》에 따라 개정하여 법을 만들고, 윤12월 25일 이후부터 법사(法司)를 시켜 법대로 하지 않는 자를 처벌토록 한다.' 고 하였다.

《효종실록》 권18에서는,

효종 8년(1657년) 정월 계축에 주상께서 이르기를, '지난 고려조 때 정몽주(鄭夢周)가 중국에서 돌아온 뒤에 비로소 사모(紗帽)와 단령(團領)의 제도를 전하였다. 또 들으니, 중국에서는 비록 전진(戰陣) 중에도 갓을 쓰고 띠를 두르고 서로 만난다고 한다. 요즈음 민간의 갓을 쓰는 제도가 매우 해괴하다.' 고 한다.

라고 하였다.

이상의 몇몇 기록을 통해 볼 때, 조선은 중국의 의관제도에 대해 뒤따라가려는 추수(追隨)적 태도를 취했음을 알 수 있다. 조선의 관찬서인 《동국여지승람》 권3.에서 이르기를,

> 의관제도는 모두 중국과 같다. 따라서 이르기를, '시·서·예·악(詩·書·禮·樂)의 나라이며 인의(仁義)의 나라이다.'

라는 함허자(涵虛子)의 말을 인용하여 적고 있다.

이것은 한국인이 바로 '의관제도가 모두 중국과 같다'는 것을 조선 문화상의 최고의 성취로 인식하고, 이를 이끌어 영광으로 삼았음을 설명하는 것이다.

제17장 사회 풍속(社會 風俗)

1. 중국의 사회풍속

과거엔 종종 사람에 따라서는 민족성을 특별히 강조하고 민족성을 가지고 각국 역사발전을 설명하였는데, 전혀 문제가 없지는 않다. 그러나 어떤 하나의 민족은 모종의 특수한 여건으로 말미암고, 이로 인하여 모종의 특수한 생활방식·사회전통을 형성한 것은 오히려 부인할 수 없는 사실이다. 이로 인하여 중국민족은 선진(先進)의 자태를 가지고 일종의 자성체계(自成體系)의 문화를 창조하였고 또한 자연히 약간의 특수한 풍속을 응집해 내었는데, 이것은 비록 결코 조금도 변하지 않은 것은 아니라도, 오히려 자체에 역사적 의의를 갖는다. 중국의 풍속에 관하여 잠시 아래 몇 가지 항목으로 나누어 서술해보자.

가. 성씨(姓氏)

중국 성씨의 기원은 매우 오래되었는데, 처음에는 姓으로 남녀의 혼인(婚姻)을 구분하였고, 氏로 신분의 귀천을 구별하였다. 《사기》의 저자 사마천(司馬遷)에 이르러서야 처음으로 성씨를 합쳐 하나로 하였다.[81] 일반적으로 초기의 민간사회에서도 도등(圖騰)이라고 하는 것이 있었으며, 성은 중국만이 가진 것이 아니었으나 동아시아에서는 실로 한성(漢姓)의 기원이 가장 빠르며 동아시아 제 민족은 모두 중국으로부터 매우 큰 영향을 받았다.

---

81) 顧炎武,《日知錄》〈雜論氏族〉 : 姓氏之稱,自太史公始混而爲一,本紀於秦始皇曰姓趙氏,於漢高祖則曰姓劉氏.

나. 절령(節令)

중국의 각종 절령은 그 유래가 이미 오래되었다. 정월원단의 도소주(屠蘇酒)·5월5일의 창포주(菖蒲酒)·7월7일의 걸교연(乞巧宴)·7월15일의 우란분회(盂蘭盆會)·8월15일의 간월회(看月會)·9월9일의 국회(菊會) 등 절회(節會)는 모두 이미 수·당대이전의 학자의 저작에 보인다.[82] 그 중의 욕불회(浴佛會)·우란분회(盂蘭分會)는 분명히 인도의 문화에서 기원한 것이다.

다. 음악(音樂)

중국은 고래로 예악(禮樂)의 나라로 지칭되었고, 악은 육예(六藝: 禮·樂·御·射·書·數 여섯 가지)의 차례에 나열된다.

악제(樂制)에 관해 말하면, 원고(遠古)시기에 이미 12律[황종(黃鐘)·대족(大簇)·고세(姑洗)·유빈(蕤賓)·이칙(夷則)·무사(無射)·임종(林鐘)·남려(南呂)·응종(應鐘)·대려(大呂)·협종(夾鐘)·중려(中呂)]과 5音[궁(宮)·상(商)·각(角)·치(徵)·우(羽)]를 발명하였다.

악기(樂器)를 말한다면, 자고로 소위 8音[金(鐘·鏞)·石(경(磬))·絲(琴·瑟)·竹(약(籥)·簫)·포(匏,笙·篁)·土(壎)·革(鼓)·木(축(柷))이 있는데, 똑같이《시경》에 보인다. 훗날에 외래한 공후(箜篌)·호금(胡琴)·비파(琵琶)·삼현(三絃)·완함(阮咸)·필율(篳篥)·척팔(尺八)·동발(銅鈸)·요고(腰鼓) 등 악기가 있다.

악곡(樂曲)을 말하자면, 장엄하고 숙연한 아악(雅樂)이 있고, 강개하고 격앙한 파진악(破陣樂)이 있으며, 또한 우미한 서정곡(抒情曲)인 "춘강화월야(春江花月夜)" 와 같은 것이 있다. 중국음악은 과거에 실로

---

82) 梁宗懍,《荊楚歲時記》에서, '정월1일은 三元之日로 長幼가 차례로 배하(拜賀)하고 屠蘇酒를 내었다.'라고 하였고, 또, '3월3일에 士民이 함께 강·저·지·소(江·渚·池·沼) 사이로 나가 유상곡수(流觴曲水)의 飮을 행했다.' 하였고, 또, 이르길, '端午日에 荊人이 모두 百草를 밟고 쑥[애(艾)]를 캐다가 사람을 만들어 문 위에 매달음으로써 毒氣를 제거하다.' 하였다.(以下省略)

지극한 성취가 있었으나, 후래에 점차 정체되고 황폐되었음을 엿볼 수 있다.

라. 유희(遊戲)

중국의 각종 유희는 모두 유구한 내력을 갖고 있다. 바둑[위기(圍棋)]은 요임금[당요(唐堯)]의 발명으로 전해오는데, 비록 믿을 순 없지만, 선진시대에 이미 바둑이 있었다는 것은 사실이다.[83] 상기(象棋)의 기원은 그 주장이 하나가 아닌데, 오늘날의 장기(將棋;象棋)의 추형(雛形)은 대개는 당조(唐朝)에서 시작되었다고 하겠다.[84]

박희(博戲) 즉 우포(樗浦)·쌍육(雙六)은 동주시대로 소원(溯源)한다.[85] 의전(意錢)은 후한시기에 이미 유행하였다.[86]

운동유희(運動遊戲)에 있어서는, 각저(角觝)·추천[(鞦韆):그네뛰기]·타구(打毬) 등이 있는데, 역시 그 유래는 오래되었다. 각저(角觝)는 또한 상박(相撲)으로도 칭한다.[87] 《한서》〈무제기〉에서 : '원봉(元封)

83) 《太平御覽》 권753.에 《博物志》를 인용하여, '堯造圍棋,丹朱善之.' 라 하였지만, 당연히 억측일 뿐이다. 《春秋左傳》 襄公25년에, '今寧子視君不如奕棋' 라 한 것을 두예(杜預)가 注記하기를, '혁(弈)은 圍棋라' 하였고, 양웅(揚雄)말하기를, '圍棋는 弈이라고 말한다. 關東으로부터 齊魯까지 그 사이의 모두가 弈 이라 일컫는다.' 라고 한다. 이에 근거삼아 춘추시대에 이미 바둑[圍棋]이 있었다고 한 것이다.

84) 象棋의 기원은 그 설법이 하나가 아니다. 漢朝 劉向의 《說苑》 에서, '雍門周가 孟嘗君에게 이르길, '足下 燕에서는 象棋를 다투는데, 역시 전투의 일인가요? 라고 물었다.' 이로 인하여 어떤 사람은 전국시기에 이미 象棋가 있었다고 인식하지만, 사실 이 부분의 소위 象棋는 象牙로 棋를 만들어서이지, 결코 오늘의 象棋가 아니다. 또 象棋는 北周 武帝가 창제한 것이라고 주장하는 자가 있는데, 사실 또한 誤解이다. 명조 양신(楊愼)의 《丹鉛總錄》 권8,〈物用〉편에서, "세상에 전하는 象棋는 周 武帝가 제작한 것이다. 《後周書》 天和4년 條를 살펴보면, 황제는 象經을 작성하여 殿上에 百僚를 집합시켜 강론하였다. 《隋書.經籍志》 에, 《象經》 1권은 周 武帝가 撰하다.… 또 小說에 의하면, 周 武帝의 《象經》 은 日月星辰의 象이 있어, 兵機로 孤虛衝破의 상황의 局面에 寓居함을 뜻하는 것으로, 결코 오늘의 장기 놀이의 車馬와 같은 것이 아니다." 라고 하였다. 오늘의 장기의 추형은 대략 당조에서 시작하였다고 본다. 元代 僧 念常의 《佛祖歷代通載》 권22에서, '唐 文宗 開成己未年에 象棋를 제작하다.' 하였고, 注에 이르길, '옛날 神農이 日月星辰으로 象을 삼았는데, 唐朝 相國 牛僧孺가 車·馬·將·士·卒을 쓰고 포(礟;砲)를 보태어 대신하여 기(碁)로 삼았다.' 고 한다.

85) 《太平御覽》 권726에 《博物志》를 인용하여, '老子入西戎造木雩浦' 라고 함.

86) 《後漢書》〈梁冀傳〉 : 能……意錢之戲.

3년 봄에 각저[(角觝):씨름]놀이를 하다.' 라고 하였다. 추천(鞦韆) 역시 천추(千秋)에 만들어졌는데, 본래는 산융(山戎)의 유희로 전해지며, 제(齊)나라 환공(桓公)이 북으로 산융(山戎)을 정벌하면서 중원에 전해 들어왔다.[88] 공차기[축국(蹴鞠) 일명 답국(蹋麴)]은 일종의 다리로 공을 차는 놀이로 전국시대에 이미 유행하였는데, 《사기》〈소진전(蘇秦傳)〉에 '임치(臨淄)는 심히 부유하고 충실하여 그 인민은 답국(蹋鞠)놀이를 … 하지 않음이 없었다.' 고 한다. 타구(打毬)는 즉 파라구(波羅毬 ; Polo)를 지칭한 것으로, 일종의 말을 타고 장(杖)으로 공을 치는 놀이인데, 페르시아(Persia)에서 기원하였고, 당대 태종 정관 연간에 중국에 전해 들어왔다.[89]

마. 미신(迷信)

은·주대(殷·周代)이래 복서(卜筮)의 풍속이 유행하였고, 전국시대에 이르러 음양오행설이 발흥하였다. 진·한대(秦·漢代)이후에 참위재상(讖緯災祥)의 사상이 점차 민심을 지배하였고, 동시에 감여(堪輿: 하늘과 땅)의 학설이 흥기하여 풍수(風水)의 미신이 드러날수록 더욱 뜨거워졌다. 즉 근대에 이르러서 이 같은 미신은 중국사회에서 여전히 모독만 할 수 없는 세력을 갖게 되었다.

이 외에도 여러 가지 잡사(雜祀)가 있는데, 예를 들면 관제(關帝)·천후(天后)·성황(城隍)에 제사하는 풍속은 또한 중국문화의 특색을 드러내 보이는 것들이다.

---

87) 南宋 吳自牧의 《夢梁錄》에 이르길, '角觝者, 相搏[相撲]之異名也,又謂之爭交.' 라고 함.

88) 宋 高承의 《事物紀原》〈歲時風俗部〉에서, '或曰:古今藝術圖에 이르길, "북방 戎狄이 경쾌하게 몸을 잘 움직이는 자태를 익히길 좋아하는데, 매번 寒食을 맞으면 이를 행하였다. 후에 중국여자들이 이를 배워 곧 오색비단 끈[彩繩]을 나무에 매달아 가(架)를 세웠는데, 이를 千秋라고 한다. 혹자가 이르길: 본디 山戎의 놀이인데, 齊나라 桓公이 山戎을 北伐하면서 이 遊戲는 처음으로 중국에 전해졌다고 하다."'

89) 羅香林, 〈唐代波羅毬戲考〉(《唐代文化史研究》; 向達,〈唐代長安與西域文明〉(《燕京學報專號之二》)를 참조할 수 있음.

2. 한국의 사회풍속

[韓國姓氏] : 한국은 중국과 지리적으로 연결되어 있어서 옛날부터 중국문화의 영향 하에 있었으며, 한국의 성씨(姓氏)제도는 곧 중국을 모방하여 내려온 것이다.

고구려는 원래 부여족에서 나온 것으로 부여는 성씨가 없었다. 고구려 시조 주몽(朱蒙)은 구사(舊史)에서 그의 성이 고씨(高氏)라고 하는데 그것은 후세 사람이 억지로 갖다 붙인 것이 분명하다.[90)] 《후한서(後漢書)》·《삼국지(三國志)》·《진·양·위서(晉·梁·魏書)》·《남·북사(南·北史)》 등에는 고구려왕 추(騶)·궁(宮)·수성(遂成)·백고(伯固)·위궁(位宮)·을불리(乙弗利)·교(釗) 등에 관해 모두 그 이름은 기록했으나 그 성을 열거하지는 않고 있다. 제 20대 장수왕에 이르러 《송·양·제서(宋·梁·齊書)》 에서 처음으로 성씨를 붙여 칭하여 고련(高璉)이라 하였으니, 고구려는 4, 5세기 이전에는 성이 아직 사용되지 않았음을 볼 수 있다. 나가통세(那珂通世)의 고증에 의하면, 고구려는 4세기 고국원왕(故國原王) 때부터 점차 중국식 이름을 사용하였으며, 대개 중국식 성씨를 모방하여 사용한 것 또한 이때부터 시작되었다고 한다.

백제 또한 고구려와 마찬가지로 부여계에서 나온 까닭에 원래는 성씨가 없다가 남북조 시대에 이르러 중국과 교통한 후에, 그 왕은 비로소 족명(族名)인 부여의「부(扶)」를 생략하고「여(餘)」씨로 칭하였다. 예를 들어,《진서(晋書)》 에는 여구(餘句)가 있고,《송서(宋

---

90) 《魏書》·《周書》·《隋書》·《北史》 의 제사서 〈高句麗傳〉은 모두 朱蒙이 건국하여 고구려라 하여서 高를 氏로 삼았다고 말하는데, 《三國遺事》·《三國史記》 역시 마찬가지이다. 다만 왜 高를 가지고 氏로 삼았는가에 있어서는 오히려 여러 가지의 설법이 있다. 《晋書》 〈高句麗傳〉에서는, '주몽이 스스로 高辛氏의 후예라 여기고 高氏를 姓氏로 삼았다.' 하였고, 《삼국유사》 권1.에서는, '스스로 일컬어 天帝子라고 하고 日光을 좇아서 태어났으므로 고로 스스로 高를 氏로 삼았다.' 하였다. 근세 조선 학자 이승휴는 《帝王韻紀》 를 편찬하고, 곧 '주몽이 처음에 탄생함에 거국적으로 그를 높임으로 고로 高氏를 姓으로 삼았다.' 하였으니, 모두 확연히 견강부회(牽强附會)에 속함이다.

書)》에는 여영(餘映)·여곤(餘昆)·여기(餘紀)·여도(餘都) 등이 있으며,《남제서(南齊書)》에는 여고(餘古)·여력(餘歷)·여고(餘固)가 있고,《위서(魏書)》·《양서(梁書)》·《수서(隋書)》등에도 모두「여(餘)」이 하나의 글자로 성씨를 삼았다. 그것이 고쳐져 복성(複姓)인「부여(扶餘)」로 된 것은 당연히 당인(唐人)의 영향을 받아 생겨난 결과이기 때문에《신·구당서(新·舊唐書)》에는 부여장(扶餘璋)·부여풍(扶餘豊)·부여충승(扶餘忠勝)·부여융(扶餘隆) 등이 있다.《만주원류고》에서 '백제는 부여로 성을 삼았는데, 여러 사서(史書)에서 왕왕 부(夫)자를 삭제한 것은 잘못이다.' 라고 한 것은 완전히 본말이 전도된 것이다. 또한《북사(北史)》〈백제전〉에서, '그 나라 중의 대성(大姓)에 사(沙)·연(燕)·협(劦)·해(解)·직[(直):貞:眞]·국(國)·목(木)·묘(苗)씨가 있다' 고 하였는데, 그 중에 한 두 개의 백제 고유 씨족의 약칭을 제외하고 대다수는 중국식 성에서 따온 것으로, 사·연·해·국·목·묘씨 같은 것이 모두 그렇다.

신라의 전설 중에서 나타나는 가장 이른 성씨는 박·석·김의 세 성씨이다. 전해오기를, 고허촌장(高墟村長) 소벌공(蘇伐公)이 하루는 산림(山林)간에서 들려오는 말의 우는소리를 듣고 뛰어가 보니, (말은 없고) 다만 하나의 큰 알이 있어서 깨뜨려서 보니, 한 어린아이가 나왔는데, 이가 곧 박씨의 시조인 혁거세(赫居世)였다. '알의 크기가 박[호(瓠)]와 같았기 때문에 마을 사람들은 박[호(瓠)]를 박(朴)으로 생각하여 박(朴)을 성으로 하였다' 고 하였다.[91] 또 전해오기를, 하나의 독[(櫝);궤(櫃)]이 먼 해외에서 바람에 쓸려 계림(鷄林)의 아진포(阿珍浦)에 이르렀는데, 궤안에 한 아기가 있었고, (한 노파에 의해) 해안에 올리어져 자리 잡고 거처하였는데, 이가 곧 석(昔)씨 성의 시조인 석탈해(昔脫解)이다. '처음에 궤가 왔을 때, 한 마리

91)《三國遺事》권1.〈新羅條〉

까치가 날아와 울며 뒤따랐던 까닭에 작(鵲)자를 간략히 하여 석(昔)으로 성을 삼았다.' 고 하였다.[92] 또 전해오기를, 산림(山林) 중에 어느 날 하나의 금궤가 나뭇가지 위에 걸려 있는데, 흰 닭이 나무 아래에서 울고 있었다, 금궤를 내려 보니 남자아이가 나왔는데, 이가 곧 김씨 성의 시조인 김알지(金閼智) 이며, '금궤에서 나왔기 때문에 '김(金)'을 성씨로 하였다' 고 했다.[93]

위에서 서술한 전설은 완전히 황당무계한 것으로 고려의 역사가 김부식(金富軾) 조차도 '그 말은 괴이하여 믿을 수 없다.'[94] 고 인식하였다. 뿐만 아니라 신라가 한자(漢字)를 채용하기 이전에 어떻게 한자 성을 쓸 수가 있었겠는가? 중국사서에 의거하면 신라국왕이 성씨를 칭한 것을 알아볼 수 있는 것은 6세기 중엽 진흥왕 김진흥(金眞興)에서 시작되었는데,[95] 이때부터 신라국왕은 모두 김(金)이라는 성씨를 이름 앞에 붙여서 썼다. 신라귀족이 성씨를 칭한 가장 빠른 것은 이(李)·최(崔)·손(孫)·정(鄭)·배(裴)·설(薛) 등의 성이다. 그런데 이 6성은 실은 부족시대 6부에서 개명(改名)되어 온 것이다.《삼국사기》〈신라본기〉 제1.에 의하면,

> 유리 이사금(儒理尼師今) 9년 봄에, 6부의 이름을 고쳐서 성을 내리니, 양산부(楊山部)는 급양부(及梁部)로 하고 그 성을 이(李)로 하며, 고허부(高墟部)는 사양부(沙梁部)로 하고 그 성을 최(崔)

92) 《三國史記》〈新羅本紀〉 제1.

93) 《三國遺事》 권1.〈金閼智〉

94) 《三國史記》 권28.〈百濟本紀〉제6편 末에 이르길, '論曰: 신라고사에 운운하기를, 하늘이 金櫝을 내려 주사, 고로 金氏를 姓으로 삼았다하는데, 〈其言可怪而不可信〉이라. 臣이 역사를 편수함에 그 舊聞을 얻고도 그 事辭를 삭제하지 못하였습니다. 그러나 또 들으니, 신라인은 스스로 小昊金天氏의 후예라 하여 金氏를 성씨로 삼았다 하고, 고구려 역시 高辛氏의 후예라 하여 高氏로 성씨를 삼았다 합니다. 古史에 이르길, 백제와 고구려는 똑같이 夫餘에서 나왔고, 또 운운하기를, 秦·漢의 난리 시에 중국인 다수가 해동으로 이동하였은즉, 삼국의 선조가 어찌 옛 성인의 후예란 말인가! 하였습니다.' 라고 하다.

95) 《북제서(北齊書)》 무성본기(武成本紀)

로 하며, 대수부(大樹部)는 점양부(漸梁部)로 하고 그 성을 손(孫)으로 하며, 간진부(干珍部)는 본피부(本彼部)로 하고 그 성을 정(鄭)으로 하며, 가리부(加利部)는 한지부(漢祇部)로 하고 그 성을 배(裵)로 하며, 명활부(明活部)는 습비부(習比部)로 하고 그 성을 설(薛)로 하였다.

고 하였다.

상술한 6성은 예외 없이 당대(唐代)의 대성(大姓)이다. 당대 명문대족에는 청하(淸河)・박릉(博陵)의 최(崔)씨, 범양(范陽)의 노(盧)씨, 농서(隴西)의 이(李)씨, 영양(滎陽)의 정(鄭)씨, 낭야(瑯琊)의 왕(王)씨, 하동(河東)의 배(裵)씨・설(薛)씨, 낙안(樂安)의 손(孫)씨 등이 있다. 상술한 6성은 하나같이 당조(唐朝) 제일의 대성(大姓)으로 (신라) 6촌에 사여(賜與)된 성씨는 당조(唐朝)에 맞춘 일이며, 따라서 만약 육조[六朝: 남북조시대]시대였다면 왕(王)・사(謝) 2성이 채용되어졌을 것이다.《삼국사기》가 그 일을 유리 이사금(儒理 尼師今) 9년 즉, 후한(後漢) 광무(光武) 건무(建武) 8년에 연계시킨 것은 분명히 믿을 수가 없다. 일본인 도엽군산(稻葉君山)은, 6촌이 성씨가 사여된 것은 응당 당나라 사람 임보(林寶)가《원화성찬(元和姓纂)》을 편성한 이후에 있었다고 주장하였는데,[96] 자못 사실에 가깝다 할 것이다. 신라는 고려에게 망할 때까지 일반 인민은 시종(始終) 성씨가 없었다. 즉,《신당서(新唐書)》〈신라전〉에서는,

신라왕은 성이 金이고, 귀인(貴人)의 성은 朴이며, 민(民)은 씨(氏)가 없고 이름만 있었다.

96) 도엽군산(稻葉君山),〈朝鮮の姓の由來〉(朝鮮文化史硏究, pp.125-127.)

고 하였다. 조선시대 이중환(李重煥)이 지은 《팔역지(八域志)》에 이르기를,

> 신라 말엽 중국과 교통하면서 처음으로 성씨를 제정하였다. 그러나 단지 사관(士官)과 사족(士族)만이 성이 있었고, 서민은 모두 성이 없었다. 고려가 후삼국[원문에는 三韓]을 통일하면서 비로소 중국을 본 따서 전국에 성을 반포하여 한성(漢姓)이 마침내 조선반도에 보급되었다. 그런데 조선은 중국과 육지로 연결되어 양국 인민은 자유로이 왕래하였기 때문에 한국인 중에는 수많은 중국후손이 있었다.

고 하였다. 이수광(李睟光)이 지은 《지봉유설(芝峯類說)》에 이르기를,

> 고려조의 학사(學士) 쌍기(雙冀)·호종조(胡宗朝)는 모두 宋나라 사람으로 고려에 와서 벼슬한 사람이며, 연안(延安) 이씨, 청천(淸川) 양(楊)씨, 풍천(豊川) 임(任)씨, 남양(南陽) 홍(洪)씨와 당(唐)·방(房)씨는 모두 중국에서 나왔다.

고 했고, 안정복(安鼎福)의 《동사강목(東史綱目)》〈지리고〉에 이르기를,

> 충렬왕(忠烈王) 때 원(元)의 유배 죄인 40명이 이곳으로 온 까닭에 제주에는 원(元)나라 사람의 자손이 많다. 지금의 조(趙)·이(李)·석(石)·초(肖)·강(姜)·정(鄭)·장(張)·송(宋)·주(周)·진(秦)씨의 적(籍)은 원(元)으로 성씨의 본관(本貫)을 삼는 자이다. 명나라 초기에 운남(雲南)을 평정하고 양왕(梁王)의 가족을 제주로 옮겼는데, 지금의 원(元)·양(梁)·안(安)·강(姜)·대(對)씨의 적(籍)

은 운남(雲南)으로 성의 본관을 삼는다.

고 하였다. 그런데 중국인과 한국인이 모두 한성(漢姓)을 썼기 때문에 한국 성씨의 원류는 대부분 혼란하여 상고할 수가 없다.

[韓國節令] : 중국의 각종 절령(節令)은 한국에도 모두 있다. 고려조에는 중동[仲冬:음력11월] 팔관회(八關會) · 2월 연등회(燃燈會)의 2대 국가제전 이외에 원일(元日) · 상이일(上巳日) · 4월8일 · 단오(端午) · 백중(百中:7월15일) · 추석(秋夕) 등의 절일(節日)이 있다. 상기일(上巳日)에는 청애[淸艾: 쑥]로 물들인 떡을 먹었고, 4월8일은 욕불절(浴佛節)이며, 단오절(端午節) 때에 상류계급은 격구대회(擊毬大會)를 열었고, 민간의 부녀자는 그네뛰기놀이[추천희(鞦韆戲)]를 했으며, 남자는 씨름[각저희(角觝戲)]를 했다. 백중(百中)은 중국의 중원절(中元節)과 같은 것이고, 추석은 중국의 중추절(仲秋節)과 같다.

조선은 고려의 유풍을 계승하였으며, 위에서 말한 절일(節日)외에 중양절(重陽節)을 보태었다. 《증보문헌비고》 권76, 〈예고(禮考)〉22.에는,

> 세종 6년(1424)에 우의정 유관(柳寬)이 한유(韓愈)의 태학탄금시서(太學彈琴時序)와 송 태종의 사포[賜酺: 조정에서 인민에게, 모여 술 마시며 즐김을 허가하는 일, 관청에서 음식물을 베푸는 일] 고사를 인용하여 3월 3일·9월 9일을 절일로 하고 대소 신료로 하여금 명승지를 돌아다니며 구경하며 즐기게 하여 태평의 기상을 형용토록 할 것을 청하니, 왕이 이에 따랐다.

고 하였다. 중국유풍의 절일은 한국에서 조선 말기에까지 계속 유지되었다.

[韓國音樂] : 중국음악은 역사상에서 일찍이 한국에 상당한 영향을 주었다. 《삼국지》〈위지, 동이전〉에 이르기를, '진한(辰韓)에는 슬[瑟: 큰 거문고]이 있는데, 그 형체가 축(筑)과 유사하며 이것을 타면 또한 음악의 곡조가 있다' 고 했고, 또 이르기를, '마한(馬韓)에서는 춤추는 수십 인이 함께 일어나 서로 따르고, 땅을 밟으며 오르내리고, 손과 발을 서로 맞추는데 리듬은 탁무[鐸舞: 방울춤]와 유사하다' 고 하였으니, 삼한시대에 이미 중국음악으로부터 모종의 영향을 받았음을 알 수 있다. 약 400년의 중국 군현 통치(한사군 설치기) 시기를 경과하면서 조선반도의 중국화 색채는 점차 심화되었다. 동진(東晋) 이후 한반도에는 삼국정립의 국면이 출현하였으며, 북방의 고구려는 중국과 국경을 접하면서 갖고 있는 악기의 대부분이 중국에서 전입되었다. 《수서(隋書)》〈고구려전〉에 이르기를, '악기에는 오현(五絃) · 거문고 · 쟁(箏) · 필율[篳篥: 구멍이 9개 있는 취주 악기] · 횡취(橫吹) · 퉁소 · 북이 있으며, 노[蘆: 호리병]를 불어 곡조를 조절하였다' 고 했다. 당시 매우 저명한 악기인 거문고[현금(玄琴)] 또한 중국의 칠현금(七絃琴)을 개량하여서 만든 것이다. 《삼국사기》 권32,〈잡지(雜志)〉 악(樂)편에 의하면,

> 현금[玄琴: 거문고]은 중국 악부(樂部)의 금(琴)을 본떠서 만든 것이다. 금조(琴操)에서 말하는 것을 살펴보면, '복희(伏羲)가 금(琴)을 만들어 몸을 닦고 성품을 다스리게 함으로써 그 천진(天眞)함을 되찾게 하였다' 고 하였고, 또 말하기를 '금(琴)의 길이는 3척 6촌 6푼으로 이는 366일을 본뜬 것이고, 너비는 6촌인데 이는 6합(合)을 본뜬 것이며, 5현(絃)은 5행(行)을 본뜬 것이다. 대현(大絃)은 임금이고, 소현(小絃)은 신하이며, 문왕(文王) · 무왕(武王)의 2현을 더하였다' 고 했다. 또《풍속통(風俗通)》에서 말하기를,

'금(琴)의 길이가 4척 5촌인 것은 사시오행(四時五行)을 본받은 것이고, 칠현(七絃)은 칠성(七星)을 본뜬 것이다' 고 하였다. 거문고의 제작에 대해 신라 고기(古記)에서 이르기를, '처음에 진(晋)나라 사람이 칠현금을 고구려에 보내니, 고구려 사람은 비록 그것이 악기라는 것을 알았으나 그 소리 및 연주법을 알지 못하여 국인(國人)중에 그 소리와 연주법을 아는 사람에게 후한 상을 준다' 고 하였다. 이때에 제이상(第二相)인 왕산악이 그 본 모양을 그대로 두고 여러 번 그 법제를 개량하여 만들고 아울러 일백여곡을 지어 이를 연주하였다. 이때 현학(玄鶴)이 날아와 춤을 추자 마침내 그 악기 이름을 현학금(玄鶴琴)이라 하였는데 나중에는 현금이라고 일렀다.

고 하였다.

백제의 악기 또한 대부분 중국과 서로 같다. 《북사(北史)》 권94.에서 이르기를, '백제에는 북·뿔피리·공후(箜篌)·쟁(箏)·피리[竽·篪·笛]등의 악기가 있다' 고 했고, 《통전(通典)》 권185, 〈변방전(邊防典)〉에서 또한 이르기를, '백제의 악기는 대부분 내지[內地: 중국]와 같다.' 고 했다. 그런데 백제의 악곡은 이미 멸실되어 상고할 수가 없다.

신라는 비록 시작은 비교적 늦었으나 오히려 삼국의 음악문화를 집대성하였다. 신라는 적극적으로 중국 문화를 흡수하였으며, 음악도 예외가 아니었다. 예를 들어 신라 문무왕은 일찍이 사람을 웅진(熊津)으로 보내 당(唐)의 음악을 배우게 하였으니, 이것이 한 예이다. 조선의 임상덕(林象德)이 지은 《동사회강(東史會綱)》 권3.에 의하면,

문무왕 4년(664년) 2월에, 신라가 사람을 웅진으로 보내 당나라 음악을 배우게 했다. 당시에 당나라 군대는 웅진에 머물러 진치고 있었으며, 중국의 악기가 대부분 수반되어 있었다. 동방(우리나라)

의 중국풍은 이때부터 더욱 두드러졌다.

고 했다.

신라악기에는 삼죽(三竹)·삼현(三絃)이 있다. 3죽은 대금(大笒)·중금(中笒)·소금(小笒)인데, 모두 당적[唐笛: 피리]을 모방하여서 제작한 것이다. 《삼국사기》 권32,〈잡지(雜志),악(樂)〉편에 의하면,

> 삼죽(三竹) 또한 당적을 모방하여서 만든 것이다.《풍속통(風俗通)》에서 이르기를, '적[笛: 피리]은 한 무제(漢 武帝) 때 구중(丘仲)이 만든 것이다.' 라고 했고, 또 송옥(宋玉)의 적부(笛賦)를 살펴보면, '송옥은 적(笛)이 한(漢)나라 이전에 있었다.' 고 하나 아마도 이 말은 잘못인 것 같다. 마융(馬融)은 말하기를, '근대의 쌍적(雙笛)은 강(羌)으로부터 시작되었고, 또한 적(笛)은 척[滌 : 씻는다]을 뜻하는데, 그 이유는 사특하고 더러운 것을 씻어서 이를 우아하고 바른 것으로 돌리기 때문이다.' 라고 하였다. 그 길이는 1척이고 구멍은 47개이다. 향삼죽(鄕三竹)은 신라에서 기원하였는데 누가 만들었는지는 알 수 없다.

고 하였다.

삼현(三絃)에는 앞에서 말한 거문고[玄琴] 이외에 가야금(伽倻琴)과 비파(琵琶)가 있다. 비파의 전입(傳入) 시기는 불분명하나 당(唐)나라 것과 비슷하다. 가야금은 중국의 쟁(箏)을 모방하여서 만든 것으로 이것은 신라가 가야를 멸망시켰을 때 가야 유민에게서 학습하여 온 것이다. 《삼국사기》 권32,〈잡지,악(樂)〉편에 의하면,

> 가야금은 중국의 쟁(箏)을 본떠서 만든 것이다.《풍속통》에 이르기를, '쟁(箏)은 진(秦)나라 음악이다.' 라고 했고, … 완우(阮瑀)

는 말하기를, '쟁의 길이가 6척인 것은 율수(律數)에 대응한 것이고, 줄이 12인 것은 사시(四時)를 형상한 것이며, 주고(柱高)가 3寸인 것은 3재(才)를 형상한 것이다. 가야금은 비록 箏의 제원과 조금 다르나 대체적으로는 유사하다.' 고 했다. 《신라고기》에 이르기를, '가야국의 가실왕(嘉實王)이 당나라의 악기를 보고 이것을 만들었으며, 왕은 여러 나라 방언이 각기 다르니, 그 음성을 어찌 통일할 수 있겠는가? 라 하고 곧 악사인 성열현(省熱縣) 사람 우륵(于勒)에게 명하여 12곡을 짓게 했다. 뒤에 우륵은 그 나라에 난리가 일어나리라고 생각하여 악기를 가지고 신라 진흥왕에게 투항하니, 왕은 그것을 받아 국원(國原)에 안치하고 곧 대나마 주지(大奈麻 注知)·계고(階古)·대사 만덕(大舍 萬德)을 보내어 그 업(業)을 전수케 하였다.' 고 했다.

고려가 홍기하면서 음악은 더욱 발달하였다. 당시 음악은 아악(雅樂)·당악(唐樂)·향악(鄕樂)의 3종으로 구분된다. 향약(鄕樂)만이 삼국시대 고유의 음악이고 아악·당악은 모두 중국에서 전해졌다. 당악은 당시 중국의 속악(俗樂)이며, 아악은 송나라 황제가 하사한 것이다. 서긍(徐兢)의 《선화봉사고려도경》 권40, 〈악률조〉에 의하면,

희녕[熙寧: 송나라 神宗 때의 연호] 연간에 고려의 문종이 일찍이 악공(樂工)을 보내줄 것을 주청(奏請)하니, 제(帝)가 조(詔)를 내려 그 나라(고려)에 갔다가 수년 후에는 돌아오고 뒷사람으로 다시 가게 하였는데, 반드시 재물을 주고 악기 연주자를 받들어 스승으로 삼게 하고, 매번 고려로 보낼 때는 관(館)에 나아가 교육을 시키도록 하였다. 근년에 고려에서 입공(入貢)하여 또 대성아악(大晟雅樂) 및 연악(燕樂)을 내려줄 것을 청하니, 조(詔)를 내려 모두 들어주었다. 따라서 고려에서는 음악과 춤이 더욱 번성하여 보고

들을 만하다. 지금 그 음악은 두 부류가 있는데, 하나는 당악 즉 중국의 음(音)이고, 하나는 향악 즉 이음[夷音: 고래의 전통음악]이다. 그 중에 중국 음(音)은 악기가 모두 중국의 것이며, 오직 향악에는 북[鼓板]·생우[(笙竽;笙篁]·팔율(觱篥: 옆으로 뉘어 부는 피리]·공후(箜篌)·오현금(五絃琴)·비파(琵琶)·피리[箏笛] 등의 악기가 있는데 형태와 제작법이 중국의 것과는 다르다.

고 하였다.

송나라 휘종(徽宗)이 이미 대성악(大盛樂)을 고려에 주었고, 조선시대에는 명나라 태조가 다시 아악(雅樂)을 주었다. 명나라 조정이 준 아악이라는 것, 또한 실은 송나라 대성악의 유법(遺法)에 근거한 것인데, 조선의 박지원은 《열하일기》 권13, 〈망양록(亡羊錄)〉 중에서, 그 자신과 청나라 사람 곡정(鵠汀)과의 문답을 다음과 같이 적고 있다.

곡정이 이르기를, '귀국[貴國: 조선]의 악기·악공은 고려의 옛 것이니 이는 반드시 송나라 휘종이 나누어 준 대성악이다.' 라고 하였다. 내(박지원)가 이르기를, '지금 조선에서 사용하는 것은 명나라 홍무제(洪武帝)가 준 것이다.' 라고 하니, 곡정이 이르기를, '홍무제가 준 것의 실체는 대성악의 유풍(遺風)이다. 주자(朱子)가 말하기를, 송나라 휘종 때는 사악하고 아첨 떠는 때이고 거란·여진족에 시달리던 시기인데 어찌 천지(天地)의 화합을 말할 수 있는가? 그러나 송나라는 이미 남쪽으로 옮겨갔고, 금(金)나라 태종이 모두 변경(汴京)의 악기·악공을 취하여 북쪽으로 가서 이름을 바꿔 태화악(太和樂)이라 했는데, 그 실체는 대성악이다. 금나라가 송나라 황제를 죽이고 환란을 일으킴에 이르러 또다시 변채(汴蔡)로 남천(南遷)하였고, 변채가 함락됨에 이르러 중원의 옛 물건이 모두 원(元)으로 들어갔다. 원나라 사람 오채(吳菜)는 태상(太常)에서 사용한 음악이라 생각했으나 본래는 대성악의 유법(遺法)이며, 옛 악공으로 하여금 가르치게 하여 대사(大祀)를 준비한 것이니, 원나라의 악호(樂戶) 자손은 세적(世籍)이 하변(河汴)인 것 같으나 명나라가 원나라를 축출함에 이르러 그 악공과 악기를 얻었기 때문에 태상아악(太常雅樂) 및 악관(樂官)이 배워 익힌 것은 대성악을 보충한 것과 같고, 대무백희(隊舞百戲)는 거의 다 원의 옛 것으로 고황제(高皇帝)가 원나라 정책을 하나같이 혁파하였으나, 대성악에 있어서는 금나라가 송나라 것을 따르고, 원나라가 금나라 것을 따랐으므로 그 유래가 이미 오래되었으니, 반드시 중국의 유풍인 까닭에 다시 개창한 것이 아니라고 말할 수 있다. 이런 까닭에 홍무제가 반포한 것은 본래 하나같이 대성악이다.' 라고 하다.

조선 세종 때에는 박연(朴堧)에게 명하여 음악을 정리하게 하였는데,[97] 이에 아악은 더욱 크게 발전하였다. 일본 음악사가 전변상웅(田邊尙雄)이 편찬한《조선음악고》에 다음과 같이 설명한다.:

조선의 雅樂은 중국 夏·商·周 삼대의 유제(遺制)를 계승하였는데, 중국은 비록 대부분 이미 실전(失傳)하지만, 조선은 오히려 여전히 상당한 수준으로 완정(完整)되어졌으며, 이는 단지 한성(漢城) 경복궁박물관이 보존하고 있는 신라의 고분출토의 주조 고훈(周朝 古壎)만 보더라도 그 연원(淵源)이 길고 오랫동안 유전(流傳)되었음을 알 수 있다. 조선은 이미 장악원(掌樂院) 및 국악사(國樂師)의 설치가 이루어져, 도제조(都提調)를 통해 그 사무가 주관되었고, 그 아래로는 아악사장(雅樂師長) · 아악사(雅樂師) · 아악수장(雅樂手長) · 아악수(雅樂手) 등의 직책 명칭이 설치되었다. 조선 왕실의 아악은 종묘음악(宗廟音樂)과 문묘음악(文廟音樂) 2부로

97)《世宗實錄》권60, 癸丑15년 9월 辛卯條.

똑같이 나뉘었고, 악기의 진열은 헌가(軒架)와 등가(登歌)의 구분 이 있어 궁중에서의 연악(宴樂)을 거행할 시에 사용한 악기는 대부분 서로 같다. 조선시대의 장악원 내의 악인은 가장 성할 때에는 700명 이상이 되었으나, 대정(大正) 10년에 이르러서는 다만 57인만 남았었는데, 궁중의 제의(祭儀)를 거행할 시에는 적어도 120명이 수요(需要)되었고, 부족한 숫자는 곧 민간물색(民間物色)을 따라 보충하였다.

이로 말미암아 중국 최고(最古)의 아악은 시종 조선에서 일맥 상전(相傳)하여 일제시대에도 조선의 악제는 여전히 해체되지 않았으며, 구식 왕궁 아악부(王宮 雅樂部)를 통해 아악을 계승하여 줄곧 오늘에까지 전수된다.

[韓國遊戲] : 중국의 몇몇 유희(遊戲)는 삼국시대에 이미 조선반도에서 유행하였다. 《구당서(舊唐書)》, 〈고구려전〉에 이르기를,

> 고구려는 … 바둑[위기(圍棋)]·투호(投壺)놀이를 좋아했으며, 사람들은 축국(蹴鞠)을 잘했다.

고 한다.

《북사》〈백제전〉에 이르길,

> 백제국에는,…… 투호(投壺)·우포(木雩蒲)·농주(弄珠)·악삭(握槊) 등의 잡희(雜戲)가 있었는데, 더욱 혁기(弈棊)를 좋아했다.

이로 볼 때, 고구려와 백제에서는 일찍이 바둑·축국[(蹴鞠);蹴球]·투호·우포(樗蒲)·주사위놀이[雙六]·구슬치기[弄珠] 등의 유희(遊戲)가 유행하였으며, 그 중에서도 특히 바둑[위기(圍棋)]이 가장 번성하

였음을 알 수 있다. 역사에서 이르기를, 고구려 장수왕은 일찍이 승려 도림(道琳)을 첩자로 파견하여 백제 개로왕(蓋鹵王)을 설득하여 토목공사를 크게 일으키도록 하여 백제의 국고(國庫)를 고갈시켜 병사를 크게 일으켜 토벌하여 백제의 수도를 점령하려 도모하였다. 도림은 그 계획을 잘 실행에 옮기기 위하여, 그가 잘했던 바둑을 통해 개로왕의 바둑선호(善好)와 투합하였다. 《동국통감(東國通鑑)》 권4, 〈삼국기〉에 이르기를,

> 장수왕 63년(475년)에, … 처음에 고구려왕은 몰래 백제에 보낼 만한 첩자를 구하였는데, 승려 도림이 응모하여 이르기를, '신이 비록 무능하나 나라의 은혜에 보답할 생각이 있으니 원컨대 대왕께서는 저를 보내주십시오.' 라고 하니, 왕이 기뻐하며 비밀리에 그를 보냈다. 도림이 거짓으로 죄를 짓고 도망하여 백제로 들어갔다. 당시에 백제왕은 바둑을 좋아하였는데, 도림이 왕문(王門)에 이르러 고하여 말하기를, '신이 어려서부터 바둑을 좋아하여 오묘한 경지에까지 이르렀다.' 고 하니, 왕이 그를 불러 함께 바둑을 두어 보니 과연 국수(國手)의 경지여서 마침내 그를 높여 상객(上客)으로 삼아 심히 친하게 지내며 서로 늦게 만난 것을 한탄하였다.

고 하였다.

신라 또한 바둑이 유행하였기 때문에 당나라 현종(玄宗)은 형숙(邢璹)을 파견하여 신라에 사신으로 보낼 때에 특별히 바둑을 잘 두는 양계응(楊季鷹)에게 동행토록 명하였다. 《구당서》 〈신라전〉에 이르기를,

> 또 들으니, 그 나라(신라) 사람은 대부분 바둑을 잘 둔다고 하므로 바둑을 잘 두는 사람인 부병조(府兵曹) 양계응으로 하여금 형숙의 부사가 되어 따라가게 했다. 형숙 등은 신라에 이르러 크게 신

라인의 공경을 받아서 신라의 바둑 두는 자가 모두 양계응의 휘하에 있었다. 이에 형숙 등에게 금은보화 및 약물(藥物) 등을 후하게 주었다.

고 하였다.

당 현종의 이 일은 비록 우방과의 외교를 돈독하게 하기 위한 것이었으나 후일에 한국 역사가의 맹렬한 비난을 받았다. 예를 들어 조선의 역사가 권근(權近)은 그 일을 평하여 이르기를,

> 제[帝: 당 현종]는 형숙을 보내 유교의 융성함을 과시하면서도 바둑 잘 두는 자를 부사(副使)로 보낸 것은 무엇인가? 진(晋)은 노자의 허무지도(虛無之道)를 숭상하고 또 바둑에만 열중하여 마침내 나라를 망하게 하였는데, 지금에 와서 현종이 다시 그 전철을 밟으면 어찌 천보(天寶)의 혼란을 모면할 수 있으리오?98)

라고 하였다.

고려 시대에는 또 중국에서 꼭두각시 놀이[괴뢰희(傀儡戲)]가 전래되었으며, 근대에 이르기까지 서울 지방의 민간 놀이는 여전히 약간은 고려시대의 유풍을 갖고 있었다. 장기[(將棋):상기(象棋)]가 어느 때에 중국에서 유입되었는지는 알 수 없으나 조선시대에 대단히 유행하였다. 장기의 주법(走法)은 조금 다른데 이것은 문화의 전파과정에서 피하기 어려운 현상이다.

중국의 음양복서(陰陽卜筮)의 술(術)은, 전설에 의하면 은·주(殷·周)시대에 이미 조선반도에 전입되었다 한다. 조선의《증보문헌비고》권242, 〈예문고(藝文考)〉에 의하면,

---

98) 《東國通鑑》 권10, 〈新羅紀. 효성왕(孝成王)〉 2년.

함허자(涵虛子)가 이르기를, 기자(箕子)가 중국인 오천 명을 거느리고 조선에 들어갔는데, 그 시·서·예·악(詩·書·禮·樂)·의무(醫巫)·음양복서(陰陽卜筮)가 모두 이때에 따라 들어갔다.

고 하였는데, 이러한 억설(臆說)은 입증하기가 부족하다.

기록에 의거하여 상고할 수 있는 것으로는, 남북조 시대 백제는 확실히 이미 중국의 음양오행 사상의 영향을 받았다는 것이다. 《수서》〈백제전〉에서 이르기를, '백제는 의약·시귀[蓍龜: 점칠 때 쓰는 풀과 거북]·복상(卜相)술을 알았다.' 고 했고, 《북사(北史)》〈백제전〉은 '의약·시귀(詩句)와 관상술·음양오행을 알았다.' 고 했다.

신라는 동남쪽 귀퉁이에 치우쳐 있어서 중국 문화 접촉이 늦었다. 《삼국사기》〈신라본기〉제1.에서 이르기를, '석씨 성의 시조인 탈해(脫解)가 처음 해외에서 바람에 표류해 오자, 한 노모가 키웠는데, 그의 골상(骨相)이 보통사람과는 특수하고 달라서 학문에 힘써 공명을 세우도록 하였다. 이에 학문에 정치(精緻)하였고 아울러 지리에도 밝아 양산(楊山)아래의 호공(瓠公) 집을 바라보고는 길지(吉地)라고 생각하여 꾀를 내어 이곳을 취하여 살았다' 고 하는데, 아마도 신라는 1세기를 전후하여 이미 풍수복지(風水卜地)의 술(術)을 안 것 같으나 이는 당연히 사실이 아니며, 신라에서 풍수미신이 유행한 후에 한국의 역사가가 갖다 붙인 데서 나온 생각일 것이다. 일반 학자의 대부분은 신라 승려 도선(道詵)을 풍수지리의 주창자로 하고 있다. 전하는 이야기로는, 도선은 일찍이 당나라에 들어가 일행선사(一行禪師)에게서 공부하였는데, 어느 날 일행이 도선에게 일러 말하기를, '나는 고려와 인연이 있다. 듣기에 고려의 산천은 대부분 본주[本主: 신라왕실, 즉 경주]에 배반하여 혹은 9한(韓)이라 하고 혹은 3한

(韓)이라 하여 내외가 역적이 되어 끊이지 않는다고 하는데, 이것은 천지의 혈맥이 조화를 이루지 못해 생긴 현상이다.' 라 하고, 일행(一行)이 붓을 들어 일일이 점을 찍고 이르기를, '사람에게 병이 있으면 혈맥을 찾아 혹은 침을 놓고 혹은 부황을 뜨면 병이 낫는 것처럼 산천의 병 또한 그러하다. 지금 내가 점을 찍은 곳에 절과 탑을 세우면 사람에게 침을 놓고 부황을 뜬것과 같으니, 이름 하여 비보(裨補)라고 한다.' 고 하니, 이에 도선(道詵)이 귀국하여 지리비보설(地理裨補說)을 제창하기 시작하였으며, 아울러 《도선비기(道詵秘記)》[*도선밀기(道詵密記)]라고 하는 도참서(圖讖書)를 지었다고 한다. 그러나 도선은 효공왕(孝恭王) 2년(898)에 사망하여 일행보다도 약 100년이 늦다. 따라서 일찍이 일행에게서 배웠다고 하는 데에는 의심이 가지만 도선이 당나라에서 풍수학을 전입했다는 것은 믿을 만하다. 역사에서 이르기를, 고려 태조 왕건의 아버지는 극히 도선을 숭배했다고 하는데 혹시 이 영향에서 연유하는지도 모른다. 고려 태조는 특별히 풍수를 전폭적으로 믿었으며, 세인(世人)은 이를「태조술요(太祖述要)」라 칭하였다. 〈훈요〉의 두 번째에서 이르기를,

> 모든 사원은 다 도선이 산수의 순역(順逆)을 점쳐서 개창한 것이다. 도선이 이르기를, '내가 점을 쳐서 정한 바의 바깥에 망령되이 절을 지으면 지덕(地德)을 훼손하여 왕조의 운명이 길지 못하다. … 신라 말기에 다투듯이 부도(浮屠)를 지어 지덕을 쇠하게 하여서 멸망에 이르렀으니 어찌 경계하지 않겠는가!' 라 하였다.

고 했으며, 또 〈훈요〉의 다섯 번째에서 이르기를,

> 짐(朕)은 삼한 산천의 음덕을 입어 대업을 이루었다. 서경[西京 :

평양]의 수덕(水德)은 고르고 순하여 우리나라 지맥의 근본이며 대업을 만대에 전할 땅이니 마땅히 사계절의 가운데 2월·5월·8월·11월에 순행(巡幸)하고 머물러, 1년에 100일을 넘게 머물러서 국가의 안녕에 이르도록 하라.99)

고 했다.

〈훈요〉의 진위에 대해 후일의 역사가 중에 의심하는 자가 없지는 않으나 고려 초년에 풍수미신이 이미 한국사회에 상당한 세력을 차지하고 있었음은 의심의 여지가 없다. 고려는 宋나라와 교통하게 되면서 더욱 송나라의 영향을 받아서 풍수지리설이 크게 유행하였다. 고려 현종(顯宗) 13년(1022년)에 한조(韓祚)는 송나라 진종(眞宗)이 준 음택(陰宅)·양택 도서(陽宅 圖書)를 가지고 귀국하였다. 고려 문종 11년(1057년)에는 둔갑(遁甲)과 풍수를 전문으로 강의하는 송나라 사람 장완(張琬)을 태사감후(太史監候)로 삼았다. 고려 예종(睿宗) 때에는 또 중국의 풍수서적 내용을 줄여《해동비록(海東秘錄)》을 편찬하였는데,《동국통감》권32,〈고려기〉에 이르기를,

예종 원년(1106년) 춘 정월에, 유신(儒臣) 김연(金緣)·최선(崔璿)·이재(李載)·이덕우(李德羽)·박승중(朴昇中) 등 십여 인에게 명하여 태사관(太史官)과 함께 장녕전(長寧殿)에 모여서 지리에 대한 여러 서적을 모아 동이(同異)를 바로잡고 그 복잡함을 줄이게 하여 하나의 책을 편찬하였는데, 이름 하여《海東秘錄》이라 하다.

고 하였다.

이에 풍수미신은 더욱 사람의 마음속에 깊이 들어가 고려 인종 때

---

99)《高麗史》권2,〈태조〉26년 4월조.

에는 끝내 묘청(妙淸)의 난을 일으키는 데까지 이르렀다. 묘청은 음양의 비술(秘術)에 통했다고 자칭했으며, 대관(大官)인 근신[近臣: 왕의 측근 신하]의 추천을 얻어 궁정을 출입하면서 국왕의 신임을 얻었다. 인종 6년(1128)에 묘청이 양경(兩京: 개경과 서경)의 지덕(地德)을 논급할 때에 이르기를, '개경은 이미 쇠했고 서경은 빛을 발한다' 고 하면서 서경의 임원역(林原驛) 지방은 땅이 음양가가 말하는 「대화(大花)」의 형세이어서 만약에 이곳에 궁궐을 정해 도읍을 세우게 되면 금나라가 반드시 투항할 것이며, 아울러 36국이 장차 고려에 조공(朝貢)해 올 것이라고 했다. 원래 풍수가는 산수의 시작과 끝을 나무의 줄기·가지·꽃·열매에 비유하기를 좋아하는데, 이 모든 산수의 취합점(聚合點)은 곧 상서로운 자리여서 「명당(明堂)」이 되며, 또한 「화세(花勢)」 혹은 「화혈(花穴)」이라 칭한다. 인종은 묘청의 말을 듣고 대단히 흥분하여 이곳(서경)에 새로운 궁궐을 짓기로 하고 이름 하여 「대화궁(大花宮)」이라 하였고 아울러 천도를 계획하였으나 일부 유학자들의 맹렬한 반대에 부딪히자 묘청은 부득이 끝내는 모반을 일으켰다가 피살되었다.

고려 신종(神宗) 원년(1198년)에는 정식으로 산천비보도감(山川裨補都監)을 설치하고 풍수원리에 근거하여 수도건설을 계획하였으니 당시 귀족들이 풍수에 심각하게 중독되었음을 알 수 있다. 고려에서는 풍수미신의 유행 외에도 참위설(讖緯說)이 자못 세력이 있었는데, 이 부류의 기사는 역사서에 끊이지 않았다.

고려 후의 조선에서는 더욱 깊게 사회 각 계층으로 흘러 들어갔다. 태종은 나라사람의 중독이 지나치게 심하여 부모가 죽으면 대부분 해를 넘기거나 2, 3년 동안 장례를 치르지 않는 것을 보고 일찍이 명을 내려 장서(葬書)를 불태우게 하고 아울러 참위설을 몹시 배척하였다. 《태종실록(太宗實錄)》 권33, 정유(丁酉) 17년 (1417년) 6월

을유조(乙酉條)에서 이르기를,

상께서 이르시길, 옛적에 천자(天子)는 7개월, 제후(諸侯)는 5개월, 대부(大夫)는 3개월, 사(士)는 한 달이 지나서 장사지냈는데, 이제는 간혹 유년(踰年)이 되어도 장사지내지 않는 자가 있으니, 심히 고제(古制)에 어긋난다. 또 가장(仮葬)한다고 일컬으며, 들판에 두고서는 '아무 해 아무 달 아무 날은 어느 아들 · 어느 손자의 생일(生日)을 범하므로 누구누구에게 표적이 된다.' 고 하면서, 그 자손의 이해(利害)를 불러가며 헤아리니, 그 자손이 많은 사람은 혹 2년에서 3년에 이르도록 장사지내지 않는 자도 또한 많게 되었다. … 이조 판서 박신(朴信)이 말하기를, 음양가(陰陽家)에서 제가(諸家)의 장서(葬書)를 모았기 때문에 이론(異論)이 봉기(蜂起)하여 사람들을 속이고 유혹(誘惑)하였으니, 장서(葬書)를 모두 모아서 서운관(書雲觀)으로 하여금 그 대요(大要)를 추리게 하고, 기타의 괴이한 서적은 모조리 없애고 쓰지 말게 함으로써 사람들의 미혹을 막으소서.

라 했고, 같은 책, 같은 달에 또 실려 있기를,

상께서 이르시길, 내가 서운관(書雲觀) 구장(舊藏)의 참서(讖書)를 모조리 불살라 버리라고 했었는데 아직도 있다는 말인가? 내가 비록 불민(不敏)하지만 두루 제왕(帝王)의 행적을 보았더니, 참위(讖緯)의 설(說)을 논자(論者)들은 모두 취하지 아니하였다. 술수(術數)로 말하면 수(數)에 의하여 일어난 것이지만, 참위 같은 것은 허탄(許誕)한 데에서 나온 것이라 심히 믿기에 족하지 못한 것이다. 그러나 한(漢)나라 광무제(光武帝)와 같은 총명을 가지고도 오히려 도참(圖讖)에 미혹되었으므로 논자들은 이를 비평하였는데,

이것은 광무제가 도(道)에 불순(不純)하였기 때문이다. 우리 조정에 이르러, 참서(讖書)에서 말한 바, 목자(木子)·주초(走肖)의 설(說)은 개국 초기에도 있었다. 정도전(鄭道傳)은 말하기를, '이것은 반드시 호사자(好事者)가 만든 것이다.' 라고 하였지만, 마침내 이 책을 따르게 되니, 조정의 대신들도 이를 믿지 않는 사람이 없었다. 내가 정안군(靖安君)으로 있을 때에는 이것을 믿지 않았는데, 천도(遷都)하는 날에 진산 부원군(晉山 府院君) 하윤(河崙)이 심히 이 책을 믿어 도읍을 무악(毋岳)으로 정하고자 하였지만, 나만이 믿지 아니하고 한양(漢陽)으로 도읍을 정하였다. 만약 참서를 불살라 버리지 않고 후세에 전한다면 사리(事理)를 밝게 보지 못하는 자들이 반드시 깊게 믿을 것이니, 빨리 불살라 버리게 함이 이씨 사직(李氏 社稷)에 있어서 반드시 손실(損失)됨이 없을 것이다.

라고 하였다.

그러나 풍수참위설은 여전히 예전처럼 유행하였다. 일반적으로 길지(吉地)를 선택하기 위한 분규가 끊이지 않아서 혹은 땅을 다투어 소송에 이르거나 몰래 옛 무덤을 발굴하기도 하였으며, 산에 빈 구멍이 없으면 평지를 발굴하였고, 양전옥토(良田沃土)는 폐하여 무덤으로 되어 진정 그 해독이 끝이 없었다. 조선 말기에 이르러서도 대원군은 여전히 참위설을 깊이 믿었는데, 예를 들면 일찍이 계룡산으로 수도를 옮길 계획을 하였으며, 아울러 경복궁이 완성되면 곧 관악산의 신궁(新宮)에 재앙이 내릴 것이라고 망령되이 믿었으니, 모두 예외 없이 참위사상의 영향이라 하겠다.

이밖에 중국이 성황(城隍)을 제사하고 관제(關帝: 관우)를 제사하는 예속(禮俗) 또한 조선 반도에 전입되었다. 성황을 제사하는 것은 고려에서 시작되었는데 문종 9년(1055년) 에는 선덕진(宣德鎭) 신성

(新城)에 성황신사(城隍神祠)를 설치하고 숭위(崇威)라는 이름을 하사하고 춘추로 제(祭)를 올렸다. 인종 14년(1136년)에는 서경(西京)이 평정되자 김부식이 사람을 보내 성황 여러 신께 제사하였다. 고종 23년(1236년)에는 몽고군을 격퇴시킨 공을 성황의 도움으로 돌려 온수군(溫水郡) 성황신의 호(號)를 봉하였다.

조선은 고려의 옛 습속을 답습하여 성황단(城隍壇)은 풍운뇌우(風雲雷雨)와 단(壇)을 같이 하여 성황신을 제사하였고, 태종 6년(1406년)에는 명을 내려 성황당의 단(壇)을 수축하도록 하고 아울러 호인(護人) 장정을 두어 지키게 했다. 인조 14년(1636년)에는 청나라가 침입하자 왕은 남한산성에서 본주[本州: 서울] 성황에게 제사를 올리도록 명하여 신의 도움을 바랬다. 관제(關帝)를 제사한 것은 왜란 때 명나라가 조선을 원조한 것에서 시작한다. 명나라 사람은 지극하게 관우(關羽)를 숭배했기 때문에 명나라 군대는 조선에 들어온 후에 여러 장군이 다투어 관왕묘(關王廟)를 세웠다. 다음 해에 명나라 장군 진인(陣寅)은 또 서울 남문에 남관왕묘(南關王廟)를 세우고 남묘(南廟)라고 칭했다. 선조 33년(1600년)에는 조선에서 또 서울 동문밖에 하나의 관왕묘를 세워 동묘(東廟)라고 칭하였는데, 3년이 걸려 완성되자 명나라 신종이 액자를 내려주며 이르기를, 「현영소덕무안왕묘(顯靈昭德武安王廟)」라고 하였다. 이로부터 280년 후(1882년)에 일본이 한성사건(漢城事件)을 만들어 침략의 음모를 시작했을 때, 조선의 고종이 홀연히 꿈에서 關帝를 보고는 신의 도움이 있을 거라고 인식하여 또 숭교방(崇敎坊) 동북구석에 하나의 관왕묘를 세워 다음 해에 완성하고는 북묘(北廟)라 칭하였다.

조선은 선조 이후로 역대 국왕이 관왕에 대해 존숭함이 지극하지 않음이 없었다. 즉《정조실록》권8, 기해 3년(1779년)조에는,

> 8월 갑인에 임금이 인정문(仁政門) 밖에 이르러 말을 타고 흥인문(興仁門)을 나갔다. 관왕묘(關王廟)에 이르러 임금이 말하기를,
> '송조(宋朝)에서 군행(軍行)하면 반드시 절한 예(禮)에 따라 우리 왕조의 숙조[肅祖: 肅宗]·영고[英考: 英祖]께서도 전배[展拜: 공손히 절함]하셨으니, 나 또한 감히 따라 행하지 않을 수 있겠는가?'
> 라 하고, 이어서 관왕묘에 나아가 재배례(再拜禮)를 행하였다.

라고 하였다.

이상의 서술을 통해 볼 때, 중국의 각종 풍속이 일찍이 한국에 얼마나 깊은 영향을 주었는지를 알 수 있다.

제 6 편
宗 教

제6편 종교(宗敎) 영향

제18장 유교(儒敎) 부문

1. 중국의 유교

서한 무제가 백가(百家)를 축출한 후부터 유학은 독존(獨尊)의 지위를 차지하였다. 그 후 동한, 즉 후한시대(A.B.25~220년)에 이르러 불교가 수입되어 점차 기반사회에 확대되었고, 종국에는 유학과 함께 대립하는 국면을 조성하였다. 그래서 남북조시대에는 곧 `이교(二敎)`의 용어가 출현하였는데, 예컨대 사영운(謝靈運)은 《변종론(辨宗論)》에 이르기를, '2교[유교 · 불교]는 같지 않은 것으로, 방법과 사물에 따라서 조화(造化)되는 바가 다르다.' 고 하였고, 한편《안씨가훈(顔氏家訓)》에 이르기를, '내외 2교는 본디 일체(一體)이다.' 고 하였다. 동시에 불교의 자극으로 말미암아 고유한 도교(道敎)와도 부딪침에 따라 이에 `삼교`라는 용어가 성립되었는데, 예를 들면, 승려 혜원(慧遠)은 `항의주무제폐불소문(抗議周武帝廢佛疏文)`에서 `삼교`라 지칭하였고,[100]《북사(北史)》〈이사겸(李士謙)전〉에서도 `삼교`라는 용어가 등장한다.[101] 이로부터 세상 사람들은 유·불·도를 `삼교`로 삼았고, `유교`는 거의 유학의 대명사가 되었다. 사실, 유학은 원래 종교가 아니고, 공자는 원래 교주(敎主)가 아니지만 어떤 각도에서 본다면 오히려 역사상 어떤 형식이었던 간에 유교의 존재를 부인할 수는 없다.

---

100) '隨俗致詞,憲章三教,若爾則三教同廢,將何治國?'

101) '客問三教優劣. 士謙曰. '佛日也, 道月也, 儒聖也.'

한 고조 통치시기로 부터, 노(魯)지역을 지날 때면 태뢰[太牢: 소·양·돼지의 희생으로 갖춘 제수(祭需) 곧 대성찬(大盛饌)]로 공자에 제사하였고, 한 영제(靈帝)는 홍도문학(鴻都門學: 당시 중앙의 교육기관)을 설치하고 선성(先聖) 및 72제자의 초상을 그려놓음으로써, 점차 공자를 제사하는 풍조를 열어갔다.

당 고조 무덕(武德) 2년(619년)에는 국자감(國子監)에 주공·공자의 묘당(廟堂)을 세우고 사시(四時)에 제사를 지내도록 하였고, 7년(624년)에는 친히 석전(釋奠)에 임하였다. 당 태종 정관(貞觀) 2년(628년)에 주공(周公)을 선성(先聖)으로 삼아 제사하는 것을 정지하고 처음으로 국학(國學)에 공자 묘당을 세워 공자를 선성으로 삼았으며 안자(顔子)를 선사(先師)로 삼았다가, 4년(630년)에 각 주·현에 조령을 내려 공자묘를 세우도록 하였고, 21년(647년)에는 석전(釋奠)의식을 제정하고 중앙은 국자좨주[國子祭酒: 국자감 최고 교육책임자를 `좨주`라 칭함]를 통해 먼저 헌향(獻享)토록 하고 국자사업[國子司業: 국자감 교육 차석을 `사업`이라 칭함]이 그 다음 헌향을 하도록 하였으며 국자박사(國子博士)가 마지막 헌향을 하도록 하였다. 지방의 각 주에는 곧 자사(刺史)가 제일 먼저 헌향을 하였고 상좌(上佐)가 그 다음, 그리고 박사가 마지막 헌향을 하였다.[102] 당 현종 개원(開元) 8년(720년)에 공문(孔門) 십철(十哲[103])의 종사(從祀)외에도 아울러 72제자의 종사(從祀)를 허용하였고, 27년(739년)에는 공자를 추봉(追封)하여 문선왕(文宣王)이라 하였다.

송 태조 건륭 3년(962년)에는 공문의 십철상(十哲象)을 수식(修飾)하였고, 선현(先賢) 72인 및 선유(先儒) 21인의 상(象)을 양편 곁채의

102) 《唐會要》 권35,〈釋奠〉

103) 공자의 문하생 중 뛰어난 열 사람. 곧 안연(顔淵), 민자건(閔子騫), 염백우(冉伯牛), 중궁(仲弓), 재아(宰我), 자공(子貢), 염유(冉有), 자로(子路), 자유(子游), 자하(子夏) 등 10 명을 지칭함. *孔門十哲.

벽에 그려 놓도록 하였다. 송 도종 함순(咸淳) 3년(1267년)에는 처음으로 안자(顔子) · 자사(子思) · 증자(曾子) · 맹자(孟子)를 공자와 함께 배향(配享)토록 하였는데, 이를 `사배(四配)`라 일컫는다. 원 세조 지원(至元) 10년(1273년)에는 `춘추이정(春秋二丁)`을 조칙하여 공자를 제사토록 하였다.

명 세종 가정원년(1522년)에는 소상[塑像: 진흙으로 만든 조각상]을 제거하고 신주(神主)를 세우도록 조칙을 내렸는데, 기서(記書)하여 이르기를, `지성선사공자신위(至聖先師孔子神位)`라 하였고, 9년(1530년)에는 처음으로 계성묘(啓聖廟)를 세우고 계성공(啓聖公) 및 선현 안자(顔子)·증자(曾子) 등 제자의 부친(父親)을 제사하였다. 이처럼 역대의 왕조가 공자를 받들고 제사함을 통해서 어떤 사람은 유교는 중국의 국교(國教)라고 말해도 무방하다고 까지 인식하였다.

2. 한국의 유교

중국의 이웃 국가인 한국은 옛 부터 중국문화권에서 성장했기 때문에, 유교가 이미 한국에 상당한 영향을 주었다는 것을 상상하기에 과히 어렵지 않다.

한국에서 공자를 제사한 것은 위로 거슬러 올라가 8세기 초 신라 성덕왕 때로 볼 수 있다. 《삼국사기》 〈신라본기〉 제8.에 의하면,

> 성덕왕 16년(717년) 가을 9월에, 당나라에 들어갔던 대감(大監) 수충(守忠)이 돌아와서 문선왕[文宣王: 공자의 시호]·십철(十哲)·72제자의 초상을 바치니, 곧 대학(大學)에 안치하였다.

고 했다. 당시에 이미 공자상을 대학에 둔 것에서 생각해보면 당연히 이미 향례[享禮: 제례]가 있었던 것 같으나, 기록이 오랫동안 부

족하여 상고할 수는 없는 실정이다.

고려가 흥하면서 역대 국왕은 특별히 불교를 숭배하고 믿었으나 유교에 대해서도 무시한 것은 아니었다. 고려 성종 11년(992년)에 처음으로 문선왕(곧, 孔子)의 묘당(廟堂)을 국자감에 세웠다. 고려는 수도를 개성에 세웠는데, 국자감은 원래 개성 남쪽 회빈문(會賓門) 안에 있었다. 앞에는 대문이 있고 국자감이라는 문패를 썼으며, 가운데는 선성전(宣聖殿)을 세웠고, 양쪽 곁채에 기숙사를 두고 모든 생도(生徒)가 거처하였는데, 후에 학생이 너무 많아져서 수용할 수 없게 되자 예현방(禮賢坊)으로 옮겼다. 선성상(先聖像)에 있어, 당초에 신라가 당나라에서 수입한 것은 원래 화상(畵像)이었는데, 고려가 원나라의 지배를 받게 된 후에는 원나라를 모방하여 소상[塑像: 진흙으로 만든 조상]으로 바꾸었다. 문헌에서 상고할 수 있는 것으로는 충숙왕 7년(1320년)에 문선왕의 소상(塑像)을 만들었다는 점이고, 왕이 은병(銀甁) 30량을 내고 재추[宰樞: 중서문하성과 중추원의 2품 이상 관리, 즉 고위관리]가 모두 돈을 내어서 그 자금을 대었다. 그 후 공민왕 16년(1367년)에는 문선왕의 소상을 숭문관(崇文館)으로 옮겼다. 고려 왕조 400여 년 간 공자에 대한 존숭(尊崇)은 날로 커져 중국이 공자를 높여 `文宣王`이라고 하고「현성(玄聖)·지성(至聖)·대성(大聖)」이라는 시호를 더한 것을 차례로 모방하였다. 아래의 자료를 참고할 수 있다 :

> 동국(東國)은 고려시대로부터 처음으로 국자감에 (공자의) 묘당(廟堂)을 세웠다. 삼국의 史官은 비록 묘당을 세운 것에 대해 언급함이 없으나, 신라 성덕왕 때에 부자상(夫子像 : 공자상)을 대학에 봉안(奉安)하고 곧 역시 향례(享禮)가 있었다. 당 개원 27년에 존칭하여 王이라 하고 문선(文宣)이라 시호(諡號)하였다. 송 진종

(眞宗) 대중(大中) 상부(祥符) 원년에 현성(玄聖)이라고 시호를 보태었고, 5년에는 현(玄) 자가 휘(諱)를 범함으로써 지성(至聖)이라 개칭하였다가, 원 무종(武宗)이 대성(大成)이라 시호를 보태어 우리나라도 역시 준용하였다.104)

라고 하였다.

고려 민간에서의 공자 제사는 공소(孔昭)에서 시작되었다. 공소는 공자의 53세손인 연성왕(衍聖王) 공완(孔浣)의 둘째 아들로, 고려 공민왕 때에 원나라의 배노위공(陪魯衛公)의 딸 대장공주(大長公主)에게 장가를 들어 아내를 데리고 한국에 들어와 수원에서 살면서 궐리묘[闕里廟: 즉 공자묘를 말함. 궐리는 공자가 탄생한 산동성 곡부현(曲阜縣)의 땅]를 세워 공자상을 모시고 제사하였다. 그의 후손인 공명렬(孔明烈)은 《동국궐리지(東國闕里志)》 2권을 편찬하기도 하였다.

조선은 유교 왕조라고 말할 수 있다. 세조 때에 세자(世子)의 관례[冠禮: 성인식]에는 유관(儒冠)을 쓰고 태학(太學)에 들어가 알성례(謁聖禮)를 행하도록 규정하였다. 《세조실록》 권37.에 의하면,

(세조) 11년(1466년) 11월 경술일에 사정전(思政殿)에 나아가 상참[常參: 신하가 군주에게 날마다 알현하는 것]을 받고 정사를 보았다. 우찬성(右贊成) 박원형(朴元亨)·지중추원사(知中樞院事) 강순(康純)·이조참판(吏曹參判) 강희맹(姜希孟)·병조참의(兵曹參議) 박중선(朴仲善) 및 제 장군을 불러 술자리를 베풀었다. 박원형에게 앞으로 나오라고 명하여 세자(世子)의 관복(冠服)을 의논하여 정하고, 입시한 재추(宰樞)에게 매[응(鷹)]를 각 1련(連)씩 주었다.

104) 《增補文獻備考》 권204, 〈학교고(學校考)〉3, 문묘(文廟)조 참조.

잠시 후에 세자가 입시하여 술을 올렸다. 임금이 말하기를, '전(傳)에 이르기를, 자식의 악한 것을 알지 못하고 그 싹이 크는 것을 알지 못한다.' 고 하였는데, 내가 자식 사랑하는 것이 또한 이것과 같다. 내가 장차 《주역》의 구결(口訣)을 정한 뒤에(즉 吐를 단 후에) 너를 데리고 근궁[芹宮: 문묘(文廟)의 별칭]에 가서 소왕[素王: 공자]께 석전[釋奠: 제사를 지냄]하고 너에게 유관(儒冠)을 씌우고 유생과 가지런히 앉아서 경서를 펴놓고 묻고 논란하고 제생에게 크게 잔치하겠다.' 하고, 세자에게 명하여 사부(師傅)들에게 술을 올리게 하고는 또 말하기를, '네가 두려워해야 할 자는 사부(師傅)이니, 마땅히 항상 공경하여 대우하여야 한다.' 고 하였다.

고 기록되어 있다.

이때부터 세자가 먼저 알성(謁聖)을 행하는 것이 정제(定制)가 되었으니, 이것은 유교를 국교로 정했다는 것과 다를 바가 없는 것이다.[105] 조선은 유교로써 입국(立國)했기 때문에 조야(朝野)에서 공자를 제사하는 풍조가 매우 융성하였다.

조선의 태조가 개국하고 경성(京城)에 문묘(文廟)를 세우면서 역대로 제사가 끊이지 않았다. 문묘의 규제(規制)는 중국과 완전히 같았다. 문묘의 중앙 건물은 대성전(大成殿)으로 남향이며, 그 좌우는 동서의 곁채가 있는데, 서쪽 곁채에는 전사청(典祀廳)이 있고, 동쪽 곁채에는 동고(東庫)와 동삼문(東三門)이 있으며, 바로 앞쪽 모서리에는 신문(神門)이 있고, 신문의 서쪽에는 제기고(祭器庫)가 있고, 그 동쪽에는 비각(碑閣)이 있다. 대성전의 뒷면에는 명륜당(明倫堂)이 있다. 문묘(文廟)의 신위(神位)배치를 보면, 대성지성문선왕[大成至聖文宣王: 孔子]께서 정면에 위치해 있고, 안자(顔子) · 증자(曾子) · 자사자(子思

105) 高橋亨, 《朝鮮儒敎大觀》 p.20. 참조.

子)·맹자(孟子)가 배향(配享)되어 있으며, 전내(殿內)에는 민손(閔損)·염경(冉耕)·염옹(冉雍)·재여(宰予)·단목사(端木賜)·염구(冉求)·중유(仲由)·언언(言偃)·복상(卜商)·전손사(顓孫師)가 종향(從享)되어 있다. 동서의 양 곁채에는 담대멸명(澹臺滅明)·복불제(宓不齊) 등 각각 50여인을 종사(從祀)하였는데, 그 중에는 송나라 유학자 주돈이(周敦頤)·정호(程顥)·정이(程頤)·소옹(邵雍)·장재(張載)·주희(朱熹) 등이 포함되어 있다.[106] 그런데 숙종 40년(1714년) 유신(儒臣) 송시열(宋時烈)의 주청(奏請)으로 송나라 유학자 주돈이(周敦頤)·정호·정이(程顥·程頤, 곧 二程)·소옹(邵雍)·장재(張載)·주희(朱熹) 등을 양편 곁채에서 대성전 내로 옮겨서 십철(十哲)과 위상을 같게 했다. 중국 선유(先儒)의 종사(從祀)자는 대대로 증가하였으며 조선에서는 모두 중국의 법에 의거하였다. 예를 들면, 명 성화(成化) 12년에 호안국(胡安國)·진덕수(眞德秀)를 문묘에 종사하였는데, 5년도 안되어 조선에서도 모방한 것이 곧 이것이다.[107]

한국의 선유(先儒)로 문묘에 종사(從祀)된 사람 또한 적지 않았다. 예를 들어, 중종 12년(1517년)에 정몽주(鄭夢周)를 종사하였고, 광해군 2년(1610년)에는 김굉필(金宏弼)·정여창(鄭汝昌)·조광조(趙光祖)·이언적(李彦廸)·이황(李滉)을 종사(從祀)토록 한 것이 곧 이것이다.[108]

받들어 제사(奉祀)하는 성상(聖像)의 경우에는 고려에서는 일찍이 원나라에서 사용한 소상(塑像)을 모방하였으며, 조선은 명나라 태조가 남경(南京)에 태학(太學)을 창립하면서 단지 신주(神主)만을 쓰고 소상(塑像)을 설치하지 않았기 때문에[109] 경성(京城)의 문묘 또한 소

106) 韓國 朝鮮, 《增補文獻備考》 권204,〈學校考〉 3, 文廟.

107) 《成宗實錄》 권126, 辛丑12년(곧 成化17년), 2월 丁未日 조에:
禮曺啓:請依中國之制,以先儒吳徵,眞德秀,胡安國從祀孔子廟廷.從之.

108) 徐兢, 《宣化奉使高麗圖經》 권13.

상(塑像)을 없애고 고쳐서 신주(神主)로 사용하였다. 후일 성종은 소상을 회복하려고 생각하였던 바, 비록 어떤 사람이 토목초상(土木肖像)은 부도와 다를 게 없다고 인식하였으나, 성종은 여전히 소상을 쓰지 않으면 존엄함이 충분하지 못하다는 생각을 견지하였다. 《성종실록》 권120, 경자(庚子) 11년(1480년) 8월 병자일 조에 이르기를,

> 승정원(承政院)에 전교하기를, '중국 조정의 국자감(國子監)과 우리나라의 평양부(平壤府)·개성부(開城府)의 학(學)에 모두 소상(塑像)을 써서 선성(先聖)·선사(先師)를 제사한다. 내가 성균관(成均館) 대성전(大成殿)에도 소상을 쓰고자 하는데, 경들의 뜻에는 어떠한가?' 라 하니, 대답하기를, '선유(先儒)가 말하기를, 토목(土木)으로 만든 초상(肖像)은 불교의 소상(塑像)과 다를 것이 없다고 하였으니, 옳지 않습니다.' 라고 하였다. 전교하기를, '유자(儒者)가 이단(異端)으로서의 의심스러운 것과 구별하고자 하였기 때문에, 이러한 의논이 있었던 것이다. 그러나 원나라와 고려(高麗)에서도 어찌 의견이 없이 그렇게 하였겠는가?' 라고 하니, 도승지(都承旨) 김계창(金季昌)은 말하기를, '조종조(祖宗朝)로부터 위판(位版)을 썼으니, 예전대로 하는 것만 같지 못합니다.' 라 하고, 좌승지(左承旨) 채수(蔡壽)는 말하기를, '문묘(文廟)에 소상을 쓴 것은 원나라 때부터 시작되었습니다. 그러므로 생각건대 소상은 오랑캐의 습속에서 유래된 것인데, 고려에서 또한 따라서 모방한 것 같습니다.' 라고 하였다. 전교하기를, '내 뜻에는 소상을 쓰면 바라보기에 존엄(尊嚴)할 것처럼 생각된다. 원나라의 법이 본받을 만하지 못했다면 고려에서 어찌하여 본받았겠는가?' 라고 하였다.

고 기록되어 있다.

---

109) 《明史紀事本末》 권51, 〈更定祀典〉.

명나라 세종(世宗) 가정(嘉靖) 연간에 사전(祀典)을 개정하였는데, '대성지성문선왕(大成至聖文宣王)' 을 고쳐 '지성선사공자(至聖先師孔子)' 라고 하였으며, 상(像)을 철거하고 신주(神主)를 세웠는데, 조선에서도 이에 자극 받아 격렬한 논쟁이 발생하였다.[110] 그러나 선조 7년(1574년)에 마침내 명을 내려 개성 · 평양 이부(二府)의 선성(先聖) 십철(十哲)의 소상을 신주로 대체하게 하였으며, `문선왕호(文宣王號)`를 폐지하고 고쳐 `지성선사공자(至聖先師孔子)`라고 칭하였다.[111]

조선에서는 서울·개성·평양 이외에 주 · 현에도 모두 문묘(文廟)를 세웠다. 다만 서울과 주 · 부 · 군(州 · 府 · 郡) 문묘는 종사(從祀)인수에 차이가 있을 뿐이었다. 제사는 매년 춘추의 가운데 달(2월, 5월) 상정일(上丁日)에 거행하였는데, 그 예악과 제기(祭器)는 전적으로 중국을 모방하였으나 다만 빈도수에는 조금 차이가 있었다. 청대의 허오(許午)가 편찬한《조선잡술(朝鮮雜術)》에서 운(云)하기를,

> 명 태조 홍무(洪武) 무인 31년에 강헌왕(康獻王)은 한성에 문묘(文廟)를 건립하였고, 만력(萬曆) 임인 30년에는 소경왕(昭敬王)이 이를 중건하여 오늘에 이르렀는데, 규모는 명나라 제도와 대략 같으나, 오직 그 동채[동무(東廡)]의 선유(先儒) 진포성백(眞浦城伯), 서채[서무(西廡)]의 선유 허위국공(許魏國公) 신위(神位) 아래에 곧, 고려·조선의 존숭(尊崇)된 유신 15인을 종사(從祀)하였다. 그

110) 《增補文獻備考》 권204, 〈學校考〉3, 文廟,
大明嘉靖釐改文廟爵謚, 我國亦欲遵行. 文純公李滉曰, 聖人之德, 雖不以封贈而有所加損, 然尊以是號久矣. 程朱大儒, 亦無異議, 今不可輕改. 宣廟文烈公趙憲上疏, 請遵嘉靖之制, 其後文忠公李廷龜又請釐改曰, 宣之爲謚, 不過一行之偏, 而大成者樂之一終, 孟子之譬喩孔聖乃仮設之辭, 丘濬以爲孔聖之靈, 必不肯受其謚, 其言誠然矣. 文貞公申欽難之曰, 洪武初, 凡天下瀆嶽城隍封號, 罔不釐正, 而獨文宣王廟號仍舊不改, 則恐未可輕議云.

111) 董作賓의 〈報告參觀漢城孔廟的見聞〉 일문에서 이르기를, '大成殿門開處,正中有先師的神位.' 라고 함.

현(縣)에서는 즉 한성(漢城)의 의제(儀制)에 의거하였고, 그 주·부·군은 곧 전내(殿內)에는 오직 십철(十哲)만이고, 양편의 채[양무(兩廡)]는 오직 주공(周公)·이정(二程)·주자(朱子) 4현을, 그밖에 고려·조선의 유신 15인을 종사(從祀)하였을 뿐이다. 제사는 중춘(仲春), 중추(仲秋)의 상정일(上丁日)에 하였고, 폐(幣)는 검은 것(黑)을 썼고, 희생은 붉은 소[성우(騂牛)] 한 마리·양 한 마리·돼지(豕) 한 마리씩을 사용하였으며, 변두[籩豆: 변은 대나무를 재료로 만든 것으로 과일류를 담는 제기, 두는 나무로 만든 것으로 식혜 등을 담는 제기를 말함]는 각기 10개·준실[樽實: 술 담는 제기, 또는 보리]은 6가지를 썼고, 음악은 아부(雅部)를 사용하였고, 무용은 육일(六佾)을 사용하였다.

고 한다. 조선에서 공자를 제사할 때, 무(舞)는 육일[六佾: 일(佾)은 행렬로 사람을 세워 춤을 추는 것으로 천자는 8일(64명)·제후는 6일(36명)·대부는 4일(16명)·사는 2일(4명)이었음]을 사용하였는데 이는 제후의 법을 삼가 지키고 있음을 표시하는 것이다.

조선은 문묘 이외에 또 중국을 모방하여 계성묘[啓聖廟: 선성(先聖)·선현(先賢)의 아버지를 겸하여 제배하는 곳]를 건립하였다. 중국이 계성묘를 창건한 것은 명나라 세종 가정 9년에 시작되었고, 명나라 신종 만력(萬曆) 2년에 이르러 조선의 질정관(質正官) 조헌(趙憲)이 명나라 서울에서 귀국하여 계성묘의 건립을 왕께 요청하였는데, 이르기를,

신이 살펴보건대, 명조의 성묘(聖廟)의 서북편에는 계성묘(啓聖廟)가 있고, 묘 가운데의 계성공공씨(啓聖公孔氏)는 북편에 있고, 성현 안무요(顔無繇)·공리(孔鯉)는 동편에 있으며, 증석(曾晳)·맹손(孟孫)은 서편에 있고, 선유 정순(程珦)·채원정(蔡元定)은 동

편 채에 있고, 주송(朱松)은 서편 채에 있었습니다. 대개 학교는 인륜을 밝히는 곳입니다. 문묘의 신위는 차서(次序)를 정하여 안자(顔子) · 증자(曾子) · 자사(子思)는 위쪽에 있었고, 안로(顔路) · 증점(曾點) · 백어(伯魚)는 아래쪽에 있었으며, 부친은 아들의 아래쪽에 거하게 된 것이니 어찌 정리(情理)에 맞겠습니까? 그런고로 세종 황제는 이에 별묘(別廟)를 만들어 봄 · 가을로 석전(釋奠)에 동시에 행사하여 소위 자식은 비록 제성(齊聖)이라도 부친 앞서 먹을 수 없게 된 것으로 이에 이르러 유감이 없게끔 한 것입니다. 신은 우리나라 문묘의 서편에 명조의 제도에 의거하여 별묘를 건립하고서 춘추로 함께 제사한다면 인륜에도 공의(公儀)에도 거의 타당할 것이라 생각됩니다.

라고 하였다. 이 건의가 실현된 것은 꽤 오랜 시간을 기다려 18세기 초반인 숙종 27년(1701)에 이르러 겨우 실현되었다.《증보문헌비고(增補文獻備考)》 권204, 〈문묘(文廟)〉 조에,

숙종 27년(1701년) 여름에 계성사(啓聖祠)를 완성하다. 제국공(齊國公) 공(孔)씨가 향사(享祀)를 주관하였고, 곡부후(曲阜侯) 안(顔)씨·사수후(泗水侯) 공(孔)씨는 동편에서 배향(配享)하였고, 내무후(萊蕪侯) 증(曾)씨 · 주국공(邾國公) 맹(孟)씨는 서편에서 배향하였다.

라고 되어있다. 선성 · 선현(先聖·先賢)을 제배(祭拜)하면서 아울러 선성·선현의 부친을 제배(祭拜)한 것에서 한국인이 유교에 대해 어떠한 종교적 열정을 가지고 있었는지를 알 수 있다. 조선의 박지원이 편찬한《열하일기》 권9. 에서는,

추생(鄒生)이 묻기를, '귀국[貴國: 조선]의 사대부는 3교(유 · 불 · 도교) 중에서 어느 것을 가장 존숭하느냐?' 고 하자, 내(박지원)가 대답하기를, '신라 · 고려 시대에는 사족(士族)이 비록 현명하더라도 서교[西教: 불교]를 익히지 않음이 없었는데, 조선이 나라를 세운지 400여 년이 되면서 사족(士族)은 비록 어리석은 자라도 공자를 읽어 익히고 있으며, 나라 안의 명산(名山)에는 비록 이전에 창건한 명찰(名刹)일지라도 모두 이미 황폐해졌고 그곳에 살고 있는 승려는 모두 천민 무뢰배로 격하되어 종이 파는 일을 업으로 삼아서 이름은 비록 승려지만 불경도 알지 못하여 굳이 말하지 않더라도 그 종교는 스스로 끊어졌으며, 조선에서는 원래 도교가 없어서 또한 도관[道觀: 도교 사원]도 없는 까닭에 소위 이단 종교는 금절시키지 않아도 스스로 나라에서 자리 잡지 못한다.' 고 했다.

고 하였다.

이것은 조선에서 오직 유교만이 존중된 사실을 말하는 것이다. 결론적으로 몇 가지로 정리할 수 있다. 유교신앙은 조야(朝野)의 상하가 유학을 존숭한 자연스러운 결과라고 본다. 석전(釋奠)의 대상 · 제기 · 제법 모두 완전히 중국을 모방해 온 것이다. 조야(朝野)의 공자숭배는 후대로 내려올수록 더욱 열광적이었는데, 특히 조선조는 유교의 천하라고 말할 수 있는데, 이는 유 · 불간의 장기적인 경쟁의 결과로써 유교가 승리한 것이다.

제19장 불교(佛敎) 부문

1. 중국의 불교

한·위조(漢·魏朝) 교체기부터 역외(域外)의 고승 안세고(安世高)·지루가참(支婁迦讖)·담가가라(曇柯迦羅)·담체(曇諦)·강승회(康僧會) 등이 하나하나 앞뒤에 걸쳐 동쪽으로 와서 불경을 번역하니, 불교는 점차 중국에 전파되었다. 동진(東晋) 시대에 이르러 내외의 고승 도안(道安)·혜원(慧遠)·축법호(竺法護)·구마라십(鳩摩羅什) 등이 있었는데, 혹자는 종사(宗社)를 조직하여 불도(佛道)를 포교하였고, 혹자는 불경을 주역(注譯)하여, 이로부터 불교가 남북에 걸쳐 유행하였고, 출가(出家)하는 풍기가 크게 일어났다. 남북조 시대의 제왕(帝王)들은 다수가 불교를 독실하게 신봉하여 불사(佛寺)를 크게 조영하거나 승니(僧尼)를 널리 추구하였는데, 비록 북위(北魏) 태무제(太武帝)와 북주(北周) 무제(武帝)가 앞뒤로 불교에 타격을 가했지만, 불교는 빠르게 세력을 회복하였다. 수·당(隋·唐) 시대에 이르러 중국불교는 더욱 융성의 정점에 도달하여 명승 현장(玄奘)·의정(義淨) 등이 앞뒤에 걸쳐 서방에 가서 불경을 구하였고, 동시에 불학(佛學)을 찬양하는 저작이 갈수록 더 많아졌는데, 이에 인도불교와 중국문화는 접촉과 충돌을 거치면서 점차 조화를 이루고 번신(飜新)하여 종국에는 지난 본래의 것과는 크게 다른 모습을 나타내었다.

당나라 때에 유행한 불교종파는 다음의 여덟 가지가 있다.

가. 삼론종(三論宗)

중론(中論)·백론(百論)과 십이문론(十二門論)을 근거로 삼고 동진

때의 구자(龜玆) 승려 구마라십에게서 시작하여 수나라 때에 이르러 길장(吉藏)이 삼론소(三論疏)를 만듦으로써 대성하였다.

나. 선종(禪宗)

양나라 때에 인도 승려 보리달마(菩提達摩)에게서 시작하여 당나라 때에 이르러 홍인(弘忍)의 문하에서 신수(神秀)·혜능(慧能) 두 제자가 나와 2파로 나뉘었고, 신수는 북방으로 행차하여 교화하여 `북선(北禪)`이라 칭한 반면, 혜능은 남방으로 행차하여 교화함으로써 `남선(南禪)`이라 칭하게 되었다. 후래에 `남선`은 홀로 번성하여 소위 5가 7종이 성립되었는데,[112] 임제(臨濟)·조계(曹溪) 2종의 교세가 가장 크게 되었다. 이는 완전히 중국에서 발전하여 성립된 종파(宗派)이다.

다. 천태종(天台宗)

수나라 때에 개산조(開山祖) 지의(智顗)가 천태산에 거주하였기 때문에 이름 붙여진 것이며, 법화경(法華經)을 근본으로 삼아 역시 법화종(法華宗)이라고도 불렀다. 이것 또한 완전히 중국에서 일어난 종파이다.

라. 정토종(淨土宗)

염불(念佛)하여 정토에 왕생하는 것을 종지(宗旨)로 삼는데, 동진 시대의 혜원(慧遠)이 여산(廬山)에서 연사(蓮社)를 결성하였기 때문에 역시 연종(蓮宗)이라고도 불렀다.

마. 법상종(法相宗)

만법유식(萬法唯識)의 교의(敎義)를 선양하는 것을 종지로 삼은 연고로 역시 유식종(唯識宗)이라 이름 붙였다. 당나라 때의 현장(玄奘)이 인도에 들어가 계현론사(戒賢論師)에게서 이를 받고 귀국한 후에

---

112) 野上俊雄(等著), 聖嚴(譯), 《中國佛敎史槪說》(商務印書), pp.110 -114.

제자 규기(窺基)에게 전수하였고, 현장이 자은사(慈恩寺)에 주지(住持)하였기 때문에 또한 자은종(慈恩宗)이라고도 불렸다.

바. 화엄종(華嚴宗)

화엄경을 근본으로 삼았고, 수나라 때에 두순(杜順)이 화엄법계관(華嚴法界觀)을 작성하였고, 당나라 때에 현수대사(賢首大師)에 이르러 집대성한 까닭에 역시 현수종(賢首宗)이라고도 부른다.

사. 율종(律宗)

계율(戒律)을 지탱하는 것을 중심으로 삼은 까닭에 명명되었다. 서토(西土), 즉 서역에는 율종이 없고, 중토(中土)의 율학(律學)이 당나라의 도선률사(道宣律師)에게서 대성하였고, 율장중(律藏中)의 사분률(四分律)로써 종지로 삼았다.

아. 진언종(眞言宗)

또는 밀종(密宗)이라고도 한다. 비밀의 진언(眞言)을 닦고 지키는 것을 종지로 삼는다. 당나라의 개원(開元) 통치연간에 인도 승려 선무외(善無畏) · 금강지(金剛智) · 불공(不空) 등이 와서 이 종지를 전파하였다. 다만, 오래지 않아 쇠락하고 말았는데, 오직 서장(西藏)에서 성행하였다.

총체적으로 말하면, 불교는 비록 서토(西土)에서 기원했지만, 단 대승(大乘)의 제 종파는 비록 중국 승려들이 개창한 바는 아닐지라도, 중국 승려들의 눈부신 맹활약을 거침으로써 이미 불교의 중국화를 이루었다. 고대부터 중국문화의 영향을 받은 중국 주변국, 특히 한국은 불교가 중국에 이미 유행하자 그 영향을 받게 된 것이다.

2. 한국의 불교

불교가 한반도에 전해진 것은 삼국시대이며, 삼국 중에서 가장 먼저 불교를 접한 것은 고구려이다. 소수림왕(小獸林왕) 2년(372년)에 전진(前秦)의 왕 부견(苻堅)이 사신을 보냈고, 승려 순도(順道)가 불상·불경을 지니고 고구려에 왔다. 2년이 지나서 또 승려 아도(阿道)가 동진(東晋)으로부터 고구려에 왔다.[113] 고려 승려 일연(一然)이 편찬한 《삼국유사》 권3, 〈흥법(興法)〉3, 〈순도조려편(順道肇麗篇)〉 에 이르기를,

> 〈고구려본기〉편에 이르기를, 소수림왕 2년(372년) 임신(壬申)은 곧 동진의 함안(咸安) 2년으로 효무제(孝武帝)가 즉위한 해이다. 전진의 왕 부견이 사신 및 승려 순도를 보내며 불상과 불경을 보내왔다. 또 4년 갑술(甲戌)에는 아도가 진(晋)으로부터 왔다. 다음 해 을해(乙亥) 2월에 초문사(肖門寺)를 창건하여서 순도를 머물러 있게 했고, 또 이불란사(伊弗蘭寺)를 창건하여 아도를 머물게 하였는데, 이것이 고구려 불법(佛法)의 시작이다.

라고 했다.

고구려는 이미 동시에 중국 남북조 쌍방으로부터 불교가 전래되었으며, 10여 년 후에 백제 또한 호승(胡僧)이 동진으로부터 와서 불법(佛法)을 전래하기 시작하였다. 《삼국유사》 권3, 〈흥법〉3, 〈난타벽제(難陀闢濟)〉편에 의하면,

> 〈백제본기〉편에 이르기를, 제15대 침류왕(枕流왕) 즉위 갑신(甲申)년(384년)에 호승 마라난타(摩羅難陀)가 진(晋)으로부터 오니

113) 高麗僧 覺訓撰, 《海東高僧傳》(《大藏經》 제50책〈史傳部〉2, p.1015. 阿道가 東晋에서 왔고, 順道가 吳로부터 왔다고 함.

그를 맞아 궁중에 두고 예를 갖춰 공경하였다. 다음 해인 을유(乙酉)에는 새로운 도읍 한산주(漢山州)에 불사(佛寺)를 창건하고 승려 10명이 불도를 닦으니 이것이 백제 불법의 시작이다. 또 아신왕(阿莘王)이 즉위한 대원(大元) 17년 2월에는 왕이 하교하여 불법을 높이 믿어 복을 구하게 하였다.

고 하였다.

신라가 불교를 접하고 받아들인 것은 백제보다 늦다. 이전에 양(梁)나라가 사신을 보내 왕에게 향(香)을 주었으나 신라는 무엇에 쓰는 것인지를 알지 못하였다가, 후에 승려 묵호자(墨胡子)가 고구려로부터 와서 분향예불(焚香禮佛)하는 것을 가르치기 시작하였다. 오래지 않아 또, 승려 아도(我道 혹은 阿道)가 고구려로부터 와서 불법(佛法)을 전하였다. 《삼국유사》 권3, 〈흥법〉3, 〈아도기라(阿道基羅)〉편에 의하면,

처음 눌지왕(訥祇王) 때에 사문(沙門) 묵호자가 고구려로부터 (신라의) 일선군(一善郡)에 왔다. 그 군의 사람 모례(毛禮)가 자기 집에 굴을 파 집을 만들어 살게 했다. 때마침 梁나라에서 사신을 보내 옷과 香을 가져왔는데, 임금과 신하는 향의 이름과 사용처를 몰라 사람을 보내 향을 싸들고 돌아다니며 물으니, 묵호자가 이를 보고 말하기를, 이것은 香이라고 하는 것으로 이를 불태우면 향기가 아름답기 때문에 신성(神聖)에게 정성을 드릴 때 쓰는 것이다. 신성에는 삼보[三寶: 불(佛) · 법(法) · 승(僧)]보다 더한 것이 없으니, 만일 이 향을 사르며 발원(發願)하면 반드시 영험이 있으리라. 고 말했다. 때마침 왕의 딸이 병이 심하므로 사람을 보내 묵호자를 불러 그 향을 피워 서원[誓願: 신불(神佛)에게 맹세하고 기원함]을 표하게 하니, 왕녀의 병이 곧 나았다. 왕이 기뻐서 상을 후하게 주

었다. … 얼마 후에 간 곳을 알 수 없었다. 또 21대 비처왕(毗處王)때에 아도화상(阿道和尙 혹은 我道和尙)이 시종자 3인과 함께 또한 모례(毛禮)의 집에 왔는데, 그 거동이 묵호자와 같았으며, 몇 년을 머문 후 병도 없이 죽었다. 시종자 3인이 머물러 살며 경률(經律)을 강독하니, 가끔 신봉하는 자가 있었다.

고 쓰여 있다.

삼국은 이미 불법(佛法)의 유행과 전파를 공식 허용하면서 곧바로 부단히 중국으로부터 불경을 수입하였는데, 예를 들어 고구려는 광개토왕 5년(396년)에 진(晋)나라 승려 담시(曇始)가 경률(經律) 수십 부를 가지고 고구려 경내로 들어왔으며, 백제는 의령왕(義寧王) 19년(541년)에 사신을 양(梁)나라로 보내 열반(涅槃) 등의 경의(經義)를 요청하였고, 신라는 진흥왕 26년(565년)에 진(陳)나라 사신 유사(劉思)와 승려 명관(明觀)이 경론(經論) 1,700여권을 가지고 왔다. 한편 삼국의 승려 또한 부단히 중국을 방문하여 구법(求法)하였는데, 그 중에서도 특히 고구려 승려 의연(義淵)·파약(波若)·혜관(慧灌), 백제 승려 혜현(慧顯)·겸익(謙益), 신라 승려 원광(圓光)·원각(圓覺)·자장(慈藏)·의상(義湘)·원효(元曉)·승전(勝詮) 등이 가장 저명하다. 이에 중국의 대승불교(大乘佛敎) 각 종파가 한반도에 전입되면서 신라통일 전후에는 이미 대승불교인 열반(涅槃)·계율(戒律)·법성(法性)·화엄(華嚴)·법상(法相) 등의 5교가 있게 되었다.

가. 열반종(涅槃宗)

신라 승려 원광(圓光)은 진평왕 12년(590년)에 진(陳)나라로 들어가 구법(求法)하였는데, '성실종(成實宗)·열반종(涅槃宗)을 체득하여 마음속에 차곡차곡 담아놓고'[114], 11년 간 당나라에 머물러 배우고

114) 唐 道宣, 《續高僧傳》 권13,〈新羅圓光傳〉(《大藏經》 제50책〈史傳部〉2, p.523. 한편, '故得成實涅

귀국하여 이 종파를 전하였다. 고려 승려 각훈(覺訓)이 편찬한 《해동고승전(海東高僧傳)》 권2, 〈유통(流通)1〉의 2편에,

> 석가(釋迦) 승려 원광은 속성(俗姓)이 설씨(薛氏)요, 혹 박씨(朴氏)라고도 하며 신라 왕경(王京) 사람이라. 나이 13세에 삭발하고 승려가 되었고, … 30세에 삼지산(三肢山)에 돌아가 은거하여 그림자도 동굴에서 나오지 않았고, … 신유(神諭)가 이르길, '오늘날 스승께서는 비록 자리(自利)는 있으나, 오히려 이타(利他)함이 비어(闕)있으니, 어찌 중국조정에 들어가 법도를 체득하여 후학도에게 미치지 않으십니까?' 하니 스승이 가로되, '중화(中華)에 가서 불도를 배우는 것이 진실로 원하는 바인데, 바다와 육지의 길이 멀고 험하여 스스로 도달할 수 없구나.' 라고 하였다. 이에 신유의 서유지사(西遊之事)로 곧 진평왕 12년(590년) 봄 3월에 마침내 진(晉)나라에 들어가 유력(遊歷)하며 강습하여 미언(微言)을 영첩(領牒)하고 성실(成實)·열반(涅槃)·삼장론(三藏論)을 전해 받았다. … (원광이) 이룩한 학업이 이미 정밀(精密)해짐에 불도는 동편으로 모름지기 이어져야 하기에 본조(本朝)에 상계(上啓)하니, 돌아가도록 조칙이 있어 진평왕 22년 경신에 조빙사(朝聘使)를 좇아서 환국하였다.

라고 되어있다.

원광이 신라로 돌아온 후 조야(朝野)의 지극한 존숭을 받아, 매번 `법륜[法輪: 부처님의 교법 강의]을 한번 행해질 때마다 문득 강호(江湖)를 경주(傾注)하게 하여 가시덤불을 헤치고 바랑을 메고 이르는 자가 상접(相接)하여 고기비늘과도 같이`[115] 수많은 사람이 운집하였

槃,蘊括心府'(《三國遺事》 권4,〈義解〉제5, '圓光西學'편.)

115) 每法輪一動, 輒傾注江湖,……披榛負囊而至者, 相接如鱗. (三國遺事》 권4,〈義解〉제5,'圓光西學'편)

다고 한다.

나. 율종(律宗)

율종의 시조인 자장(慈藏)은 어려서 부모를 잃고 출가수행(出家修行)하였는데, 신라가 조선반도의 한쪽 귀퉁이에 위치하고 불법(佛法)이 아직 크지 못하여 스스로의 눈과 영험이 아니면 계승하고 받아들일 바가 없는 까닭에 국왕에게 당나라로 들어가 구법(求法)할 뜻을 아뢰어 허락 받고 9년 간 머문 후 귀국하였다. 당나라 도선(道宣)이 찬술한《속고승전(續高僧傳)》권34에,

> 석가 승 자장(慈藏)은 성씨가 김(金)으로 신라 사람이다. … 두 부모를 함께 여의고 세상의 귀중한 바에 싫증을 내고 홀몸으로 임학(林壑)에 투신하여 혼자 선(禪)을 정행(靜行)하였다. … 왕께서 출가하도록 명령하니 도업(道業)을 임수(任修)하였다. … 침상에서 두 장부(丈夫)를 현몽하였는데, 이르기를, '경(卿)은 유은(幽隱)한 생활을 하고 있는데 어떤 이익을 얻고자 합니까?' 라고 묻자, 자장이 대답하기를, '오직 중생에게 이익이 되는 것입니다.' 라고 하니, 곧 자장에게 오계(五戒)를 주며 이르기를, '장차 이 오계를 가지고 중생을 이익이 되게 할 수 있습니다.' 라고 하였다. … 또 깊이 생각하여 이르기를, '(소)생은 변두리에 있고, 불법은 아직 크게 일어나지 않으며, 스스로 목도하고 체험함이 없고 승봉(承奉)을 거치지 않았구나.'라 하고 나서, 자기 왕에게 계상(啓上)하여 서편에 가서 견문을 갖고 크게 교화할 것을 희망하였다. 唐 태종 정관 12년(638년)에 동편에서 사별(辭別)하고 장안(長安)에 이르렀고, … 계상(啓上)하여 조칙이 내려 입산하니, 종국에는 남방 운제사(雲際寺) 동현악(東懸嶀)의 상가실(上架室)에서 기거(寄居)하였다. … 가서 돌아올 때까지 세 차례의 여름을 항상 이곳에서 머물렀다. …

마치고 장안에 들어가니 황제의 조칙을 통한 위문을 받았다. … 정관 17년에 신라 본국에서 환국하기를 청하여 계상(啓上)해서 황제의 허락을 받았다. … 자장은 본조(本朝)의 불경과 불상이 쇠락하여 온전하지 못함으로써 마침내 대장경 일부를 얻어 가지고 재계(齋戒)하고 본국 신라로 돌아갔다. 그가 고국에 돌아가자 온 국가가 환영하니, 일대의 불법이 이에 현저하게 일어났다. 왕은 자장을 대국(大國)으로 추앙하고 정교(正教)를 크게 지지하고 그의 강리(綱理)가 아니면 숙청(肅淸)함이 없게 된다 여기고 이에 칙령을 내려 자장을 대국통(大國統)으로 삼고 왕분사[王芬寺, 곧 분황사(芬皇寺)]에 주지(住持)토록 하였다.

라고 되어있다. 자장은 대국통(大國統)에 임명되어서 금강계단(金剛戒壇)을 쌓고 보름간 계율을 설파하고 겨울과 봄에 시험을 보아 사람들로 하여금 오랫동안 가지고 있던 잘못을 알게 하였는데, 호칭하여 신라 율종(律宗)의 시조라고 하였다.

다. 화엄종(華嚴宗)

화엄종의 시조인 의상(義湘)은 당나라 고종 때에 당나라에 들어가 마침내는 남산(南山)에서 화엄종의 제2대 교조인 지엄(智儼)에게 사사(師事)하였으며, 현수대사[賢首大師, 곧 법장대사(法藏大師)]와 함께 수학(修學)하였고, 귀국하여 이 종파를 창시하였다. 宋의 찬녕(贊寧)이 편찬한 《송고승전(宋高僧傳)》 권4, 〈의해(義解)〉편2, 〈신라국의상전(新羅國義湘傳)〉에,

석가(釋迦) 승려 의상(義湘)은 속성(俗姓)이 박씨이고 계림부(鷄林府)의 사람이다. … 나이가 약관(弱冠)에 이르자 唐나라 영토에 교종(教宗)이 융성함을 듣고, … 총장(總長) 2년에 상선(商船)에

의탁해서 등주[登州, 또는 양주(揚州)] 연안에 도달하니, 이에 장안의 종남산(終南山) 지엄 삼장소(智儼 三藏所)에 나아가서 화엄경(華嚴經)을 종합적으로 학습하였는데, 당시 강장국사[康藏國師, 또는 현수국사(賢首國師)]와 동학(同學)이 되었다. … 국왕이 흠모하고 존귀하게 여겨 … 해동화엄초조(海東華嚴初祖) 라고 호칭하였다.

라고 되어있다.

의상 이후에 승전(勝詮)이 이어서 당나라에 들어가 화엄경을 학습하였으며, 현수대사(賢首大師)에게 사사(師事)하였다. 神文王 12년(692년)에 귀국하였는데 현수대사가 지은 여러 종류의 서적을 가지고 와서 의상에게 보내주었다. 승전은 갈항사(葛項寺)를 창건하고 불법(佛法)을 강론하여 화엄종의 교세를 신라 땅에 크게 떨치게 했다.

라. 법성종(法性宗)

경주의 분황사(芬皇寺)를 본산(本山)으로 하여 또한 분황종(芬皇宗)으로도 호칭한다. 교조인 원효(元曉)는 의상과 동시에 당나라에 들어갔다가 깨달은 바가 있어서 스승을 구하지 않고 귀국하여 화엄경에 주석(註釋)을 달아 원돈(圓頓)의 가르침을 크게 넓혔다. 《지월록(指月錄)》[116]에 이르기를,

원효가 장차 당나라로 들어가서 명산을 탐방하고 강을 건너 막힌 험한 산을 넘고자 밤에 무덤 사이에서 유숙할 새, 갈증이 심하여 마실 물을 총혈(塚穴) 가운데에서 두 손을 모아 오목하게 만들어서 취하니, 얻은 샘물이 달고 시원하였는데, 해 뜰 이른 아침에 이를 보니, 곧 촉루[髑髏, 곧 해골]더라. 크게 역겨워 이를 토해내었다. 홀연히 크게 성찰하였는데, 한탄하기를, '심생(心生)한 즉 하나하나

116) 李能和, 《朝鮮佛敎史》 p.96에서 인용.

법생(法生)하나 심멸(心滅)한 즉 촉루(髑髏)가 두 가지가 아니구나. 어찌 나 자신을 속일손가!' 하고 마침내 다시 스승을 구하지 않고 즉시 본국 신라로 돌아와서 화엄경을 주소(注疏)하고 원돈(圓頓)의 가르침을 크게 넓혔다.

라고 한다.

원효는 당시 불교계가 화엄의 종지(宗旨)에 관하여 여러 의견을 내어 각기 자신의 의견을 고집하는 상황을 비춰보고《십문화쟁론(十門和諍論)》을 저술하였는데, 그는 인식하기를, '혹 내가 옳다고 말하는 것에 대해 다른 사람은 옳지 않다고 말하고, 혹 내가 그렇다고 말하는 것에 대해 다른 사람은 그렇지 않다고 말한다. 이것들은 비유하여 예를 들면 푸른색과 남(藍)은 동체이며, 얼음과 물은 근원이 같은 것이며, 거울이 일만 가지 형상을 모두 받아들이며, 물이 융통성 있게 나뉘는 것과 같은 것이다.' 고 하여서 절충조화를 주장하여 하나의 종파를 수립하였는데, 고려 말에 이르도록 전해져 쇠퇴하지 않았다.

마. 법상종(法相宗)

신라 승려로 당나라에 머물면서 유식론(唯識論)을 공부한 사람으로는 원측(圓測)이 가장 저명하다. 원측은 본래 신라의 왕손으로 어려서 출가하여 당나라에 들어가 유학하였고, 현장(玄奘)에게 사사(師事)하였는데, 항상 현장이 자은기사(慈恩基師)를 위해 새로 번역한 유식론(唯識論)을 강론하는 것을 귀담아 들어 그 오묘한 뜻을 터득하였다. 후에는 역경관(譯經館)에 선발되어 들어가 불경번역에 참가하였다.《송고승전(宋高僧傳)》권4, 〈의해(義解)편〉2, 〈당경사서명사원측전(唐京師西明寺元測傳)〉에 이르기를,

석승(釋僧) 원측이라는 사람은 씨족(氏族)이 상세하지 않다. 어려서부터 명석하고 민첩하여 지혜의 해결이 종횡무진(縱橫無盡)하였는데, 삼장장사(三藏奘師)는 자은기사(慈恩基師)를 위해 신번유식론(新飜唯識論)를 강의하였다. 원측은 문을 지키는 자에게 뇌물공세를 하고 은밀히 청강(聽講)하여 귀가해서는 즉 의장(義章)을 집철(緝綴)하였는데, 장차 강의를 끝내고자 하니, 원측은 서명사(西明寺)에서 종을 쳐 울려 군중을 불러 유식론을 강론하였다. 자은기사가 그가 다른 사람의 맘을 빼앗고자 함이 있은 것을 싫어하였는데, 마침내 원측으로 하여금 강훈(講訓)을 듣도록 하였고, 삼장이 유가(瑜珈, 곧 법상종)를 강론하니, 또한 이전과 마찬가지로 도청(盜聽)하여 유가 곧, 법상종을 받아들였으나, 역시 자은기사를 소홀히 대하지는 않았다. 唐 고종 말년, 천후[天后, 측천무후(則天武后)]초에, 의경(義經)의 선거(選擧)[科擧]에 응시하여 역경관(譯經館)에 들어가니, 민생 모두가 추대하여 받들었다.

라고 하였다.

원측이 신라에 머물러 살아간 기간은 비록 길지는 않으나 후진을 인도하여 도와준 공은 컸다. 그의 제자인 도증(道證)·승장(勝莊)·순경(順璟)·지인(智仁)·신방(神昉) 등은 차례로 모두 당나라에 들어가 유식론(唯識論)을 공부하여 각기 성취한 바가 있었는데, 그 가운데 지인과 신방은 당나라 역경관에 선발되어 들어갔다.

바. 선종(禪宗)

신라에서 8세기 이전 200년 내지 300년 동안은 경교[經敎: 교종(敎宗)]의 융성시기로 아직 종파의 대립과 분쟁은 발생하지 않았다. 후에 선종(禪宗)이 들어와 유행하면서 형세가 차츰 변화하기 시작하였다.

우선 신행(神行)은 당나라에 들어가 북종(北宗) 신수(神秀)의 으뜸가는 제자인 대조선사(大照禪師)의 제자 지공화상(志空和尙)에게 사사(師事)하고, 혜공왕 때(765~779년)에 귀국하여 북선종(北禪宗)을 신라에 들여와 전하였다.

남선종(南禪宗)의 전입(傳入)은 도의(道義)에서 시작된다. 도의는 신행보다 약 40년 늦게 당나라에 들어가 조계(曹溪) 혜능대사(惠能大師)의 법사(法嗣) 마조(馬祖)의 제자 서당(西堂)에게서 사사(師事)하고 헌덕왕 때(809~825년)에 귀국하였다. 고려왕조 이규보(李奎報)가 편찬한《용단사총림회방(龍潭寺叢林會榜)》[117]에 이르기를,

> 초기 불교가 서역에서 들어와 심법(心法)이 중국에 일찍 시행되었지만, 그러나 오히려 삼한(三韓)에는 아직 파급되지 않았다. 일찍이 신라왕자 도의국사(道義國師)가 항해를 해서 당나라에 들어가 지장화상(地藏和尙)에게 불법을 구하였고, 불법을 얻어 동쪽 신라로 환국하여 마침내 진전사(陳田寺)에 들어가 정주(定住)하고 심인(心印)을 몰래 전하였고, 그런 연후에야 선철(禪轍)은 비로소 동토(東土)에서 굴러가게 되었다.

라고 되어있다. 도의(道義)의 불법(佛法) 계승자 염거(廉居)국사의 제자 보조(普照)는 또한, 개성(開成) 2년(837년)에 당나라에 들어가 선(禪)을 공부하고 3년 후에 귀국하여서 보림사(寶林寺)를 개창하고 선법(禪法)을 전수하였으며, 제자 800여명이 있었다. 고려 병부시랑(兵部侍郎) 김언경(金彦卿)이 찬수한 `보조국사영탑비(普照國師靈塔碑)`에 이르기를,

---

117) 李能和,《朝鮮佛敎史》p.106에서 재인용.

선사(禪師)의 종성(宗姓)은 김씨라. …, 처음에 도의대사가 서당(西堂)에서 심인(心印)을 전수 받고, 후에 우리나라로 귀의하여 염거법사에게 불법을 부탁하고 설산(雪山) 억성사(億聖寺)에서 기거하니, 우리 선사가 가서 사사(師事)하였다. 개성(開成) 2년 정사(丁巳)에 이르러 同學인 정육(貞育)·허회(虛懷) 등과 함께 창파(滄波)를 길 삼아 나가서 서편으로 화하(華夏)에 들어가 참선지식(參善知識)하고 35주를 역유(歷遊)하였다. 5년 봄 2월에 평로사(平虜使)를 따라서 고국으로 돌아가 고향을 교화하였다. … <예(禮)>에 이르기를, 『별자위조(別子爲祖)』라 하였는데, 강성(康成)이 주서(注書)하여 이르기를, 『자(子)중 처음 이 나라에 와서 있는 자를 후세에 조(祖)라고 여겼다.』라고 하였다. 이로써 달마(達摩)를 제일의 조(祖)로 삼았고, 우리나라는 곧 도의대사를 제일의 조(祖)로 삼고 겸거대사를 제이의 조(祖)로 삼았으며 우리 선사를 제삼의 조(祖)로 삼았다.

라고 하였다.

이때부터 남선종(南禪宗)이 유독 융성하였다. 5대 10국 시대에 선종이 오가칠종(五家七宗)으로 분립하여 발전한 것에서부터, 신라도 이 영향을 받아서 선종구산(禪宗九山)으로 분립하였다.[118] 9산의 교조는 모두 일찍이 중국에서 유학하였는데, 그 선사(禪師)의 전승계통은 아래와 같다. (* 단,(　)안은 중국선사임)

118) 白性郁, 〈韓國禪宗略史〉(白性郁頌壽紀念佛敎學論文集, 同紀念會刊行) 참고.

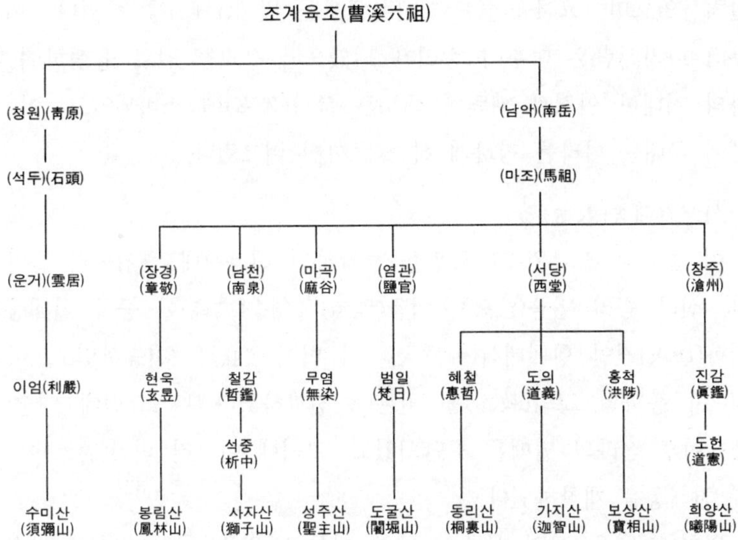

禪宗은 문자[經文]를 세우지 않으며, 의해(義解)를 구하지 않고 명심견성(明心見性)을 위주로 하여, 5교가 경론(經論)을 중시한 것과는 다르기 때문에, 마침내는 5교와 9산의 종풍(宗風)을 형성하여 대립하였다.

고려왕조, 또한 불교왕조라고 말할 수 있다. 태조 왕건은 열성으로 불교를 보호하였는데, 고려건국의 공을 여러 부처의 도움으로 돌려서 큰절과 큰 탑을 세워 발원(發願)하였으며 아울러 누차 무차대회[無遮大會: 무차란 관대하게 사물을 받아들여 막지 않는다는 뜻으로 모든 악을 풀어주고 제거함]와 팔관회(八關會)를 열었다. 이것이 고려가 재회(齋會)를 남발하여 행한 시작이다.

光宗 때에는 대덕명승(大德名僧) 중에서 국사(國師)·왕사(王師)를 선발하는 새로운 제도를 창립하여 국사·왕사를 왕실의 고문으로 삼았으며, 또 승과(僧科)를 교종선(教宗選)·선종선(禪宗選)으로 나누어

설치하였으며, 고시승려(考試僧侶)에게는 법계(法階)를 주었다. 이로부터 나라사람은 다투어 승려가 되었으며 불교는 날로 융성하여 국가의 거대한 인력과 재력이 대부분 불사(佛事)에 소비되었고, 이 때문에 끝내는 나라를 망하게 하는데 까지 이르렀다.

사. 천태종(天台宗)

이 종파의 전입은 그 근원을 소급하면 신라시대로 거슬러 올라간다. 신라 승려 법융(法融) · 이응(理應) · 영순(瑛純)이 중국 천태종의 적파(嫡派)격인 형계대사(荊溪大師)의 법맥(法脈)을 전승하였고, 아울러 이 종파의 교의(敎義)를 일본에 전파하였다.[119] 그런데 영순(瑛純) 이후 신라의 법맥은 중단되었고, 고려에 이르러 의천(義天)이 겨우 천태종을 개창하였다.

의천(義天)은 고려 문종의 넷째 아들로 원풍(元豊) 8년(1850년)에 비밀리에 배를 타고 송나라로 들어가 명찰(名刹)과 고승(高僧)을 찾아다녔으며, 정원법사(淨原法師)와 자변대사(慈辨大師)에게 사사(師事)하여 화엄(華嚴)교리와 천태(天台)교리의 본성을 깨쳐 유학한지 14개월 만에 불경 1,000여 권을 가지고 돌아왔다. 뒤이어 홍왕사(興王寺)안에「교장도감(敎藏都監)」을 설치할 것을 주청하여 허락을 받았고, 송(宋) · 요(遼) · 일본의 불경서적을 널리 찾아 구해서 부족함을 보충하여 4,700여권의 속장경(續藏經)을 편성하였다. 이것은 한국불교사상의 일대 성취이다.《고려사》권90, 〈열전〉3, 〈종실(宗室)〉1에 의하면,

> 대각국사(大覺國師) 후(煦)의 자(字)는 의천(義天)인데, 송나라 철종(哲宗)의 이름[諱]를 피하기 위해[이를 피휘(避諱)라고 함] 자

119)《大藏經》第33册〈經疏部〉1, p.253.
宋晁說般若經疏書云, 陳隋間, 天台智者遠稟龍樹立一大敎, 九傳而至荊溪, 荊溪後又九傳而至新羅法融, 融傳理應, 應傳瑛純, 皆新羅人. 以故此敎播於日本, 而海外盛矣.

(字)로써 행하였다. 문종이 하루는 여러 아들에게 일러 말하기를, '이 중에 누가 승려가 되어 복전[福田: 부처를 공양하여 얻는 복]이익을 얻겠는가?' 라고 하니, 후(煦)가 일어나 말하기를, '신이 출세에 뜻을 두었으나 주상의 명령을 받들겠나이다.' 라고 하였다. 왕이 그렇게 하라고 하자, 곧바로 스승을 따라 출가하여 영통사(靈通寺)에서 살았다. 후는 성품이 총명하고 지혜로우며 배우는 것을 좋아하여 화엄을 배우자, 곧 5교에 통해서 우세승통(佑世僧統)이라 불리었다. 후는 송나라에 들어가 구법(求法)하고자 하였으나 왕이 허락하지 않았다. 선종(宣宗) 때에 이르러 자주 요청하였으나 재신(宰臣)·간관(諫官)이 불가(不可)함을 극언(極言)하였다. (선종)2년 4월에 후는 몰래 제자 두 사람과 함께 송나라 상인 임령(林寧)의 배를 따라서 송으로 갔다. … 후가 송나라에 이르자 송나라 황제가 (그를) 수공전(垂拱殿)으로 불러 보고는 그를 객례(客禮)로 대우하며, 여러 번 두터운 은혜를 베풀었다. 후가 지방을 돌며 구법(求法)할 것을 요청하니, 조(詔)를 내려 주객원외(主客員外) 양걸(楊傑)을 길동무로 삼아 주었다. (후가) 오중(吳中)의 여러 절에 이르니 모두 왕의 신하처럼 맞아 주었다. 고려왕이 상표(上表)하여 후가 귀국하게 해줄 것을 요청하자 조(詔)를 내려 귀국을 허락하였다. 후가 예성강에 이르자 왕이 태후를 모시고 봉은사(奉恩寺)로 나와서 대접하였는데, 그 맞이하는 의식이 심히 융성하였다. 후(煦)는 석전(釋典) 및 경서 1,000여 권을 바치고, 또 흥왕사에 교장도감(敎藏都監)을 둘 것을 상주(上奏)하였다. 요·송나라에서 4,000여 권의 서적을 구해 모두 다 간행하였고, 비로소 천태종을 개창하였다.

라고 기록되어 있다.

고려 숙종 2년(1097년)에 의천은 개경에 국청사(國淸寺)를 창건하여 정식으로 천태종을 성립하고는 「교관겸수(教觀兼修) · 교선합작(教禪合作)」의 주장을 제출하여 교 · 선(教 · 禪)분쟁의 폐해를 바로잡았다. 이 이후로부터 과거의 이른바 5교 9산은 일변하여서 이른바 오교양종(五教兩宗)이 되었다. 9산의 여러 종파는 모두 조계(曹溪)의 혜능(惠能)으로 조사(祖師)를 삼아 총칭하여 조계종이 되었고 여기다가 새로 개창한 천태종을 더한 까닭에 양종(兩宗)이 된 것이다.

朝鮮 태조의 개국에 있어 공신(功臣)은 모두 유신(儒臣)의 건의를 받아들여 불교에 제한을 가하는 정책을 실시하여 도첩법(度牒法)을 정하고 승려의 재물 기부를 금하여서 불교는 상당한 타격을 받았다. 그런데 태조 자신은 원래 불교를 돈독하게 믿어서 임제종(臨濟宗) 정통의 나옹(懶翁)의 법사(法嗣) 자초(自超)를 왕사(王師)로 삼아 매번 태조의 탄신일을 맞아 자리에 올라[승좌(升座)] 설법을 하여 선풍(禪風)은 여전히 계속하여 드날렸다. 세종 때에 이르러 억불정책을 강화하여 불교 각 종파를 선·교 양종으로 병합하고, 매 종파마다 18사(寺)[즉 36사(寺) 격]만을 승인하였다.[120] 성종 때에는 도첩법을 폐지하여 국민의 출가를 금하였으며, 연산군 때에는 사원을 폐하고 사전(寺田)을 몰수하였다. 중종 때에는 승과(僧科)를 취소하였다. 이처럼 유교의 공격으로 말미암아 불교는 날로 쇠락해 갔다.

중국 불교가 한국 등 각국에 미친 영향을 다음과 같이 총괄할 수 있다.

한국 등 각국이 의거한 바의 경론장소(經論章疏)는 중국에서 나오지 않은 것이 없는데, 이 같은 경론장소는 모두 중국승려가 中文으로 번역하거나 찬술한 것으로, 중국승려의 지혜와 창의가 분명히 보

120) 《세종실록》 권24, 甲辰 6년(1424년) 4월조.

태어졌기 때문에 각국의 불교사상은 모두 중국불교사상과 불가분의 관계가 있다.

한국 등 각국의 불교종파는 중국의 승려가 각국에 가서 개창한 것이 아니고, 각국의 승려가 중국에 유학하고 귀국한 후에 개창한 것으로 각국의 불교종파는 모두 중국불교종파의 연장이라고 말 수 있다.

각국의 불교승려는 우연히 서역에 가서 佛法을 구한 것 외에는 대부분 중국을 불교성지로 여기고, 각국 역대 승려가 중국에 당도하여 불법을 구하는 유학이 계속 이어져 그래서 중국은 각국 승려의 양성소였다고 말 수 있다.

제20장 도교(道敎) 부문

1. 중국의 도교

남북조시대 이래로 도교는 유교·불교와 합쳐 `3교`로 불린다. 도교의 존재는 그 자체에 사회적 근거를 가지고 있다. 유교가 사대부사이에서 유행하였다면, 도교는 비교적 일반민중 사이에서 유행하였다. 불교가 외래색채에 물들어 있다면, 도교는 고유 신앙을 대표한다. 그래서 도교가 중국의 3대 종교의 하나가 된 것은 실재(實在)적인 것이지 우연한 것이 아니다.

도교의 역사는 그 원류가 멀고 오래되었다고 말할 수 있다. 전국(戰國)시대에 음양오행(陰陽五行)의 설이 유행한 뒤부터 방사(方士)의 신선술(神仙術)이 유행하였으며, 서한(西漢)에 이르러는 일시적으로 참위설(讖緯說)이 지극히 융성하였고, 동한(東漢)에 이르러서는 곧, 장릉(張陵)이 부록파[*부록(符籙)이란 예언기(豫言記)를 말함] 도교를 개창하는 상황이 되었다. 진(晉)에 이르러 갈홍(葛洪)은《포박자(抱朴子)》를 저술하여 수도연단술(修道煉丹術)을 담론(談論)하였으며, 또 단정파(丹鼎派) 도교의 기초를 수립하였다. 북위(北魏)의 구겸지(寇謙之)는 더욱 진일보하여 불교의식을 모방하여 도교의식을 정하였다. 唐나라 때에 이르러 황실의 성(姓)인 이(李)가 노자의 성과 같다는 이유에서 도교는 국가의 보호를 받게 되었다. 唐 고조(高祖)는 먼저 노자묘(老子廟)를 세우고, 노자를 추존하여 태상현원황제(太上玄元皇帝)로 존칭하였으며, 唐 현종(玄宗)은 친히《도덕경(道德經)》에 주(注)를 달았으며, 각 주·군(州·郡)에게 현원묘(玄元廟)를 세우고 아울러 숭현관(崇玄館)을 세워 숭원박사(崇元博士)를 두고 도거(道擧)를 설치하도록 하였다. 동시에 도사(道士) 이영(李榮) 등이 불교의 삼장[三藏: 경장(經藏)·율장(律藏)·논장(論藏)]을 모방하여 삼통[三洞: 통진(洞眞)·통현(洞玄)·통신(洞神)]을 만들어 도교의 이론기초를 처음으로 정하였다. 북송시대에 도교는 계속하여 발전하였다. 宋 진종(眞宗)이 장군방(張君房)에 칙령을 내려《운급칠첨(雲笈七籤)》을 편찬하면서부터 계속되어 도교서적을 수집하여 마침내 4,500권의《도장(道藏)》을 완성하였다. 宋 휘종(徽宗)은 더욱 도교를 돈독하게 신봉하여 스스로 교주도군황제(教主道君皇帝)라 칭하고, 도학과(道學科)를 설립하고 도학박사(道學博士)를 두어 도관(道官) 26등위, 도직(道職) 8등위를 설정하였다. 宋 왕실이 남도(南渡)하자, 북방은 금(金)나라의 통치에 들어갔고, 남방 정일교(正一教)의 장천사(張天師)가 여전히 부록파(符籙派)의 종주(宗主)가 된 데 반해, 북방은 곧, 전진교(全眞教)·태일교(太一教)·진대교(眞大教)가 앞뒤로 건립되었다.

元 왕조에 이르러 도교는 더욱 발전하여, 전진교(全眞教)는 북방에서 유행하였고, 정일교(正一教)는 강남에서 풍미하였으며, 전국에는 도관(道觀)이 숲처럼 세워지면서 도교신앙은 더욱 민간에 보급되었다.

2. 한국의 도교

道教가 언제 처음으로 한국에 전해 들어왔는지는 고찰할 수 없다. 전국시대에 연·제(燕·齊)의 방사(方士)들이 삼신산(三神山)을 많이 호칭하였는데, 후일의 학자들은 대부분 삼신산이 즉 조선에 있다고 주장하였다. 조선의 역사가 이수광(李睟光)의《지봉유설(芝峯類說)》

에서 이르기를,

> 세인들은 삼(신)산을 말함에 있어 곧, 우리나라에 있다고들 하는데, 금강(산)을 봉래(蓬萊)라 하고, 지리(산)을 방장(方丈)이라 하고, 한라(산)을 영주(瀛洲)라 하였으니, 두보(杜甫)의 시 방장삼한외(方丈三韓外)가 가히 이를 입증한다.

라고 하였다.

사가가 말하기를, 진시황 32년에 방사 노생(盧生)·한종(韓終)에게 명하여 바다로 가서 선인(仙人)에게 불사약(不死藥)을 구하도록 하였는데, 결과적으로 노생은 도망하고, 한종은 가기는 갔으나 결과를 보고하지는 않았다고 한다. 조선의 학자 이익(李瀷)은 주장하기를, '한종은 남한(南韓)에 도달하였다.' 라고 하였다. 이규경 (李圭景)이 그 설에 동조하면서 편찬한《삼한시말변증설(三韓始末辨證說)》중에서 그 사실을 논하여 이르기를,

> 이익은 세세하게 말하기를, '진시황이 서복(徐福)·한종(韓終)의 무리를 보내어 바다로 들어가 신선을 구하도록 하였으나 계속 도망하여 돌아가지 않았다. 서복은 왜에 들어가 왕이 되었고, 한종은 우리나라의 남쪽 변두리에 들어와 마한왕(馬韓王)이 되었다.' 고 하였는데, 이는 억설인 것 같다. 그런데 어리석은 생각이지만, 진왕(晉王) 가(嘉)가 유지(遺志)를 습득하여 한(漢) 혜제(惠帝) 2년 무신(戊申)에 먼 이국에서 중역(重譯)하여 가지고 와서 바쳤다. 당시에 한종의 자손이라는 한치(韓稚)라는 도사가 있었는데, 바다를 건너서 한(漢)으로 왔다. … 치(稚)가 물러갔으나 그가 있는 곳을 알 수 없게 되자, 황제는 모든 방사들에게 시켜서 장안성(長安城) 북쪽에 선단(仙壇)을 세우도록 하고 사한관(司韓館)이라 일컬었는데,

> 세속에서 이르기를, '사한(司韓)의 神은 성음(城陰)에서 제사한다.' 고 하였다. 기준(箕準)이 위만(衛滿)을 피하여 한 혜제 원년 정미에 바다를 건너 남쪽으로 도망하여 금마저(金馬渚) 즉, 오늘날의 익산군(益山郡)에 이르러 마한(馬韓)으로 국호를 삼았다. 마한이란 그 옛날의 임금을 이어받아 국호로 삼은 것이다. 그가 쫓아낸 마한의 옛 임금은 한종(韓終)인 것으로 보인다. 기준이 즉위한 지 2년은 곧 한 혜제 戊申年으로 한종의 아들 한치가 漢나라에 입조한 것은, 곧 나라를 잃은 지 2년째 되는 해이다.

고 하였으나 이 억설은 채택할 수 없다.

그러나 다만 한국이 한 무제 이후부터 중국의 군현(郡縣)이 된지 약 400년 동안에 신선사상과 도가전설이 일찍이 조선에 전해 들어간 것은 의심할 수 없는 것이다. 고구려 고분(평안남도 강서)의 벽화는 윗면에 삼산봉(三山峯)을 그렸는데, 한 사람이 큰 새를 타고 산봉우리를 향해서 날아가는 형상으로 마치 묘(墓)의 주인이 큰 새를 타고 선산을 향해서 날아가는 형상과 같다.[121]

또, 백제의 유적지에서 발견된 '산경전(山景塼)' 은 품(品)자 형태의 중첩한 산봉우리를 그렸는데, 암석이 험준하고 수목이 울창하며 중앙에는 하나의 작은 집이 있고, 우측에는 도사 같은 사람의 모습이 그려져 있는 것에서 볼 때, 이는 분명히 삼신산(三神山)·도관(道觀)·도사(道士)를 작품의 소재로 삼은 것이다.[122] 《주서(周書)》〈이역전(異域傳)〉에서, '백제는 승려와 사탑(寺塔)은 매우 많으나, 도사는 없다.' 라고 하였는데, 분명히 믿을 수 없는 것이다.

도교가 한국에 전입한 것에 관하여 문헌에서 고찰할 수 있는 것은

121) 李丙燾,〈江西古墳壁畫研究〉,《東方學志》제1집.

122) 李丙燾, 金載元,《韓國史》古代編, p.587.

당나라 초년에서 시작된다. 《구당서(舊唐書)》〈고구려전〉에 이르기를,

> 무덕(武德) 7년(624년)에 전 형부상서(刑部尙書) 심숙안(沈叔安)을 보내 고구려에 가서 건무[建武: 즉 영류왕]를 책봉(冊封)하여 상주국요동군왕고려왕(上柱國遼東郡王高麗王)으로 삼고, 이어서 천존상(天尊像)과 도사를 그곳에 보내고 그를 위해 《노자(老子)》를 강의하게 했는데, 그 왕 및 도인(道人)·속인(俗人) 등 와서 보고 듣는 자가 수 천 인이었다.

라고 하였다.

당시 고구려는 마침 영류왕(榮留王)이 재위하고 있었다. 다음해에 영류왕은 또 사람을 보내 당에 들어가 부처와 노자의 법을 구하여 배우도록 하니, 唐 고조(高祖)가 이를 허락하였다.[123] 보장왕(寶藏王) 때에 천개소문(泉蓋蘇文)이 집권하고는 '유교와 불교는 함께 흥하였는데, 도교는 아직 성하지 못하였음' 을 통감하고 빨리 선진국가로 발돋움하기 위해 더욱 힘을 다하여 도교를 제창하였다. 《삼국사기》〈고구려본기.보장왕〉상편에 이르기를,

> (보장왕) 2년(643년) 3월에, 소문이 왕께 고하기를, '三敎는 솥의 세 발과도 같아 하나라도 빠져 없으면 불가합니다. 지금 유교와 불교는 함께 번성하나, 도교는 아직 번성하지 않으니 천하의 도술(道術)을 구비하였다고 말할 수 없습니다. 엎드려 청하옵건대, 당나라에 사신을 보내어 도교를 구하여 나라 사람들을 훈계하십시오.' 라고 하였다. 대왕은 심히 그렇다고 여기고, 당나라 황제에게 상표(上表)하여 주청하니, 唐 태종이 도사 숙달(叔達) 등 8인을 보내고, 아울러 《노자도덕경(老子道德經)》을 하사하였다. 왕이 기뻐하여

123) 《三國史記》 권20,〈高句麗本紀〉제8.

> 불교 사찰을 취하여 도관(道館)으로 하였다.

라고 하였다.

《삼국유사》 권3, 〈보장봉노(寶藏奉老)〉조에 의하면, 도사 숙달(叔達) 등 8인이 고구려에 도착한 후 '왕이 기뻐하여 불교사찰을 도관(道館)으로 삼고, 도사를 존경하여 유사(儒士) 윗자리에 앉게 하였고, 도사 등이 국내 유명산천을 답사하고 진무(鎭撫)하였으며, …' , 그리고 이 때문에 보덕화상(普德和尙)은 '옳지 않은 道로 백성을 다스려 국가가 위태롭게 됨을 안타깝게 여기고', 남으로 백제 완산주(完山州)의 반용사(盤龍寺)로 도망하였다. 이를 통해 고구려 말엽에 도교가 성하여서 일시적으로 거의 불교의 세력을 압도하였음을 알 수 있다.

신라는 반도의 동남에 치우쳐 있어 도교를 접촉한 것은 고구려·백제에 비해 지연되었다. 다만 7세기에 이르러 이미 도교사상의 영향을 받은 것 같다. 어떤 사람은 신라의 독특한 화랑제(花郎制)의 '산수를 유람하며 즐겨서 멀다하고 이르지 않는 곳이 없었다.' 는 생활방식이 곧 도가의 자연무위(自然無爲)의 사상과 상당한 관계가 있다고 인식한다. 신라는 선덕왕(善德王)이후부터 적극적인 친당정책을 채택하였는데, 당나라가 도교를 존숭한 점은 자연히 신라에 모종의 영향을 주었을 것이다. 효성왕(孝成王) 2년(738년)에 唐 현종(玄宗)은 형숙(邢璹)을 신라에 사신으로 보내었는데, 《삼국사기》 〈신라본기〉 제9.에서 그 시말을 기술하여 이르기를,

> 숙(璹)이 출발하려 하니, 황제가 숙에게 이르기를, '신라는 군자의 나라로 불리어서 자못 책의 기록을 아는 것이 중국과 유사하다. 경(卿)은 유교에 정성을 다한 까닭에 절[節: 사신임을 증명하는

> 것]을 가지고 가서 마땅히 경의(經義)를 강연하여 대국에 유교가 성함을 알게 하도록 하라.' 고 하였다. … 여름 4월에 당나라의 사신 숙이《노자도덕경(老子道德經》등의 문서를 왕에게 헌정하였다.

고 하였다.

唐 현종은 한편으로는 형숙에게 명하여 마땅히 경의(經義)를 강연하여 대국에 유교가 성함을 알리도록 하고, 다른 한편으로는 오히려 노자의《도덕경》을 왕에게 바친 점은 자못 이해하기 어렵다. 한국의 역사가 이능화(李能和)가 저술한《한국도교사(韓國道教사)》가운데에서 이르기를, '현종은 도교를 독실하게 신봉하였으니 형숙에게 경의(經義)를 강연토록 한 것은 당연히 도교경의이며, 유교 운운한 것은 즉, 도교의 와전으로 유신(儒臣)이 사필(史筆)을 바꾸어 후세를 속인 것.' 이라고 인식하였는데, 당시의 정황에서 볼 때 매우 가능한 것이라 생각된다. 당시 신라는 부단히 학생을 파견하여 당에 들어가 유학하도록 하였는데, 이들 유학생 중에 도교를 신봉한 사람이 적지 않았다. 예를 들어 신라진사(新羅進士) 김가기(金可紀)가 바로 저명한 도교신도인데, 심분(沈汾)의《속신선전(續神仙傳)》에서는 가기(可紀)가 귀국한 후에 다시 당에 들어가 종남산(終南山)에서 수도하다가 마침내는 학(鶴)을 타고 올라 신선이 되었다는 등등을 지칭하였다. 조선의 학자 박지원이 저술한《열하일기(熱河日記)》권17. 가운데에는 이 일에 관련된 하나의 고증이 있다. 즉,

> 심분(沈汾)의《속신선전(續神仙傳)》에 이르기를, '신라공진사(新羅貢進士) 김가기가 신선이 되었다는 소문이 돈다. 장효표(章孝標)가 김가기를 신라에 귀국토록 하기 위해 보낸 시에서 이르기를, '당나라의 과거에 등제(登第)하고 당나라의 언어를 말하게 되었으나

해를 바라보며 처음으로 고향생각을 하였네. 바람이 크게 불어 잎새 하나가 물고기의 등으로 날아가는구나. 호수가 고향 산천을 비출 만큼 맑으니 바다를 건너고 싶은 마음이 드는구나. 라고 하였으니, 가기가 본국으로 돌아간 것은 분명하다.' 고 하였다.《속신선전》은 가기가 종남산(終南山) 자오곡(子午谷)에 기거한 3년 후에 항해하여 본국에 귀국했다가 다시 와서 도복(道服)을 입고 종남산에 들어가 음덕(陰德)을 힘써 행하였다고 칭하였다. 당 [선종(宣宗)] 대중(大中) 11년(857년) 12월에 홀연히 상표(上表)하여 '신이 옥황상제(玉皇上帝)의 조서(詔書)를 받들어서, 명년 2월 25일이 되어 상승(上昇)한다.' 고 하니, 선종이 이를 기이하게 여겨 궁녀(宮女) 4인과 향약금채(香藥金綵)를 하사하고, 또 중사(中使) 2인을 보내어 호위하도록 하였는데, 그 날에 이르러 과연 5색의 구름·봉황과 학·생황과 피리소리·금석(金石)·깃털덮개·표시 있는 깃발이 있어서 창공(蒼空)에 가득해지자, 학을 타고 가버리니, 조정의 백관과 사서(士庶) 등 이를 지켜본 자가 산과 계곡을 채워 가득 넘쳤는데, 이 기이한 현상을 보고 탄복하지 않는 사람이 없었다. 한무외(韓無畏)의《전도록(傳導錄)》에 이르기를, '김가기가 최승우(崔承佑)·승려 혜자(惠慈)와 함께 신원(申元)의 학도(學道)를 따라서 종리장군(鍾離將軍)과 지선(地仙) 200명을 만났다.' 고 하는 등등의 말은 세월이 지나오면서 덧붙여진 것 같다.

라고 하였다.

김가기가 득도(得道)하여 신선이 되었다는 전설은 진실로 도교 인사(人士)에 의한 선전이라 할 수 있으니, 이는 결국 당시 신라의 몇몇 유학생들이 도교에 대해 마음이 이끌린 것을 투영해 낸 것이라 할 수 있으며, 그들은 도교가 신라로 전파되는데 있어 당연히 약간의 공헌이 있었다. 신라 말기 최치원(崔致遠)이 편찬한《난랑비 서문

(鸞郎碑 序文)》에 이르기를,

> 나라 안에 현묘(玄妙)한 道가 있는데, 풍류(風流)라 일컫는다. 설교(設敎)의 근원은 선사(仙史)에 상세하게 갖추어져 있는데, 실은 3교에 포함되어서 많은 사람들을 접하여 교화하는 것이다.

라고 하였다. 이를 통해서 신라 말엽에 이미 3교가 병립한 사실이 있음을 알 수 있다.

고려왕조 475년간은 불교의 전성시대였다. 그러나 도교·불교의 행사와 사상이 뒤섞인 형식 하에서 도교는 여전히 그 특수한 존재를 유지하였다.

개국 이래로 즉, 팔관재(八關齋)가 행해졌고, 태조가 훈요(訓要)하여 이르기를, '팔관은 천령(天靈) 및 오악명산대천(五岳名山大川)을 섬기는 것이다.' 라고 한 것에서 팔관의 명칭은 비록 불교의 계율(戒律)이지만, 사실은 도교의 초제(醮祭)임을 알 수 있다. 역대에 거행한 태세도량(太歲道場), 또한 불교와 도교를 잡용(雜用)하였다. 북송의 모든 황제는 대부분 도교를 숭상하였으며, 고려도 자연히 영향을 받을 수밖에 없었다. 따라서 국왕의 초제 행사는 역사에서 기록이 끊이지 않았다. 예를 들어, 文宗은 재위 5년 4월에 친히 구정[毬庭: 공놀이하는 뜰]에서 초제를 거행하였고, 宣宗은 재위 4년 정월에 친히 회경전(會慶殿)에서 초제를 행하였으며, 肅宗은 재위 7년 2월에 태자에게 명하여 구정에서 삼계백신(三界百神)에게 초제를 지내도록 한 것 등이 그것이다. 예종(睿宗)은 보다 특별히 도교를 신앙하였는데, 재위 2년(1107년) 윤 8월에 옥촉정(玉燭亭)에 천존상(天尊像)을 안치하고 월초(月醮)를 지내도록 명령하였으며, 재위 5년에는 宋 휘종이 도사 2인을 고려에 파견하여 교법(教法)을 강연토록 하였으며, 3년이 지나서 송에 들어가 도교를 배우고 귀국한 도사 이중약(李仲若)의 건의를 채택하여 복원궁(관)(福源宮)(觀)을 처음 설치하고 도사 10여 인을 두었는데, 그 재초과의(齋醮科儀)는 송과 하나같이 같았다. 예종은 또한 도교의 부록[符籙: 미래에 일어날 일을 기록한 것]을 받을 생각을 가져서 도교로 불교를 대체코자 하였으나 성공하지는 못하였다. 송나라의 서긍(徐兢)이 편찬한《선화봉사고려도경 (宣和奉使高麗圖經)》권13, 〈도교〉조에 이르기를,

> 고려는 지형이 동쪽 바닷가에 위치하여 일찍이 도산선도(道山仙島)와 거리가 서로 멀지 않아 그 백성들은 장생구시(長生久視)를 존중하고 사모하는 교(즉, 도교)를 모르지 않았는데, 다만 중원은 이에 앞서 대부분 정벌을 일삼았기 때문에 청정무위(淸淨無爲)의 道로 그들을 교화함이 없었다. 唐 왕조가 흥하여 천지창조의 시조를 존중하고 섬기니, 무덕(武德) 연간에 고(구)려는 사신을 보내서 도사를 보내줄 것을 요청하였는데 사신이 이르러《노자오천문(老子五千文)》을 강의하는데 심오하고 미묘함을 열어 풀어내므로 고조(高祖)가 이를 신기하고 기이하게 여겨 그 요청을 모두 들어주었다. 이 이후에 비로소 도교를 숭상하여 불교의 의전(儀典)을 뛰어넘었다. (휘종) 대관(大觀) 경인(庚寅)년(1110년)에 천자는 그 먼 지방(고려)에서 오묘한 도를 듣기 원하므로 사신을 파견하고 우류[羽流: 신선도를 닦는 사람] 2인을 딸려 보내고 교법(教法)에 통달한 자를 택해서 그들을 훈도(訓導)하도록 하였다. 왕오(王俁) 즉, 고려의 예종은 신앙이 돈독하여 (휘종) 정화(政和)연간(1111~1115년)에 처음으로 복원관(福源觀)을 세워, 높고 참된 도사 10여인을 받들었다. 그런데 그들이 낮에는 재궁(齋宮)에서 거처하고 밤에는 사실(私室)로 돌아가니, 후에는 언관(言官)이 시비를 논함으로 해서

> 점차로 법으로 금하였다. 간혹 들려오기를, 예종이 국일(國日)에 향사(享祀)함에 있어서 항상 도교의 부록(符籙)을 받으려는 뜻을 가지고 기회를 보아 호교[胡敎: 불교]를 도교로 대체하고자 하였으나, 아직 그 뜻을 이루지 못하였다 하는데, 기대해 볼만할 것 같다.

라고 하였다. 같은 책에서 또 기재하기를, 당시 고려 도사의 복장은 우의(羽衣)를 착용하지 않고 흰 베를 가지고 겨울용 갖옷[가죽 등으로 만든 두꺼운 옷]을 만들어 입고, 검은 수건을 둘렀는데, 중국의 민속과 비교할 때, 다만, 그 소매 폭이 적고 허리춤은 넉넉한 것이 특별히 다를 뿐이었다. 예종 이후에도 초제(醮祭)는 여전히 일상적으로 거행되었다.

초제(醮祭)의 장소는 복원관(福源觀)외에도 대청관(大清觀) · 신격관(神格觀:소격전昭格殿) · 태일전(太一殿) · 정사색(淨事色) · 소전색(燒錢色) · 구요당(九曜堂) · 청계배성소(清溪拜星所) 등이 있어 고려말기까지 계속 유지하였다.

조선 태조가 개국하자 전조(前朝) 고려왕조의 일체 초제(醮祭)와 도관(道觀)을 혁파하고 단지 소격전(昭格殿) 한 곳만을 설치하여 삼청초제(三淸醮祭)를 관장토록 하였다. 《태조실록》 권2, 원년(1392년) 임신 11월조에 이르기를,

> 예조(禮曹)에서 상계(上啓)하기를, '도가의 성숙초제(星宿醮祭)는 간략하고 엄중함을 귀하게 여기며 정성과 공경을 다하여 법도에 어긋나지는 않았는데, 전조(고려)에서는 초제의 장소를 많이 설치하여 법도에 어긋나며 전심(專心)으로 하지도 않았으니, 단지 소격전(昭格殿) 한 곳만 설치하여 청결히 하는 데에만 힘쓰고 전심으로

> 정성과 공경을 하고, 그 복원관(福源觀)·신격전(神格殿)·구요당(九曜堂)·소전색(燒錢色)·대청관(大淸觀)·청계배성소(淸溪拜星所) 등의 장소는 일체 모두 혁파하기를 바랍니다.' 라고 하니, 상께서 이에 따랐다.

고 하였다.

조선 세조 12년(1467년)에 소격전을 개칭하여 소격서(昭格署)라 하고, 소격서에 도학생(道學生) 10인을 두어 노장학설(老莊學說)을 강의하였다. 성종은 비록 힘을 다하여 유학을 장려하였으나 여전히 소격서에 명하여 제사용품을 힘써 정결하게 하고, 정성과 공경을 다하도록 하였으니, 즉《성종실록》권162, 갑신 15년(1484년) 정월 조에서 이르기를,

> 을사에 승정원(承政院)에서 상계하기를, '제사는 마땅히 정성스러운 마음을 다하여 드려야 하므로 중국에서는 도사를 숭상하여 그의 작위와 벼슬을 높게 하여 조정의 관등을 정하였는데, 이는 법에 맞지 않습니다. 그런데 우리나라 소격서(昭格署)는 보통의 제사 장소가 아니어서, 일찍이 동네 입구의 수비(竪碑)에는 사람의 출입을 금지하였으며, 제물은 극히 정결해야 했는데, 지금은 먹다 남은 밥을 보니 간혹 정결하지 않음이 있으니, 의당 상께서 입법(立法)하여 규찰하여 검사하도록 교시를 내리소서.' 라고 하니, 전령(傳令)을 내려 이르기를, '그렇게 하라.' 고 하였다.

고 한다.

유생들이 누차에 걸쳐 항의함으로써 中宗 13년(1518년)에 비로소 소격서를 폐지하였으나, 3년이 지나 다시 설치하였다. 선조는 임진왜란(1592년) 이후에 드디어 영원히 폐지하였다. 선조 30년(1600년)에

명을 내려 거인[擧人: 과거에 응시할 자격이 있거나 초시합격자. 즉 유교 지식인]은 노장(老莊)의 말을 사용하는 것을 금하였다. 영조 20년(1744년)에는 도학생(道學生)을 폐지하였고, 정조 9년(1785년)에는 도학과(道學科)를 폐지하였다. 조선의 도교에 대한 억제는 비록 갈수록 더욱 엄격하였으나 도교신앙은 실제로 이미 사람의 마음속에 깊이 파고들었으니, 이는 조선 말년의 동학운동을 통해서 그 일면을 찾아 볼 수 있다. 동학을 먼저 주장한 최제우(崔濟愚)는 유·불·선 3교가 각기 장단점을 가지고 있다고 인식하여, 장점은 취하고 단점은 버려서 천도교(天道教)를 창시하였다. 그는 《동경대전(東經大全)》을 저술하여 교의(教義)를 선양하였는데, 그 요지는 다음과 같다. 즉,

> 나의 도는 유·불·선 3교를 겸하고 원융(圓融)하여 하나를 이루었다. 오륜오상(五倫五常)을 세우고, 仁에 의거하여 義를 행하며, 정심성의(正心誠意)하고, 자기 몸을 닦아 타인에게 미치게 함은 유교(공자)에서 취한 것이다. 자비평등(慈悲平等)을 主旨로 삼고 자기를 희생하여 세상을 구하고, 정결도량(淨潔道場)하며, 입으로 신의 주술을 암송하고, 손에 염주를 잡는 것은 불교(석가)에서 취한 것이며, 현기[玄機: 현묘한 기틀]를 깨우치고, 명리(名利)를 제거하고 무욕청정(無慾淸淨)하게 몸가짐을 하여 마음을 연마하여 끝내 승천함은 도교(노자)에서 취한 것이다.

라고 하였다. 이를 통해 볼 때, 도교가 조선에 미친 영향이 얼마나 깊고 넓었는지를 알 수 있다.

결론적으로, 도교는 중국 역대의 풍조로 인해서 한국에 전이되어 적지 않은 영향을 미쳤다. 한편 비교차원에서 살펴볼 때, 도교는

유생 또는 승려의 유형 혹은 무형의 배척으로 말미암아 한국의 역대 정부가 시종 유교·불교를 보호한 것과 같은 보호를 받지 못하였다. 그런 중에도 도교는 표면상으로는 유교·불교처럼 성행하지는 않은 것 같으나, 오히려 고유한 민속 신앙과 융합하여 서민생활에 깊이 침투함으로써 한국사회에 깊고 넓은 영향을 끼쳤다.

저 자 약 력

저자 朱云影(1904-1995)은 江西省浮梁縣儒林鄕 출생. 國民黨員, 日本京都大學에서 東洋史전공, 臺灣師範大學史地學科 교수 역임, 주요연구물로 《日本必敗論》·《日本漫話》·《人類性生活史》 등이 있음.

역 자 약 력

崔秉洙 :

扶餘 출생, 忠南大學校에서 사학 및 동양사전공(文學博士), 충북대학교 역사교육과 교수, 중국절강대학 교환교수 역임, 주요연구물로 《章學誠方志論硏究》·《역사 속에서의 한국·중국의 문화관계》·〈大韓民國臨時政府와 一波嚴恒燮志士〉·〈忠北永同地區의 美軍良民殺傷事件에 관한 연구〉·〈中國古代의 歷史敎育一考〉·〈近現中國師範敎育에 대한 眺望〉·〈歷史環境과 歷史人物, 그리고 歷史意味〉 등이 있음.

潘采瑛 :

鎭川 출생, 忠北大學校에서 역사교육 및 동양사 전공(문학박사), 충북대 강사, 진천고등학교 교사, 주요 연구물로 《되살아나는 선비정신》·《『尹灣漢墓簡牘』을 통해 본 漢의 지방통치》·〈秦의 爵制에 관하여- 『客』을 중심으로-〉 등이 있음.

중국 역사가 주운영이 제시한

중국의 전통문화, 한국에 미친 영향

저 자 : 최병수, 반채영
발행처 : 도서출판 개신 (충북대학교 출판부)
발행인 : 임 동 철
주 소 : (361-763) 충북 청주시 흥덕구 성봉로 410
전 화 : (043) 261-2952, 3014
팩 스 : (043) 274-1256
이메일 : presscbu@chungbuk.ac.kr
등 록 : 제1983-2001-7호
초판1쇄 : 2008. 5. 1.
초판2쇄 : 2009. 3.30.
인쇄처 : (주)윤일문화 02)498-6161

ISBN 978-89-7295-138-4 93380

93380
9 788972 951384
ISBN 978-89-7295-138-4

값 31,000원